imaginist

想象另一种可能

理
想
国
imaginist

［挪威］
埃丽卡·法特兰 著

杨晓琼 译

SOVJETISTAN

En reise gjennom Turkmenistan, Kasakhstan, Tadsjikistan,
Kirgisistan og Usbekistan

Erika Fatland

中亚行纪

土库曼斯坦、哈萨克斯坦、
塔吉克斯坦、吉尔吉斯斯坦
与乌兹别克斯坦之旅

河南文艺出版社
·郑州·

图书在版编目(CIP)数据

中亚行纪：土库曼斯坦、哈萨克斯坦、塔吉克斯坦、吉尔吉斯斯坦与乌兹别克斯坦之旅 /（挪威）埃丽卡·法特兰著；杨晓琼译 . -- 郑州：河南文艺出版社，2022.4

ISBN 978-7-5559-1332-0

I. ①中… II. ①埃… ②杨… III. ①游记—中亚
IV. ① K936.09

中国版本图书馆 CIP 数据核字（2022）第 047578 号

Copyright © Erika Fatland 2014

Published by agreement with Copenhagen Literary Agency ApS, Copenhagen.

All rights reserved

This translation has been published with the financial support of NORLA

经授权，北京理想国时代文化有限责任公司拥有本书的中文〔简体〕版权
豫著许可备字 – 2021-A-0205

中亚行纪：土库曼斯坦、哈萨克斯坦、塔吉克斯坦、吉尔吉斯斯坦与乌兹别克斯坦之旅

[挪威] 埃丽卡·法特兰 著　杨晓琼 译

选题策划　陈　静　俞　芸
特约策划　李恒嘉
责任编辑　俞　芸
责任校对　殷现堂　王耀东
校　　译　张雨菲
装帧设计　高　熹
内文制作　李丹华

出版发行　河南文艺出版社
本社地址　郑州市郑东新区祥盛街27号 C座 5楼
邮政编码　450018
承印单位　山东韵杰文化科技有限公司
开　　本　880毫米×1230毫米　1/32
印　　张　15.5
印　　数　1—10,000
字　　数　298 000
版　　次　2022 年 4 月第 1 版
印　　次　2022 年 4 月第 1 次印刷
定　　价　66.00元

"……苏联在中亚统治的崩溃把这一地区又扔回到了历史的大熔炉。在这里，任何事都可能发生，只有异常大胆或极端愚蠢的人才会尝试去预测它的未来。"[1]

——彼得·霍普柯克《大博弈：英俄帝国中亚争霸战》
（Peter Hopkirk, *The Great Game.*
On Secret Service in High Asia, 2006）

---

1 本段文字中文译文引用自张望、岸青译《大博弈：英俄帝国中亚争霸战》，北京：中国青年出版社，2015。——译者注（若非特别注明，本书注释均为原书注）。

地名说明

中亚的地名也好，人名也好，各种名称通常让西方读者晕头转向。不仅因为这些名称在我们听来不熟，也因为其中许多词是从俄语——苏联的主要语言——译过来的。这些名称与拼写因为俄语的书写规则变得更为复杂。另一个问题是，自苏联解体之后，许多地方被重新命名，例如，土库曼斯坦的克拉斯诺沃茨克（Krasnovodsk）现在被称为土库曼巴希（Turkmenbashi），吉尔吉斯斯坦的首都比什凯克（Bishkek）曾经的正式名称是伏龙芝（Frunze）。

我在本书中使用的是新地名，只有少许例外。其中之一是哈萨克斯坦的塞米巴拉金斯克（Semipalatinsk），该地现在被称为塞米伊（Semey）。我所写到的历史事件发生之时，该市的名称是塞米巴拉金斯克，我因此择用了这个俄语地名。

目 录

乌兹别克斯坦

地狱之门

我迷路了。地坑中的火焰磨灭了星光，让所有光线的阴影也消散无踪。千万条炽烈的火舌嘶嘶吞吐。有些如马匹般庞大，有些则细若水滴。温和的热气扑面而来，有一种甜丝丝的恶心气味。边缘的石块松动，悄无声息地滚入烈火。我后退几步，退到相对结实些的地方。沙漠的夜晚寒冷，没有一丝芬芳。

这燃烧的地坑是在 1971 年意外造成的。苏联地质学家认为这一地区有丰富的天然气，于是开始钻孔测试。而他们的确找到了天然气，储量巨大，于是立刻制订了大规模抽取的计划。但是有一天，地面突然在钻塔下开裂，就像一张血盆大口咧开嘴笑，大约有六十米长，二十米深。散发着恶臭的甲烷气体从这个口子喷出来。所有的钻孔工作都无限期暂停，研究员打包物品，收起营帐。就连几公里外的当地人都因为甲烷令人作呕的味道而不得不捂住鼻子。为了减小对他们的风险，这些天然气被下令烧掉。地质学家预估几天后，火焰就会自行熄灭。

11600 天之后，也就是时逾三十年，这个地坑仍在猛烈燃烧。当地人曾经将其称为"地狱之门"。但再也没有当地人了。土库曼斯坦的第一任总统不想让参观这地坑的游客目睹那里的惨状，于是疏散村庄，将350名村民尽数迁至他处。

第一任总统也不在了。下令将村子清空两年之后他便死了。其继任者，也就是那位牙医决定，地坑得填，但迄今为止，没有一个人动手抄起一把铁锹去填地狱之门，甲烷气体仍然在透过千千万万个细小孔隙，从貌似无穷无尽的地下储备中溢出。

我被黑暗吞没。所见尽是舞蹈的火焰，翻涌、透明的气体像一个盖子覆在地坑之上。我不知道我在哪里。渐渐地，我认得出小石头、山脊和天星了。轮胎印！我循着轮胎印走了一百米，两百米，三百米，小心翼翼地摸索前进。

从远处看，那气体地坑几乎堪称美景：成千上万条火苗融到一起，形成一片椭圆形的橙色大火。我跟着车辙继续往前慢行，突然碰到了另一组轮胎印，接着又发现了更多纵横交错的轮胎印：有的新鲜、深而潮湿，有的陈旧、干燥模糊。这么多轮胎印，我没法把它们一道道区分开来。布满天空的星星此时犹如萤火虫，几乎帮不上什么忙。我不是马可·波罗，我是一个21世纪的旅行者，只会用手机里的GPS导航。但我裤袋里的iPhone已经死机了，因此也全然派不上用场。不过即使电池满格、信号良好，我还是会彻底迷路。沙漠里没有街道名称，手机屏幕上也就没有用于确定方向的地点。

两束光划破了夜空。一辆车向我疾驰而来，引擎的噪声几乎是野蛮的。透过昏暗的车窗，我瞥见了檐帽和制服。他们发现我了吗？我妄想症发作，觉得他们是来抓我的。我用假借口进入了这个国家，而它是世界上最封闭的国家之一。即便我时时刻刻字字斟酌，也没有告知任何人我来此的理由，但他们怕是早就猜到了。没有学生会独自来这里跟着导游旅行。轻轻一推，我便可能永远消失于地狱之门，没于火海，烧成灰烬。

车头灯令我头晕目眩，然后他们走了，跟来时一样快。

最后我做了唯一明智的事。选了我所能看到的最高的山脊，在灰蒙蒙的黑暗中爬到顶。从上面看，地狱之门像一张发着光的血盆大口。沙漠从地坑的四面八方延伸开去，像一条惨郁的拼接地毯。有短暂的一瞬，我觉得仿佛这星球上仅有我一个人。这念头虽古怪，却让人振奋。

然后我发现了一簇篝火，我们小小的篝火，于是径直朝其走去。

土库曼斯坦

地下的人

504号登机口。肯定不对。其他登机口都是两百来号：206、211、242。我来错航站楼了吗？还是更糟——来错了机场？

在伊斯坦布尔的阿塔图尔克机场，东方与西方彼此相遇。旅客当中混杂了各色人等，有去往麦加的朝圣团；有晒黑了的瑞典人，免税袋里装满了绝对伏特加；有身穿量产西装的生意人；还有身披白袍的酋长，他们的妻子身披黑袍，正吃力地提着沉甸甸的高级欧洲名牌包。这世上再没有哪家航空公司，比土耳其航空能飞去的国家更多了，任何人要去哪个名字陌生、少人听闻的首都，通常都要来这里转机。土耳其航空飞基希讷乌，飞吉布提，飞瓦加杜古，也飞乌辛斯克。[1] 还有阿什哈巴德，也就是我的目的地。

最终，我在一条长廊的尽头看到了那个数字：504。我往

1　基希讷乌（Chisinau），东欧国家摩尔多瓦的首都。吉布提（Djibouti），非洲国家吉布提共和国的首都。瓦加杜古（Ouagadougou），非洲国家布基纳法索的首都。乌辛斯克（Usinsk），俄罗斯科米共和国的一个城市。——译者注

登机口走去时，总觉得我越走近，它就挪得越远，而人群渐渐稀疏了。在航站楼最那头，我终于摆脱了人群，这是阿塔图尔克机场的一个偏僻角落，来过的人大概寥寥无几。长廊的尽头是一条敞阔的楼梯。我快步走下楼梯，进入了一个彩色头巾、棕色羊皮帽、凉鞋和土耳其长袍的世界。我穿着防水夹克和运动鞋，我才是那个格格不入的人。

一个眯缝着眼的黑发男人急匆匆朝我走来。他手里拿着一个靠垫大小的包，那包用棕色胶带严严实实地封着。我能不能帮他拿一下呢？我权装听不懂俄语。"对不起，对不起。"我含糊搪塞着，继续往前走。这什么人啊，连自己的行李都拿不了？几个穿着长长的紫色棉料裙子、用配成套的宽大头巾围住头的中年女人上来为他说话：这要求很过分吗？我就不能帮帮他吗？我摇摇头，"对不起，对不起。"然后加快脚步。这个土库曼男人于我是个完完全全的陌生人，要我帮他拿那可疑的包裹绝无可能。我的所有警铃都在叮叮响。

没走出五六米，我又被拦住了。一个穿着红色长裙、身材苗条、二十来岁的女人抓住了我的胳膊。我能帮她带点行李吗？就一点点？

"不！[1]"我一边斩钉截铁地说，一边强硬地把自己的手抽了回来。

到了候机区我才明白这是怎么回事：几乎每个乘客都有远超额度的手提行李，而航空公司的工作人员旁边放着体重秤，

1　原文为俄语。——译者注

摆出凶巴巴的面孔把守着入口。但一通过，乘客们便扒下藏在衣服里面、用胶带绑在身上的行李。

这些女人能在长裙底下藏的东西显然是没有极限的。她们一边咯咯笑一边解开自己身上的行李，似乎全然不在乎空乘人员看到。她们现在已经通过了。

但是，最大的谜团还是没能解开：她们究竟为什么会有这么多的手提行李？柜台后头有个空乘人员肯定是注意到我困惑的神情了，她朝我会意地点点头，示意我凑近一些。

"这些女人都是做生意的，"她解释说，"她们每个月至少来伊斯坦布尔一趟，购置一些东西，带回阿什哈巴德的市场上倒卖赚差价。在土库曼斯坦卖的东西几乎全是土耳其制造。"

"她们为什么不把货全装在行李箱里？"我问，"是担心行李在路上丢了吗？"

空乘哈哈大笑。

"相信我，她们也有行李箱！"

登机是一个漫长的过程。带着过量手提行李的乘客——大部分人都这样——得用胶带把他们廉价的塑料袋封起来，然后跟普通行李一道托运。机舱内一片嘈杂。女人们中意哪个座位就坐哪个，任凭穿着土耳其长衫的白胡子男人高声抗议。一旦有哪个乘客抱怨了什么，另外二十个男男女女就会前来参与讨论。

"假如对座位安排无法协商一致，请呼叫客舱机组人员。"一名空乘在广播中提示大家。但是大家都懒得呼叫他们。我挤在土耳其长衫和棉布长裙当中，别无选择，只得跟着断断续续的人流，沿通道走下去。一名空乘翻着白眼，在人山肉海中推搡出一条窄道挤过去。

已经有一位穿着紫色长裙的中年女长辈坐了17F，也就是我的座位。

"肯定是有什么地方搞错了，"我用俄语说，"这是我的座位。"

"你不想拆散我们三姐妹吧？"女人回答，同时朝邻座的两个主妇扬了扬下巴。她们跟她长得简直一模一样。三人坐在那儿目不转睛地望着我。

我拿出登机牌，指了指上面的数字，又指指座位。

"这是我的座位。"我又说了一次。

"你不想拆散我们三姐妹吧？"这个女长辈重复道。

"那我坐哪儿？我说了，这是我的座位。"

"你可以坐在那儿。"她指着前一排的一个空座说。正当我再次开口想要抗议，她给了我一副*你不想拆散我们三姐妹吧？*[1]的表情。

"这位置不靠窗。"我嘟囔着，但还是乖乖坐在了她指给我的那个座位上。的确，我不想分开她们三姐妹，但我更不想四个小时都单独跟其中两个坐在一起。当指给我的座位的正主出现时，我让他去找坐在我后面的三姐妹。这个男人立刻放弃，丝毫不打算商量，继续往前走，看能不能在更后面找到空座。飞机开始在跑道上滑行时，还有四个倒霉的男人在过道上前后

1　原文为斜体，表引用或强调，中文版以楷体表示，下同。——编者注

晃悠，眼巴巴找着空座。

通常机轮一离开跑道，我就会倒头睡去，但是这次我都没能合个眼。坐在我身边的男人身上酒气熏天，还在睡梦中不断咂嘴。靠窗的高个儿女人不耐烦地点着面前的电视屏幕。她找不到什么感兴趣的，但又不想放弃，不断按来按去，越发懊恼。

为了打发时间，我开始翻看随身带的那本小巧的土库曼语词典。我将前往的另外四个国家有大量的自学语言课程，附带课本、练习册和DVD，因为一时的自负，我把这些全买了。至于土库曼语，我只找到了这本不起眼的小册子，它半是词典，半是生存手册。第二部分包括一些实用的短句，比如：你结婚了吗？不，我是个寡妇。我不明白，请讲慢一点。作者把在这个国家旅行可能遇到的各种情况与问题逐步介绍了一遍：飞机要延误多少个小时？电梯能用吗？请慢一点！关于酒店的一节让人有理由感到担心：马桶堵了。水龙头没水了。停电了。煤气断了。窗户打不开／关不上了。空调罢工了。说完这些尚属一般、不算特别危险的问题，作者继续列举一些旅行者可能遭遇的更加令人惊恐的情况：抓小偷！叫救护车！以及更常用的短语：我没有这么做！我不知道这么做不对！最后有一章简短但生死攸关的关于检查站的内容。我背了一下：别开枪！以及最近：的边境线在哪里？然后把书搁在了一边。

靠窗坐的女人放弃了搜寻有趣的电视节目，此时大张着嘴，鼾声如雷。我就这么坐着，眺望窗外泛红的夜空。此后的八个月，我将到访五个世界上最年轻的国家：土库曼斯坦、哈萨克斯坦、塔吉克斯坦、吉尔吉斯斯坦和乌兹别克斯坦。1991年，苏联解体，这些国家有史以来第一次独立了。此后，我们鲜少听闻它们的消息。即便它们的国土面积覆盖四百多万平方公里，总人口超过六千五百万，我们多数人对这一区域的了解还是几近于零。

矛盾的是，使这块地方为西方世界"所知"做了最大贡献的是英国喜剧演员萨夏·巴伦·科恩（Sacha Baron Cohen）。他的电影《波拉特：为建设伟大祖国哈萨克斯坦而学习美国文化》（*Borat: Cultural Learnings of America for Make Benefit Glorious Nation of Kazakhstan*）在欧洲和美国大受欢迎。科恩之所以决定让波拉特来自哈萨克斯坦，恰是因为实际上根本没人听说过这个国家。这样他便享有充分的艺术自由。片中背景设定在波拉特所在的哈萨克斯坦村庄的部分，其实根本不是在哈萨克斯坦拍的，而是在罗马尼亚。《波拉特》是苏联解体之后第一部在俄罗斯被禁的非色情片。哈萨克斯坦当局威胁称要起诉电影公司，但最后意识到这会进一步损害国家声誉而作罢。一部滑稽的电影成了我们关于哈萨克斯坦最重要的的参考资料，这足以说明我们对这一区域的无知：哈萨克斯坦是世界第九大国家，可这部电影首次放映之后许多年，哈萨克斯坦还被称为"波拉特的祖国"，甚至一些严肃新闻媒体也是如此。

一般而言，位于中亚的后苏联国家，无论何时被提及，都是被凑到一起，变成"突厥斯坦"，这是19世纪的称谓；它们也被简单地称为"斯坦国"（Stans），或者是唐老鸭漫画里的"遥远斯坦"（Farawayistan）。"斯坦"这个后缀来自波斯语，意为"地方"或"土地"。因此土库曼斯坦的意思就是"土库曼人之地"，而突厥斯坦可以翻译成"突厥民族之地"。尽管有同样的后缀，但这五个斯坦国彼此之间迥然不同：土库曼斯坦超过 80% 都是沙漠，而 90% 以上的塔吉克斯坦国土是山地。哈萨克斯坦因为石油、天然气和煤矿富甲一方，近年甚至申办过冬奥会。土库曼斯坦也有储量丰富的石油和天然气，但塔吉克斯坦却一贫如洗。在塔吉克斯坦的许多城镇与村庄里，到了冬天，居民每天只能用几个小时的电。土库曼斯坦和乌兹别克斯坦总统无所不能；但在吉尔吉斯斯坦，人民已经罢免了两任总统。

尽管这五个国家在许多方面都颇为不同，但它们拥有共同的起源与命运：从 1922 年到 1991 年，近七十年的时间里，他们都是苏联——那个在世界史上空前绝后的大型社会实验——的一部分。布尔什维克废除了私有制和其他个体权利。其目标是一个共产主义的无阶级社会，并且为了实现这一目标不惜一切代价。每一个社会领域都经历了根本的改变。经济上实行野心勃勃的五年计划，农业实行集体化，重工业的发展差不多从零开始。整个苏联社会是一个完善得惊人的体制。个体服从公共利益：整个民族被流放，千百万人因其宗教、智识和经济背景被划为"人民的敌人"。他们或被处决，或被送去帝国边远地区的劳动营，想要生还，渺无希望。

曾经这里疮痍遍布，这场社会主义实验是一场生态灾难。但并非苏联的一切都这么糟糕。布尔什维克在学校与教育上投入巨资，此前苏联的许多地方文盲普遍，中亚便是如此，而布尔什维克几乎成功消除了文盲。他们大力投资公路与基础设施建设，保证所有苏联公民都享有医疗保障，以及芭蕾、歌剧等社会保障与文化福利。如果你会说俄语，西至卡累利阿

(Karelia)，东到蒙古草原，你在各地都能交流无碍，并且，无论你到哪里，都能看到旗杆上飘着共产主义的红旗。从波罗的海的港口到太平洋的海岸，社会都以同一种意识形态模式组织，全都是苏联统治阶级掌权。在其顶峰时期，苏联覆盖了地表的六分之一，是超过一百个民族的家园。

在我成长的年代，苏联的终结已在眼前。我小学二年级时，庞大的苏联开始处处崩坏，之后迅速解体。1991 年秋天，世界地图变了：曾经一起组成了苏联——也就是苏维埃社会主义共和国联盟——的 15 个共和国摆脱这个联盟成了独立的国家，几乎就在一夜之间。几个月的时间里，东欧有了 6 个新国家：爱沙尼亚、拉脱维亚、立陶宛、白俄罗斯、乌克兰和摩尔多瓦。中亚多了 5 个新国家：哈萨克斯坦、吉尔吉斯斯坦、乌兹别克斯坦、塔吉克斯坦和土库曼斯坦。3 个新国家在高加索地区诞生：格鲁吉亚、阿塞拜疆和亚美尼亚。[1]

1991 年 12 月 26 日，苏联正式解体。

然而，旧地图仍在学校挂着，我上学时一直没换。老师会定期展开地图，将那些新国家指给我们看，但地图上没有任何边界标识。有许多年，我们面对的都是：那个幅员辽阔的超级大国虚的边界已然不复存在，而那些新国家不可见的边界却是真切的。我记得自己曾为苏联的幅员和地理跨度而着迷。苏联，

---

[1] 不过车臣和其他高加索山脉以北的共和国仍为俄罗斯的一部分。这些地区在苏联时期并未获得完全的苏维埃加盟共和国的地位，而是苏维埃社会主义自治共和国，也就是说，是俄罗斯苏维埃联邦社会主义共和国的联邦成员。这样的苏维埃自治共和国共有 44 个，在 1991 年，其中没有一个获得独立。

这个像"南斯拉夫"和"二战"一样已经在历史中落满灰尘的名字，曾经是我们最近的邻国。

我第一次跟原苏联地区打交道是与一大群芬兰退休老人一起。我高中最后一年是在赫尔辛基上的，当时买了一张便宜的圣彼得堡大巴旅游票。我们一进入边境管制，就出现了肃穆的气氛：武装士兵五次上车检查我们的护照和签证。我们在维堡（Vyborg）下车用午餐，几个退休老人突然哭了起来。

"以前这个小镇多美啊。"一个老妇人说。

两次世界大战之间，维堡（芬兰语称为 Viipuri）是芬兰的第二大城市。到了"二战"之后，芬兰人不得不将卡累利阿的这一块地割让给苏联。衰败的迹象处处可见：大块大块的油漆从建筑物墙面上剥落，人行道坑坑洼洼，人人脸上阴沉严肃，衣着也多是黑的暗的。

我们在圣彼得堡的一栋混凝土大楼入住。这座城市有着宽阔的道路、破旧的无轨电车、颜色柔和的古典建筑、态度粗鲁的售票员，散发着一种既扣人心弦又充满敌意的感觉。它既丑陋又美丽，既令人生厌又引人入胜。我打定主意，再也不会来这儿了，但我回到赫尔辛基不久就买了一些俄语教材。之后的几年，我背诵词汇和变格，艰难地学习完成式与未完成式，站在镜前练习软硬辅音。我又去了圣彼得堡和莫斯科几次，也去了苏联时期的边境地区，去过北高加索、乌克兰和摩尔多瓦，也去过阿布哈兹（Abkhazia）和德涅斯特（Transnistria）这两个已经独立的共和国。从奥塞梯（Ossetia）的群山到克里米亚半岛的棕榈树，从冷清的基希讷乌到交通拥堵的莫斯科，到处都可寻见苏联的痕迹。苏联在建筑和人身上留下了印记，各个地方看上去如出一辙，无论中间隔了几百公里。

虽然关于当代俄罗斯的观点从极度崇拜到认为其无能、对其厌恶都有，但我在每个地方都遇到过同一种对苏联时代的怀念。实际上每一个年纪大到足以对苏联有记忆的人，都想念那段美好的旧时光。这起初令我颇感意外，因为我们之前的教育中只有劳动营和驱逐、持续的监视、绝望低效的经济体系，以及环境灾难。没有人告诉我们还有便宜到约等于免费的机票，疲惫的工人可以拿着补贴住海边的疗养院，所有人都可以上免费的托儿所和学校，更别说还有各种各样的好消息。在戈尔巴乔夫上台之前，报纸和新闻广播都充斥着好消息和正面报道。根据官方媒体的报道，苏联的一切都顺畅无阻：没有犯罪，从无意外，每过一年，胜利就会达到新高度。

在俄罗斯和其他原苏联加盟共和国的旅行次数越多，我对这个帝国的边缘就越好奇。许多在19世纪被俄国殖民，之后成为苏联子民的民族群体，在外貌、语言、生活方式、文化和宗教上都与俄国人大相径庭。

对中亚人来说尤其如此。当俄国人到来时，在最北边地区，也就是今天的哈萨克斯坦、吉尔吉斯斯坦和土库曼斯坦，大多数人都是游牧民。当时不存在真正的国家，社会也是根据部族从属关系松散组织的。在南部，也就是如今乌兹别克斯坦和塔吉克斯坦所在的区域，人们过着定居生活，但是在长达几个世纪的时间里，他们一直与世隔绝，因此社会在许多领域都停滞不前。希瓦（Khiva）和浩罕（Kokand）的封建汗国，以及布哈拉（Bukhara）酋长国——今天它们都是乌兹别克斯坦的国土——因此轻易就成了俄国大兵的战利品。游牧部落和中亚人大多是穆斯林。在撒马尔罕（Samarkand）和布哈拉的街道上，女人传统上会用衣服裹住全身，一夫多妻盛行，游牧民族也是如此。在 11 世纪，像布哈拉和撒马尔罕这样的城市是重要的科学与文化中心，但在俄国人抵达时，这一智识的黄金年代早已远去：一百年前，中亚能够读书认字的人寥寥无几，存在的少数几所学校主要专注于宗教研究。

　　纵观各个时代，许多民族——波斯人、希腊人、蒙古人、阿拉伯人和土耳其人——都攻占过中亚[1]。这些频繁的侵略是中亚地处东西方之间须付出的代价。但一千多年前，正是由于这一位置，中亚的许多城镇因为连通了亚洲与欧洲之间的丝绸贸易而蓬勃发展。

　　然而，迄今为止，还没有哪个外来势力如苏联当局那样，深入系统地干预了中亚人的日常生活。在沙皇治下，俄国人主要关心经济收益，于是他们引进棉花种植园，并控制中亚市场，但很少干涉当地人的生活。布哈拉的埃米尔[2]甚至被允许保留王位，只要他按照俄国人说的做。但苏联当局却有更雄心勃勃的议程：他们要建立一个乌托邦。短短几年内，中亚人民被迫从

1　中亚有多种不同定义：阿富汗通常包含其中，有时候俄罗斯和中国的部分地区也　包含在内。然而，中亚的现代定义始终包括我在本书中写到的国家：土库曼斯坦、　哈萨克斯坦、塔吉克斯坦、吉尔吉斯斯坦和乌兹别克斯坦。除非另有说明，否则　我所说的中亚就是指这些国家。
2　埃米尔（Emir），君主称号，也有酋长、国王等译法。——译者注

基于部族的传统社会过渡到严苛的社会主义社会。从字母表到女人的社会地位，一切都要改变，如有必要，苏联还会诉诸武力。当这些剧变发生时，中亚实际上已经从世界地图上消失。在苏联时期，中亚大部分地方都密不透风地对外封闭着。

苏联统治的年月对这些国家、生活在那里的人们，以及城镇与大自然留下了怎样的印记？苏联之前的原生态文化，还有幸存的吗？以及最为重要的，土库曼斯坦、哈萨克斯坦、塔吉克斯坦、吉尔吉斯斯坦和乌兹别克斯坦在苏联倒台之后的这些年发展得如何？

登上去阿什哈巴德的飞机时，我的笔记本上就是这些问题。我选择从土库曼斯坦开启旅行，因为它是那张最不确定的牌。每年只有几千名游客进入这个国家，签证要求严苛。外国记者几乎从不被允许进入，少数几个获得官方批准的记者还时时有人跟着。我申请签证时说自己是学生，但这其实不是谎话，我还是奥斯陆大学登记在籍的学生。经过与旅行社几个月的邮件往来，我的邀请函终于得到确认，距离我启程的日期只剩两周。我终于能订机票，开始准备行程了。

我们在夜空中每飞行两个小时，就能把钟表往前调一小时。飞机减速，开始降落时，红彤彤的太阳在东方发光。轮胎一触到地面，所有乘客就解开了安全带。穿着土耳其长袍的男人跌跌撞撞地在过道上拾掇手提行李，客舱机组人员早就放弃了，懒得再跟他们理论。透过椭圆形的塑料窗，我瞥见了新的机场航站楼，表面覆满白色大理石，在早晨的阳光下闪闪发光。

我从没觉得离家这样远过。

大理石之城

所有这些大理石让我眼花缭乱。公寓楼群拔地而起，像一片被积雪覆盖的森林，它们高耸、典雅，但全无特点。无论我转向哪里，都是一样的：闪亮、洁白的大理石。车子在高速行驶，我透过车窗狂拍照片，像个兴奋的日本游客。多数照片都不能用。

公寓楼之间的道路配得上这个石油富国：有八车道宽，路灯设计特别，光线洁白。路上的车一只手便数得过来，全都亮闪闪的，一尘不染。显然奔驰最多。宽阔的人行道上看不到一个行人，只间或有几个配备了红色闪光指挥棒的警察，每两辆车经过，他们便要挥棒拦下一辆，大概是无聊极了。

这城市里的一切仿佛都属于未来，甚至连公交站台都有空调。但是不见未来的人类。这里与机场的嘈杂形成了鲜明对比：奢华的大理石建筑不过是空壳，街道空无一人。只有沟渠旁边站着好些人。一大群身着橘色马甲的女人弓着腰，为了遮阳包住全脸，她们正为保持城市清洁而奋力工作。她们又剪又耙、又扫又挖，看上去就像游击队员。

"阿什哈巴德如今变成了一个美丽的城市，多亏了总统。"我的司机阿斯兰如此说道。阿斯兰三十多岁，面色苍白，是一个年幼孩子的父亲。最后五个字他说得很快，像是自动加上去的，就像穆斯林每次提到先知都要接"愿他平安"，也像我们常常脱口而出的礼貌用语"也谢谢你"或者"上次多谢啦"。我不久便发现，这种对总统的致敬有不少变体，但他们说的时候都带着不变的庄严。

阿什哈巴德就是为了让游客惊叹而建的。"看看我们取得了多大的成就！"大理石建筑似乎都喊出声了。"看我们！看我们！"世界媒体或许并不总是紧密关注着在这个中亚沙漠国家发生的事，但《吉尼斯世界纪录大全》早就注意到这个奇特的国家了。2013年，首都居民庆祝了又一项新纪录：阿什哈巴德正式成为世界上每平方公里有最多大理石建筑物的城市。据说因为土库曼人对大理石无法餍足的胃口，意大利卡拉拉（Carrara）采石场里的大理石快被掏空了。在那之前，阿什哈巴德的居民就已经可以吹嘘自己的城市拥有世界上最多的喷泉，尽管土库曼斯坦80%以上的国土都是沙漠。在八车道大马路之外，贫瘠荒芜的沙丘向四面八方延展开去，但在这白色大理石墙内，源源不断的水流奔涌、倾泻。无论你走到哪里，都能听到潺潺的水流声。阿什哈巴德也拥有世界上最大的封闭式摩天轮，那是一座令人惊叹的47.6米高的全玻璃建筑物，有缓慢转动的封闭客舱。土库曼斯坦电视台中心有211米高，是世界上最大的星形建筑。世界上最高的旗杆一度也在阿什哈巴德，但是这个纪录早已被其他原苏联加盟共和国打破了。

只有声名卓著的项目才能使用意大利大理石。奢华的公寓楼用的材料虽然稍微次一些，但也是大理石。至于总统府、各种政府部门，以及壮观的清真寺，只有最好、最贵的大理石才配得上。这些宏伟建筑都是由外国公司设计和建造的，主要是法国和土耳其公司。工程师们为给每个部门赋予独特外观颇费了一番心思：外交部的楼顶上有个蓝色地球，教育部的形状像一本半开的书籍。牙医学院看起来像一颗牙（无疑有来自现任总统的创意，因为他是一名专业牙医）。新闻署也形似一本书，但这次是一本完全打开的书。书右手页的顶端有首任总统金色的侧面轮廓像，像一个花式大写字母般闪着光。

两个总统在土库曼斯坦无处不在。每个城镇都还有萨帕尔穆拉特·尼亚佐夫的金色塑像，他被称为土库曼巴希[1]，是这个国家自苏联解体后的第一任总统，任期一直到他 2006 年去世才结束。首都遍地都是此类塑像，个个简直都一模一样：一个站得笔直的官僚，穿西装、打领带，一副果决、有远见的模样。他的继任者库尔班古力·别尔德穆哈梅多夫，人们多称他为新总统，则选了一种更现代的方式：肖像照。他巨大的、父亲般的脸在首都挂得到处都是。他在每张照片里都面带微笑，一种浅浅的、神秘的、蒙娜丽莎式的微笑。我第一次看到他的肖像是在机场的入境检查处，接着是在城门口，然后又在酒店前台——一整面墙都是他的肖像。在土库曼斯坦，你永远不会孤

1　土库曼巴希的字面意思是"土库曼人的领袖"。——译者注

单。无论街道多么荒凉，都有总统们在看着你。

我把手伸出汽车窗外不断按下快门，直到食指酸疼发麻，拍到了半个地球、金色穹顶，以及荒凉的八车道大马路。阿斯兰人很好，为我放慢了速度，但没有停下。街上有很多警察时，他会叫我把相机藏起来。出于某些不明确的安全原因，所谓的战略性建筑是严禁拍摄的，比如总统府和奢靡的政府大楼。这儿还有许多行政大楼，拍这些大楼也是违法的。但另一方面，那些纪念馆和周年纪念碑，我可以想拍多少就拍多少。国家独立的每一个里程碑都有宏伟的雕像和喷泉来纪念：五周年纪念、十周年纪念、十五周年纪念和二十周年纪念都在城市风景中留下了清晰印记。独立纪念碑象征着1991年脱离苏联，而宪法纪念碑则庆祝土库曼斯坦新颁布的宪法。这个国家显然有很多东西想要证明，有一整个大城市要去填满。莫斯科的苏联当局从未将阿什哈巴德当作优先事项过。俄国人早在1881年就在这里建了一个驻防城镇，之后一个现代城市逐步在沙漠中形成。1948年，短短数秒内，一场强地震让整个城镇沦为废墟。成千上万人在此丧命。苏联当局重建了城市，但并没有投入太多热情。他们建了那种常见的灰色混凝土公寓楼，分批为必要的游乐园运来碰碰车和摩天轮，清理道路，建了几个绿地公园，重开了地方博物馆，博物馆里展示一些常见的动物标本和陶器碎片。苏联的城镇规划者如今大概认不出他自己规划的城镇了。

"这是奥林匹克村。"我们开车经过另一排巨大的大理石建筑时，阿斯兰向我解释。白墙上贴着滑冰运动员和颁奖仪式的巨幅海报。"游泳池已经建完了，多亏了总统的远见。溜冰场也建好了，还有运动员的公寓。"

"我不知道土库曼斯坦要举办奥运会。"我说。

阿斯兰看了我一眼，一副受伤的表情。

"我们 2017 年要举办亚洲室内暨武艺运动会。"[1] 他告诉我。

我不知道原来亚洲有自己的奥林匹克，但我什么也没说。此时还不到午饭时间，我已经觉得头晕目眩。相机屏幕上的电池标志闪着红光。我一般会自己做旅行计划，但在这里我是旅行社行程的奴隶。除了那些持短期过境签证匆匆经过这个国家的人以外，想要游览土库曼斯坦的游客都得让国家授权的旅行社安排行程。于是，外国人在这个国家期间，旅行社一天二十四小时都要为他们负责，少有单独活动的时间。自第一任总统去世之后，规定放宽了一些，现在游客还是能在阿什哈巴德单独走走的。这儿有那么多警察，他们依然时刻处于监视之下。接下来的三周，旅行社派至少一名代表全天候陪我到处逛，除了晚上。三周是游客在这个国家能待的最长期限。

阿斯兰转进一个巨大、空旷的广场。一座豪华宅邸俯视广场的一端，奢华的入口装饰有希腊式立柱，一个蓝色洋葱形圆顶直冲天空。立柱上两匹金色飞马问候着游客。

"这是总统府吗？"我惊叹不已。

1　亚洲室内暨武艺运动会于 2017 年 9 月在阿什哈巴德举办。亚洲奥林匹克理事会的全部 45 个成员国都参加了，大洋洲国家奥林匹克委员会的 17 个国家也参加了，这对他们来说是第一次。不要跟亚运会混淆，亚运会也是由亚洲奥林匹克理事会组织的，每四年举办一次，最近一次是在 2018 年的印度尼西亚。——译者注

"不是，你疯了吗？我们的好总统住在市区外一个有门控的社区。这是国家历史博物馆，是第一任总统在1998年设立的。"阿斯兰买好门票，把我送进了移动门内。一名警卫在我步入大厅时按亮了灯。内部是褐色的苏联风格，与外部的巴洛克风格形成鲜明对比。穿着长裙的女人靠墙站立，悄声跟彼此说着话。我的导游艾娜二十出头，还穿着学生装：红色及踝长裙，刺绣前襟，还有黑色平顶帽。长长的黑发编成两条辫子，这是年轻的土库曼女人惯常的打扮。她冷冰冰地打了声招呼，吩咐我进电梯。

"来博物馆的人多吗？"我问，主要是为了说点什么。

"多。"艾娜回答，没有丝毫反讽的意思。

"只是今天不多？"

"对。"她说，语气同样严肃。

艾娜宛如一台机器。她配备了一根教鞭，有效率地带我浏览了土库曼斯坦长达五千年的悠久历史。她飞快地报出许多年份和听起来外国味十足的人名，声音毫无起伏变化。好几次，我不得不请她再说一遍，哪个哪个城镇是什么时候建成的，这个或那个帝国存在于哪个时间段。艾娜回答我的所有问题时，前面都会带一句恼火的"我都说过了……"

艾娜高效地带我经过陶器碎片、黄金首饰和装饰精美的牛角酒杯时，我突然明白，原来我对世界的这个部分了解得如此之少。远在罗马人成为罗马人之前，这里就已经有了繁荣的文化与城市，有像米底王国（the Medes）、阿契美尼德王朝（the Achaemenids）、安息帝国（the Parthians）、萨珊王朝（the

Sasanians）和塞尔柱帝国（the Seljuks）这样伟大的王朝，也有像马尔吉阿纳（Margiana）和花剌子模（Khwarazm）这样强大的王国……这个国家夹在东西方之间，暴露无遗，能够用来自我保卫的除了环境恶劣的沙漠别无他物，因此多年来经历了诸多侵略与政权更迭，这让情形变得更为复杂。

"当时东部不是信奉佛教吗？"当艾娜开始讲述土库曼斯坦东部的伊斯兰陶器时，我困惑地问。

"我都说过了，那是 8 世纪伊斯兰入侵之前。"

根据行程表，下午我可以自由活动。我穿着夏天穿的轻便鞋子，用这段空闲时间在宽阔、空荡的街上闲逛。现在是 4 月初，天气如挪威的夏日般温和。但土库曼斯坦的夏天却与温和毫不沾边：气温常常能达到五十度。难怪他们斥资建了带空调的公交候车亭。

面无表情的警察一直紧盯着我。不时有一群学生跑过，女孩穿红裙，男孩是西装衬衫，之后我又是独自一人。建筑物墙面上的新总统用温和、神秘的目光注视着我。有一瞬间我感觉自己穿越回了五六十年前苏联的全盛时期，那时在街上看着他的好同志们的是斯大林。那一时期的艺术家有一种独特的诀窍，独裁者但凡有一丁点儿好品质，他们就能捕捉到：虽然斯大林本性冷酷，个性偏执，又独裁专制，但他们总能设法让他看起来和善、体恤他人，几乎像个慈父。新总统肖像背后的那位摄影师显然也有同样的天分。画框中巨幅照片上的男人面容和善，脸虽然圆圆的，但并不显得肥胖臃肿。相反，他面带神秘的微笑，用关怀的眼神俯瞰城市街道，显得精力饱满。

　　购物中心奢华的外立面覆盖着金色装饰、大理石和霓虹灯，放到迪拜的时尚购物街也绝不会有任何不妥，但外表具有欺骗性。进入内部，它们就像任何陈设简陋的市场一样，大厅灯光昏暗，货架上是廉价的土耳其服饰和劣质化妆品。整个国家只有三台接受国际卡的自动取款机，其中一台就摆在索菲亚乌古兹肯特酒店（Sofitel Oguzkent Hotel）豪华大厅里的显眼位置。我试了一下，把卡插进去打算取 50 美元。连接失败，屏幕上闪着这样的信息。

　　黑暗一旦降临，这座城市就成了灯光的节庆。每一块大理石都被精心照亮，喷泉和水渠不断变换着颜色。没有一个角落被遗忘在黑暗中。

　　"阿什哈巴德在夜里更加漂亮。"阿斯兰说。他来接我去用餐，那是首都最好的餐厅之一，从顶楼可以俯瞰整座城市。起初我一人独享了整个室外露台，但很快露台就被衣着光鲜的宾客占满了。男人穿着量身定制的意大利西装，女人穿着闪闪发光的紧身时装。视野所及，没有人穿及踝的裙子，梳长辫子或戴头巾。服务生端着饮品和果汁走出来，托盘上的酒水像被照亮的水道一样五颜六色。音乐从音响中喷发而出。此时是八点钟，派对已经变得热火朝天。

　　我吃完最后一勺甜点时，派对已经结束了，人们开始收拾东西准备离去。在土库曼斯坦的首都，所有的场所在晚上十一点必须关闭，无论是在工作日还是周末。开到这个点以后的酒吧和餐厅，有被立即停业和被判巨额罚款的危险。

回到酒店，我走进洗手间准备洗漱睡觉。洗手池边有个烟灰缸。整个房间到处都是发酸的陈年烟味，可无烟房根本订不到。第一任总统土库曼巴希在 1997 年做了心脏手术，之后他不得不为此戒烟，于是他颁布了公共场所禁烟令。阿什哈巴德现在只允许在室内抽烟。

我很快换了衣服，突然觉得有点不好意思。旅游手册警告过，每个供外国人居住的酒店房间都装了窃听器。也许他们还安装了摄像头？我掀起两幅花卉油画看了看，检查了抽屉，查看了电话、电视和冰箱，没有发现什么。但是我无法摆脱有人正在看着我的这种感觉。我躺在薄薄的被单下面，感觉床垫的弹簧紧压着我的背。闭上眼睛，大理石高楼森林在我的周围摇晃，那些高楼上都装饰着总统天真的微笑和神秘莫测的褐色眼眸。

灵魂之书

一个不公的统治者就像一个种下玉米而盼望麦子的农民。

——《灵魂之书》(*Ruhnama*)

田野尽头闪闪发光。几个农民正在田里锄地。他们穿着简朴、肮脏的棉布衣服，身后是一个巨大圆顶，像旭日一样闪着金光。新近铺成的宽阔柏油路上没有别的车。一座高高的大理石拱门欢迎我们来到吉普恰克（Gypjak），这里是首任总统的出生地。

萨帕尔穆拉特·尼亚佐夫，人们更多地称他为土库曼巴希，他是世界史上最怪诞的独裁者之一。他于 1940 年 2 月 19 日出生于吉普恰克，当时这里还只是阿什哈巴德市郊一个不起眼的小村子。他的父亲死于"二战"期间，据说曾英勇地抗击德国人。他的母亲死于 1948 年的强地震，那场地震将阿什哈巴德夷为平地，也让八岁的萨帕尔穆拉特沦为孤儿，这是当时许多人共同的命运。战胜纳粹让苏联也付出了沉重的代价：两三千万人在战争中丧生，千百个城镇与乡村沦为废墟。重获和平的喜悦被食物短缺和疾病遮蔽。人们成群地死去，成千上万的儿童流落街头。

成年以后的萨帕尔穆拉特榨取了自己悲惨背景的一切价值，但他其实是幸运的一个。他从没有流离失所过。当局将他安置在一个孤儿院，并给予他照顾。他在那里短暂待了一段时间，之后他的一个叔叔将他接走。他被送去阿什哈巴德最好的学校，后来去了负有盛名的列宁格勒加里宁工学院继续深造，并从电气工程系毕业。虽然列宁格勒的求学生涯没有将他变成一个重量级学者，但当时拥有类似背景的土库曼人尚是少数，于是政坛便向孤儿萨帕尔穆拉特大敞其门。

他在政界晋升很快。1985年，一场贪污丑闻将土库曼斯坦的许多职业政客拉下了马，之后，尼亚佐夫爬到了顶峰，被委任为土库曼斯坦共产党第一书记。他在苏联时期是出了名的最不支持改革的领导人之一，并且是戈尔巴乔夫改革运动的强烈反对者。尼亚佐夫希望维持一个强有力的联盟，这似乎也是土库曼人的愿望：1991年3月的一场全民公投中，99.8%的人投票支持继续留在苏联，如果该数据可信的话。

土库曼苏维埃社会主义共和国是整个帝国最穷的加盟共和国之一，这里的生活并不好过，但是大多数人的生活水平在苏联统治下的确有了缓慢提升。儿童进了学校，无论老少，都获得了医疗保障。公路、铁路和飞机航线将这个国家与苏联的其他加盟共和国连了起来。看到这些背景，便不难理解，在1991年8月一群反对戈尔巴乔夫改革的人企图发动政变时，尼亚佐夫为何是个不动声色的支持者。政变失败之后，在大多数人看来，情势已经一清二楚，苏联已经时日无多。尼亚佐夫被迫改变行动方针，发生政变两个月后，10月27日，经过第二轮全民公投，土库曼斯坦宣布成为独立主权国。根据土库曼当局的信息，这次有94%的人支持土库曼斯坦脱离苏联。

土库曼斯坦宣布独立的同时，阿什哈巴德的最高苏维埃投票确定总统人选。尼亚佐夫以98.3%的多数票当选。在总统任期的最初几个月，他只做了一些象征性的变动。土库曼斯坦共产党更名为土库曼斯坦民主党。其他党派还是不允许执政的，因此土库曼斯坦仍然是一党制国家。多数在苏联时期占据重要岗位的政客，在独立的新土库曼斯坦都担任了相似的职位。

同年12月，第一批令人担忧的迹象开始出现。一部关于"总统的荣誉与尊严"的新法律颁布了，根据这部新法，任何与总统意见不一致的人都可被免职。同时，一项长期的"稳定计划"也启动了：经过十年的稳定期，土库曼斯坦会安全地进入21世纪——这个新世纪被称为未来乌托邦：Altyn Asyr，黄金时代。

经过苏联七十年的统治，宣传机器在个人崇拜这一点上已经可以高效运转，开始巩固尼亚佐夫的国父形象。1992年就出版了好几本对他无限吹捧的书，全是国家出版社出版的。跟约瑟夫·维萨里奥尼斯·朱加什维利（Iosif Vissarionovich Dzhugashvili）成了斯大林（意为"钢人"）一样，1993年，萨帕尔穆拉特·尼亚佐夫也正式成为土库曼巴希，即土库曼人的领袖。学校、街道、村庄、清真寺、工厂、机场、伏特加品牌、香水，甚至于克拉斯诺沃茨克这个位于里海的旧俄国驻防城镇，都被更名为土库曼巴希。假如有陨石在土库曼沙漠落地，这个天体应以谁的名字命名是毫无疑问的。官方大为兴奋地采用了一条口号，它与纳粹的口号惊人地相似："同一个民族，同一个祖国，同一个土库曼巴希。"

人们高效地清除了街头的列宁像和马克思像，代之以土库曼巴希穿西装、打领带的金色塑像。为数不多的到访这个国家的游客，只允许拍这些怪异的、批量生产的塑像，而且只能拍全身照——因为要照土库曼巴希，只允许照全身。等到1993年土库曼斯坦拥有自己的货币马纳特（manat）时，所有的钞票上都印了土库曼巴希的头像。三家国有电视台播送的画面在荧幕右上角都有一个金色的总统侧面像。土库曼巴希的脸无处不在，连伏特加酒瓶上都是，这样的情况似乎会永远持续下去：1999年，他被封为"终身总统"。两年后，他给自己的头衔加了一个beyik，"伟大的"。那个八岁孤儿已经长成为伟大的萨帕尔穆拉特·土库曼巴希总统。

在对外政策上，最初不支持独立的土库曼巴希明确指出要与原苏联加盟共和国保持距离。早在1993年，他便决定弃用人们使用逾五十年的西里尔字母表，代之以拉丁字母表的特殊调整版本。推出使用新字母表的新课本需要时间，因此许多年里，土库曼学童没有教科书可用。教师和官僚也没有得到关于新字母表的训练，导致许多成年人在阅读和书写自己的语言上至今仍有困难。土库曼斯坦也是唯一对俄罗斯和其他后苏联国家的国民设置签证要求的原苏联加盟共和国。当前土库曼斯坦的准入条件达到了全世界最严格的级别，只有少数几个国家的公民没有签证就能入境，比如委内瑞拉、蒙古国、土耳其和古巴。

1995年，土库曼斯坦获联合国认可为中立国，这是土库曼巴希最为自豪的政治功勋之一。此后所有官方文件在提到土库曼斯坦时都必须称之为"独立、永久中立的土库曼斯坦"。为纪念这一事件，土库曼巴希在首都市中心建了一座75米高的塔。他将其命名为中立柱（Arch of Neutrality），塔顶是他自己高达12米的金身塑像，穿着西装，身披超人般的斗篷。塑像晚上打着光，白天转着圈，因此他始终面向太阳。中立柱是阿什哈巴德最高的建筑，并成了这座城市的象征。到了晚上，人们聚集到这里，从塔顶的窗户欣赏城市全景。但对土库曼巴希来说，中立国的身份主要是一种实际的政治手段：他此时可以谢绝任何协定，或采取消极立场，不需要与其他原苏联加盟共和国合作。同时，他可以继续与可疑的邻国做交易，比如伊朗的神权政府和阿富汗的塔利班。

　　最初的十年稳定期结束以后，土库曼斯坦进入了黄金时代，土库曼巴希开始将自己当作圣人。他宣称自己为先知，是亚历山大大帝和先知穆罕默德的后裔。然后新世纪初的某一天，也就是黄金时代开启后不久，这个国家的公民醒来后惊奇地发现：一夜之间，总统的头发奇迹般地恢复了年轻时的样子。浓密的头发里，再也看不见一丝灰发。接下来的几个星期，不管是每一个教室挂在显要位置的玻璃相框里的肖像，还是城镇的每一面空墙上贴的巨幅海报，这片土地上成千上万幅总统的灰发旧照都换成了新肖像。总统对发型的兴趣尚未消减：这个奇迹发生后不久，总统颁布了一项新法规，禁止男人蓄长发和胡须。任何不符合这项新禁令的游客，到了边境都有被剪发和剃须的危险。

　　土库曼巴希对于本国妇女的穿着打扮也有明确指示。他已经下令，女学生应穿及踝的长裙，戴平顶帽，这样的打扮是在模仿传统土库曼服饰，虽然不是完全遵照历史。接下来他又干涉上电视的女人应该怎么打扮，禁止新闻女主播化妆。土库曼女人为什么要化妆？她们天生丽质！他还禁了马戏和歌剧，因为这些玩意儿不够"土库曼"。

这位总统越来越关注什么才是"土库曼"，以及"土库曼文化"。2001 年 9 月，期盼已久的土库曼巴希的杰作《灵魂之书》出版了。这本书收录了总统一系列个人演讲，这些演讲都是以"亲爱的土库曼人！"和"我亲爱的、挚爱的土库曼人民！"这样的短语开头。书里还包含零星几页总统手稿，页面上有删改的痕迹，用以表明这本书的确是总统自己写的。

这部上下两卷的书试图概述土库曼斯坦的历史，类似土库曼风俗和文化手册，中间还穿插着有关总统人格的抒情化描述："从五岁起，我便千百万次地感谢真主，因我在身体和灵魂上都继承了父母的光荣、高贵、耐心、高尚的心灵和专注。不管时代好坏，我的品格都不减反增。为了我的土库曼人民，我神圣的国家，我的祖国，为了过去与现在，为了将来的世世代代，这一源泉永远不会干涸。"按照土库曼巴希的说法，写作《灵魂之书》的目的是"通过清除所有的杂草与石块，重新打开国民自豪感日渐干涸的泉水，让它再一次自由奔流"，"为土库曼人"创作"第一部基本参考著作。这是土库曼思想、土库曼风俗与传统、目的、行动和理想的精华"。

像独裁者常干的那样，土库曼巴希在《灵魂之书》中对历史进行了相当奇特的改写。他把土库曼人的根源追溯到五千年前的挪亚时期。据更可靠些的资料来源称，土库曼部落在这个国家生活不超过一千年，他们是与其他突厥部落一道从东西伯利亚迁来此地的。总统的两卷书中几乎都没有提及部落之间的争斗和外部影响，而19世纪俄国的殖民和七十年的苏联统治被描述为"奴隶的枷锁"，阻碍土库曼人进入一个新的黄金时代——据说，上一个黄金时代是11世纪的塞尔柱王朝，当时的领导人是神话故事中的乌古斯可汗。真相是，俄国人在19世纪初抵达之时，尚不存在一个统一的土库曼国家，只有一些时常爆发冲突、联系松散的部落。诸如土库曼文化和国家、国家边界这样的概念，甚至土库曼字母表都是起源于苏联时期。土库曼巴希在列宁格勒接受教育，在戈尔巴乔夫在位期间登上权力顶峰，他自己正是苏联遗产的一部分，此时却在否认苏联的遗产。

《灵魂之书》的发行会让挪威出版商的市场部相形见绌。发行当天，土库曼巴希在阿什哈巴德揭幕了一块壮观的新纪念碑：一册巨大的《灵魂之书》，每天晚上的固定时刻，它会伴随肃穆的音乐，自动翻开。一个洪亮的男声通过广播朗读这部杰作中的几行句子，之后书的封面会再次缓缓合上。为确保人们读了《灵魂之书》，土库曼巴希把这本书纳入了小学和大学的课纲。一年级的孩子需要借助《灵魂之书》学习阅读，它也是土库曼历史课唯一的参考书。因此，土库曼学童们学到的是，车轮与机器人都是土库曼人发明的。

其他科目也都被《灵魂之书》渗透。甚至连数学课也以对《灵魂之书》的研究为中心。然而，这些对终身总统来说都还不够，

2004 年，他下令，取消高中教育及高等教育中的所有人文和自然科学学科，因为这些学科"晦涩难懂并与现实脱节"。取而代之的是更适当的课程，比如"在伟大的萨帕尔穆拉特·土库曼巴希领导下的政治独立""萨帕尔穆拉特·土库曼巴希的文学贡献"，以及"《灵魂之书》作为土库曼人的精神指引"。

　　需要阅读《灵魂之书》的不只各级学生，《灵魂之书》也是驾照的必考科目。伊玛目接到命令，要在清真寺宣讲《灵魂之书》——违抗者会遭到监禁。要在土库曼斯坦做生意的所有外国公司，都需确保《灵魂之书》已经有他们语言的对应译本。2005 年，《灵魂之书》上卷由一艘俄罗斯火箭发射上了太空。"这本书在地球上赢得了千百万人的心，现在要去征服太空了。"一家土库曼报纸这样评论。

　　尽管《灵魂之书》已经遍及地球，甚至有可能遍及宇宙，但它还是不能满足土库曼巴希在世上留下印记的需求。他立志以自己的形象来塑造这个国家，包括语言。2002 年，他决定修改日期和月份的名称。他声称，旧的名称借用了俄语，"不土库曼"。一年的第一个月以他的称号命名，土库曼巴希。二月更名为 Baydak，意思是"旗"，因为土库曼国旗庆祝日是在 2 月 19 日，这一天也是土库曼巴希的生日。四月被重新命名为 Gurbansoltan，这是土库曼巴希母亲的名字。他还把面包的名称从 chorek 改成了相当不便使用的 Gurbansoltan Edzhe，这是他母亲的全名。九月是《灵魂之书》发行的月份，理所当然就成了 Ruhnama。十二月改成了 Bitaraplyk，意思是"中立"。一周当中的每一天的命名则比较普通。周一更名为"第一天"，周四成了"正义日"，周日是"休息日"。阿什哈巴德的街道，除了一些主干道允许保留土库曼巴希这个街名，都用数字编号代替了原有的名称。

随后的几年，这个独裁者继续加强控制。全国所有的网络咖啡厅都关闭了，这实际上就意味着普通人再也无法上网了。继1991年关于"总统的荣誉与尊严"的法律之后，2003年，又有一部更严苛的新法律被颁布，它宣称，任何质疑总统政策的人皆为叛国者。除了马戏和歌剧，芭蕾也被禁了。因为总统受不了狗的气味，阿什哈巴德也禁止养狗。电视和大型活动也禁止播放录制好的音乐——一定得是现场演奏，不能对口型。

权力滋生腐败，绝对的权力绝对会导致腐败，英国历史学家阿克顿勋爵如是说。少有例子能像土库曼巴希的人生一样完美印证这句话。孤儿萨帕尔穆拉特·尼亚佐夫是如何成为禁止马戏和养狗，将反对者尽数投入监狱的独裁者土库曼巴希的？一种解释认为根源在于苏联体制，它腐败、独裁，并且有一套经过检验的个人崇拜传统。土库曼巴希是在这一体制下长大的，他只知道这些。苏联解体之后，莫斯科便再也没有人来控制他。他做事可以随心所欲。其他政要习惯于服从第一书记，当他将称号改为土库曼巴希之后也继续如此。他们别无选择，任何人，如果胆敢反对总统，很快便会锒铛入狱。每过去一年，土库曼巴希都变得愈加自大，其想法都变得愈加疯狂，但是，无论他去到哪里，人们都只待以深深的鞠躬与服从。他不要反对，也从不遭遇反对。他拥有绝对的权力。

尽管独立之后，土库曼斯坦可以保留天然气和石油出口的所有收益，但还是没有足够的资金来填补阿什哈巴德所有大理石工程的费用，或者满足土库曼巴希其他各种耗资甚巨的心血来潮。苏联解体后，土库曼斯坦在维持教育机构或医疗卫生服务上的资金投入很少，或者说压根儿没有投入。疫苗计划崩溃，卫生服务站既买不起设备，也没有药品供给。苏联当局从零开始建立起来的福利体制，如今从根基处崩坍瓦解。为粉饰苦难，医生被禁止做出艾滋或者肺结核这样的诊断结论。至于老师，也不准给学生打低分，义务教育从十年缩减到九年。这是土库曼巴希在苏联时期学到的策略。他把这一手段用到了极致：假如现实达不到预期，你只需做做表面功夫、鼓捣鼓捣数据，问题就解决了！

为了省钱，一万名教师被迫下岗。土库曼巴希说，毕竟他们也不是特别有用。2005 年，他下令关闭所有区级医院。约十万医务工作者被迫下岗，军人接替了他们的位置。土库曼巴希解释，如果需要医疗救助，去更高一级的城镇就医就行了。但土库曼斯坦很大，基础设施又差，所以许多人实际上无法获得医疗服务。当时的卫生部长库尔班古力·别尔德穆哈梅多夫，也就是现在的总统，被委派实行改革。同时土库曼巴希决定，刚毕业的医生不需要再立希波克拉底誓言，而要发誓效忠于他，伟大的土库曼巴希。接着他又下令关闭阿什哈巴德之外的所有图书馆，因为他相信《古兰经》和《灵魂之书》已经够读了。还要别的书干什么？反正乡下人也读不懂书，他辩称，与此同时决定再砍掉两年的义务教育。黄金时代开始了。

这些举措似乎还没有解决财政问题，因为就在土库曼巴希去世前，他还推出了另一项重大改革。这一次受影响的是退休人员。按规定，只有能够证明自己工作了二十年以上，并没有成年子女的人，才能领退休金。要领取全额退休金，则必须证明自己至少工作了三十八年。超过十万人，接近全部退休人员的 1/3，因为新政策失去了自己的退休金。另有二十万人的退休金被削减了至少 1/5。这项法规具有追溯性：那些不符合新标准的人需要退还此前两年多领的退休金。

衰败下去的不仅是这个国家的财政，还有土库曼巴希的健康。1997 年，他在德国做了一场大型心脏手术。这个手术自然是保密的。到了 2006 年他才选择告诉人们自己生病了，去德国做了手术。不过，他让"亲爱的、挚爱的土库曼人民"放心，德国医生确认，他已经完全重获健康，他甚至声称医生保证他至少可以活到八十岁。几个月后，就在 2006 年圣诞节前，土库曼巴希因一场严重的心脏病发作而去世，享年 66 岁。官方宣布的死亡日期是 12 月 21 日，但是国外的土库曼反对者认为这位总统几天前可能就已经死了。在公开这个消息之前，政府需要几天时间来考量。

土库曼巴希统治了这个国家二十一年，其中十五年的时间是个独裁者。为什么土库曼人能忍受他的暴政和怪癖如此之久？

简单的答案是，他们别无选择。土库曼斯坦的法律体系是世界上最铁板一块的法律体系之一。随意的监禁很常见，拷打被认为是常规的审问手段。安全警察和总统的私人保镖规模很大，广布各处，居民在法律上有义务报告他们遇到的所有对当局的批评，无论是说出口的还是未说出口的。因此多数人完全不愿谈论政治。除了判处长期监禁，批评当局的人还有被投入精神病机构、被喂药的危险，就像在苏联时期一样。惩罚的门槛非常低，几乎所有国家顶层政要和高级管理人员都曾在某个时期在牢里蹲过一段时间。

另一个答案就是甜头。早在 1992 年，尼亚佐夫通过了一项规定，这是他的稳定计划的支柱之一：所有必需的商品和服务，如电、天然气、汽油和盐都应免费。面包有丰厚补贴，于是人人都吃得上面包。没有人需要交税。工资很低，这是真的，失业率接近 60%，但至少人们开车的时候可以想开多久就开多久——前提是他们有车的话。

我们转进一个空荡荡的停车场。一束束阳光在金色圆顶上舞动。本来已令人注目的建筑有镀金的尖塔和大门，每一侧都有希腊式大理石柱子。它与阿什哈巴德的总统府惊人地相似，只是圆顶要更大。清真寺前面铺砌了砖石的广场新近清洗过，干净得几乎能发光。我又一次成了唯一的游客。

“土库曼巴希建造这座清真寺是为了纪念他的母亲，他的母亲死于 1948 年发生在这里的地震。”阿斯兰告诉我，“这是世界上第四大清真寺，承接的法国工程公司建造它花了整整两年时间。”

在土库曼斯坦，花这么长的时间盖房子显然是不太寻常的。一直到近几年，它还是中亚最大的清真寺，如今却被哈萨克斯坦首都阿斯塔纳的新清真寺超越了。我们穿过空旷的广场时，脚步声有回声。这里曾有一座金色的土库曼巴希大塑像，但他死后塑像就被移除了。

"在这么一个小村子建这么大一座清真寺是不是有点过分了？"我问。

"不会啊，这座清真寺也供周围村子的人用。"阿斯兰说。

一个神情严肃的年轻警卫跟着我们进入了这座神圣的建筑。当我们在星形地毯上四下踱步时，他流利地抖搂出一连串的数字：

尖塔高91米，这是为了纪念土库曼斯坦1991年获得独立。

我们脚底下的地毯是手工制成的，重量超过一吨。

这座清真寺可容纳一万名信众。

整个设施包含一个地下停车场，其空间足够容纳一百辆巴士与四百辆轿车。

金色圆顶的直径是50米，据说是世界上最大的。

他没有提到的是，圆顶在清真寺建成后几年时间里就变绿了，这说明会发光的不一定是金子。但它现在再次闪闪发光，就好像什么都没有发生似的。他也没有提到，穹顶上刻的铭文不是《古兰经》里的句子，而是歌颂总统和《灵魂之书》的口号。"《灵魂之书》是神圣的书，《古兰经》是真主阿拉的书"，一根柱子上刻着这句话。圆顶内部刻的句子在歌颂土库曼巴希，土库曼人的领袖。

我在想真的有人来过这里祈祷吗。

土库曼巴希清真寺旁边的陵墓相比较而言似乎朴素多

了——如果一座顶部盖着金色圆顶的大理石建筑也可以算作朴素的话。两个身穿阅兵服的守卫站在入口处。一个士兵命令我们将所有的随身物品留在外面，这才让我们进入那个光线幽暗的房间。

一条大理石栏杆将我们与土库曼巴希的墓穴隔开，那墓穴在下面的地下室里。一个黑色的大理石石棺，下面是星形的白色大理石基座，这就是他长眠的地方，围绕他的是那些死于"二战"或地震的家庭成员。一张靠墙的桌子上摆放着一本《古兰经》。令我惊讶的是，旁边竟然没放一本《灵魂之书》，尽管土库曼巴希下令这两本书应当在这个国家的每个清真寺平起平坐。但死了以后，他到底还是明显偏爱着其中一本的。

阿斯兰静默地站在我身边，低头看着墓穴，突然被一股巨大的庄严感攫住。在我们回到外面的阳光下之前，他迅速地擦去了一滴泪。

* * *

对我来说，要看一个国家发展得如何，一个最好的指标就是书店。书架上的选书通常比所有国家博物馆的展品加起来更能说明该国居民和政治人物的情况。位于阿什哈巴德的米拉书店据说是土库曼斯坦最好的书店。但它更像一个市政图书馆，开放时间飘忽不定，因而谁都没去过。破旧的俄国经典图书摞在靠墙排列的大箱子里，这些书全都是苏联出版商出版的。果戈里。陀思妥耶夫斯基的《白痴》第二卷。几本契诃夫戏剧。几本算法教科书。

我是唯一的顾客。这似乎开始成了惯例。

新书摆放在柜台后面的玻璃展示柜里，占着黄金位置。都是用了四色印刷、封面亮闪闪的大开本精装书。所有书的正面都有新总统库尔班古力·别尔德穆哈梅多夫的照片。骑在马上的库尔班古力，坐在桌前的库尔班古力，在土库曼沙漠中的库尔班古力，在网球场上尽情挥洒汗水的库尔班古力。多数的书也是他写的，根据主题陈列：从运动和健康到医药和政治视野。

"我想买一本讲库尔班古力·别尔德穆哈梅多夫的书，但是我的行李箱空间有限，"我解释说，"有没有普通开本的书？"

长得圆圆的书店店员开始在书架上搜罗，显然不太清楚书在什么地方。最后她找到一本比普通精装本小说稍大一点的。甚至还是英语的：《实现祖父梦想的孙子》（_The Grandchild Realising his Grandfather's Dream_）。封面的照片是被一群手拿土库曼斯坦国旗、满脸微笑的孩子簇拥着的新总统。

"我想再要一本讲第一任总统的。"我说。

听到我的要求，店员似乎惊了一下。"我看看我们都有什么。"她含含糊糊地答道，随后又一次消失在书架当中。她找书的时间里，我把所有的明信片都瞅了一遍。最后她回来抱歉地说，他们没有关于他的书了。

"连《灵魂之书》都没有了？"

经过又一番搜寻，她手里拿着一本粉色的书出现在柜台后面："很遗憾我们只有俄语版的，而且只剩第二卷。"

《灵魂之书》显然不再是考驾照的基础科目了。

　　我得亲眼看看奇迹，于是请阿斯兰开车去《灵魂之书》纪念碑。他说现在已经不常带游客去那儿了，但最后还是答应了。毕竟是在市中心，从米拉书店开车过去要不了多久。

　　那本粉色的书几乎有房子那么大。它坐落于巨大的开阔广场中央，被美丽的喷泉包围，从这儿可以看到一排大理石公寓楼。强聚光灯确保了这本书永远不会落到黑暗之中。喷泉后面有一个精心布置的舞台，但似乎已经弃置不用。我又是唯一的游客。粉色巨书周围的巨大广场荒芜且凄凉。大理石公寓的任何一扇窗户都没有丝毫亮光，看上去空荡荡的，似乎没人住。

　　"我不懂你为什么对《灵魂之书》这么感兴趣，"阿斯兰摇着头说，"那只是一本普通的历史书罢了。"

　　"它晚上几点会打开？"

　　"据说出了技术故障。它不会再打开了。"

　　我们默默无言地往前开。那些白色大理石此时不像之前那么让人震撼了。这一切透着一种单调、无趣和空虚。一位女战士正在向路边苗圃里的杂草发起进攻。

　　"新总统受欢迎吗？"我真诚地问道，心里完全清楚，为总统献上溢美之词是他工作的一部分。

　　"他特别优秀！"这回答是真心实意的，"电、天然气和盐，全都免费。你还见过哪个国家天然气和电是免费的吗？"

　　"没有，"我说，"你更喜欢哪个总统，第一任总统还是新总统？"

　　阿斯兰似乎在思考我的问题。

　　"第一任总统可能更好一些，因为那时候汽油都是免费的。

现在得付一点儿钱。但是我们以前不能上网，现在可以了。所以你看，很难比较。各有各的好。"

"很多网站被屏蔽了，"我反驳道，"比如 Twitter，还有 YouTube 和 Facebook。"

"这是为了保护年轻人。很多姑娘在 Facebook 上发自己的裸照。她们太年轻，不会考虑后果。我们的好总统只是希望保护她们，屏蔽了 Facebook，就能防止她们毁掉自己的人生和家庭名誉。"

"在 Facebook 上是发不了裸照的。"

"发不了吗？"阿斯兰看着我，傻了眼，"那我们的好总统为什么要屏蔽 Facebook 呢？"

新总统刚上任的那段时期，人权运动者和异见者心生希望：土库曼斯坦或将开始众人亟需的民主化过程了。库尔班古力·别尔德穆哈梅多夫做的第一件事就是推翻土库曼巴希一些最不得人心的决策。月份和日期恢复了旧称，老人重获退休金。义务教育重新增至十年，而不是像土库曼巴希希望的那样降至七年。芭蕾、歌剧和马戏的禁令解除。

但这种希望几乎甫一燃起便被浇灭了。没错，《灵魂之书》不再是小学课纲的内容了，但作为交换，学生们要读《实现祖父梦想的孙子》，也就是我从米拉书店买了英文版的那本书，以及《幸福之鸟》（*The Bird of Happiness*），这是一本介绍新总统成长背景的书。库尔班古力·别尔德穆哈梅多夫的父亲是一个小镇警察，如今他曾经的办公室已被改造成博物馆，他工作的单位以他的名字命名。2008 年以后，土库曼斯坦的大学生再也不用修《灵魂之书》研究课程了，但课程表上多了一门新课：别尔德穆哈梅多夫科学研究。

　　无疑，库尔班古力·别尔德穆哈梅多夫的职业道路极其精彩。他生于1957年，是家里的独生子，有七个姐妹。他在二十二岁时取得牙医执照，几年后完成学业，在莫斯科取得牙科学博士学位。他当了十五年牙医，之后在1997年被任命为卫生部部长。接着在2001年，他又兼任副总理，也就是这个国家占据第二大权位的人，因为当时的总统土库曼巴希兼任总理。土库曼巴希于2006年去世时，库尔班古力·别尔德穆哈梅多夫成了总统。按照法律，议会议长原本应在总统死后接任总统职务，但他在别尔德穆哈梅多夫就职的同一天被投进了监狱。

　　没有人能够解释土库曼巴希的私人牙医别尔德穆哈梅多夫为什么会继任总统。土库曼巴希统治期间，他是少数几个平安度过所有危机的部长之一，没有被免职或投入监狱。长久以来，一直有传言称别尔德穆哈梅多夫实际上是土库曼巴希的私生子，许多人还指出了这两个人在外貌上惊人的相似之处。假如是真的，土库曼巴希十七岁时，别尔德穆哈梅多夫的母亲就该怀孕了。一个更为可信的解释是，别尔德穆哈梅多夫设法成了土库曼巴希的心腹，并成功维持着这样的身份，他很擅长在权力等级中自我定位。假使美国外交官泄露的文件是可信的，那么他在其他方面不算特别有头脑："别尔德穆哈梅多夫不喜欢比他聪明的人。他本人不是很机敏，所以很多人都会引起他的怀疑。"[i]

　　别尔德穆哈梅多夫上台后，不仅继续对国家实行铁腕统治，而且改进了控制。和土库曼巴希治下一样，媒体几乎没有自由，在无国界记者组织世界新闻自由指数排行上，土库曼斯坦一直和厄立特里亚与朝鲜一起垫底。即使是很小的错误也会受到严厉惩罚——2008年的蟑螂事件就是一例。2月的一个晚上，九点新闻期间，一只褐色的蟑螂爬过新闻主播的桌面，演播室中没有一个人注意到。节目在当晚重播，带蟑螂的画面又播了一遍。电视监察部职员第二天早上上班，发现这一失误后，情况一片混乱。可以预料到，蟑螂的友情客串没有获得总统的好评，他当即下令立刻开除国家电视台的30名员工。

2010年，牙医自称Arkadag，即护国主。两年后，第一座他的塑像出现在首都。与土库曼巴希的金塑像不同，他的是白色大理石雕像。

又一次，我们开进一个空荡荡的停车场。我们来到一处偏远的田野，地处城镇与群山之间。耸立在我们面前的中立纪念碑是一座三脚拱门建筑，看起来很像20世纪70年代的未来主义航天火箭。有一台电梯可以从其中一只脚抵达塔顶。顶部有一座12米高的土库曼巴希金身塑像，跟阿什哈巴德市中心的中立柱上那座一样。原本的中立柱在2010年被推倒，这个新的纪念碑建在了市中心外。为了弥补这个不那么中心的位置，新纪念碑建到了95米高，要比先前的高出整整20米。不过这座土库曼巴希的金身塑像不会再跟着太阳转动了。

"许多外国人以为我们只是把中立柱搬过来了，"阿斯兰说，像是被逗笑了，"当然不是了。我们的好总统当然要下令建一座全新的纪念碑。"

"为什么非要推倒旧的纪念碑？"

"出于安全原因，"他认真地说，"人们可以从塔顶看到总统府内部。这样当然不行。"

也可能别尔德穆哈梅多夫只是厌倦了从他的办公室望出去时，视野被一座巨塔挡住，塔上还有一座他前任的金塑像。

从塔身的全景落地窗我们可以俯瞰整个阿什哈巴德。当我们在大理石公寓楼之间的宽阔马路上行驶时，这个城市给人感觉极大。但是从这里，我看到它终究也没有那么大。几簇大理石公寓楼，笔直、空荡的道路。而包围着城市中心的，是贫瘠荒芜的沙漠，沙漠向四面八方不断延伸，直至消失在一层薄雾之中。

沙漠之花

旅行这么多次，我第一次遭遇语言不通的窘境。在阿什哈巴德，人人都会说俄语，但这儿是一个全然不同的世界，另一个土库曼斯坦——这里的人甚至连最简单的短语都无法理解。我试着跟他们问声好：Privet！孩子们笑着对我摇了摇头。他们的衣服又脏又破，没有一个穿了鞋。Kak vas zovut？你们叫什么名字？他们的眼神看起来也不像是懂了。我翻出小字典，查怎么说"你好"，但我的发音肯定有问题，因为他们还是听不懂。最后再试一次，我把翻开的字典递给他们看，把对应的短语指出来。他们看着那些字母，满是好奇，接着又摇了摇头：他们显然都不识字。他们转而抓着我的胳膊，领我到泥砖房的背后，那儿有一块栅栏圈起的地方。里面有三头骆驼，每头骆驼都拴在各自的木桩上。动物们正歪着奇特的嘴大力咀嚼干草，看向我们的眼神则全无好奇。它们的毛虮结成块，从肚皮垂下。有股浓浓的屎尿味。

一个年轻女人摇摇晃晃地走了过来。她穿着一件宽大的花裙子，头巾围住一部分长发。她的脸圆圆的，皮肤晒成了棕色。
Privet！我又试了一次。她用头巾的一角捂住了嘴，摇摇头。
她笑吟吟地走到一头骆驼旁边，坐在提桶上开始挤奶。孩子们
耐不住性子，指着我的相机，我顺他们的意思开始拍照。在小
小的显示屏上看见自己时，他们咯咯笑了起来。他们又在骆
驼前面摆好了姿势，努力整理了一番脏兮兮的衣服，笑容格外
迷人。

　　我们离阿什哈巴德不过几小时路程，却好像来到了地球另
一端。这个小村子有十到十二户人家，这是一口水井能养活的
最多数量。泥坯盖的简单平房，里面几乎没什么陈设。一块崭
新的太阳能电池板保证他们在夜里能有一点儿电用，但也只够
在太阳落山后看几个小时电视。骆驼圈后面敞开的小屋就是全
村唯一的厕所。田野里的粪便说明多数人还是偏向于就地解决。

　　挤骆驼奶的女人一完工，就挽着我的胳膊，将我引进一间
矮房。这是她家。靠墙放着几只箱子，泥地上有一些大靠垫和
薄垫子，还铺着一层简陋的布。墙面裸露，只挂着一面机器编
织的棕色挂毯和两张相片：一张是她的父母，一张是她和丈夫
在阿什哈巴德拍的结婚照。相片里，她穿着传统的土库曼新娘
服，头上披着厚厚的白金红三色刺绣毯子。她的脸藏在蕾丝和
细长流苏的后面。她的丈夫比她稍矮一些，严肃地望着镜头。
阿什哈巴德未来主义风格的大理石建筑耸立在他们身后。

　　我坐在一个大垫子上。年轻女人端进来一块干面包和一壶
茶。她站着看我掰下一片面包，抿下一口茶。我抬头看着她笑
了笑，她也回以微笑。我笑着点点头，她也笑着点点头。"味

道很好。"我用英语和俄语各说一遍,又用土耳其语说了一遍(至少我自认为是土耳其语)。女主人含笑摇摇头。我耸耸肩,也笑了。她回以微笑并指了指面包和茶。我又吃了一大口干面包,就着茶水咽下去。她微笑着。我也微笑着。我要在这儿坐上多长时间才不会显得失礼呢?十分钟?十五分钟?所幸我的导游穆拉特来救了我。他五十多岁,脾气好,眼神和善,皮肤晒得黑黑的。尽管他在我的导游当中是年纪最大的,但在许多方面他又是最年轻最富朝气的。他爱笑,常开怀大笑,也是少数几个敢公开批评政权的人。

"那个是用来靠背的。"他一边轻声说着,一边指着我坐在屁股下面的软垫。我迅速把屁股挪到下面的椅垫上。

这个女人叫桃花,据穆拉特说,她跟我一样大。她十八岁结了婚,现在有五个孩子。

"那她肯定有的忙的。"

穆拉特翻译给她听。桃花热切地点点头。

"我早上五点就开始干活,一直干到晚上很晚的时候,"她说,"总有活儿要干。烤面包。去井边打水。给骆驼挤奶。洗衣服。打扫房子。没有一点儿坐下来的闲工夫。你呢——你多大,结婚了吗,有孩子吗?"

穆拉特代我回答了她的问题。是的,她结婚了。没有,她没有小孩。桃花女主人的笑容变成了同情。

"还有时间。"穆拉特翻译道,又跟桃花说了些什么。她走出房间不见了,不一会儿,带回了两锅白白的、结块儿的东西。

"酸骆驼奶(Chal)!"穆拉特郑重地说,将木勺送到了嘴边。

"这比城里的要好，更新鲜。我们土库曼人永远喝不够酸骆驼奶，这是我们最喜欢的东西。"

这饮料闻起来酵母味很浓。我舀起一勺送到嘴边咽了下去。味道难以描述。

"味道不错吧？"穆拉特满怀期待地看着我，"村里的人常年喝这个。所以他们从不生病。"

我又喝了一勺，接着又是一勺。这味道像是酵母和放久了的牛奶，有一种腐臭和苦涩的余味。酸味堵在嗓子眼，反流时又往上冒。但我还是又喝了一勺，社会人类学的方法论课程给我们灌输的思想是，如果你不吃当地食物，就全完了，那你就别想打入内部。我憋住气又喝了满满一勺。

"我就知道你会喜欢。"穆拉特满意地说，叫桃花再去取点儿来，"制作酸骆驼奶流程很长，几乎是一种艺术。这些村民都是这方面的大师。他们把一半新鲜骆驼奶和一半水混合起来，然后静置一会儿。之后加入已经发酵好的骆驼奶，在室温下等待其发酵完成。每天喝一点，然后加一些新鲜骆驼奶进去。"

"混合物一般放置多久？"

"噢，这要看情况。通常是一年，有时候更久。"

我得离开这肆意横流的酸骆驼奶，但是我该去哪儿呢？我灵光一闪，问能不能去看看村里的学校。万幸的是，他们竟然真有学校。桃花带我到了村子尽头一栋简单的房子前。她用一把小钥匙打开了教室，里面颇为简朴。泥地上摆着八九张破破烂烂的桌子。墙上贴着绘有彩色图形的土库曼字母表。黑板上方是裱了玻璃相框的新总统像。

"今天是节假日吗？"

桃花摇摇头，解释了很久。

"老师今天病了。"穆拉特翻译。

桃花在我们身后锁上教室门时，那酸骆驼奶开始发作了。我一路小跑到那个临时厕所。赶到的时间刚刚好。

整个夜晚，我有充足的机会研究厕所的瓦楞金属墙。在头灯的光亮中，瓦楞墙好像活了，成了波光粼粼的水面。

* * *

"4月的卡拉库姆沙漠是最美的，也是最宜人的。"穆拉特告诉我。我们开车驶过的地貌景观平坦且单一，但同时，又不断变化着，奇怪的是，这种变化反而加强了单调的感觉。仿佛时间是静止的。仿佛我们是静止的。

我从未想过沙漠会是这样的。撒哈拉是一片由棕色、不动的浪构成的海，巨大且永恒，但卡拉库姆沙漠五彩缤纷。河底的沙子上长着一层轻盈的水草。矮小的灌木和盘曲的小树爬上沙丘，树荫下开着白色和黄色的花。正午，天空万里无云，阳光温暖和煦，但晚上会冷，夜里的气温则接近零度。无论穆拉特给我多少个旅行社提供的军用脏睡袋，都无济于事。我还是觉得冷，干躺在帐篷里直盼着早晨骆驼的低吼。

"灼热的太阳会迅速抹掉所有生命迹象，风景会再次变成单一的棕色。"穆拉特说，"那时候这里也很美，只是更肃杀。"

卡拉库姆沙漠覆盖了超过70%的土库曼斯坦国土。卡拉库姆的意思是"黑沙"，在古老的时代，这个名字足以激起商人和探险者心中的恐惧。卡拉库姆沙漠被认为是丝绸之路上最为危险的路段之一：冬天，商队有遭遇暴雪与暴风雨的危险，而夏天也十分严酷。生活在沙漠中的野蛮部落有时并不友好。许多部落抢劫商队，将过路者卖到希瓦的奴隶市场以牟利。

色彩逐渐消失，一切都变作棕色。灌木丛褪去所有绿色，小树上再不见一片叶子。

"我们快到有人的地方了。"穆拉特说。

越来越多的轮胎印出现，彼此纵横交错，形成混乱的图案。从一座山顶看去，一条浅浅的山谷出现在了眼前。底下四四方方的泥房几乎与泥土融为一体。倘若不是有小汽车停在几栋房子外面，我们还真会以为置身中世纪。这个村子大概在那时候看上去也是如此。我们从当时的旅行者那里了解到，这个叫作达姆拉（Damla）的村子，已经在此存在了一千多年，偏僻的位置使它免遭劫掠部落的骚扰。连成吉思汗让人闻风丧胆的骑兵都没能找到这里。

我们在山谷最上面停下，第一户人家就住在这里。两个年轻女儿咯咯笑着迎接我们，把我们带进毡房，这是一种圆圆的、精心制作的中亚帐篷，他们将其搭建在小泥房的旁边。一束束日光从屋顶中间的天窗透进来。地面和墙面覆着红毯子，布置着许多绳子和穗子，这让圆形的室内家一般温馨舒适，几乎像个小木屋。我们坐在彩色的软垫上，我把上身靠在大靠垫上——现在我有经验了。两姐妹开始在入口右边小小的厨房区——也就是女人的领域——切洋葱和西红柿。她们都是瘦长身材，眼睛是细长的眯眯眼，皮肤上有一些细纹。当她们以为我们没注意她们的时候，会从锅那边扫我们一眼。因为她们显然还没结婚，我不禁为她们感到可惜，但后来我发现她们一个才十九岁，另一个也不过二十一岁。小一点的叫奥居尔纳尔（Ogulnar），她是行走的祈祷文："nar"的意思是石榴，"ogul"的意思是儿子。当时，她们的父母已经有了两个女儿，但没有儿子，于是希望真主能听到他们的祈祷，用石榴求子。真主听到了。母亲又生了三个孩子，个个都是儿子。

两姐妹的汤热腾腾的，有太阳和青苹果的味道。大姐已经开始在外面洗碗了。奥居尔纳尔站在帐篷入口看着我们。她腼腆地一笑，露出的门牙少了一颗。她的手里拿着一本又大又厚的笔记本。

"过来读给我们听听！"穆拉特催她。她站在原地未动，还在犹豫。穆拉特重复了两遍。她这才走过来与我们坐到一起，开始朗读。她的眼睛半闭，背诵着笔记本上字迹整洁的诗句。她的声音意外地响亮。那些奇怪的发音在每一次呼气时彼此相遇、连接，她仿佛是在唱歌，唯其没有旋律。"噢，卡拉库姆！"这是我听懂的唯一一句，但我又觉得自己全都明白。赞美沙漠，赞美祖国，赞美天空与沙，赞美她周围的万事万物。之后，穆拉特竭尽所能地做了翻译：

> 噢，卡拉库姆，噢黑沙，
> 时刻变化又永远如一！
> 噢，卡拉库姆，给我生命，
> 给我一切所需！

噢，卡拉库姆，噢我的沙漠，

没有你我会如何？

我看着你，永不厌倦，

你总有新知教授我。

你的植被，治愈伤痛，

你的水源，浇灭干渴，

我的村庄，陪伴着我，

养育了我；

我总有人可求助，

总有人愿意助我。

噢，卡拉库姆，我永远不会离开！

噢，我的村庄，你是我永远的家园。

　　在穆拉特的现场翻译以及我的翻译中，除了内容，一切尽失，但为了接近奥居尔纳尔的诗歌，我已经竭尽全力了。她翻到另一页，找出另一个簿子，不停地读下去。我不知道她究竟有多少个这样的簿子，全都密密麻麻地写着整洁的文字，满是对这个她生活的无垠小世界的赞美。她的父母不明白自己怎么会生出这样一个女儿。像其他孩子一样，她上的是村里的学校，几乎没读过一本书，更别说诗集，因为他们一本诗集都没有。但从她能够破解字谜那一刻开始，奥居尔纳尔就在写作。灵感突然降临，她会变得疏离又古怪，家人于是知道她不久就会从滚沸的锅与涨奶的羊身边跑开，在一本厚厚的笔记本上再写满一页。

* * *

吉普车沿着浅浅的、无规则的车辙颠簸前行，穿过一整片平坦且毫无变化的风景，一连好几天，我都是如此度过。这才是真正的土库曼斯坦。逾半数土库曼人口生活在沙漠的小定居点与村庄里，过着勉强糊口的生活。对这些贫困农民来说，阿什哈巴德的白色大理石建筑、闪亮的汽车和打扮精致的人们必定像迪士尼乐园一样，简直像是海市蜃楼。

土库曼斯坦没有确切的失业统计数据。2004 年是尚存在估算的最后一年，美国中央情报局出版的《世界概况》（*C.I.A. Factbook*）估计失业率大概在 60%。同年，土库曼斯坦国家统计与信息研究所称失业率没有变化，还是 2.6%。约半数的劳动力从事农业，但农业只占该国国内生产总值的 7%。大多数土库曼农民，像桃花和奥居尔纳尔的家庭，依靠土地、骆驼和羊维持生计，实际上并不是这个国家天然气经济的一部分。这些贫困农民生在村里，死在村里，与这个国家的其余地方脱节，而后者以城镇、天然气发电厂和政治精英的大理石式奢侈生活为中心。

这些贫穷的人，他们除了几个炊具、数头骆驼、一群羊以外，一无所有，但恰是在这里，在他们当中，我受到了最热情的欢迎。这些人在苏联时代也必定同样孤立，同样与世隔绝，因为即便经历几个世代的苏联统治和社会主义学校教育，他们几乎全都一个俄语词都不会说。尽管我们没有共同的语言，但无论我走到哪里，都受到欢迎，就像欢迎一个失散多年的女儿。他们笑容开朗，挥手请我进他们的毡房或者简陋的泥房，与我分享他们拥有的为数不多的东西：一杯茶，一碗酸骆驼奶，一块干面包。

不过，大多数时间，我都是关着车门，在旅行社那辆丰田"陆地巡洋舰"的副驾驶座上度过。这沙漠是一片真正的荒芜之地。我们可以开上几个小时，有时是一整天，都见不到一个人影。每个早晨都十分相似，每一天相互重叠。这种千篇一律有时会被肥硕的沙鼠打破，它们眼神张狂，排成一队飞快地穿过车辙，前后两只的间距都放不下一根头发；还有金雕，它们在地平线某处御着气流，懒洋洋地滑翔。我们有时会路过简朴、破败的大篷车，像个孤零零的沙漠游民，间或也会在薄雾中瞥见几顶帐篷或几个泥房。

在土库曼斯坦，汽油很便宜，国内航班也几乎不要钱。因此旅行社也懒得去规划最省钱的交通行程，而是让我在整个国家穿来穿去，一会儿来到这头，一会儿又去了那头。在这些长途旅行中，司机和向导是我仅有的同伴。他们有的会跟我待上好几天，有的则只坐在驾驶座上跟我待上几个小时，下一个司机会在某个十字路口或某个我们偶尔路过的小镇跟他交班。这些旅行社的使者是我与这个独裁政权的居民唯一真实的联系。他们是我的钥匙。他们不得不成为我的钥匙，因为我别无他选。当局的眼线在城里无所不在。尽管我可以自由地在阿什哈巴德散步，但我除了最琐碎无聊的那些东西——点咖啡或为买一条地毯讨价还价——以外，不敢跟任何人谈论别的话题。对于土库曼人来说，批评政权会带来生命危险，单是与一个外国人有联系就足以引起怀疑。在大城市之外，我全靠向导与司机充当口译，因为大多数乡下人只会说土库曼语。

在荒无人烟的扬卡拉峡谷（Yangykala Canyon）深处，我鼓起勇气向一个司机询问政治敏感的问题。我们离最近的定居点有几百公里，现在完完全全就我们两个。只有风声偶尔打破庄严的沉默。风景在我们车下似一道道冻结的波浪向远处展开。红色、绿色、白色的岩层，历经数百万年的侵蚀，一直延伸下去。

十八岁的司机看着我，目瞪口呆。就算我刚才问的是他有没有和亲人睡过，他大概也不会更惊恐。

"批评总统是连想都不许想的。"他严肃地说。于是他跟我说起天然气，免费的；说起电，免费的；说起水，也是免费的；说起盐，免费的；说起汽油，几乎是免费的。为了支持他的说法，他捋起毛衣的袖子，给我看他的黑色塑料手表。秒针下面，牙医总统露出蒙娜丽莎式的微笑。

"我们的好总统来视察学校时，给我们班每个人都发了一个这样的手表。"他告诉我，"为了提高人民的生活水平，他每天起早贪黑地工作。不行，谁也不能批评他！就算我要批评谁，也是批评我自己。"

"你为什么要批评你自己？"

"因为我工作不够努力。我们每一个人都有责任参与国家建设。"

他的回答一方面像小孩一样天真，一方面又很严肃，苏联时期坚定的共产主义者大概也会这么表达。我不该惊讶。这个年轻司机生于这方天地，他从未经历过别的，没有比较的基础。他有生以来的每一天，耳朵里都灌满了政治宣传——总统是多么优秀，这个政权又是多么好。无怪他的信仰如此强烈。

况且，他的观点并非没有事实依据。如果某个政权不够稳定，原因之一就是政府无法给人民提供基本物资。当你一晚接一晚地躺在床上忍饥挨饿时，就很难相信你生活在世界上最好的国家。土库曼斯坦的每个人都可以获得天然气和盐这类免费货品，还有汽油补贴，所以人们——即便是最穷的人——都觉得国家关心他们。最重要的是：没有人需要饿着肚子上床睡觉。

* * *

旅行的最后一程，我本该不带向导穿越沙漠，去绿洲城市代海斯坦（Dehistan）的遗址，然后去现代炼油城市巴尔坎纳巴德（Balkanabat）。我要省些钱，想着只带一名司机也能搞定。但是，旅行社还是派了马克萨特陪我，并给出了种种非得如此的理由：我们要开车穿过一个自然保护区，如果没有向导的话，到检查站可能会出问题；旅途这么长，只有一名司机陪我的话，我会感到无聊；司机对路不熟，所以需要带个认路的人，在无数车辙中找到正确的路。

"啊，他们是这么说的啊。"我向他解释旅行社的领导是怎么跟我说的后，马克萨特这样回答。他跟我年纪相仿，个子比多数土库曼人要高，有着宽阔的肩膀，一张阳刚的脸棱角分明。他留着黑色短发，嘴唇薄而敏感，从某些角度看，他长得有点像汤姆·克鲁斯。直到他笑了，亮出了金牙。

"所以你为什么来这儿？"

"啊，他们是这么说的啊。"他重复道，眯起了眼睛。

马克萨特人很好，但他对遗址一无所知。我们到了代海斯坦之后，他一边在土堆上走来走去，看上去一点儿也不感兴趣，一边简明扼要地念着旅游指南里的内容："从 10 世纪到 14 世纪，代海斯坦是土库曼斯坦西部最大、最重要的城市。宣礼塔部分由建筑师阿布·比尼·兹亚德（Abu Bini Ziyard）于 1004 年建造。而穆罕默德·霍列姆沙（Muhammad Khorezmshah）的清真寺只剩下 18 米高的大门。城市面积超过两百公顷，有双层城墙保护。该城于 15 世纪被遗弃。"

那一时期人们青睐的建筑材料是晒干的黏土，因此城墙和多数建筑已然不复存在，只剩下杂草蔓生的土堆，和起伏不平的地面。我在沙地上四处走了走，试着想象这里一千年前的模样，也就是城墙内住满了人的时候。

"你快看完了吗？"马克萨特说。我们才待了五分钟。

"没有。"毕竟我们开车来这儿花了八个小时。

又过了五分钟。

"现在看完了吗？"

"没有。"

"我坐在车里面等，行吗？"

"当然可以。"

然而，开车时，马克萨特的话就没断过。尤其是说到间谍的时候。

"我接待的游客有 1/4 都是间谍。"他向我透露。

"你怎么知道？"

"唔，没那么难看出来。有许多迹象。"

"比如说？"

他犹豫了片刻，才回答："间谍不会直视你的眼睛，从头到尾都戴墨镜，在室内也是。他们的鞋子擦得锃亮。他们拍照时只拍人，不拍遗迹。他们假装自己不懂俄语。"

"我也拍人。"

"你不是间谍。"

"你怎么知道我不是？"

"看你的鞋。"

我没机会问马克萨特他对总统的看法，因为他抢先了一步。

"独裁挺好的。"他突如其来地说了这么一句。我们本来谈的是鹰。"我们现在正处在过渡阶段，所以需要一个强势的领导人。土库曼斯坦有五个主要部落，还有许许多多小部落。要不是总统，他们就会互相打仗。多亏了总统，我们国家才有了现在的和平与繁荣。"

"但是真有必要把他的照片挂得到处都是吗？"

"我们的好总统长相非常大众，所以照片上可以是任何人。他的脸代表了大多数的土库曼人。"

到了晚上，马克萨特掏出一瓶伏特加，他说这是给我们三人一起喝的。他自己下肚了大半瓶以后，开始谈起普京。

"他是个好人。他是个明白人。"

"他明白什么？"

"明白同性恋是不正常的。不能允许这种事存在。否则一切都要走向堕落。但是你们欧洲人不明白这一点。幸好，在土库曼斯坦，同性恋得到了控制。"

＊＊＊

也不是所有旅行社派来的代表都对政府如此忠心耿耿。有一些老向导和老司机对于总统的宣传机器就不是那么心悦诚服。别科杜尔德就是其中一个。他只开车载我几十公里，之后由另一名司机在某个十字路口接手。但在我们待在一块儿的短暂时间里，别科杜尔德跟我讲了他儿子的故事，他的儿子生下来就有严重的听力缺陷。土库曼医生帮不了他，于是建议这对父母向真主祈祷。但俄罗斯医生可以动手术治好这个男孩的听力，这样的手术在多数西方国家都是常规手术。

"圣彼得堡的诊所想给我免费的医疗签证，但最后我不得不花一大笔钱申请旅游签证。因为土库曼斯坦有完善的医疗体系，理论上说，我们应该没有必要出国就医。这样的做法被视为间接指责，每个拿着医疗签证的人都被拦在机场了。"

所以，像多数处境相同的土库曼人一样，别科杜尔德和儿子借口出国度假，才得以出境。因为儿子的残疾是看不出来的，所以他们离开时没遇到问题。而明显患病的土库曼人，通常会被拦在机场，不许他们出国，即便他们是去"度假"。

在圣彼得堡做的手术很成功。他们回到土库曼斯坦时，儿子就能听见了。土库曼医生大概在日志中写下，病人父母的祈祷得到了回应。

"他们只会欺骗我们，"别科杜尔德愤恨地说，"他们不说实话。他们说这里一切都好，但你看看周围吧。看看那些路，全是窟窿，破破烂烂的。看看我们的房子，墙壁透风，一天到晚断电。谁都没钱。谁都没有自由。"

＊　＊　＊

穆拉特是我的向导中年纪最大的，他跟我谈起土库曼巴希时，我们被困住了。

"他是个彻头彻尾的疯子，而且越来越疯狂。他没有意识到，人们其实都在背后笑他。人们以他的名字命名学校和村子，是因为他们知道这样有钱拿。"

他说话时压低了嗓音，尽管在广袤的黑沙漠之中，我们完全是独处，但他谈起总统和当局时总是如此。我们开啊开啊，穿越了半个国家，从紧邻乌兹别克斯坦的边界开进沙漠深处。这儿没有路，只有沙里细窄的轮胎印。有谁实在不走运，在这里用光了汽油，或者陷在了沙子里的话，那可就危险了，可能要等几天甚至几个星期才会被发现。

"土库曼巴希以为自己深受爱戴，其实大多数人都恨他。人们背地里诅咒他，盼着他死。许多人认为这就是他早逝的原因。"

轮胎在沙子里转个不停，汽车试着朝这头转，再朝那头转，却还是纹丝不动。穆拉特用土库曼语咕哝着什么，后退了几米。然后他猛踩油门，但爬到半坡，轮胎又陷进了沙子里，我们又被困住了。

"会没事的，别担心。"穆拉特安慰我。他下了车，从车厢里找出一组沙梯，将其放在轮胎前面。然后他试图加速。轮胎在沙子里打滑，车子一动不动。

"幸运的是，新总统要比老总统好。"穆拉特一边再次往后倒车，一边这样说，"他至少恢复了日期和月份的旧名，可他也属于苏联一代。他方方面面都在模仿普京，想像普京一样爱运动，一样体格健壮。我在想什么时候能有人去告诉皇帝他什么衣服都没穿呢……"

这一次我们几乎到了坡顶，但车子滑到了边上，沙子在轮胎前面堆积起来。

"我希望，新一代留过学、见过世面的人，能改变这个国家，"穆拉特边说边倒车，"不会有事的，你别担心。当今政权的问题是，他们不听批评。他们害怕改变。我把希望寄托在年轻人身上。他们才是未来。"

第四次尝试成功了。前轮艰难地爬上陡坡，后轮也跟上了。我们眼前的沙漠一马平川又一成不变。穆拉特努力掩饰着自己有多如释重负。

骏马大会

阿什哈巴德的大屏幕日常会播放截取自总统工作日的视频片段，但那个大日子来临前一周，大屏幕上就换成了马。报纸上都是关于马的文章，所有的电视节目也全都与马有关。

大日子到来前三天，我在土库曼斯坦最大的一家俄语报纸上发现了一篇采访，这篇采访惊呆了我。在采访中，一个叫埃丽卡·法特兰的女人对土库曼骏马的优秀品相表达了由衷赞美。她还热情称赞了土库曼斯坦是多么棒的国家，生活在这里的人们是多么热情好客。文章还配了图：我在沙漠中骑在一匹马的马背上。我到土库曼斯坦之初曾在沙漠里骑过马，这是旅行社安排的。但他们没告诉我这次旅行的照片会登报。我也从来没对这个记者说过一句话。

大日子的前一天安排了一场大型马匹选美比赛。要送我们去赛马场的巴士早晨6点钟出发。穿着熨烫服帖的西服的男人和身穿红裙的女人一起挤进巴士。旅行社的导游也穿戴正式。我穿着实用的旅行衣服，感觉自己相当寒酸，但要补救已经太迟了；况且我们出发的时间本已经晚了。巴士司机安全地将我们从警戒线和检查点运送过去，直到我们远离市中心。巴士驶过的最后几公里路，站着一排大学生，彼此之间相隔半米，手捧白色塑料花作为装饰。

为了观看竞选最美土库曼骏马的比赛，半个阿什哈巴德的人都来了。赛马场外停着的白色大巴排成长队。黑辫子与红裙子汇成的海洋从停车场涌向入口。沟渠边还站着更多手握假花和土库曼斯坦国旗的学生。他们一定在那里站了很长时间，尽忠职守地挥舞着小旗，脸上没有一丝笑容。崭新的赛马场当然是白色大理石建造的，赛马场外，舞者已经开始表演。我停下来拍照，但一个穿着西装、模样权威的男人粗暴地催我往前走："快！快！"

大学生和公职人员有义务出席类似的场合。土库曼骏马选美大赛和第二天的国家赛马日是这一年最重要的节日。除此之外，大大小小的活动还有很多，平均每个月要安排四五十场公共活动。从新体育学院开办，到新桥的落成，无论多小的事，一切都要庆祝。虽然土库曼巴希的生日已经不过了，但是牙医正式就任总统的日子，也就是 2 月 18 日，还是要大操大办。

观众席有严格的等级区分。前面几排是留给穿蓝色土耳其长衫的长胡子老人的。他们后面是穿蓝色背心、戴印花头巾、体态丰满的年长女人。穿红裙的女生坐在右边，穿西装的男生坐在左边。我们外国人穿得五颜六色，被安排单独坐在几乎最靠后面的一排。我们连半排座位都没坐满。

7 点钟，大门关了。座无虚席。赛马场上还没有要开始任何活动的迹象，但幸亏有一些巨大的屏幕，我们可以看舞者在外面的广场上挥舞手臂。国家电视台的一个年轻记者正在四处走动，采访 VIP 贵宾。每个贵宾想说多久，记者就让他们说多久，因为她显然知道我们要等好一会儿。屏幕要一直有东西放，不管有没有新的。记者一个接一个地采访老人，神情越来越绝望。很快，她跟所有贵宾都聊过了。路过我们这排穿得不像样的外国人时，她和扛着摄像机的人眼睛亮了起来。我还没反应过来是什么状况，就发觉自己站到了摄像机前，听见自己说："早上好，土库曼斯坦！"

关于土库曼聚光灯下的三分钟，我留下的记忆并不多，但我记得我很怕自己忘记恭贺总统成功举办庆典。有人明确指示过我千万不能忘。除了这一点，别的我想说什么就说什么，只要我面带微笑。反正我说的所有话都会被配音成土库曼语。

阳光从蓝色的天空中打下来，但我们坐在顶棚底下。湿冷的北风吹来，一位坐在我旁边的意大利女士冷得牙齿格格打战。我一边跺脚取暖一边看时间。快 8 点了。赛马场上还是没有要开始任何活动的迹象。那位年轻记者开始第二次采访其中一位贵宾。坐在我们前面的女生在不停闲聊，似乎不在意寒冷。她们显然是经验丰富的观众，随身带着水果和坚果，并大方地与我们和同伴分享。我又看了一眼手表。8 点零 5 分。那位意大利女士重重地叹了口气。

8 点 10 分，一个马夫牵着一匹马进入圆形赛场。在他身后是另一名马夫，然后更多马夫跟着出来了。总共九匹马在栅栏边排好队，并在那里站定。为了活跃气氛，旅行社经理安排了场竞猜：你们认为哪匹马是最漂亮的？我选 8 号马，它有油亮的金色皮毛。

土库曼斯坦人民爱好两样东西：地毯和马。不像他们北边的邻居哈萨克斯坦人，土库曼人不吃马肉。他们对于马，尤其是对汗血马（akhal teke）[1]，几乎持一种宗教式的态度。这种土库曼马种被认为是世界上最古老的品种之一，因其耐力而闻名。这种马体型不是特别大，但是身材细长，比例协调，有着油亮的金属色皮毛。因为其中一些有着独特的金色皮毛，它们也被称为"金马"。1956 年，尼基塔·赫鲁晓夫（Nikita Khrushchev）曾赠予伊丽莎白女王一匹汗血马，据说女王的马倌试图洗掉汗血马身上金色的亮光剂，却没有成功。他们以为俄罗斯人是为了打动他们而给马上了涂料。

这个马种在斯大林统治期间几乎绝迹。为了征服土库曼人，苏联政权禁止私人养马，要求农夫宰马吃肉。一度，整个苏联只剩下 1250 匹汗血马。于是在 1935 年，一群骑手动身开启了一次路程长达四千一百多公里的旅行，从阿什哈巴德赶往莫斯科，只为向当局证明他们的马种有多出色。他们日夜兼程地骑了八十四天，这一记录后来成了土库曼苏维埃社会主义共和国历史的一部分。慢慢地，土库曼人停止大屠杀的要求得到了支持。在 1960 年的罗马奥林匹克运动会上，一匹汗血马在盛装舞步项目上赢得了金牌，从此以后，土库曼马种迎来了光明的时代。今天，汗血马在土库曼国家建设项目中发挥着重要作用。

1　汗血马（akhal teke）又译阿哈尔捷金马。——译者注

每个城镇都拥有一个崭新的赛马场，土库曼斯坦可能是世界上唯一拥有专门的赛马部的国家。

到了上午9点半，也就是我们等了三个多小时以后，观众全部起立，开始耐心地鼓掌。每个人的眼睛都盯着跑马场的中心，一个穿绿色上衣、戴传统羊皮帽的人在对观众点头微笑。这个穿绿色上衣的男人不是别人，正是好总统本人。我周围的一张张脸没有表情，根本不可能读懂。他们开心吗？他们究竟在不在乎？一个低沉洪亮的男声压下了掌声。他热情洋溢地展示了每一匹马，仿佛那是地球上最后的有蹄动物。每匹马都在总统面前接受了检阅，总统点头微笑。

"这些马是献给总统的礼物。"穆拉特不高兴地轻声说，"比赛还没开始呢。"

那位意大利女士用手抱住头不住叹气。

展示金马时，总统心血来潮，说他要上去骑一骑。总统的决定一通过广播宣布出来，掌声似乎就结束不了了。

然后总统不见了，没有解释。或许是去吃早餐了，或许有重要的电话要打，抑或他需要躺一会儿。无论如何，他离开了很久。他离开的时候，时间似乎滑入了另一个维度，一种非时间维度，我们全部陷入一种恍惚状态。我试着感觉了一下自己的脚趾还在不在。意大利女士目光阴沉。

观众仿佛已经具备预知总统下一步行动的能力，因为在他重新进入观众视野之前，每个人都站起来开始鼓掌。总统大步走进体育场，向每个方向点头微笑。他用非常阳刚的动作脱下了绿上衣，像个全身纯白的神，骑上了金马。他绕小圈骑了几分钟，并在马夫的帮助下，小心地让马儿用后腿直立。总统显然受到了热烈欢呼的鼓舞，因为第九匹，也就是最后一匹马被牵过来时，他决定也骑一骑这匹。这一次，骑着马绕小圈满足不了他了，他决定绕着整条跑道骑。每一次总统将速度从小跑换成飞奔，观众就会热情地鼓掌，但大多数时候他都以一种庄重的速度前进。观众依然站立着，用视线追随他，直到他在赛马场另一端变成远远的一个小点儿。我前面的学生此时也开始瑟瑟发抖了，但总统在太阳下漫步，看起来又暖和又开心。

"一直都是这样，"穆拉特低声咕哝，音量只有我能听到，"这是一场个人秀。其实根本没有人想待在这儿。"

总统最后在又一轮掌声中退回到他的小包厢时，真正的比赛终于可以开始了。半野生的靓马被牵到跑道上，先是不套鞍，这样它们的肌肉和闪亮的皮毛就能在阳光下得到最好的展示，然后给它们套上华丽的马缰、丝质的毯子和装饰精美的马鞍。广播中的浮夸声音详细介绍了每一匹马，每介绍一个新选手，都会越发热情；到最后，这声音都像朝鲜人那么慷慨激昂了。所有的马都展示完以后，又是一阵等待，国际评审团离开赛场，要做最后的决定。时间一分钟一分钟地流逝，好几个小时过去了。或许国际评审团在进行激烈的争论吧。也可能他们正坐在那儿，喝着热茶，在温暖舒服的评审室聊着天。他们还有可能在吃豪华的午餐。

我们有充足的时间推测他们在干些什么。那可怜的记者对贵宾的第二遍采访也结束了，又朝我们的方向投来了绝望的眼神。这一次是意大利女士被邀请讲话。"亲爱的土库曼人，"她这样开头，"节日快乐！"记者谨慎地清了清嗓子，于是意大利女士挺直身子，笑容满面。"首先，我要感谢总统举办了这场盛会。祝贺！我也要祝贺土库曼人民……"

到了正午，一个颤抖的声音在广播里宣告国际评审团已经做出了决定。伴着震耳欲聋的掌声和欢呼声，一匹躁动不安的黑马不断来来回回地走动。颁发给骄傲的马主人的奖品是一辆白色跑车。观众们疯狂鼓掌。这一次他们的热情感觉是真实的，或许是因为活动快结束了吧。我们终于自由了。观众从座位上跳了起来，之后纷纷朝出口走去。

大门外面，拿着花的女孩还站在那里，神情木然。舞者还在围着圈、排成行跳舞，但此时已经手臂僵硬，笑容牵强。

我眯起眼看向太阳，重新感觉到了自己的脚趾。

那天晚上，穆拉特打来电话。他非常抱歉，但我明白他其实松了一口气。有一个新的旅行团来了，他解释说，他得去机场接一对法国夫妇，带他们在城里转转。这就是说，很遗憾，他不能陪我去第二天的赛马日庆典了，这是原本的行程安排。

"我说过了，我非常抱歉，但是你自己一个人没问题的，对不对？跟着其他外国人就行了。"

后来，他一定后悔自己没一起去。

我第二天一早下楼到了酒店大厅，时间正好卡在 6 点之前，我不禁为自己的纪律性和准时沾沾自喜，年轻的司机已经在不耐烦地等我了。

"你怎么这么晚？两个小时前，城里就已经全是人和巴士。

现在大家早就走了！"

"我们就不能自己开车去那儿吗？"

"你疯了？到处都是警察和路障，只准巴士进去。"

所幸，我们成功赶上了，拦住了最晚的一辆巴士，车里全是盛装打扮的人和摄影师。然后我们出发了。半小时后，巴士停在一个赛马场外，这地方比昨天的那个更大、更气派。这次，一切都更大、更好。车站到处都是保安，路边，捧花女孩肩并肩站成排。我试着数了数巴士的数量，但不得不放弃。

然而，和昨天的赛马场不同，这里没有顶棚。上午的太阳已经晒烫了塑料座椅。我被安排坐在一排穿着高档西装的男人和一群喊喳闲聊的法国女人中间，她们可能是布依格（Bouygues）公司工程师的太太团，阿什哈巴德大多数有名的建筑背后，都是这家法国建筑公司。

一群女人分发了节目单，上面有每场比赛开始的时间。他们竟然有计划！时间表！第一场比赛计划开始时间是上午 8 点半，全部七场比赛都会在 11 点之前结束。每匹马和每个骑师都有照片，还有训练师和马主人的名字。多数情况下，马主人都是土库曼斯坦的总统或者某些公共机构。

此时我吸取了前一天的教训，做好了防寒准备。多穿的几层毛衣随时可以脱掉，但是我的羊毛秋裤可就是个问题了。时间还不到 8 点，我已经感觉到后腰上积了一摊汗。又一个小时过去了，跑道上才有了动静。那些马和骑师在起跑线上站好了位置，他们看起来跟节目单上的照片丝毫不像。骑师穿着传统的土库曼衣服，戴羊皮帽。一整套行头。所有马和骑师都用土库曼语详细介绍了一遍。最后一名骑师走进体育场时，观众立刻站了起来，开始热烈鼓掌，鼓了好一会儿掌，我才意识到，那不是别人，正是总统本人。身着红色上衣，头戴白色帽子，他骑上了等候的马匹，3号马。他和他的马径直走向其他参赛者，他们在跑道的另一头已经排好队。

"这对马主人来说是场荣誉赛。"坐在我旁边的俄罗斯人轻声说。他肯定注意到了我有多蒙，"一等奖是1100万美元。"

虽然有巨额奖金，但是发令枪响，马儿飞奔出去时，却感觉不到气氛有多紧张。到第一道弯时，其中一匹马已经领先了。奔入最后的直线跑道时，其他骑手小心地牵制着自己的马，防止它们跑得太快。距离终点线一百米时，总统领先了一个半马身的距离。人群疯狂欢呼，但当总统穿过终点线时，他在马鞍上微微动了一下。这个小动作让还在全速奔跑的马失去了平衡，踉跄着摔倒了。总统向前甩了出去。马儿站起身来跑开了，但总统还躺在沙子上，一动不动。掌声稀落下来，紧随其后的马差点儿没踩中摔倒的骑师。当所有的马都飞奔过去，扬起的尘土也渐渐落定时，一大伙穿着深色西装、身材魁梧的男子冲到跑道上。他们在总统身边围成一圈，但似乎没有人知道该做些什么，于是他们就站在那儿，围着这个国家元首。

观众也站着。整个赛马场屏住呼吸。没有人说一句话。

漫长的几分钟过后，一辆闪着蓝灯的小救护车开进了跑道。保镖抬起总统了无生气的身体，相当粗野地塞进了救护车车厢。接着救护车慢慢地开出赛马场，仿佛还有大把的时间。救护车从视野中消失后，人们犹豫不决地坐了回去。没有人说话。我周围的脸神情木然、心思紧闭、无法解读。他们在想什么？他们害怕吗？他们在暗自庆幸吗？

身材魁梧的安保人员还站在跑道上。有些漫无目的地来回踱步，有些转着小圈，还有几个一会儿蹲下，一会儿站起来，双手放在两侧。他们显然不知道该做什么。他们的老板死了吗？这个国家要没有总统了吗？大屏幕播放着外面舞者跳舞的片段，他们变换着队形。广播发出一些刺耳的声响，但依然无人说话。

我不知道我们这样坐了多久。或许是十分钟，或许是半个小时。我们仿佛置身真空。没有人笑，没有人哭。我刚刚见证了一个独裁者的死亡吗？此时此刻，是不是有人在激烈讨论该让谁来做牙医总统的继承人？

广播再次发出一些杂音，一个人声用土库曼语说了些什么。大屏幕上的舞者消失了，取而代之的是比赛的最后几秒，总统朝终点线奔去，大获全胜。他得意扬扬地穿过终点线的片段放了一遍又一遍，还是用慢镜头。看台上响起零零星星的掌声。

保镖突然忙碌了起来。几个人扶正了翻倒的栏杆，另外几个开始用脚把沙子扫进刚刚总统摔倒时砸出的沙坑。看台的气氛稍稍和缓。人们吃起甜食，互相聊天。

我根本没弄懂怎么回事，观众突然又不约而同地站了起来。时间差不多十点半了，每个人都将视线转向总统的看台。我们透过窗户隐约瞥见一个穿白衣的身影。他挥了挥手。一阵欢呼，接着是一阵热烈的掌声，但是人们的脸上依然没有表情。他们开心吗？还是失望？

人影从窗边走开，过了一小会儿，他走出来，来到跑道上。他的步伐像他的笑容一样僵硬。他举起手，庄重地问候群众，然后再次进入室内不见了。

仿佛魔杖一挥，整个体制一下子恢复了原状。很快便有了决定，刚刚发生的，实际上从未发生。当正常比赛开始进行时，穿深色西装的男人拿着名单在看台附近走动，一个一个地把游客找出来。游客被告知拿上相机，跟着保镖去主楼。到了那里，他们被强制删除了所有拍到总统从马上坠落的照片。

等到比赛终于结束的时候，太阳正好在我的头顶上空，我的羊毛秋裤已经被汗水浸透。总统蹒跚着走上领奖台，接受1100万美元的奖金。他肯定吃了止疼片，声音昏沉，说了一大段感谢词。尽管我不懂土库曼语，但是我知道，他肯定在洋洋洒洒地赞美土库曼马。大概是因为服了药，他接下去要回去睡觉，在这之前，马夫牵着那匹不幸的、获胜的3号马出现了。总统安抚地拍了拍它的颈，甚至吻了一下它的口鼻。相机闪光灯频闪。观众欢呼。

在土库曼斯坦，比起人来，马显然更可以侥幸逃脱惩罚。

我后来听说，比赛时，外国记者被安置在一个单独的房间。摄影师被迫让新闻署的一个代表检查他们的存储卡。在此期间，穿红色长裙的女学生负责确认没人掖藏存储卡。然而，肯定还是有人成功把芯片带了出来，因为第二天，YouTube上出现了一段揭露内幕的视频。

多亏总统的远见，幸好YouTube在土库曼斯坦被屏蔽了。

最后的勘探

历史就像俄罗斯套娃。打开一个人偶会看到里面藏着另一个，有些简直一模一样，有些画着不同的颜色和图案。一层又一层，颜色褪去，材料碎裂。这曾经也是个人偶吗？那木头碎片呢？最终我们得到一个不能再打开的人偶，但摇一摇，听上去里面又是中空的。我们意识到，里面肯定还有人偶。也许我们连一半都没打开。但无法再继续了。至少这一次不行。

我们能够成功揭开多少层？我们得回到土库曼巴希和他的金色塑像之前，回到斯大林和苏联之前，回到更远的过去，俄国吞并土库曼斯坦之前，回溯到国界尚不存在的时代。过去的哪些遗迹幸存到了今天？

船舶和飞机成为运输人和货物的洲际交通工具之前，是中亚连接了东西方。商队载着丝绸、纸张、陶瓷、胡椒和其他异域货物，从印度和中国，经过中亚，将货物送到罗马帝国的贵族手中。但是，中亚不仅仅是个中转站，它本身就是一支重要的文明之桨，有着强大的统治者、了不起的科学家和组织良好的城市。沙漠中的人很早就开始一起生活在防御性城墙的后面。在公元1世纪，希腊历史学家和地理学家斯特拉波（Strabo）将中亚描述为"千城之国"（land of a thousand cities）。

梅尔夫（Merv）位于土库曼斯坦东部，曾经是个名声赫赫的大城市，遗址覆盖了很大一片区域，要想全逛一遍，最佳方式是开车。在公元前4世纪，梅尔夫是亚历山大大帝的帝国领土，但它最强盛的时期是一千多年以后，也就是12世纪。即便今日已所剩无几，梅尔夫仍被认为是丝绸之路上保存得最好的绿洲城镇。旅游公司将这片遗址描述为所有土库曼斯坦旅行中的高光地点，我对此十分期待。然而，第一眼看上去，梅尔夫令人失望。大多数建筑物埋在厚厚的沙子下面，只能勉强看见轮廓，另外一些地方搭着难看的脚手架，等着进行考古挖掘。沙漠之中的人建房子不求长久。他们最重要的建筑材料就是黏土，用黏土盖房子简单又高效，还能有效地隔冷隔热。但这样的建筑经不起时间的考验。风雨会损坏墙体和屋顶，如不定期维护，它们很快就会坍塌，重新化为土地的一部分。

穆拉特和我爬上古城墙的遗迹，这道城墙如今像横跨地景的一条微波。从顶上极目远眺，视野所及全是浅棕色的平坦黏土。即便是在这个土库曼斯坦最大的、最重要的遗址，也完全只有我们两个人。没有人确切地知道在这些城墙遗址之内、土壤之下，埋藏着什么。可能是房屋或寺庙，甚至可能是整个宫殿。尽管苏联时期进行了一些挖掘，但这项工作还处在最初阶段——仍需耗费许多许多年的苦工。

土丘上只有几座建筑物仍旧屹立不倒。其中之一是吉兹卡拉（Kyz Kala）城堡高大、几乎完好无损的外墙，由一根根黏土圆柱组成。吉兹卡拉意为"少女的城堡"，但没有人还记得这个名字是何时、因何而起。

"一些人认为国王和贵族的女儿在那里接受教育，"穆拉特说，"城堡位于城墙之外，所以跟城市罪恶的诱惑保持着安全距离。相传有一座相邻的城堡，只住男孩，那里现在已经倒塌了。如果一个男孩想跟吉兹卡拉城堡里的一个女孩结婚，就要从自己的城堡扔一个苹果到她的城堡。考虑到这两座城堡之间的距离，这风俗如果真实存在的话，肯定让许多年轻男子非常不幸。"穆拉特大笑。他有一肚子的故事，一有机会讲就喜不自禁。

"还有一个流传很广的传说，梅尔夫曾有一个公主，美丽、善良又温柔，深受人们的爱戴。"他继续说，"有一天，一个有名的预言家来到这座城市。他预言公主会英年早逝。听到这话，国王自然惊恐万分。为了保护他的女儿，帮她排除所有可能的危险，他将她关在城外一座固若金汤的城堡中。公主不明白自己究竟犯了什么错，竟要受这样的惩罚，于是在新家寂寞难耐，郁郁寡欢。为了让她开心，国王给她送去满满一篮可口、成熟的葡萄。可是葡萄下面藏着一条毒蛇。公主吃这水果时，毒蛇咬了她一口，她就死了。"

睡美人，我想。这个古老的民间童话，它的雏形难道诞生于这沙漠里？我们或许永远无从得知吉兹卡拉这些传说的来源，不知道它们是有事实依据，还是纯属虚构。过去用尚未完成的字句向我们倾诉，且并不总是用我们能够理解的语言。但我们明确知道的是：

　　在 12 世纪的第二个黄金时代，艾哈迈德·桑贾尔（Ahmad Sanjar）任塞尔柱帝国的苏丹时，梅尔夫是世界上最大的城市之一，有超过二十万居民。早在公元前 3 世纪，这座城市就迎来了第一个黄金时代，当时的统治者是"救星"安条克一世国王（King Antiochus 1 Soter），他的母亲是粟特公主阿帕玛，父亲是"胜利者"塞琉古一世国王（King Seleucus I Nicator），曾任亚历山大大帝的将军。有人说亚历山大大帝此前曾亲临该城，但是没有确切证据支持。这个城市的确有很短的一段时期被称为"亚历山大"（Alexandria），像当时许许多多其他城市一样，之后安条克国王将其重新命名为马尔吉阿纳的"安条克"（Antiochia）。梅尔夫当时是马尔吉阿纳的首府。

　　之后的几个世纪，梅尔夫受到各种王国与帝国的国王和苏丹的轮番统治。由于其地理位置，这座城市很快成为一个文化熔炉，犹太人、佛教徒和聂斯脱里基督教徒（Nestorian Christians）纷纷在这里定居。他们建立礼堂，享有充分的信仰自由，与当地信仰琐罗亚斯德教的波斯人和平相处。载满丝绸和其他货物的中国商队也为他们带来了新风尚。渐渐地，梅尔夫的手艺人学会了如何制丝，到了 10 世纪，梅尔夫超越中国，成了面向西方的最大丝绸出口地。当时，城市里大多数居民都已经改宗伊斯兰教。梅尔夫很快成为穆斯林世界最重要的学习中心之一：这座城市的十二个藏书室和天文台吸引着远近的学生与科学家。

　　今天，梅尔夫遗址被沙漠包围，但可能并非一直如此。在公元 1 世纪，罗马历史学家和博物学家老普林尼（Pliny the

Elder）将这一古老区域描述为全亚洲最富饶的地方。许多地理学家认为，阿姆河（Amu Darya），也就是希腊人所说的奥克苏斯河（Oxus），起先是注入西方的里海，而不是汇入咸海。假如这是正确的，卡拉库姆沙漠在一千年之前或许真的是片富饶的草原。到了 13 或 14 世纪，可能是因为地震，奥克苏斯再次改道，土库曼斯坦才成为一片沙漠。

不管河流流经哪里，我们可以肯定，梅尔夫的居民有着充足的水资源供应：一张经过精心设计的地下管道网络，为这座城市提供了来自穆尔加布河（Murgab river）的新鲜冷水。在 12 世纪，多至一万两千人受雇维护这个先进的供水系统。城外建有冰室，墙体极厚，因此居民能够在大热天享用到消暑的棒冰。从多种意义上讲，梅尔夫是绿洲不假。

接着，在 1221 年，成吉思汗令人闻风丧胆的蒙古骑兵来到了城门外。短短几天之内，他们便造成一场浩劫，屠杀了 90%以上的居民，让这座城市变成一片废墟。

成吉思汗是一个举世瞩目的历史人物。虽然他的出生年份无法确定，但最有可能是 1162 年。他是蒙古乞颜部（Kiyad tribe）酋长也速该（Yesügei）的儿子。他的母亲诃额仑（Hoelun）是被从敖勒高努特部（Olkhunut）掳来的，被迫成为也速该的第二任妻子。成吉思汗——或者说铁木真（这是他的本名）——十岁时，他的父亲也速该在访问敌对部落时被毒杀身亡。也速该的两个妻子和六个孩子被逐出乞颜部，不得不自谋生路。关于铁木真的青少年时期，并无太多史料记载，只知道他很可能在与自己同父异母的兄长别克帖儿（Bektair）发生冲突后杀了对方。据说，他后来被一个邻近部落俘虏为奴，被迫在脖颈和手腕上戴沉重的枷锁。最后，他设法用枷击倒守卫，逃了出来。不久，他跟孛儿帖（Börte）结婚，铁木真九岁时他们便已经订婚。但婚礼刚结束，孛儿帖就被蔑儿乞人（Merkits）掳走，可能是为报许多年前铁木真之母被抢之仇。铁木真成功召集了一支由牧人与游牧民组成的军队，人数超过一万。他们袭击了蔑儿乞人，救出孛儿帖，而蔑儿乞人则四散各处。接下来的几年，铁木真征召了一支更大的军队，附近许多部落干脆与他联手。他的目标是成为所有蒙古部落唯一的统治者，这个目标他在1206年达成了，这一年，他获得了成吉思汗的尊号。

成吉思汗对蒙古人的生活方式做了一系列的改变。例如，他颁布了一项法律，禁止诱拐妇女，并准予蒙古帝国的所有民族充分的信仰自由。他还用维吾尔语字母表编写出蒙古语字母表，这样便可传递书面信息。他创建了高效的信使体系，在整个帝国设立驿站。每一驿站均备有休息充分的马匹，信使可以直接骑上，赶往下一个驿站。邮政体系就这样被发明了出来。颁布征兵制，所有善战的男性都必须服兵役。军队按照十进制组织，基本单位为十人，从属于上一级的百人单位，再往上是千人，最后是万人。成吉思汗为这些单位甄选领导者时，看重的是他们的个人品质与功绩，而不是亲族血缘。每名士兵都有自己的马，因为蒙古人可以说是在马背上长大的，他们可以不眠不休，持续骑马数天。

这样一支庞大的军队需要有事可做。成吉思汗征服了所有邻近部落，包括鞑靼人（Tatars）、党项人（Tanguts）和维吾尔人，之后，他将目光投向南方——今日被称为中国的富有帝国。经过几年的努力，训练有素的蒙古军队也成功征服了这些人，尽管他们起初对于夺取筑有防御工事的城镇丝毫没有经验。有时，蒙古人会让整条河流改道，以强迫城墙后的人投降。每征服一个民族，他们都能学到新的东西，提升自己的战术与技巧。他们从汉人那里学会了使用投石机与火药。

蒙古人每征服一个新城镇，就会将其洗劫一空。很快，蒙古草原上所有女人都穿上了奢华的丝绸衣裳。男人佩上了现代铁制武器，工匠被挟持过去，为他们提供手工制作的新货品。问题是，所有这些工匠都需要材料和设备，以及衣服和食物。蒙古人传统上是游牧民族，除了身上穿的衣服和住的帐篷，他们什么有价值的东西也不生产。但游牧民们对奢侈品的渴望似乎无穷无尽：蒙古人变得越富有，他们就越要征服更多的城镇和人民，以维持自己奢侈放纵的生活方式。到了1217年左右，也就是成吉思汗五十五岁的时候，他才似乎厌烦了征战。此时，他已经征服了整个蒙古，以及如今中国境内2/3的土地。蒙古人无比富有，来自南方附属国的税款源源不断。

当时，突厥苏丹摩诃末二世（Muhammad II）是花剌子模的统治者，花剌子模帝国曾覆盖现代阿富汗、伊朗、乌兹别克斯坦和土库曼斯坦的大部分地区，也包括梅尔夫。为了获得伊斯兰工匠制作的精良玻璃制品，成吉思汗想与花剌子模的苏丹建立贸易联系。

"我最大的愿望便是与你和平共处，"他写信给苏丹说，"我会将你看作自己的儿子。你当然知道，我已经征服中国和北方的所有部落。你知道我的帝国战士有余，且有银矿，我已经丝毫不需要赢取更多土地。在两方人民之间发展贸易关系是我们共同的利益。"[ii]

苏丹同意缔结贸易协定，成吉思汗于是派遣了第一个商队，他们满载奢侈品上路，包括白骆驼皮、中国丝绸和玉石等。当商队抵达西北行省讹答剌（Otrar），也就是今日哈萨克斯坦的南部时，他们受到了袭击，遭到了抢劫。商队中 450 名商贩只有一人生还。并不清楚是如某些历史学家所称的那样，是摩诃末二世自己下令劫掠商队的，还是讹答剌的总督自发袭击了商队。无论是哪种，结果都灾难深重。波斯历史学家志费尼（Juviani）所说的那样，总督的袭击不仅消灭了一个商队，而且"摧毁了一整个世界"。

成吉思汗一贯对背叛和毁约毫不容忍，却以令人惊讶的平静态度接受了这一事件。他派遣了一个小代表团去见苏丹摩诃末二世，要求他惩罚该为这桩袭击案负责的人。苏丹非但没有同意这一合理要求，还杀了几名使团成员，并放几名幸存者回到蒙古，回来的人也被折磨得面目全非。[1]

成吉思汗受到了羞辱——并且勃然大怒。他召集全军，总人数超过十五万，向西出发。蒙古骑兵夷平了讹答剌以及花剌子模的许多城镇。士兵们每征服一个城市，就将其洗劫一空，带走所有值钱的东西。他们所经之处血流成河。据估计，撒马

1　关于成吉思汗派了多少代表去见摩诃末二世，不同的信息来源说法不同。有的称他只派了一名代表，有的说他派了三名。一些历史学家声称他派的代表不止三名，但没有给出确切数字。

尔罕有 3/4 的居民被杀。花剌子模曾经的首都卡斯（Kath）被彻底摧毁。乌尔根奇（Urgench）、内沙布尔（Nishapur）、巴尔赫（Balkh）也遭受了相同命运。

1221 年，军队抵达梅尔夫。穆拉特告诉我的第三个关于吉兹卡拉城堡的传说就是，当蒙古人入侵这座城市时，40 个女孩在城堡中避难。惊恐的女孩亲眼看到蒙古人对待梅尔夫居民的残忍行径，于是，为避免相同的不幸命运，她们爬上屋顶，鼓起勇气，跃下赴死。

拖雷（Tolui）是成吉思汗的幼子，也是最残暴的儿子，这场战役由他负责。根据当时的一份信息来源，梅尔夫投降后，拖雷在一把金椅上坐定，观看大屠杀。男人、女人和小孩被分开，并分配给不同部队。除 400 名工匠外，所有人都被斩首。不论老幼，无人幸免。

想象得出来吗？这样的惊恐与惨叫，死者排出的屎尿味，上万个头颅滚动发出的声音，以及将沙子染成暗红色、喷薄而出的热血？

大屠杀几天后，蒙古骑兵返回战场，杀了少数的几个幸存者，他们刚刚设法爬回已变成一片废墟的家园。

除去造成巨量的人口伤亡，蒙古人还毁掉了书店、天文台、藏书室和学校。无价之宝不复存在。他们毁掉了梅尔夫和许多其他绿洲城市的供水系统，任何了解系统构造和维护方法的人，要么被杀，要么被掳。几代人积累的知识，短短数年内失传了。

三年后，大部分中亚地区沦为废墟。蒙古人继续向西进军，抵达俄国，直抵今天的波兰，向南抵达中东的伊斯兰哈里发国。

1227 年，成吉思汗逝世后，他的后代划分了他的帝国，他们继续统治，直到帝国在 14 和 15 世纪逐渐瓦解。

在蒙古人的统治下，也就是所谓的蒙古治世（Pax Mongolica）时期，贸易依旧繁荣。蒙古人是残酷的侵略者，但作为统治者，他们相对宽容，很少干预他们所征服的人民的文化与生活方式。整个帝国范围内都享有充分的宗教自由，也有许多蒙古人改宗了基督教。因为是游牧民，蒙古人连自己的建筑都没有留下，但是他们资助了中国的宗教场所建设和波斯的佛塔建设。蒙古人对世界历史最重要的贡献或许就是，帝国促进了东西方之间思想与发明的广泛交流。例如，蒙古人将德国的矿工带到中国，将中国的医生带往巴格达。他们将中国火药、穆斯林喷火器和欧洲铸钟技巧之类的不同发明结合在一起，为现代大炮的出现铺平了道路。成吉思汗的孙子忽必烈统治帝国的东部，是他引入了纸币，使之成为通用支付方式。

然而，中亚并未从这种思想与货品交换中获得多少利益。城镇破败，居民数量锐减，该地区花了几代人的时间，才重新站了起来。因此多数蒙古贸易路线都在丝绸之路的传统站点以南，这些地方已沦为废墟。

人们继续在梅尔夫生活了几个世纪，但是这座城市永远没能恢复此前的规模或影响力，藏书室和天文台也没有重建。唯一残存到今天，见证了梅尔夫黄金时代的东西，便是 1157 年建的苏丹艾哈迈德·桑贾尔的陵墓。这座考究的方形建筑的墙体厚实，不但在蒙古人到来时没有被毁，也经受住了几个世纪的地震活动。这一建筑最令人印象深刻的是其圆顶：建筑师意识到，如按计划建一个如此规模的圆顶，即使平日不塌，一场地震就能将其震塌。他们的解决方式是建两个圆顶，一个在内，一个在外。将近三百年后，也就是 1436 年，菲利波·布鲁内莱斯基（Filippo Brunelleschi）建造佛罗伦萨的大教堂时，为解决圆顶问题，遵循了梅尔夫的建筑师遵循过的同一原则：他也建了两个圆顶，一个在内，一个在外。

在蒙古人突袭之前，陵墓坐落于宫殿、清真寺和藏书室之间。今天陵墓独自矗立在草原上，周围只有吃草的骆驼。

* * *

自苏联解体之后，梅尔夫再次成为土库曼斯坦的经济中心。在距离废墟几公里的地方，这座城市以现代面貌复活，被斯大林重新命名为马雷（Mary）。马雷是土库曼斯坦的第二大城市，也是这个国家的天然气之都：市中心周围的沙漠底下有巨大的天然气储量。马雷并没有阿什哈巴德那么令人印象深刻，但是到处都在施工建楼房。新的地区博物馆已经落成，这是一栋宏伟的白色大理石建筑，它辟出一整个区域，来献给新总统的政治与体育功绩。

马雷以北数十公里有一个比梅尔夫还要古老的文明遗址：青铜时代的贡努尔德佩。

一条年久失修的苏联公路通往小停车场。路在这儿中断了。在我们面前的是绵延数英里的沙漠。售票员这一天不上班，也没有任何的栅栏。我们可以直接走进那片青铜时代的遗址。

一片迷宫似的土墙在我们面前展开。可以辨认出大大小小的房子，以及建筑之间细窄的街道。受过训练的人还可看出保护这座城镇的三面墙的轮廓。

"贡努尔德佩是 20 世纪 70 年代由希腊裔苏联考古学家维克多·萨里安迪（Viktor Sarianidi）发现的，"穆拉特告诉我，"他注意到，这里没有植物，地面上到处都是小土堆，这是地底可能有遗址的典型迹象。开始挖掘后，他们发现，早在四千年前，这里一定有一个组织良好的大城市。居住在这里的人们开发了一个复杂的灌溉系统，甚至有自己的污水处理设备。这里的琐罗亚斯德教神庙是世界上最古老的，这里也发现了麻黄碱的痕迹，这是后来琐罗亚斯德教教士用在仪式饮品中的配料。萨里安迪认为，这是证明琐罗亚斯德教的创立者琐罗亚斯德来自贡努尔德佩的证据。"

在迷宫最深处，我们来到一个开阔的大房间，有厚墙庇护。在一段短墙的尽头，地面有一处凸起，正好是适宜坐下的高度。这会是曾经的国王宫殿吗？统治者曾经坐在这儿面见朝臣，周围满是守卫吗？

"贡努尔德佩只是萨里安迪在这一区域发现的几个青铜时代定居点之一。"穆拉特说，"此前人们认为世界上只有三个主要的青铜时代文明，分别在印度、美索不达米亚平原和埃及。萨里安迪发现这里的遗址后，又要加上第四个：奥克苏斯文明。在揭开土库曼斯坦的过去这件事上，没有人比萨里安迪教授做的贡献更多了。在阿富汗也是这样。"他补充说，"是萨里安迪教授于 1978 年在阿富汗北部发现了著名的塞西亚人墓。他们在那里发现了五个女人和一个男人的尸骸，还有墓室里多达两万两千件的金器！"

你逆着时间回溯得越远，需要猜的就越多。因为贡努尔德佩人没有书面语言，考古学家不得不凭着他们留下的少量物质痕迹进行解释：倒塌的土砖房子、种子、小雕像、几个钱币、骨头。

20世纪90年代，在城墙西侧几百米的地方发现了一个巨大的墓穴，里面有超过三千具骨架。这些骨架上没有一处在战争中负伤的痕迹。这在一定程度上证明，贡努尔德佩的生活肯定极为和平，然而仅仅过了几百年，这座城市就被遗弃了。短期内，所有居民都收拾行李匆忙离开了。他们为什么走得那么突然？是因为意外或疾病吗？因为他们没有水了吗？他们砍了太多树，耗尽土壤养分了吗？他们去了哪里？考古学家只能猜测。

萨里安迪教授最神秘的一个发现被保护在铁皮屋顶下，防止日晒雨淋。在一座包含一个大墓室、三个小墓室的墓穴中，他发现了一头驴和三只羔羊的骨架。在驴的墓室当中除了驴的骨架什么也没有，但是在羔羊的墓室中有食物的残迹和小陶罐。其中一只羊头上戴着皇冠。这是某个有权有势之人坟墓的一部分吗？如果是这样，在附近没有找到人类墓穴就很奇怪。这些动物是献祭给神明的吗？或许是用以代替人类。抑或他们相信这些动物是神圣的？

我们回停车场时，看到售票处对面简朴的房子里有一盏灯亮着。我们漫步过去，门开着，我们往里瞅了一眼。房间里没有几件家具，一张简易的行军床、一张小桌子、两把椅子，仅此而已。一把椅子上坐着一个身材矮小、圆胖的男人，他有一头凌乱的白发和一圈大胡子。他正埋头读着一本厚厚的书，没有听到我们过来。

"下午好，"穆拉特用俄语打招呼，他的声音忽然恭敬起来，"我们没打扰您吧，教授？"

老人将书放到一边，抬起眼睛。我恍然大悟：我们误打误撞见到了萨里安迪教授本人。

"下午好！"教授大声说，"你们是考古学家吗？"

穆拉特和我摇摇头。

"太可惜了，这里还有大量的工作要做呢！"他努力起身，拄着一根拐杖。他从桌上拿起一枚钱币和一个小小的泥人。

"生活在这里的人最初可能是从叙利亚来的。但像这样的物件证明，他们肯定跟印度有联系。"他举起泥人和钱币，"在印度也发现了来自这里的东西。或许三千年前，水源耗尽之后，曾经生活在这里的一些人迁徙到了印度？假如实际情况是这样的话。我们是这样推测的。一些人肯定是去了梅尔夫。也许梅尔夫是由贡努尔德佩人建立的。"

他说得很慢，声音低沉、洪亮。拄着拐杖的手颤颤巍巍，脸色灰白，几乎发青。

"过去有多少人住在这里？"我问。

"没法断定。完全不可能确定！我四十年间每年都来一趟这里，但还有太多东西等着被发现。我们才刚刚开始。"

"我们刚刚去看了一眼动物的墓穴，"我说，"关于这个，您有更多发现吗？"

"我恐怕又要让你失望了，"萨里安迪教授说，"坦白说，这对我们所有人来说都是个谜。我们或许永远不会知道他们为什么要用这样的方式埋葬这些动物，为什么一只羊羔还戴着皇冠。世界的这个部分还有太多东西有待发现。太多太多了。"

他陷入沉默，神游回了几千年前。我们恭恭敬敬地道了别，然后去停车场边上搭帐篷。这是我在沙漠的最后一晚。我们第二天一大早就启程了，鸟儿在树上兴奋唧啾，此时的萨里安迪教授早就起床了，正忙着挖掘更多青铜时代的遗址。

那个春天的勘探，是他的最后一次。在我偶遇他的几个月后，2013 年 12 月 23 日，维克多·萨里安迪教授在莫斯科逝世。享年 84 岁。

至高幸福时代

当土库曼斯坦航空的飞机机轮触地时，里海沐浴在一片橘黄色光线下。海面的水波像金子一样熠熠发光。飞机朝航站楼缓慢滑行时，一张库尔班古力·别尔德穆哈梅多夫的肖像在客舱前部的玻璃后面颤动不止。Arkadag，也就是护国主，永远在我们身边，在天上也一样，或许是为了提醒我们，这样出奇便宜的机票应该感谢谁。土库曼斯坦的国内航班肯定是世界上最便宜的：花几百挪威克朗，就能去全国任何地方。

见到里海上倒映的光，便不难理解为何俄罗斯人将这座城市称为克拉斯诺沃茨克（Krasnovodsk），意思是"红水"。1869年修建于此的堡垒，曾在抗击希瓦汗国和野蛮的土库曼人部落的战役中被用作基地。该城至今仍是全国最不像土库曼斯坦的城市，大多数居民是北方来的俄罗斯人，以及里海另一边来的亚美尼亚人和阿塞拜疆人。

1993 年，独立两年之后，这座城市有了一个新名字：土库曼巴希。似乎是总统想要向这些非土库曼居民强调，现在这里是谁做主。别尔德穆哈梅多夫到目前为止还没有修改这个他前任起的名字。

在宏伟的大理石航站楼外面，我见到了一个十二三岁的活泼小男孩。他自称是我的司机。我跟着他一路小跑，看到一辆有年头的旧奔驰车。幸运的是，他的父亲正坐在驾驶座上。

这对父子颇为严肃，当我们穿过市中心时，他们什么话也没说。褐色的矮山围绕着市中心。苏联时代建的公寓楼被粉刷成淡雅柔和的颜色，并装有卫星天线。人行道上的年轻女人穿着高跟鞋和紧身短裙。

我们一离开市中心，这对父子就来了精神。他们滔滔不绝起来，说得最多的是他们如何卖力地工作，从没有时间度假，夏天没有时间去游泳，即便他们就住在海滩边上，他们就是一直在工作，没有停歇，无时无刻不非常卖力。接着，没有任何停顿或者自然过渡，儿子开始谈起生活在土库曼斯坦有多么棒。

"一切都是免费的，"他吹嘘道，"盐是免费的，电是免费的，天然气和水是免费的，甚至汽油也差不多免费，多亏了总统。"

"既然一切都是免费的，你们为什么还这么卖力工作？"我问。

"工资太低了，"男孩说，"我们每个月最多赚三百美元。75%都花在吃的上。因为赚的太少，所以总是赊账买东西，无论是买车这样的大件，还是买面包、牛奶这样的小件。我们领到了薪水就去还账，接着又欠下更多。"

我将在一个半岛度过在土库曼斯坦的最后一晚，车子开进这个半岛时，颠簸不平的苏联公路变成了豪华的现代大道。

七八个车道全是我们的。一个闪闪发光的巨大标牌上写着：欢迎来到阿瓦扎国际旅游区！几十栋细长的摩天大楼从地平线上耸立起来。夕阳西下，内海上的浪尖闪着粉色的光。

一瞬间，我觉得自己仿佛置身迪拜。但只有一瞬间。

没有什么地方能比一个淡季的度假胜地更加冷落和凄凉了。我不得不从侧门进入石油工人酒店大堂，因为旋转门关了。大堂装饰着金箔和大理石。一个昏昏欲睡的前台接待给了我房间钥匙。我是唯一的住客。

"有网吗？"我满心期待地问。毕竟酒店亮闪闪的外立面上挂着充满希望的五星。

"没有。那种新潮东西只有阿什哈巴德有。"前台接待强忍着哈欠说。

我在一栋栋巨大的酒店大楼间四处走了走，除了一个保安在外面的花园踱着步，没遇到一个人。一切都维持得精致优雅，大理石闪闪发光，割过的草坪显出军事化的精确。连那条奢华的八车道大路都空空如也，只有一两辆巡逻的警车偶尔经过。

在楼下码头，我遇到一个头发花白、蓬乱，驼着背的老太太。她在钓鱼。一小堆小鱼在她脚边拍打扭动。

我问了声好。她没有回答，也没抬头。

"这儿的鱼好钓吗？"我大声问。

老太太飞快地扫了我一眼，嘴里咕哝了一声，意思可能是好钓，也可能是不好钓。她的眼神像钓上来的鱼一样无精打采。我便继续走，走到酒店的小沙滩。沙滩不过几米长，到处是尖利的石子。水面浮着薄薄一层油。往左看可以看到一个港口，这是该地区最大的港口之一，还有一个炼油厂。

阿瓦扎旅游区是库尔班古力·别尔德穆哈梅多夫推动实施的有名的大项目之一。实际上主意是土库曼巴希出的，但是所有人似乎都忘了这一点。2007 年，土库曼巴希死后一年，库尔班古力·别尔德穆哈梅多夫便开始着手实践前任的宏伟计划。市中心外面的半岛上曾经有成百上千个度假屋和租赁区。它们很快被无情地推倒，从地图上抹去，这样布依格公司的法国工程师便可以开工。已经有三十多栋高耸入云的酒店摩天大楼，每一栋的建筑风格似乎都独一无二，但是内部几乎是一模一样的。建这个旅游区的时候，他们坚信，一旦设施齐全，游客就会到来。维基百科上的文章积极得不可思议，假如可信的话，那么这一战略非常成功："游客们被一流的基础设施所吸引。在土库曼巴希市附近坐落着一个现代国际机场，被认为是土库曼斯坦最好的机场之一。旅游区的道路完美，并且条件一年更比一年好。"

然而，到目前为止，惊人的是，到处都见不到游客。大多数酒店都是空的，旺季时也一样。在土库曼斯坦，很少有人付得起价格超过十欧元一晚的房间，尽管照我们的标准来看，这很便宜。而那些付得起这个钱的人，更愿意在土耳其找个长长的海滩度过炎炎夏日。

为了让阿瓦扎对外国人更有吸引力，当局计划以迪拜为模型建两个人工海岛，让阿瓦扎这一区域对某些国家免签。但是被隔绝在一个全是沥青路面、大理石建筑的度假地，接受苏联式的服务、难吃的食物，还没有网络，又有多吸引人呢？

目前，土库曼斯坦当局在该项目上的投资已超过十五亿美元。他们计划再建三十座酒店。

因为所有的饭店淡季都关着门，我回到了石油工人酒店。餐厅布置得像是要举办婚礼。菜单厚得像个电话簿，我饥肠辘辘地翻看菜单。厨房提供二十种不同的鱼类料理，以及种类更多的肉类菜肴，十分诱人。

"我要一份鲟鱼加鱼子酱，以及一份白葡萄酒酱汁。"我说。

"我们没有鲟鱼了。"女服务员小声说。

"那麻烦要一份烤三文鱼加酱油，谢谢。"

"抱歉，我们没有三文鱼。"服务员轻声说。

"啊，那你们有什么？"

服务员安静地拿起菜单，若有所思，前前后后地翻，最后指着菜单最后的一道鱼类料理。

"那我就要这个吧，再要一杯白葡萄酒，谢谢。毕竟这是我在土库曼斯坦的最后一天。"

"我们没有酒。你得去酒吧喝。"

"那我就要一瓶矿泉水，带气泡的。"

"我们只有不带气泡的。"

"那就不带气泡的吧。"我把那本巨大的菜单漫无目的地翻来翻去，自己也不知道要找什么。甜点菜单和酒单都很大。"顺便问一下，你们有冰块吗？"

没人应声。抬头看时，我发现餐厅里只剩我一个人。

刷完牙，我站在全景落地窗边，望向外面灯光照耀下的柔和海浪。在这个荒诞斯坦的三个星期结束了。疲惫从头渗到脚指头。这三个星期里，我严格遵守行程单，走得又远又广，几次横穿沙漠，伴着骆驼的低吼入眠，来来回回地飞行，吃了太多顿差劲的酒店早餐，喝了一壶又一壶酸骆驼奶。

土库曼斯坦只有五百万居民，天然气储量却在全世界排名第四，它其实具备一切成功的条件。但是，到目前为止，它唯一成功了的就是说大话。土库曼巴希引导他的国家从伟大振兴时代（Epoch of Great Revival）走进黄金时代。而别尔德穆哈梅多夫，也就是现在被称为护国主的那位，带领这个国家走进了伟大复兴时代（Era of Great Renewal）。根据当局说法，最终目标很快就会达成：2012 年，国家广播公司（也没有其他媒体机构）宣布，土库曼斯坦快要进入至高幸福时代。

再没法比这更幸福了。

边境

载我从土库曼巴希去哈萨克斯坦边境冷清的小检查站的司机向我透露，他打算移民。

"我的妻小已经在那边了。文件一办好，我就跟着他们过去。"

"去哪儿？"

"当然是去哈萨克斯坦。"

路况实在太可怕了，经常是沿着沙里的轮胎印开，这比较不痛苦。我们经过一些倒闭的工厂、废弃的村庄，里面尽是幽灵屋，窗户破败，临街面生了锈。在苏联时期生活在土库曼斯坦的哈萨克人，几乎全都越过国境，迁回哈萨克斯坦去了。超过半数的俄罗斯人返回了俄罗斯。几乎只有土库曼人留了下来。

路程花了将近四个小时。我们偶尔会赶上一辆伊朗或土耳其拖车。其他时候则独享沙漠。司机无聊了，叫我猜猜他多大年纪。出于好心，我说四十五岁。

"三十三。"他不高兴地说。

在阿什哈巴德的最初那几天里经历的妄想症又卷土重来。要是他们发现我在签证申请书上说谎了怎么办？要是我在边境被逮捕、被投进监狱怎么办？最近的挪威大使馆在几千公里之外，在阿什哈巴德的挪威国家石油公司办公室的唯一一位挪威代表，恐怕也未必帮得上忙。

看了几个小时的沙子、沙鼠和废弃的工业大楼之后，视野里出现一个在沙尘中闪着光的金色圆顶：那是土库曼-哈萨克边境。司机通常能够开去另一边最近的哈萨克斯坦城镇，但出于某些原因，今天行不通，没有人能够或者愿意告诉我是什么原因。我跟旅行社的司机道了别，犹犹豫豫地进入大楼。一名士兵指了指一沓表格。我还没能拿起一张，便看到司机匆忙走了过来，抄起我的护照，飞速填起了表。我没来得及说声谢谢，他又急匆匆回了车上。

这是旅行中我第一次独自一人。

我去了第一个柜台，递上表格和护照。士兵狐疑地看着这份土库曼语表格。

"你自己填的？"

"不是。"我说。我不知道司机都勾了哪些选项。

"这表格你得自己填，"士兵告诉我，"俄语的和英语的表格我们都有。"然后他拿着我的护照和司机填的表格快步走开了。我被告知去隔壁房间，也就是海关检查处。一群士兵、海关官员和保安坐在各类柜台后面玩手机。看起来今天下午我是唯一过境的人，所以他们把全部注意力都放在了我身上。我的行李箱被打开，里面的东西经过了彻彻底底的检查，内裤一条一条查，袜子一双一双看。一个士兵开始检查我相机里的照片。另一个士兵拿走了我的手机。第三个士兵检查了 iPad。

"你为什么来土库曼斯坦？"一个士兵问。

"我是来旅游的。"

"你在哪里工作？"

"奥斯陆大学，我是学生。"这并不全是实话，但也不算谎话。

"你学的什么？"

"语言。"

"学了几个学期了？"

"这是第六学期。"我撒了谎。

"你到底为啥会带着本哈萨克语教程？！"检查行李箱的士兵吼道，"你学哈萨克语干什么？"

"我找不到土库曼语教程。"我分辩道。

"但是你为什么想学哈萨克语？"

士兵检查完所有照片后，一个穿着蓝色制服的年长些的男人从一间办公室里走了出来。他用土库曼语说了些什么，然后带着我的手机和相机在另一间办公室不见了。另一个穿蓝色制服的男人开始询问我：

"你为什么来土库曼斯坦？"

"来看看这个国家，我是个游客。"

"你在哪儿工作？"

"奥斯陆大学，我是学生。"

"你学什么？"

"语言。"

"你上了几个学期了？"

"六个。"

"一公斤肉在挪威要多少钱？"

"不好意思，您再说一遍？"

"买一公斤肉在你的国家要花多少钱？这儿的肉很贵。"

我胡编了一个价格。这边境守卫来精神了，"那牛奶呢？面包呢？香烟呢？"

"一切都很贵，非常贵。"我认真地说。

此时好几名士兵围到我们身边，问题连珠炮似的射向我：那汽油呢？公寓呢？汽车呢？房子呢？一公斤黄油？鸡蛋？糖？盐？电？

终于，穿蓝色制服的年长男人回来了。他郑重地把手机和相机交还给我。

"完全没有问题。"他赞许道。换句话说，他没有找到任何一张有辱总统声誉的照片，没有任何照片拍到总统像死了一样躺在赛马场的沙里。

又盖了一个章，接着我站在了夜晚户外的凉爽空气里。远远地，透过带刺的铁丝网，我看到了哈萨克斯坦边境站。

一个士兵最后一次检查了我的护照。

然后我便出去了。

"那边有司机等你吗？"一个士兵在后面喊我。

"没有，现在就我一个人了。"我回答。一阵风翻弄着我的头发。我感到自由。

"去最近的城镇要三个小时！"士兵提醒我。

"我知道，"我回答说，"我打个车。"

士兵哈哈大笑。

"那边没有出租车。那边什么都没有！"

哈萨克斯坦

寿司与自动取款机的绿洲

这片位于土库曼斯坦和哈萨克斯坦之间的无人之地要比看上去更加辽阔。阳光从湛蓝的天空中直射下来，但沙漠的空气仍有一种冬日触感。带刺铁丝网外面，褐色的贫瘠土地向四面八方绵延。除了两个边境站，这里没有其他建筑，没有人，只有狼、乌龟，以及接连数英里维护不善的苏联公路。

半路上，一辆拖车路过我身边。所以那天我终究不是唯一想要过境的人。司机停下来，说剩下的几百米可以捎我。我一爬上驾驶室，关上车门，他便开始抱怨。

"他妈的，那群人不正常！"他用俄语怒气冲冲地低声说，把一沓厚厚的文件拿起来挥了挥。他是哈萨克人，一个月要过境好几次，"他们每次都这么搞，耗上好几个小时。以前我们都归苏联，没人会多想哈萨克斯坦和土库曼斯坦的差别，没人会拦你，你开过去就行了。现在他妈的每张小纸片他们都要查！"

苏联时期，从西部的塔林（Tallinn）到东部的符拉迪沃斯托克（Vladivostok），人们可以在整个庞大帝国范围内自由旅行，至少原则上是如此。20 世纪 90 年代，伴随独立而来的是边境管制。当欧洲走向相反方向，开始免护照、开放边境时，最近几十年里，中亚建起了成百上千座新的边境检查站。数万名士兵、官员和海关官员受雇守卫 20 世纪二三十年代在斯大林治下划出的边界。从前不假思索穿过这些隐形边界的人，此时要准备面临详尽的问询、冗长的表格，行李要受到细致检查，如果幸运的话，之后才可能被准许通过带刺的铁丝围栏。

幸运的是，比起离开土库曼斯坦，进入哈萨克斯坦要容易一些。哈萨克斯坦护照检察官友好且高效，几分钟之内，所有的文书工作都完成了，我的签证也按照规矩盖了章。

"这儿有出租车吗？"我满怀希望地问。

"出租车？这儿？"年轻的边境守卫瞪大眼睛看着我。"不知道从这儿去最近的城镇有多远吗？"

"我知道。"

守卫摘下盖帽，挠了挠脑袋。

"外面有几辆卡车，"他说，"或许可以找个人捎你一段？等一下，我来问问。"他走出那间简陋的办公室不见了。我一个人站在那儿，手里拿着护照，签证盖好了章，但暂时被困在了起跑线。所幸那个年轻守卫很快就回来了。

"在这里工作的达米埃尔也要去阿克套（Aktau）。你可以搭他的便车。不过先在我们这儿吃点午饭吧。"

边境守卫三餐全在地下室吃。为我们端上午餐的是两个慈祥的老太太，她们系着花边围裙，戴着白色头巾。男人大约有十几个，呼哧呼哧地喝着咸肉汤，毫不掩饰快意。茶水畅饮。

"你们挪威有国王吗？"年龄最大的守卫问。

我点点头。

"那么是他掌权咯？"

我解释说，做决策的不是国王，而是政界人士。

"但他肯定能决定点什么，"一个头发灰白的男子反对道，"要不然当国王有什么意义？"

"他是一个重要象征，"我说，"而且极受人民爱戴。"

头发灰白的男人难以置信地摇了摇头，似乎为国王觉得遗憾。

坐在我边上的眯眯眼男子看上去五十多岁，密谋似的靠了过来：

"挪威那儿有很多黑人吗？"说"黑人"这个词时，他浑身颤了颤。

"不是很多。"我说。

"那很好。"他认可地点点头。

"但我们那儿有一些巴基斯坦人。"我告诉他。

"噢，巴基斯坦人可不好。"他说着做了个鬼脸，更像是自言自语。

除了十几只汤勺传来的哧溜喝汤声，很长一段时间都听不到别的声音。我不过是走了几百米，一切都不一样了。我身边的这些面孔，与土库曼人的欧洲相貌不同，他们更像蒙古人，细眼睛，宽颧骨，圆脸型。社交氛围比较轻松质朴。连汤的味道都不一样。

但绿茶是一样的。公路也一样。在哈萨克斯坦启程的最初几个小时跟我在土库曼斯坦的最后几个小时路况很相似。毕竟，这是苏联工程师建的同一条公路，远在检查站开设之前就已建成。两个国家显然都不重视土库曼 – 哈萨克边境地区，起初的几十公里，柏油路面特别糟糕，我们不得不绕"之"字，以避开最大的坑洼。但路上除了我们别无他人。柏油路的两边，沙漠向远处延伸，没有起伏，也没有色彩。

"我昨天弄死了那头狼。"达米埃尔边说边指着后视镜上挂着的毛茸茸的尾巴。

"用枪打死的吗？"

"不是，我开车撞死的！它起先想逃，但是我追上了它，最后把它撞死了。等我回到家把这尾巴拿给邻居看，他们会给我送礼或者送钱。谁要是杀了狼，准能得到丰厚奖励。这里的狼太多了，已经成了祸害。"

接着，达米埃尔毫无停顿地就开始抱怨起哈萨克斯坦总统来。在边境那头的土库曼斯坦，少数几个敢于批评总统的人总是会压低声音，无论离人群有多远。但达米埃尔率直地说了自己的想法，我甚至没有问他。

"他在位时间太长太长了，1991 年开始的！"他喊道，"纳扎尔巴耶夫害怕让年轻人拥有话语权，这就是问题。我选举的时候都懒得去投票，反正也全是暗箱操作。整个体制都腐化了。我们普通民众几乎什么都赚不着，勉勉强强三四百美元一个月。靠这些钱根本活不下去。"

"你跟过境的人收过小恩小惠没有？"

"当然没有！"他咧嘴笑了，"你当我是什么人？"

根据透明国际组织（Transparency International）的年度报

告，哈萨克斯坦是中亚的后苏联国家当中腐败程度最低的，但这更能说明其邻国的情况，而不能说明哈萨克斯坦本身的情况。哈萨克斯坦也处于排名的底部，在 177 个国家当中排第 140 位，落后俄罗斯十三位。像土库曼斯坦一样，哈萨克斯坦有巨大的石油和天然气储量，毫无疑问是中亚最大的经济体。在很长一段时间里，哈萨克斯坦也被认为是这一地区最民主的共和国，但是，同样，这也更能说明邻国政权的情况。努尔苏丹·纳扎尔巴耶夫总统自 1989 年被戈尔巴乔夫任命为总统之后，就一直是国家元首，并且没有要下台的迹象。[1] 一年又一年过去，他变得越来越专制独裁，而且不存在真正的政治反对派。言论自由岌岌可危：过去几年，数十家独立报纸和网站被该政权关停。然而，相比土库曼斯坦来说，哈萨克斯坦像是自由的堡垒。

达米埃尔的手机响了。

"是你吗，甜心？——对不起，亲爱的，但是我今晚脱不开身。——是的，我知道我答应你今晚回家。但是我得工作，这里有太多活要干了。——明天见，跟孩子们说爸爸爱他们！"

他刚挂这一通电话，手机又响了。"是的，宝贝，我在路上了。——没有，我昨天没能打给你。——是的，我知道我答应你每天打电话，但是我昨天没有信号，你知道的，时不时就会这样。——我再过一小时就到了，美女。——不，没法再快了，办不到的。——是的，我直接去找你。"

1　努尔苏丹·纳扎尔巴耶夫于 2019 年 3 月 19 日宣布辞去哈萨克斯坦总统职务。——译者注

达米埃尔夸张地叹了口气，然后跟我挤了挤眼。

"这些女人，唉……尽是麻烦。"

我们到了阿克套以后，他把车停在一个全是公寓楼的居民区，这里离市中心还有好长一段路。我们得从那儿打个车。他解释说，他不希望朋友看到他的车，发现他已经在城里了。他想拥有一个"没有唠叨的夜晚"。过去一小时里，他的女朋友每五分钟就打一个电话，以确认他已经在路上了。去找她之前，他让我在市中心的一个大购物中心下了车。

"别误会，我和我太太对彼此非常尊重。"分开的时候他说，"也许今天晚上晚一点我们可以见面喝一杯，等我有空的时候，就我们两个，行吗？"

阿克套的购物中心对于我是个惊人的发现，一片海市蜃楼，一座西方文明的绿洲。闪亮的熟悉品牌名迎面而来。商店里满满的人，都是现代打扮，穿着牛仔裤、迷你裙、皮夹克、高跟鞋、运动鞋。广播里播放着阿黛尔（Adele）最新的热门歌曲。我在一个角落里碰到一整排自动取款机。我把卡塞进一台取款机，按了三万坚戈（tenge），约合一千挪威克朗。简直像魔法一样，这机器开始数钱了。

一楼的餐厅菜单有寿司和意大利面食。我两样都点了。一位服务员给了我 Wi-Fi 密码，跟说了声"芝麻开门"似的，所有在土库曼斯坦被禁的网站全在眼前了。Twitter。Facebook。YouTube。我一边狼吞虎咽地吃着寿司卷和意大利饺子，一边恶补朋友和熟人在 Facebook 上的更新。一个朋友剪了头发。我男朋友很孤单。一个老同学生了宝宝。满屏的墨镜和户外啤酒的照片说明奥斯陆的春天已经来了。在互联网时代旅行，你很少会感到离家很遥远。互联网在土库曼斯坦还是新兴事物，即便是在那里，我时不时也能上网看看挪威报纸。而在这里，这么多的选择简直让我眼花缭乱。

点一下就能读到当地报纸的同时，全世界很快就会穿上中国制造的牛仔裤。即使身边的蒙古面孔很陌生，我也不再感觉离家那么遥远了。周围全是些熟悉的参照物，这是一个我能理解的体系。

回到与西方相似的文化领域当中，我便更能看清土库曼斯坦的独特之处了：这个国家仍置身于市场经济之外。即便灰色的混凝土公寓楼已被闪闪发光的白色大理石建筑取代，经济依然封闭得严严实实，跟苏联时期一样，仍受上层的调控。西方品牌很少见，也谈不上真正的竞争，更别提自由竞争了。土库曼斯坦在透明国际组织的腐败指数排名上垫底，排在168位。总统几乎拥有并控制着一切，从酒店到餐厅和商店。银行只有一家，国家银行，物价与工资被人为地压低，以适应封闭的土库曼斯坦市场。在土库曼斯坦，事无巨细，一切都受到国家的管控，包括经济。作为一个身处别尔德穆哈梅多夫的土库曼理想国的游客，你不能够依赖新自由主义的全球语言——这种语言在西方每天都被不经思索地使用，但在这里不存在。

"我想去查格拉酒店。"我告诉出租车司机。

"地址是哪里？"

"我在网上找不到街道名，只知道它在第一小区。"

"噢，那我能找到。"司机向我保证，"除了总统大道，阿克套没有别的街道名。这个城市以小区划分，每栋楼和公寓都有一个编号。我住在第8小区，50号楼，9室。8，50，9。很实用，不是吗？"

所有对于西方文化的幻想就此破灭。我回到了苏联。

我们行驶在宽敞开阔的街上。街道两边都是低矮、实用的公寓楼，墙面刷着明亮的颜色，有草坪与树木环绕其外。阿克套是一个完全根据苏联模式建立的城市。很难辨认中心或核心区。时不时能看到一栋豪华的砖房，其风格更偏美式，这是当前石油繁荣的证据：阿克套如今是哈萨克斯坦最富裕，也是生活成本最高昂的城市之一。

周边发现铀矿之后，阿克套于20世纪60年代建城。几年后，人们发现这一区域还拥有丰富的石油和金属，于是这座城镇发展壮大了起来。该城起初被称为舍甫琴柯（Shevchenko），这是为了纪念著名乌克兰诗人塔拉斯·舍甫琴柯，他在19世纪40年代曾被尼古拉斯一世沙皇流放至此。在当时，此地必定像世界尽头一样，远离一切，除了矗立在此的俄国堡垒，基本没有什么建筑。

每隔一段时间，我们就会驶过一幅巨型海报，海报上是一个穿西装的灰发男子，他被一群拿着气球、展露笑脸的儿童簇拥着。

"那是总统吗？"我指着其中一幅彩色海报。

"当然了。"司机冷漠地答道，连眼都没抬一下。

铁道旅行

踏进列车车厢时，热浪扑面而来，感觉像走进一个火炉，也像进入一个不透气的罐头。狭窄的过道里，穿运动服的男人靠窗排成长长一排。他们向外望着站台，面无表情，车厢里有股浓烈的汗酸味。没有人挪一挪位置让我过去，我不得不在运动鞋和鼓鼓的大包当中挣扎一番，才挤进这个铁皮桑拿房的深处。背上于是出了一层黏湿的汗。

我最后找到了自己的小隔间。我的旅伴是一对年轻的哈萨克夫妇和他们两岁的儿子，他们正忙着放东西：大包小包、枕头、泰迪熊、腌肉、奶瓶、玩具车，以及有小孩的家庭出门需要携带的一切。靠窗的小桌上有一堆各式各样的饼干和果脯，地板上几乎每个角落都被五颜六色的袋子占满。一个年近六十的男人在一张上铺上躺着，双手叠放在肚子上，闭着眼睛。他留着灰色短发，髭须修剪整齐，皮肤白皙，一副俄罗斯人长相。

"你们好！"我边打招呼边在床沿上坐下。在阿克套的几天，我几乎都是独处，多数时间都在酒店房间里懒洋洋躺着，待在一个拥有网络和有线电视的幸福气泡当中，身边终于没有导游、警卫和无处不在的警察了，我满心期待能在火车上做个社交达人。长途火车旅行通常是结交新朋友的完美机会，因为在车上，除了睡觉、吃饭和聊天，人们无事可做。

年轻的父亲看到我时没能藏住怒气，指着另一张上铺说："那儿才是你的位置。"

于是我被赶了过去，那张床铺上有一摞垫子、白床单、枕头和羊毛毯子。我抖开卷成一卷的垫子，然后开始艰难地铺床单。因为地上全是塑料袋，这活儿不大容易。年轻的母亲跟丈夫交换了一个眼神，但两人都没说什么，也没做什么。最后，对铺的短发男人看不下去了。他在床上跪着直起身，抓过床单，挥着胳膊，不到三十秒就极有效率地帮我铺好了床，全程没有从自己床上下来。完工后，他对我简单点了个头，便又躺下来，双手往肚子上一叠。我热情地跟他道谢。他嘴里嘟哝了一声算是回答，并未睁开眼睛。几分钟后他就开始大声打鼾。我爬上上铺，艰难地扭着身子躺下了。空间太过狭窄，我坐起来头便撞上天花板，躺下来，卧铺太短，又伸不直腿。床垫又硬又凹凸不平，盖住床垫的床单抻得很紧，连一丝褶皱都没有。隔间里空气沉闷，像个棺材。

随着一阵摇晃，火车离开了车站。一股新鲜空气通过半开的窗户涌进来。年轻的父亲果断走到窗边，关上窗户，拉上窗帘。接着他又关闭并反锁了小隔间的门。我略微抗议了一下，但这位父亲指了指小男孩，算是回答，那孩子正忙着在他母亲的手机上按来按去。

"窗外的冷风对孩子不好。"他言简意赅地说。

一片浓密的昏暗降临在这小隔间里。列车颠颠簸簸地前进。我的脚撞在小隔间的墙上。床垫上的凸起硌着我的脊椎。对面卧铺的俄罗斯人像头熊似的鼾声如雷，尽管那年轻母亲的手机一有响动——频率还挺高的——两岁的小孩就会开心地尖叫，俄罗斯人也完全不受干扰。

额头上渗出汗水。我喘着粗气，逐渐意识到自己将这样度过接下来的三十六个小时，也就是两个白天和一个半夜晚。在地图上，从阿克套到阿拉尔（Aral）[1] 看起来不是很远，但这只是相对而言，在哈萨克斯坦，所有距离其实都巨长无比。我走到售票处的时候，估计乘火车大概要十二到十四个小时。我不知道的是，两个城市之间的线路不是直的，要先往北绕一大圈，最后才往南驶向阿拉尔，然后继续往东，去阿拉木图（Almaty）。

我去阿拉尔只有一个原因：我想亲眼看看史上最大的一场人为环境灾难造成的后果。阿拉尔建在咸海海岸，一直到 20 世纪 60 年代都是一个重要的渔港。之后咸海开始慢慢萎缩。如今，鱼类加工厂早已关闭，这座城市被沙子与沙漠包围。海浪声不过是遥远的回忆。一整个内海消失之后，会发生什么？

我的下方，那对年轻夫妇在喂儿子吃巧克力饼干、喝汽水。为了哄儿子吃东西，母亲找出一个玩具，上面有各种按钮，按不同的按钮会发出不同的警报声。消防车、警车、救护车，每当一种警报声在小隔间响起，男孩便会高兴地叫起来。警笛声

1　阿拉尔又称阿拉尔斯克（Aralsk）。——译者注

响了六遍以后，对面卧铺的俄罗斯人突然醒了过来，起身在旅行包里翻来翻去，掏出一瓶棕色的东西。他喝了两大口，接着在毯子下躺好，再一次陷入了梦乡。

我们为什么要旅行呢？我们为什么要让自己遭受路途漫长、地处偏远和置身异域带来的所有这些不痛快？我的理论是，我们的记忆天生具有欺骗性，容易出错。这就是为什么我们永远会启程进行新的探险。我们一回家，那些不痛快就自动转化成了有趣的逸事，或者被忘得一干二净。记忆不是一条直线，它更像一个布满小点的图表，这些点都是精彩的点，而余下的部分是一片空白。记忆也是抽象的，从未来往回看，以往的不痛快看上去几乎都不太真实，像梦一样。

我撑了一个小时。爬下来的时候腿已经僵了。我穿上鞋子，拉开隔间门。过道里的空气凉爽极了。我在布满灰尘的半开的窗户边上站了很长时间，一次又一次让肺充满新鲜空气。我贪婪地猛吸大草原的空气。外面的风景毫无变化，感觉上我们好像在原地静止不动。视野中没有一棵树、一座山，只有平坦萧条的荒漠。地平线处，沙漠与蔚蓝无云的天空融为一体。

我就这样站了一小时，或许是两小时。列车以每小时四五十公里的速度在沙漠和草原上缓慢前进。哈萨克斯坦国土覆盖 2724900 平方公里，面积比整个西欧还大。它是世界第九大国家，并且是世界上最大的内陆国家。在那儿，站在布满灰尘的车窗边，我开始真正了解，2724900 平方公里究竟有多大。哈萨克斯坦比另外四个中亚国家的面积总和的两倍还要大。哈萨克苏维埃社会主义共和国，也就是今日的哈萨克斯坦，占苏联总面积（令人震惊的 22402200 平方公里）的 12%。相比较之下，俄罗斯现今的面积是 17075200 平方公里。也就是说，单单是哈萨克斯坦就占了苏联解体时俄罗斯失地的一半以上。

其他旅客也都关上了各自隔间的门。过道是我一个人的了。我时不时看到一只鹰在云层下翱翔，除此之外，沙漠上一片荒芜，没有生命的痕迹。带有石块的沙地上，一丛丛草或干枯的灌木从这里或那里冒出来，给广袤的浅棕色风景带来了小小的变化。哈萨克斯坦不多的人口与其巨大的国土面积不太相称。这个国家土地贫瘠，人口稀疏。超过 3/4 的领土是沙漠或半沙漠。哈萨克斯坦的总人口还不到一千七百万，这意味着平均每平方公里的人口分布少于六人。世界上只有十一个国家人口密度比这小。我推测，或许正因如此，其他乘客都钻回自己的隔间去了。他们不习惯跟其他人挤在一起，所以尽力去维持相对孤立的幻想。

我回去时，隔间已经暗了下来。两岁的孩子甜蜜地睡在母亲肚子上。父亲躺在床上看着他们，眼睛半睁。我蹑手蹑脚爬上自己的卧铺，闭上眼睛。我躺了很长时间，听着列车均匀的节奏。我的身体记住了这种节奏：嗒哒嗒哒，嗒哒嗒哒。最后我睡着了，但睡得不深。

晚上，小隔间里又热闹起来，我就走到外面的过道里，呼吸些新鲜空气。那位短发前辈跟了出来，跟我并肩站在灰尘满布的车窗边上，挨得有点太近了，感觉不太自然，他开始跟我讲述他的人生。

"我退伍以前，是军队里的上校。"他说。他的俄语很完美。

"我在阿富汗服役七年，在车臣待了一年。你肯定想象不到我在那里见到的事……阿富汗也一团乱，但你知道最坏的事情是什么吗？"

我摇摇头。

"是一切都没有意义。我们去那儿干什么？阿富汗和车臣都一样。所有战争都没有意义。"他沉默地望向窗外沙漠，沙漠在落日中变成了金色。

"对了，我叫亚历山大。"他伸出手打招呼。他的眼神游移不定，但握手的动作坚定有力。

"您为什么到车臣打仗？"我问。用"您"称呼这位退役上校感觉理所应当，虽然他称呼我用的是"你"。"那场战争发生在独立之后。哈萨克斯坦，以及您这个哈萨克公民，跟发生在车臣的战争想必没有关系吧？"

"这是我的工作，"他简单解释说，"而且我是俄罗斯人，虽然我是在哈萨克斯坦出生长大的。我觉得自己不能就这么放弃。但是一年后，我还是放弃了。这么跟自己的同胞打仗……"他连连摇头。

"从战争中服役的军官，变成在和平时期的哈萨克斯坦领退休金的人，肯定很难适应吧。"

他干笑了一声："我从没像现在这么卖力工作过。我打五份工才能勉强过活！"

外面出现了一片墙面刷白的房屋。火车放慢速度。

"你最喜欢什么水果？"亚历山大热切地看着我。

"苹果，"我说，"苹果最初来自哈萨克斯坦吧？"

"这是他们的说法，"他边说边耸耸肩，"但他们奇怪的说法可多了。"

几分钟后火车完全停了下来。亚历山大跳上站台，我跟了过去。夜晚的空气凉爽清新。夜已经深了，但站台颇为热闹。戴着印花头巾、穿长裙的成年女人坐在折叠矮凳上，她们面前铺着一小块布，上面摆着五颜六色的货物。旅客可能需要的一切她们都卖：家里自制的煎饼、水果、带馅油炸包、汤、鱼干、果汁、伏特加、报纸、厕纸、肥皂……提供的大大小小的货物似乎无穷无尽。这些中途停靠的时候无疑是火车之旅的高光时刻。这气味、这口味、这突然的繁忙。如变魔术一般，所有隔间门都打开了，整列火车都焕发了生机。此时此刻，在站台上，锅里热腾腾的食物吃起来比最好的餐厅端上的菜品都美味。

亚历山大回来时拎了两袋青苹果。他仔细查看了袋子里的苹果，拣了最大的一个递给我。

"太谢谢了！其实真的不用。"

"吃吧！"他粗暴地命令道。

"我刚刷完牙，所以我觉得还是留到……"

"吃呀！"退伍上校厉声重复。

我乖乖咬了一口苹果。口感甜美，汁液饱满。

"你喜欢吗？"他一副严厉的神态。

我点点头，嘴里塞满了苹果。

"好，这些都给你。"他把两袋苹果递给我。我礼貌地推辞了一下，说这么多苹果我永远吃不完的，但他不听。

夜晚的宁静降临列车。隔间里的空气依旧憋闷、黏湿，但所幸没有那么热了。关掉我的夜读灯以后，隔间里一片漆黑。我躺了一会儿，听着火车抚慰人心的声响。嗒哒嗒哒，嗒哒嗒哒。思绪变得越来越松散。之后便酣然睡去。

有什么东西在我背上乱摸，把我从睡梦中惊醒过来。我嗖的一下坐起来，找到手机，按亮了屏幕。刺眼的亮光几乎闪瞎了我。亮光中，我瞥见上校白而结实的手在我的床垫上。他躺在对面的卧铺上，一动不动，眼睛是闭着的。这次他总算没有打鼾。我将他的手推开时，那只手没有抵抗，消失在了黑暗中。

我转身侧躺，闭上眼睛，但是睡意迟迟不来。我忍不住想到上校这只手曾在阿富汗和车臣干过什么。

第二天，上校什么也没说。他闭目躺在自己的卧铺上，甚至没有起来喝瓶子里的东西。到了下午，火车停在一个连站牌都没有的小车站。他拿上两袋苹果和自己的旅行包，离开了隔间，一句再见也没有说。

假如因为某种原因，你没来得及在站台上买东西，不用绝望：总有叫卖的小贩穿过火车车厢，兜售手表、熏鱼、手机、报纸和其他旅客可能喜欢的东西。远远就能听到他们的叫卖声。年轻父母没有对这些小贩表现出任何兴趣，也不常在火车停靠在站台时出去。但他们带的东西足够吃好几个星期了。然而，上校离开后不久，一个叫卖的小贩吸引了他们的注意。这个瘦小的女人卖的是各种会发光的彩色塑料玩具。她笑吟吟地展示了不同玩具的声音特点。那位父亲全神贯注地观看着，最后从她手里买了三个玩具。拿到这些神奇的东西时，那个两岁孩子欣喜若狂。

在这样的酷热地狱里，伴随着廉价音效，我唯一能做的就是读书和睡觉。可惜我只带了一本书，穆罕默德·沙亚赫梅托夫（Mukhamet Shayakhmetov）的《寂静的草原：斯大林统治下一名哈萨克游牧民的回忆录》（*The Silent Steppe. The Memoir of a Kazakh Nomad under Stalin*）。我读得很慢，好让这本书能多撑一会儿。

作者生于 1922 年，是最后一批体验传统的哈萨克游牧生活方式的人之一：

> 哈萨克游牧民无法想象失去家畜的生活：他们不了解其他生活，并相信，失去家畜，意味着必然的死亡。一年的周期是由牛羊的需要决定的。为了让它们有足够的牧草可吃，我们总是循着先人踏出的古老路线，在不同的牧场之间迁徙。

大多数哈萨克人住毡房，那种中亚特有的圆顶帐篷。家庭和其他近亲以放牧社区"阿乌尔"（aul）为单位居住在一起。只有在冬季，大草原上积起厚厚的雪来，他们才住进房屋。经济依靠以货易货，拥有大量动物的富裕家庭有责任帮衬和支持没有那么幸运的亲眷。换句话说，比起任何时候的布尔什维克，游牧民的传统生活方式都更接近平等与博爱的共产主义理想。

真正的剧变发生在 1929 年，斯大林以典型的独裁者作风将这一年称为"大变革之年"（the Year of Great Change）。因为愿意参与集体化和农场合并的游牧民非常之少，苏联当局开始从最富有的游牧民那里没收家畜和财产，这些人当时被贴上了"富农"（kulaks）的标签。俄语 kulak 的意思是"拳头"，而苏联当局把它当成贬义词用在富裕的农民身上。因为拥有超过三百五十头羊，穆罕默德·沙亚赫梅托夫的叔叔被划为富农，他的全部家畜及所有家当都被没收了。但这还没完。根据当局的计算，他如今已经一贫如洗的叔叔还欠着税款。他因无力支付施加在自己身上的严苛税款，被判了两年监禁。

虽然采取了各种没收和逮捕手段，但集体化还是进展缓慢。很少有哈萨克人愿意放弃自由的游牧生活方式，转而像俄国人一样种地。当局的反应是逐步增加抓捕的人数。最后，因为他们抓捕了太多富农，监狱很快人满为患。为了增加容纳量，他们将一些富农的房子改造成监狱，但还是不够。最后，他们被迫释放一些囚犯，直到解决容量问题为止。

穆罕默德的家庭不算富也不算穷，虽然拥有一百头羊、十二匹马、八头牛和两头骆驼十分常见，但在 1931 年，他的父亲还是被打上了富农的标签。家畜和其他家庭财产被充公并"按需重新分配"了。几个月后，他的父亲被判坐监两年，因为他无法支付当局声称他欠下的所有税款。

九岁的穆罕默德此时成了有罪富农的儿子，于是被学校开除了。富农的孩子不配待在那儿。即便这个家庭已经被收走了所有财产，一家之主身陷囹圄，儿子被逐出学校，当地苏维埃视察员还是不满意。他们又去了这户人家三次，确保没有落下任何东西。最后一次，他们把年老卧病的祖母从床上抬到地上，搬走了床，以及老人陈旧的新娘披肩、两个水桶和一些旧地毯，也就是这家人最后的财产。他的祖母两个月后过世了，去世时悲惨而凄苦。一年后，穆罕默德的父亲死于狱中。等穆罕默德和他的母亲得知这个噩耗，事情已经过去了近六个月。

接下来的几年，穆罕默德、他的母亲和弟弟妹妹们从一个阿乌尔搬到另一个阿乌尔，从一个村庄流落到另一个村庄。他们靠打零工勉强度日，晚上睡棚屋和拥挤的宿舍。哪里能待，他们便待在哪里，住上几天、几个星期或几个月，一直到主人忍受不了，把他们赶出去。作为富农的妻子和子女，他们没有任何权利。集体农场虽然越来越多，他们却无法在任何一个农场找到活计。

20 世纪 30 年代初，苏联遭受了一次长期饥荒。引发饥荒的原因是粮食歉收和随之而来的干旱，但是毫无疑问，仓促开始的强制农业集体化和苏联当局严格的食物配给政策才是造成这一后果的根本原因。乌克兰是灾情最为严重的地方，饥荒被称为 Holodomor，意思是"被饥饿所杀"。超过三百万乌克兰人死于饥饿。苏联当局毫不留情：即使当地人口大量死亡，他们仍继续征收所有的收成，将粮食送往苏联的其他共和国。千千万万的乌克兰集体农场农民因为偷谷物而被判入狱或处以死刑。

哈萨克斯坦人遭受的饥荒之苦仅次于乌克兰人。许多游牧民宁愿宰杀自己的牲畜，也不愿将牲畜交给当局。三年间，牛的数量从七百万缩减到了不及一百万，羊的数量从一千九百万跌到了不及两百万。另外，苏联当局没有考虑到哈萨克斯坦大部分地区不适合集约耕种，从未种过地的游牧民也不具备所需知识。这一切，再加上粗疏的计划和过度的轻率，使整个集体化过程成了哈萨克斯坦历史上最大的剧变。许多新集体农场只是一纸空文。他们缺少住宅、农仓、牲畜和供水系统，在某些地方，甚至连适合耕种的土地都没有。

后果就是歉收和饥馑。

起初，还有一些试图让饥民吃饱饭的杯水车薪的努力。重灾区的人被疏散到北部的农区。穆罕默德当时生活的小镇还未受饥荒影响。他还不明白"饥民"这个哈萨克语词的意思，也没有一个成年人肯跟他解释。所以，他跟另外几个孩子一起，跑去火车站，想看看那些被疏散的人，搞明白"饥民"到底是什么。他永远忘不了自己所看到的景象：

　　从拥挤的列车车厢里走出的不是一群人，而是一副副行走的骨架。他们脸颊上的皮，看起来像是经过拉伸，然后紧紧贴到了头骨上。根本看不出他们的脸究竟是被太阳晒黑的，还是沾了太多灰土。他们的手臂长得不自然，眼睛凹陷、可怕地透着死气，就像羊的眼睛。他们几乎站不起来，更别说走路，步履蹒跚，不断跌倒……在这些从货运列车中走出的行尸走肉当中没有老人和幼童：他们撑不到那么远。他们要么启程前就已经饿死，要么死在了途中。幸存者从货运车厢中出来以后，最后几公里死去的乘客尸体被留在了空荡荡的车厢里：他们的亲眷虚弱不堪，没有力气将他们抬出来安葬。

穆罕默德不久将亲身体验饥饿的含义。饥荒在1933年蔓延到哈萨克斯坦的东部和北部。到最后，寻找足够的食物活过明天，活过下一周，活到下一个收割季节到来，成了他们唯一的生活目标。到处都是乞讨者，到处都是尸体。政府的爪牙非但没有推出救灾措施，反而大力推进全面五年计划。所以，在千千万万人饿死的时候，哈萨克斯坦的"现代化"和工业化继续飞速发展："你若去看跟那悲惨的几年相关的档案文件，就会看到有多少公共资金花在了工业和那些开不完的会上，全苏联有几千几万个人赶来参会。单单用浪费在这些会议上的资金，就足够救许多人的命。"作者一针见血地指出。

1934年秋天，饥荒终于结束，此时已有超过一百万哈萨克人死亡，相当于1/4左右的哈萨克斯坦本土人口。许多游牧传统也随着饥民死去而消亡。苏联当局对集体农场和重工业的执迷迫使哈萨克游牧民住进楼房，进工厂和矿区做工。那无尽的大草原，数年之前还是那么多毡房、哈萨克大家庭和动物的家园，自此变得空寂，直至今日。

到了晚上，火车再次停了。我回到隔间时，发现年轻的母亲正独自一人。她第一次直视了我的眼睛。

"你怎么不喝茶？"她问。

"太烫了。"我回答。

"那又怎样？"她摇摇头，一副不可置信的样子，"你多大呀？结婚了吗？"

"我二十九了，对的，结婚了。"我说。我和同居伴侣甚至买了一枚正经的结婚戒指来支持这个实用的小谎言。卖珠宝的商人得知我们只买单个戒指时，用奇怪的眼神看着我们。

她赞许地点点头："你们结婚多久了？"

"三年了。"我说。这时长听上去正合适，显得感情稳定。

"有孩子了吗？"

我摇摇头。

"为什么没有？"她瞪大眼睛看着我，"有什么难处吗？还是出了什么问题？"

我还没想出怎么回答，她的丈夫和儿子就踏着重重的步子回到了隔间，很快我和我没有孩子的问题就被忘到了九霄云外。我爬上卧铺，仰躺望着天花板。火车再次开动，年轻的父亲仔细关上窗户，啪的一声锁上了隔间门。

我发誓我再也不搭西伯利亚铁路的火车了。有些梦想还是不要打破的好。

那天唯一的快乐时刻，就是在无边无垠的平坦大草原上，到了某个地方，我们便离开了一个时区，于是可以将手表调快一个小时。

刚刚好三十六个小时之后，火车驶进了阿拉尔站，准时得惊人。从车上下来的乘客屈指可数，他们出站后便迅速钻进等在一旁的车里不见了。我只穿着凉鞋和薄薄的棉布衣服，站在站台上，在黑暗中瑟瑟发抖。原本约定的是咸海基金会要派代表来车站接我，并安排我的住宿。但站台上空空如也。我打了他们给我的号码，但没人接。

"你不能站在那儿，很危险！"列车员站在卧铺车厢门口，警告我。此时列车开始缓缓出站。

"那我该怎么办？"

他耸耸肩。我们之间已经隔了好几米。

"你早该想到的！"

火车开始加速。车厢轰隆隆从我身边驶过，然后火车就离开了。

消失的海

列车员是对的，我不可能整夜站在站台上。我晃到车站大楼，小心翼翼地拉了一下门。门开着。这栋雄伟的白色大楼顶上是一个半圆顶，拥有巨大的拱形窗户。我又冷又困，在空无一人的候车室找了条长凳，一屁股坐了下来。我前头的墙上挂着一个巨大的钟。离三点还差一刻。离日出还有好几个小时。

"打扰一下，小姐，我能看看您的证件吗？"

三个穿制服的警卫，两男一女，不知道从哪儿冒了出来。最年长的那位慢悠悠地仔细检查了我的护照。

"您在这儿干什么？"女的问。

我解释了自己的情况：我刚刚乘火车抵达，环境组织的代表没来这里跟我碰面，以及我打算明天去看咸海。

"离明天还有很长时间，"最年长的警卫声音低沉地说，"您不能坐在这儿。"

警卫互相悄声商量了一下，转过身对我说："能跟我们来吗？"

我乖乖站起来，跟着他们穿过一扇侧门，走进一个显然是真正的候车室的地方。其中一面墙几乎被一幅彩色镶嵌画覆满，画上是一个肩膀宽阔的壮实男子，他站在水中，水面齐腰，正往上拉一张兜满了鱼的渔网。镶嵌画顶部写着说明：1921年，列宁写了一封信给阿拉尔的同志们，请他们送十四车皮的鱼去帮助陷入困难的同志。当时，这个年轻的苏维埃国家已经被连年的战争耗得穷困不堪，到处都有人挨饿。但阿拉尔是个例外。

一对年轻的情侣坐在候车室一角。男人像维京人一样魁梧，留着一圈长而杂乱的胡须，女人则身材娇小，是亚洲面孔。

"他们不会说俄语，"一个警卫说，"你能问问他们为什么坐在这里吗？"

年轻男人用英语解释说他们在等天亮。他们说定了，要入住一户当地人家，但是不想半夜把人家吵醒。

"告诉他们，不能整夜待在这里。他们得跟我们去酒店。"

"酒店？"年轻姑娘的脸色唰的一下变白了，"他们这么晚还开着？"

"我们确认过了，是开着的。"警卫说，"我们已经安排了一辆车。车在外面等你们。"

"我们就不能在这儿再坐几个小时吗？"姑娘问。

几个警卫很坚定地摇了摇头。年轻情侣不情不愿地站了起来。

"酒店不远的。"女警卫安慰我们。

"我们知道，我们之前去过那儿。"年轻男人丧气地回道。

在去酒店的短短一段路上，我了解到，他是加拿大人，她是日本人，他们来此是为一部关于阿拉尔渔民的纪录片做最后的采访。没有时间说更多的，我们便到了阿拉尔酒店，这是城里唯一的酒店。两个头发灰白的妇人穿着红色的浴袍在门口迎接我们，一个瘦得像长竿，一个体型大得像大篷车。她们眯着眼睛看我们，没说一句话就让我们进去了。大个儿女人重重地叹了口气，一屁股坐上前台的椅子，瘦的那位仍站在门口，两手叉腰，目带敌意地盯着我们。

"三间房？"胖女人吼道。

"他们俩要一间双人房，我要一间单人房。"我说。

"价格一样，"她咕哝着，"我们只有双人房。每个房间四千。"

我们各自拿出一张五千面值的纸币，约合一百七十挪威克朗。

"我没有零钱。"接待员责备地看着我们，仿佛这是我们的不是。

"拿着吧。"我们太累了，懒得争论。

瘦女人从墙上的挂钩上抓起两把钥匙，拖着步子从我们身边走过，在上楼的楼梯口不见了。我们明白要跟上她。往楼梯上踩了几脚，便听到危险的吱呀吱呀声。我们在走廊里经过一个沙发和几把扶手椅，毫无疑问这些都是斯大林去世时期的时髦货。地毯看起来俨然至少有四十年没清理了，也几乎没除过尘。天花板上均匀地覆盖了一层黑色霉菌，到处都有灰泥散落下来。

瘦女人站在走廊尽头，不耐烦地等着我们。她哼了一声，各给了加拿大人和我一把钥匙，然后转身小步走开了。如果不论别的，房间大倒是挺大的，但这也是阿拉尔酒店 304 房间唯一算得上优点的东西。两张棕色的床靠着薄荷绿的墙。其中一扇窗户关不上，所以一直有风钻进来。一个我也辨认不出是什么的巨大黑色昆虫浮在马桶里。看起来它已经在这儿漂了好一段时间。我试着拉了拉马桶上面的绳子，唯一的结果就是粘着胶带的水管爆出巨大的水流声，但昆虫不受干扰，只随着细小的涟漪浮浮沉沉。浴缸相当于淋浴和水槽一体，却不能当作浴缸。太小了。这"浴缸"是用棕色胶带粘在一起的，或许从苏联解体以后就没擦洗过。我打开水龙头，冒出来一股细细的温热水流，闻起来一股下水道味。我一点冲澡的想法都没有了，直接上了床。床垫很硬，被褥闻起来像淋湿的狗。但我立刻睡着了。

几小时后我醒过来，浴室已经被水淹了。我很快打包东西离开了酒店房间。

"房费包含早餐。"我退房时瘦女人告诉我。

我说我约好了跟人碰面，便匆匆往外走，来到了太阳下。阳光毫不留情地照亮了酒店灰扑扑的下沉式临街面。看上去有好几层已被封死。然而，在赫鲁晓夫时代，这家酒店肯定相当时髦——是阿拉尔的明珠，用来造这栋楼的混凝土是当时最时兴的建筑材料，每层楼还配了现代的沙发套件。

时间对这个典型的社会主义城镇并不仁慈。酒店外的街道尘土飞扬，破败不堪，碎玻璃与啤酒罐在路上丢得到处都是，水沟旁还有用过的注射器针头。高楼的数量屈指可数，且看起来随时会倒。独门独户的房子掩映在植物蔓生的花园后。如果不是旅行手册上白纸黑字地写了，我永远不会相信这就是马卡塔耶夫大街（Makataev Street），阿拉尔的主干道。

我又一次打了咸海基金会的电话。还是没人接听。他们前一天晚上没能守约是一回事，但我得靠他们带我去咸海。结果发现他们的办公室原来就在酒店隔壁，但门锁着，灯也没开。我转身正打算离开，这时一个年轻男子朝我跑来。他在我面前停住，伸出了手。

"埃丽卡吗？我是咸海基金会的叶季格。我想我应该能在这儿找到你。太抱歉了，昨晚没有人去接你！我们昨天有很多访客，司机特别累。他今天才收到消息，我完全忘了这事。但是我保证会带你去参观。你可以相信我。"他说得又快又急，并且不断道歉、语无伦次。

"过去的就算了。"我安慰他说，终于见到了他我还是很高兴的。"哪里能吃早餐？"

"早餐？我完全清楚该去哪儿，"叶季格说，"跟我来。"

我们出发穿过灰扑扑的街道，绕过摇摇欲坠的房屋，避开毛驴、母鸡和脏兮兮的狗，一开始目标明确，后来开始漫无目的地转悠。几乎所有的餐馆和咖啡馆都关了，大多数永远关门了。

最终，我们找到一家可以点炒蛋的酒吧。寥寥可数的几个男人坐在角落里喝酒。他们已经喝空了几瓶伏特加，虽然时间还不到上午十点。我吃早餐的时候，叶季格在疯狂打电话。他一次又一次拨着同一个号码，没有一次打通过。

"别担心。"他说，一副心神不宁的样子，"一切都在我掌握之中。我再试试找另一个司机。"

他打到第四通电话的时候，第二个司机接了。他们说定了一小时后来接我们。等他的时候，叶季格带我去了老港口。一扇围栏门通向风景之中杂草蔓生的一块洼地。围栏门右侧有四条并排的船，通通刷成明亮的颜色。它们就像这个繁忙港口的纪念碑，这曾是这座城市的标志。一条骨瘦如柴的流浪狗对着我们狺狺吠叫。曾用来将一箱一箱的鱼卸下船的起重机仍立在老鱼厂旁边。那工厂已空空如也。

"过去这儿有个大鱼厂，"叶季格说，"以前阿拉尔每一个人的工作都跟鱼有关。"

"他们现在都干什么？"

他紧张地大笑了两声。

"再也没有那么多人工作了。"

当咸海在 20 世纪 60 年代开始萎缩的时候，阿拉尔的丧钟敲响了。作为港口小镇，阿拉尔以渔业和鱼类加工为基石。直到 20 世纪 60 年代，阿拉尔酒店建成的时候，未来都一片大好，人口稳定增加，阿拉尔人的生活与伙食比一般苏联公民都好。但咸海萎缩和鱼类消失后，该镇的生活基础突然被抽走了。自从咸海开始萎缩，人口流失到不及原来的一半，只剩三万人左右，至今情况尚未好转：每一年都有成百上千的年轻人离开这个曾经的港口小镇。

叶季格带我看了阿拉尔一切值得看的东西，又另外看了些东西，但那名司机还是不见踪影。叶季格又给他打了个电话。

"埃尔库特再过半小时就来。"他抱歉地笑笑说。

两小时后，我们坐上了埃尔库特的吉普车，出发去咸海。埃尔库特四十多岁，是一个性情和善、嗓音低沉的男人。他肚子大得几乎要妨碍他操作方向盘。

"在当时，咸海是世界第四大湖。它长 428 公里，宽 234 公里，总覆盖面积达到 6.8 万平方公里。"叶季格在后座告诉我。所有的数字他都记在脑子里，"现在它只有原来面积的 10% 了。"

"发生了什么事？"我问。

"曾经有两条河注入咸海，阿姆河和锡尔河。在五六十年代，苏联当局想自己生产棉花，实现自给自足，于是将河水引入大运河，向棉花种植园供水。他们某种程度上算是成功了，但是灌溉运河修得很差，一半的水量不是蒸发了，就是在路上流失了。这些运河还在使用。眼下我们这一地区都没有足够的水源，还在路上浪费了一半的水！"

我们驶过一个小村子，那里的马似乎比人多。

"他们曾经就住在湖岸边。"司机用蹩脚的俄语说。

"人们什么时候开始意识到有问题的？"

"刚开始比较慢，"叶季格说，"从 1960 年开始，水位线每年大概下降二十厘米。沙漠被开垦成棉花种植田需要巨大的水量，随着沙漠开垦越来越多，水量减少的过程也加速了。到了 1980 年代，水位线每年差不多就要下降一米。"

"当局怎么能眼睁睁看着世界第四大湖泊几乎消失，还什么都不做呢？"这想想都疯狂。为了达到成为工业超级大国的目标，苏联当局当真什么手段都使得出来。"只要目的正当，可以不择手段"的古老格言肯定像一句祈祷文一样，在克里姆林宫被每日重复。但是，将一整个湖泊从地图上抹去，并引发各种各样不可预知的环境后果，这算正当吗？

"实际上，他们本以为萎缩速度会快得多，"叶季格解释道，"这一切都经过了他们的精心计算。对他们来说，棉花比渔业更有利可图。"

在一些地方，我们驶过的沙子因为含盐，颜色是白的。像里海一样，咸海含有盐分，含盐量约是普通海水的1/4。湖泊萎缩之后，盐随风飘散，这让该地区本已贫瘠的土壤更加不宜种植。到处都是残碎的贝壳，车胎碾过，嘎吱作响。随处可见骆驼守着一丛草慢慢啃嚼，而这些草长出的地方曾是湖底。出于某种原因，叶季格不再谈论生态，转而开始谈论一夫多妻制。

"伊斯兰教允许娶四个妻子，"他说，"但我个人觉得两三个就够了。"他此前曾告诉我他业余时间在学阿拉伯语。他的目标是读《古兰经》原文，这样他便能更好地遵守真主的律法。

"哈萨克斯坦法律是怎么规定的？"我问。哈萨克斯坦是世界上最靠北的以穆斯林人口为主的国家。70%左右的人口是穆斯林。总统纳扎尔巴耶夫在无神论的苏联长大，并努力传播一种符合"传统哈萨克价值观"的逊尼派伊斯兰教的世俗形式。中亚的领导人都担心，本国民众受到邻近的伊朗和阿富汗宗教团体的鼓动，更原教旨主义的伊斯兰信仰会在他们的国家扎根，于是各自采取了不同的措施进行预防。哈萨克斯坦禁止宗教政党，所有宗教团体都受到严格监控。

"法律规定只可以娶一个妻子，但没人在乎法律，"叶季格说，"伊斯兰教律法比总统的法律重要！"

"你妻子对于你的这些计划怎么想？"

"她一开始相当抗拒，因为她想让我只属于她一个人，"他咧开嘴笑了，"但她现在赞成多了。很多女人很高兴有人能帮忙做家事。"

"你自己不能帮帮她吗？"

埃尔库特和叶季格面面相觑，仿佛天塌了一般。

"男人的工作是挣钱养家，负责家庭以外的事情，女人的任务是照看家庭和孩子。我老婆没有我的允许不能离开家。家是她的领域。"埃尔库特解释说。

叶季格热切地点点头。"我太太没有我的允许也不能出门。我很震惊你丈夫居然让你独自到处旅行。他考虑过再娶一个吗？这对你来说也实际一些。这样你就有人帮忙做饭、打扫房子了。"

"他从没有认真表达过再娶一个的愿望。"我说。

"他肯定只是客气。男人过一段时间就会厌倦自己的妻子，这是男人的天性。另外，第一个妻子如果有了竞争，也会更努力让自己保持美丽和吸引力。"

埃尔库特意味深长地一笑，但什么都没说。

"他已经找了第二个老婆，"叶季格说，"一个 1993 年生的模特。他们打算秋天结婚。"

埃尔库特笑得更开了。接着他停了车。我们到了。在一片厚厚的、高大的芦苇后面，湖泊在我们面前展开。湖水像天空一样蓝。鸟儿欢快啁啾，可以听到远处海鸥尖厉的鸣叫。一只天鹅悠然滑过水面。空气中有盐和海的味道。我从未想过环境灾难可以这么美。

"每个人看到这里这么干净、漂亮都很惊讶，"叶季格说，"水里现在甚至还有鱼。"

"我听说这里盐分太高，不适合鱼类生存。"

"南边才盐分太高。1987 年，湖泊因为萎缩得太厉害了，分出了两个湖：一个是北咸海，或者叫小咸海，在哈萨克斯坦这边；另一个是南咸海，或者叫大咸海，在国境线那边，乌兹别克斯坦境内。为了保护北咸海，哈萨克当局建了一座大坝，阻止这里的湖水流入南咸海。也修了一部分灌溉运河，这样更多的水就能流入湖里。结果超出了所有人的期待！水位上升了好多米，含盐量也降低了。这片湖以前距离阿拉尔 60 公里，现在还不到 20 公里。目标是让吃水线有一天能回到阿拉尔。"

或许阿拉尔还有救，我心想。我原以为会看到一池死气沉沉的水，被含盐的贫瘠土壤包围，结果却见到了天鹅，听到了海鸥的号叫。北咸海是一个活生生的例证，证明如果当局有意愿有手段，肯投入资源，人为生态灾难至少在一定程度上可以扭转。哈萨克斯坦政府采取了措施，并且成功了。

在这个世界上最大的没有海岸线的国家，鱼比棉花重要。

我想，或许阿拉尔的三万居民还是有希望的。或许港口边锈迹斑斑的起重机终有一天会修好，重新投入使用。或许那些停在干燥沙地上的船，会再一次出海，载着鱼回到鱼厂。假如这一切实现了，也许人们甚至会觉得，阿拉尔酒店也值得翻新。

帝国

"苏联的解体是一场悲剧。"那位鸟类学家说。他留着饱满的白须,刚满六十岁,却看起来更接近八十岁。"美国人赢了,得到了他们想要的!大家不明白我们输的是第四代战争,信息战。他们不知道战争是可以在那么高的层次上打的。"一阵咳嗽袭来,似乎怎么也止不住。咳嗽终于停下来后,他用毛衣袖子擦了擦嘴,不受影响地继续说,"苏联解体之后,一切都更清楚了。我们不像欧洲人。我们不一样。"

从办公室窗户往外看,可以看到阿克苏－热巴格雷自然保护区(Aksu Zhabagly Nature Reserve)里白雪覆盖的群山,还有野苹果树,牛与马肩并肩在茂盛的草地上吃草。这幅全景图仿佛截取自瑞士阿尔卑斯山的观光广告。绿色的草甸开满了野生的郁金香。这位鸟类学家对这个国家公园了如指掌——他一直是这里的负责人,直到新近退休。

从阿拉尔到此地的铁路旅行花了十七个小时,正是铁路旅行该有的样子。一个俄罗斯族保安弗拉基米尔端来鱼子酱和伏特加，半个车厢的人都坐着玩牌玩到深夜。我尽管没弄懂规则，却一局接一局地赢牌。

"对我们来说，重要的是团体精神，"鸟类学家继续说，"我是第二位的，从来不是第一。我们这些在苏联时期长大的人，相比分歧来说，共同点更多。"

他本人是乌克兰人，但是自视为俄国人[1]。

"做一个俄国人并不是一种国籍，而是一种心态，一种思想状态！"他喊道，"就说普希金。他的外曾祖父是阿拉伯人，但他本人是百分百的俄国人！这里的人，这些哈萨克人，在俄国人来之前什么都没有。没有学校，没有文学，没有文明或者文化。而现在他们规定要想在公共部门谋到职位，得会说流利的哈萨克语！俄国人来之前，他们连字母表都不全。他们的一切都是俄国人给的！"

又爆发了一阵咳嗽。他擦了擦额头上的汗，呷了一口茶清嗓子。我趁这个机会问了个问题。

"在苏联时期，不是一切都是玫瑰色的吧？"

"苏联有很多东西不是那么好，"鸟类学家承认，"但是也有很多好的。每个国家都有压迫，所有国家都有监狱。今天美国监狱里的囚犯可比当时古拉格集中营里的多。"

"但苏联解体之后发展状况怎么样？哈萨克斯坦发展得还可以，不是吗？"

1　这里的意思应是指这位鸟类学家自认苏联遗民，但是他又类比普希金，所以采用广义的俄国来局部统一。——译者注

"什么发展？"鸟类学家发出一阵嘶哑的笑声，"什么都没发生！我们还在苏联工厂里工作。中国人建公路。我们卖的石油很快就要没了。最难过的事情就是，我们这儿再也没有科学家了。"他从桌上的一堆书中拿出一本几乎翻破了的厚参考书，开始快速地翻。封面边缘已经磨损严重，因为老化和频繁翻阅，书页也已发黄。

"我需要知道的关于鸟类的一切，这本书里都有。过去写的书就是这样！但现在的大学生连拉丁语都读不懂！"他不屑地哼了一声，"我们卖掉石油，买进中国货。我们自己什么也不生产。我从头到脚穿的都是中国制造。看！"他弯下腰，挽起裤腿，露出白色的网球袜。"袜子，鞋子，裤子。一切。我们好像有主权似的，纯粹是胡说八道。我们只有作为欧亚经济联盟（Eurasian Economic Union）的一部分，才能获得真正的独立。"

欧亚经济联盟，亦被称为关税同盟（Customs Union），于2015年1月1日正式生效。迄今为止成员国有俄罗斯、白俄罗斯、哈萨克斯坦、亚美尼亚和吉尔吉斯斯坦，塔吉克斯坦也有望加入。2013年圣诞节之前发生在基辅（Kiev）的抗议，就是因为乌克兰国内对于应该接近欧盟，还是通过欧亚经济联盟与俄罗斯建立更密切的关系，两种意见相持不下，这之后还导致了乌克兰总统亚努科维奇（Yanukovych）戏剧性的下台。

根据俄罗斯总统弗拉基米尔·普京的说法，该联盟具有"划时代的意义"，但这一主要发生在经济方面的合作的形式与范围尚不明确。有人谈及在成员国之间设立通用货币，但那就涉及自由贸易协定和劳动力跨边界自由流动。该联盟当前的五个成员国，总共覆盖了超过 15% 的地表面积，拥有全世界超过 1/5 的天然气资源。

"哈萨克斯坦总统纳扎尔巴耶夫早在 1994 年就想到了成立联盟，"鸟类学家告诉我，"这跟苏联不一样，因为每个成员国依然是独立的。"他又咳了起来，咳得满脸通红，眼泪顺着白胡子滴落。咳停以后，他点起烟斗。"不管怎样，最重要的东西就是道德立场。"他边说边抽着烟斗。烟草的芳香混合了陈旧参考书的干燥气味。"道德，"他重复道，"这才是重要的。"

我起身告辞时，他叫我再坐一会儿。

"我想给你看些照片，"他说，"这样你就能更好地理解了。"他开始在电脑上的相册中翻找。棕斑鸠、西域秃鹫、白秋沙鸭和高山雨燕的快照在屏幕上闪过，都是在相当远的距离用长焦镜头拍摄的。这些图片非常清晰，构图精巧，都可以用来做百科全书的插图，但是鸟类学家想给我看的不是国家公园里的鸟。找他要找的照片颇费了一番工夫，找到后他满意地靠在了办公室椅背上。黑白照片上是一班站得整整齐齐的学生，女孩穿着短裙和围裙，男孩穿着短裤。

"那时候男孩都留短发。"他说。下一张照片里的孩子年龄更小，但也穿着得体，留着短发。"我们上幼儿园的时候，每年夏天都要在农村待三个月，一分钱都不用花，我们的父母可以留在城里上班。想象一下！三个月，完全免费，每年！"烟斗冒出淡淡的白雾。他和第二个妻子生的小儿子走进屋子，开始在地毯上开他的玩具车。他的父亲没管他，直望着电脑屏幕，陶醉不已。

"我拥有这世界上最好的童年,"他说,"这世界上最好的。"

在原苏联地区旅行时,通常不用多久,你便会发现忠实的怀旧人士,怀念着美好的旧时光,那时,世界是共产主义的红色,小学生是少先队员,商店里摆满罐装食品,统计数据里看不见失业人口。但怀旧当然不是苏联独有。我的祖母也深信她拥有史上最好的童年。祖母认为,这之后大部分事物都在走下坡路。只要打开新闻,各种糟心事便会涌入客厅。我的祖母与乌克兰鸟类学家关键的不同在于,他童年时的社会体制已经不复存在,苏联解体了,其基本意识形态也被掷入了历史的垃圾堆。

俄罗斯人似乎尤其容易陷入对苏联的怀旧情绪。很多人将苏联的解体与损失和溃败联系在一起,也不无道理。一夜之间,整个帝国缩减了 1/5 以上,俄罗斯母亲陷入了经济混乱与政治无序之中。在 2005 年联邦议会的年度演讲中,普京将苏联的崩溃称为 20 世纪最大的地缘政治灾难。他强调,苏联瓦解尤其给生活在俄罗斯之外的约两千五百万俄罗斯人带来了负面后果。其中超过 1/3 的人生活在中亚,人数约九百五十万。1991 年到 2003 年,八百万原苏联公民,主要是俄罗斯民族,迁回了俄罗斯。在这些人当中,约四百万来自中亚。

留在这一地区的部分俄罗斯人经历了严重的身份贬损与权利丧失。在去俄罗斯化上,中亚没有一个原苏联加盟共和国像土库曼斯坦这么激进地抹消了公共领域中共产主义和俄语的所有痕迹。土库曼斯坦政府近来还颁布了双国籍禁令,影响到了仍居住在那里的四万三千名俄罗斯公民。1991 年独立之后，富庶而古怪的土库曼斯坦走上了它自己的道路，不优先考虑其他原苏联加盟共和国，而优先与中国和伊朗进行合作、订立贸易协定。当局投入巨额资金来增加对中国的天然气出口，中国如今已经成了土库曼斯坦最重要的贸易伙伴。

中国也打通了其他斯坦国的市场，乌兹别克斯坦除外，该国选择走一条比土库曼斯坦更加孤立的经济政治道路。苏联解体之后，中国对中亚的出口量已增长了超过一百倍，中国毫无疑问也是哈萨克斯坦、吉尔吉斯斯坦和塔吉克斯坦最重要的贸易伙伴。然而，中国在这一地区的利益完全是经济上的，但俄罗斯的动机则更为复杂，经济利益与政治利益常常难以轻易区分开来。苏联怀旧情结或许也是原因之一。这个帝国想念的是它自己。

并不令人意外的是，塔吉克斯坦和吉尔吉斯斯坦都在考虑加入欧亚经济联盟。这两个位于多山地带的农业经济体属于原苏联加盟共和国当中最穷的几个国家。两国都完全依赖移民工人从俄罗斯汇回家的钱，这类资金分别占了两国国民生产总值的 1/2 和 1/3。鉴于这样的数据，不用说也知道，塔吉克斯坦和吉尔吉斯斯坦的政客都不是老大哥俄罗斯的对手。普京可以随时颁布对移民工人的签证要求，塔吉克斯坦和吉尔吉斯斯坦的政客自然深知这一点。

哈萨克斯坦与俄罗斯的关系则更为复杂。哈萨克斯坦比土库曼斯坦还要富有，有稳固的经济基础，但其出口的大部分石油都是通过俄罗斯的管道线运输的。世上没有第二个国家与俄罗斯共有如此长的国境线——总共 6846 公里——其国内的俄罗斯人也比任何其他中亚国家都要多。

　　俄罗斯对哈萨克斯坦的殖民早在 18 世纪就开始了，彼时主要的哈萨克部落请求沙皇保护他们免受游牧部落的入侵。19 世纪期间，越来越多的俄罗斯人定居哈萨克大草原，但是到了 20 世纪 50 年代，人们才蜂拥而至——此时赫鲁晓夫开始了一场在哈萨克斯坦北部开垦所谓"处女地"的重大运动。他的目的是将幅员辽阔的哈萨克斯坦变成苏联的粮仓。数十万俄罗斯人和乌克兰人响应号召，迁到了此前曾是哈萨克牧场的地方。到 20 世纪 50 年代末，俄罗斯人成了哈萨克斯坦人口中的多数，占到总人口的近 43%，而哈萨克人只占 30%。"处女地运动"短期内成功了，但是很快结果就一清二楚，干燥、含盐的草原土壤并不适合集约谷物种植。最初的几年收成很好，但之后收成开始减少，并且越来越少，连年如此。

　　尽管农业运动失败了，但是多数俄罗斯人和乌克兰人留在了哈萨克斯坦苏维埃社会主义共和国，一直到苏联解体。1989 年，有六百多万俄罗斯人生活在哈萨克斯坦。今天，这个数字是四百万左右。换句话说，留下的俄罗斯人占哈萨克斯坦总人口近 1/4。而哈萨克人的出生率远高于俄罗斯人，现在构成了近 2/3 的人口。纳扎尔巴耶夫总统强调与俄罗斯维持良好、亲密的关系，尤其是通过欧亚经济联盟，而且，俄语至今仍是公认的官方语言，哈萨克语则拥有"国家语言"的地位。

　　尽管相较如土库曼斯坦这样的国家，哈萨克斯坦选择了一条不同的、较温和的路线，但是权力的天平毫无疑问是偏向哈萨克人一方的。俄罗斯人不再是大老爷。在 1995 年的新宪法中，哈萨克斯坦——哈萨克人之国——被定义为"本土哈萨克人的国家"。

哈萨克马球

5月9日的胜利日是一个苏联公共假日，整个原苏联帝国所属地每年仍会热热闹闹地庆祝这个节日。哈萨克斯坦南方的图尔科巴斯（Turkobas）离阿克苏－热巴格雷国家公园只有几公里，在这里，胜利日是以真正的哈萨克方式庆祝的。

草原上人头攒动。穿长裙和高跟鞋的女人在坑洼不平的地面上努力保持平衡。众人的头顶上悬着烤架冒出的浓浓青烟。一群年纪大的男人紧靠围栏站着，全神贯注地追踪赛事。骑师都是年轻男孩，其中有些看起来不过八九岁年纪。他们都不用马鞍，穿牛仔裤和运动鞋，没有一个戴头盔。马匹如闪电般飞奔而过，一圈又一圈，没有要慢下来的迹象。男孩们似乎粘在了马背上，显得冷静而放松，但是眼神坚定、目露决心。

不到两周之前，我才在阿什哈巴德郊外大理石覆盖的跑马场上目睹了总统坠马，那时的我被穿深色西装的男人和穿新熨好的及踝长裙的女人包围。这对比无比鲜明。在图尔科巴斯的此处，跑道是草地上简单的带状沙地，围了一圈钉在一起的简单篱栅。到处是人、汽车、马匹和烤架，看上去似乎没什么总负责人。不过，一直都有节目可看。每两场比赛之间安排有马背摔跤，以及基斯库（kyz kuu），字面意思就是"追女"。"追女"是在所有大型中亚骑马民族之中流行的一种运动。男孩通常穿马甲、帽子等传统服饰，在起跑线上坐在马背上等。女孩一般穿长裙，在男孩后面一段距离起跑。当她骑着马飞奔而过时，他开始追。如果男孩能在女孩穿过终点线之前赶上她，那么按照习俗，他可以向她索一个吻。但假若他没能赶上她，女孩就会实打实地用鞭子抽打他的背，把他赶回起跑线。总共有三个男孩来碰了碰运气，但三个人都被女孩追打着回到了起跑线，女孩们一边用鞭子抽打男孩的背，一边骑马飞奔，裙子翩翩飞舞。看客们呐喊、欢呼着。之后颁奖时，每个年轻女孩都获得了一台真空吸尘器。

比赛在正午结束。那些围拢在栅栏边的年长男性仿佛被肃穆感笼罩。父亲来接儿子。跑道上，科克巴尔（kokpar）参赛队伍已经准备就绪。这种被称为科克巴尔或布兹卡兹（buzkashi）的活动，是整个中亚和阿富汗的民族体育运动。一些评论人称其为马背上的足球，但它事实上更像马球。[1] 双方队伍各有十名选手，他们使用的不是球，而是一只无头山羊。赛场两端各圈了一个圆，约有一米五深，三米宽。这叫喀山（kazan），喀山也是一种铁锅的名字，用来煮肉饭和其他中亚菜肴。每当队员成功将山羊投进对手的喀山，他们的队就赢得一分。之后山羊

1　这类比赛亦被称为叼羊。——译者注

尸体会被重新放在赛场中间，游戏继续。传统上，这种比赛可以连续进行好多天，但是考虑到观众，现在比赛设了时间限制。

栅栏边的男人不再交谈。一声哨响，比赛开始。一头浅棕色的长毛山羊被放在两个喀山中间的地方。四名骑手开始争夺尸体。他们从马上向地面吊下身子，如杂技演员一般，绝不会失去平衡。强壮的马儿彼此冲撞，观众们欢呼、呐喊，它们也丝毫不受影响。这些马是专为这种比赛训练的，从静止到全速飞奔只需几秒钟，素质最好的马哪怕是进行最大胆的急转弯，也可以保持速度不减。骑手们从对手那里抢夺那头饱受凌虐的羊时，一会儿从一侧吊下身子，一会儿又换到另一侧。仿佛他们与马鞍之间连着看不见的线。一名骑手突然从混战中突围，朝其中一个白圈狂奔而去。山羊尸体从马鬃上垂挂下来。所有其他骑手转过身来开始追他。他们身后扬起的滚滚沙尘像一条巨尾。人群中响起一阵欢呼，我这才意识到，一方队伍已经赢了一分。

考古学家认为，正是在这里，哈萨克斯坦的大草原上，人类于近六千年前第一次驯服了马。此后，马就成为草原游牧生活中天然而必不可少的一部分。即便大多数哈萨克人早已放弃游牧生活，定居下来，但哈萨克文化仍旧与马紧密地联系在一起。赛马能够吸引成千上万的观众，但凡是有些自尊的村庄，都至少拥有一支优秀的科克巴尔队伍。等马到了退休年纪，它们就会出现在烤肉架上。不像从不碰马肉的土库曼人，哈萨克人特别爱吃马肉排和马肉香肠。酸马奶（Kumys）被当作美味，是当地人日常和节庆必喝的饮品。

下午晚些时候，起了大风。帐篷眼看着有被风掀走的危险，女人们不得不往下压着翻飞的裙子。塑料瓶和餐巾纸疯狂地飞来飞去，人与马都被一层红棕色的尘雾笼罩。双方比赛还未进行到一半，公众便开始从栏杆边撤退，帐篷和烤肉架也被收回车上。最后，只剩几个热情的年长男性围在栏杆边，要不是他们，整个区域已经空空如也，帐篷都已收走，停车场也被清空。骑手们在场上继续比赛，泰然自若，他们一会儿成群地奔向一个喀山，一会儿奔往另一个，身后扬起团团沙尘。

还要过好几个小时，太阳才会下山。

* * *

那天早些时候，我去了奇姆肯特（Shymkent），这是哈萨克斯坦南方的地方首府，也是该国第三大城市。在那里，胜利日的庆祝活动更为传统，有游行和演讲，还有对战斗英雄的致敬。那些仍然健在的老兵会穿上最隆重的装束前来参加庆典。

在城市公园，宏伟的第二次世界大战纪念碑前，我遇到了退伍老兵泽塞拜·马哈米托福（Sesembai Makhmytov），以及和他同为抗战英雄的妻子昆杜斯（Kundus）。泽塞拜已然年迈，他的身体几乎消失在那套新熨过的深色西装里。他的白衬衫熨烫平整，黑靴子在阳光下锃光发亮，胸前别满勋章。这对老夫妇只会说哈萨克语，但是在过路人的帮助下，我得知泽塞拜曾在"二战"的前线打过仗。在东欧的战场上，他肩上负了伤，但是挺了过来，继续战斗到最后一刻。1945年4月，他随军队进入柏林。

"子弹还在这儿。"泽塞拜自豪地指着自己的右肩说。

昆杜斯也获授一枚勋章。擦得锃亮，在阳光下闪着光。当丈夫、父亲和儿子与纳粹战斗时，女人们维持着整个大帝国集体农场的运作。

"那时劳动繁重吗？"

昆杜斯目瞪口呆地看着我："当然繁重！所有活儿都得自己干。所有的食品都送去了前线。我们在家里都快饿死了。"

第二次世界大战在苏联被称为伟大的卫国战争，没有任何国家如苏联这般损失惨重。有两三千万人丧生，或战死，或饿死，或病死。中亚各共和国也付出了代价：据估计，有三十多万哈萨克士兵在"二战"中被杀，另外，国内大约有三十五万平民死于饥饿和疾病。哈萨克斯坦一共有10%左右的人口在这场战争中死亡，人口损失比例与德国不相上下。像泽塞拜一样，许多哈萨克士兵不会说俄语。多数人此前从未离开过自己的村庄。然后，忽然之间，他们就被召集起来，还未意识到发生了什么，便已经穿上军服，到了一块陌生的大陆，手握武器，为这个世界上最大的国家，打一场世界上最大的战争。

尽管损失惨重，但实际上，战争年间哈萨克斯坦的人口有显著的增长。虽然到处都在打仗，士兵成群地被杀，但斯大林在战争期间抓住时机，强迫数百万人在帝国内进行了迁徙。迟至1944年冬天，一车皮一车皮的人被持续运往中亚。那些被放逐的人直接被扔在了哈萨克大草原上——女人、婴儿和老人——离家千万里，除了身上穿的衣物，一无所有。

斯大林的棋子

　　这个中亚最大的教堂几乎挤满了人。几百个信众聚到一起，打扮得漂漂亮亮的，男人穿深色西装，女人穿端庄得体的裙子。多数人都是白皙的欧洲人相貌，而且所有人，下至最小的孩童，都安静地坐着聆听牧师布道。

　　"七十年来，良善的基督徒被否定了从事信仰的权利，原本遍布各地的天主教徒，从遥远的国度被驱逐到此，来到哈萨克斯坦的卡拉干达（Karaganda），就因为他们的民族与信仰。"牧师以缓慢的语速说，他的俄语标准，但仍带有明显的德语口音，"正因如此，今天能够站在这个新开的教堂，法蒂玛圣母大教堂，我尤为荣幸。对于此地的这座教堂来说，还有更合适的名字吗？"

　　这个大教堂的名字，与据称发生在1917年的葡萄牙小村庄法蒂玛的事件有关。据说，在一系列启示出现时，圣母玛利亚将三个秘密嘱托给三个贫穷的年轻牧羊人。其中一个秘密是关于俄罗斯的：假如俄国没有皈依，人类会遭受一场更大的战争，而反基督宣传将在全世界散布谎言。

"圣母的预言以一句充满希望的话结尾：最后，我那纯洁无瑕的心终将胜利。"牧师露出微笑，"今天，我们可以确定，她纯洁无瑕的心的确已经成功。苏联不存在了，俄罗斯和哈萨克斯坦如今都是独立的国家，信众可以自由信仰基督教。"

三个穿着白色束腰外衣的孩童引领队列走了出去。他们一边在教堂的地面上抛撒玫瑰花瓣，一边一步步后退。

法蒂玛启示的庆典会在大教堂的地下室继续进行，那里有汤和汽水。广播里传来震耳的哈萨克流行音乐。那三个如此庄严地往地上抛撒玫瑰花瓣的孩童，此时在舞池里蹦蹦跳跳，嬉笑，唱歌。成年人在墙边站成一排，相互吼着说话。

我肯定是表现出了一副孤单离群的样子——这也是我的真实感受，一位秃顶、魁梧的老先生向我走来，问我来自哪里。他非常文雅，穿着深色西装和黑色的羊毛外套。他告诉我他叫安东宁，如这里的大多数会众一样，是波兰人。

第一次世界大战后的谈判确定了新的边界，数万波兰人最终落到了苏维埃这一边。最初的几年，他们享受了一定程度的民族自治：能够说波兰语，孩子也可以上波兰学校。然而一段时间以后，各方不断尝试将他们苏维埃化，但是波兰人反对集体化，尤其是宗教禁令。到了 20 世纪 30 年代中期，斯大林不再心慈手软。这些波兰人，不是被监禁或处决，就是被驱逐到哈萨克斯坦。安东宁的父母便是在 1936 年被流放的。

波兰人是第一批被流放的，但绝不是最后一批。被宣称为"人民之敌"的民族不在少数，他们被遣送到西伯利亚或中亚，主要是哈萨克斯坦，这里有无边无际的空旷大草原，而且人口不多。整个民族都被火车运送到这里，之后就任他们自生自灭，他们除了身上穿的衣服，别无他物。"二战"爆发后，随着斯大林的妄想症日益严重，被放逐的人也越来越多。任何可能同情德国人的人，或者以别的方式对苏联构成威胁的人，都被赶出家门，送往东部。克里米亚半岛的鞑靼人，北高加索的车臣和印古什人，以及黑海和伏尔加河殖民区的德意志人——他们在战争期间都被送往中亚。据估计，在 20 世纪三四十年代共有六百万人被放逐。约 1/4 的人口在运送过程中或流放的最初几年死亡。今天，有一百多个民族生活在哈萨克斯坦，这是斯大林暴政的遗产。

安东宁的父母在旅途中幸存了下来，但政府不准许他们生活在一起，甚至在 1939 年他们的儿子出生以后还是如此。他的父母都被派去做体力劳动，父亲在乡下一个集体农场，母亲在城郊一个矿井里提灯。如果火苗熄灭或者发生了什么变化，就是危险的信号，整个矿井的人就必须撤退。

"肯定是非常艰苦的工作。"我同情地说。

"不，一点儿都不艰苦！"安东宁欢快地回答我，"这工作非常轻松。从这个角度说，她运气挺好。"

在 1953 年斯大林去世之前，被放逐到卡拉干达的人都生活在严密的监控之下。安东宁的父母不许在没有批准的情况下离开各自的村庄，任何轻微的过失都会遭到严厉的惩罚。譬如，劳动迟到会被判监禁。但最坏的情况是，你知道即便是最轻微的违规行为，都可能招致孩子被从你身边带走，送往孤儿院。

"吃的够吗？"我问。

"不够，永远都不够吃，"安东宁说，"我们有面包配给卡，但完全于事无补。"

千千万万人都过着这样的生活。他们没有被监禁，却也不自由。他们从早到晚被迫劳动，却无法让自己的家人吃饱饭。要辨别哪些人原则上是自由人，哪些人是真正的囚犯，并不总是那么容易。而且囚犯也有许多。卡拉干达的劳动营用的名字是卡拉格（Karlag），这是古拉格体系下最大的劳动营之一。它覆盖的范围与科威特相当。许多囚犯是艺术家和科学家等知识分子，他们不一定是犯了什么错，只是被认为对政权构成威胁，因为他们是自由思考者。其他被关进监狱的人，据国家的说法，是因为太富有或在其他某些方面太突出。男性囚犯的妻儿通常也被送到营地，以策安全。

劳动营的囚犯对苏联经济十分有用：卡拉格为苏联提供了电灯泡和铁轨等物资，但主要还是食品。在顶峰时期，营地有超过二十万头羊和三万头牛，因为远远超过了生产目标而出名。而囚犯们很少享受他们生产的食品，通常都是饿着肚皮睡觉。

从1934年到1953年斯大林去世，也就是营地存在的十九年间，超过八十万人被扣留在卡拉格。共有两万五千万名囚犯在那里被处决。而纵观整个古拉格体系，从1929年到1953年，劳动营全面运作的二十四年间，据估计共有一千八百万人曾在某一时期，在苏联几千个劳动营中的某个营地被羁留过。

回到大教堂的地下室，一些父母大起胆子进入舞池。他们跳舞时步子僵硬，笑容更加僵硬。他们每个人大概都有一段至少同样戏剧性的家族故事。安东宁循着我的目光看去。他指着一位在舞池摇摆的父亲。

"波兰人，"他说，又指向另外一个人，"也是波兰人。乌克兰人。波兰人。俄罗斯人。波兰人。朝鲜人。哈萨克人。俄罗斯人。波兰人。"

数百万人先是被连根拔起，然后被迫在千万里远的不毛之地扎根下来。这场实验至少证明了这些人有多强的适应力。斯大林死后，被放逐的人渐渐获许返回他们的来处，但许多人选择留下。一年年过去，他们被流放到的国家，成了他们的家园。

即使在铁幕倒塌以后，离开对安东宁来说也从来不是一个选项。

"这是我出生的地方，"他简明扼要地说，"这就是我的国家。"

作为人民之敌的儿子，从他在人口普查中登记的那一天起，安东宁也被自动划为了人民的敌人。他在 2002 年才恢复正常生活。

"天哪，竟要这么晚。"我说。

安东宁耸耸肩。

"我获得了一千坚戈的补偿金。"

"那可没多少。也就是……"我迅速算了算，"四欧元？"

"十一年前要值钱多了。"安东宁说，脸上的笑转瞬即逝。

即便坚戈因为通货膨胀缩水得厉害，但那时候也值不了很多钱，不过最重要的并不总是赔偿金的市场价值。

首都

　　十八岁的司机萨沙有些紧张，途中坚持要去趟洗车场。他坚信一辆闪亮、干净的车能增大我们进城的概率。往北的路平坦、笔直，房舍之间相隔越来越远，地形平坦，一片荒凉。几小时后，我们看到了远处一片模糊的光亮。阿斯塔纳。首都。

　　"阿斯塔纳特别美。我敢肯定你会爱上这座城市，"萨沙说，"如果我们进得去的话。"他补充道，担忧地看了一眼带凹痕的发动机盖。

　　城门的检查比大多数欧洲边境站更严格。显然不是谁都能进哈萨克斯坦首都的。装束齐整的一队警察正以锐利的眼神看着车流。巴士被拦下，所有乘客必须出示自己的证件，行李必得经过搜查。但是，我们却一点儿问题没有地通过了。萨沙如释重负地舒了口气。

　　"你看，我们停下来洗车是对的。"他说。

　　我们沿着阿斯塔纳宽阔而灯火通明的大道行驶时，浅蓝色和黄色的哈萨克斯坦国旗在晚风中飘动。

"是不是很美？"萨沙激动地感叹。

"非常漂亮。"我礼貌地答道。

我从一开始便不喜欢阿斯塔纳。或许是因为没有尽头的交通拥堵，这让我想起莫斯科。到了下午，汽车就困在足以引发幽闭恐惧症的长龙里。我暗自怀疑，城市规划者可能有意设计了容易堵车的道路网，这样便能制造一种熙熙攘攘、朝气蓬勃的大都会假象。阿斯塔纳周围是绵延数十公里的荒野，光秃秃的大草原向四面八方延伸。城门之外，看不见一辆车、一个人，也几乎没有一头羊、一匹骆驼。而七十五万拥挤地生活在城市范围内的居民，将工作日的大半耗费于卡在车流当中动弹不得。

阿斯塔纳的街区和拥堵的车流一样长。两个十字路口通常隔着一公里。步行来往各个景点不太实际，于是你只好忍受堵车的折磨。没有地铁，也没人骑车。然而，比起堵车，更让我不满的是这里的氛围。穿深色西装的男人行色匆匆地穿过人行道，没有人抬头看，没有人直视我的眼睛。我第一次在旅行中觉得自己像个隐形人。阿斯塔纳的氛围跟任何一个首都务实高效、有点沉闷的气氛其实并无太大不同，但这座城市的一切似乎都会放大孤独感。或许这是由于它独特的发端。哈萨克斯坦的首都并不像莫斯科或者伦敦，是经过几个世纪的塑造与打磨，有机地发展起来的。它的形成是一纸法令的结果。1994 年，纳扎尔巴耶夫总统决定迁都，从人口超过一百万的南方的阿拉木图，往北 970 公里，迁到阿克莫拉（Akmola）这个不起眼的小镇。迁都在 1997 年进行，第二年，阿克莫拉就被更名为阿斯塔纳，意思就是"首都"。

　　没有人明确知道纳扎尔巴耶夫为何选择迁都。阿斯塔纳不仅远离人口稠密的南方，被荒原包围，而且有世界上最恶劣的气候：它是全世界第二寒冷的首都，仅次于蒙古的乌兰巴托。冬天，气温可以跌到零下40℃。纳扎尔巴耶夫自己解释道，阿拉木图太小了，这个城市的扩张已经超过其容量，没有发展的空间了。他也考虑了很久，首都应该迁到一个更为中心的位置，不应该处在边缘，像阿拉木图一样，太靠近吉尔吉斯斯坦与中国的边境。然而，也有不怀好意的传言称，纳扎尔巴耶夫在阿拉木图有太多宿敌，他别无选择，不得不迁往北边。一个看似更为合理的解释是，纳扎尔巴耶夫想要在被俄罗斯人占据的北方地区巩固权力基础，北方几乎60%的人口是俄罗斯民族。而且相比建筑密集的阿拉木图，阿斯塔纳的确有更多发展与扩张的空间。

　　近年，阿斯塔纳已成为现代哈萨克斯坦的象征。在城市开发上已经有巨额资金投入，但这一工程远未竣工：8%的国家预算被指定用于阿斯塔纳的开发与扩张，直到2030年。到处都在建筑施工。正在建造的大楼造型大胆、具有未来感，中心区几乎全是标志性建筑。阿斯塔纳最著名的建筑巴伊杰列克观景塔（Bayterek Tower）耸立在市中心，是由获奖英国建筑师诺曼·福斯特（Norman Foster）设计的。观景塔正好97米高，这是为了纪念1997年，阿斯塔纳成为首都的年份。塔顶的金色球体由网状白色金属桁架托举着。一台电梯通往顶部的观景层，在那里可俯瞰阿斯塔纳的现代市中心，景象极为震撼：正前方是大汗帐篷购物中心，该商场的设计也是出自诺曼·福斯特之手。这个建筑形似一个巨大的透明帐篷，在同类中属于世界上最大的，其中入驻了各种欧洲名牌商店、电影院、游泳池和餐厅。帐篷内部是恒温的，永远是舒适的24℃，无论外面是烈日炎炎还是三九寒天。接着就是可容纳三千五百人的阿斯塔纳新音乐厅，以及华丽的新清真寺，装饰着黄金和白色大理石，是中亚最大的清真寺之一。清真寺的左侧是新总统府，这是一座有着白色廊柱和亮锃锃的玻璃外墙的宏伟建筑，顶部冠着一个巨大的天蓝色圆顶。国家博物馆（阿斯塔纳的发展历程将在里面占据重要展位）和未来主义风格的国家图书馆（由丹麦建筑公司BIG[1]设计）即将落成。

在巴伊杰列克观景塔顶部的金蛋内部，是一张孔雀石圆桌。桌子中间是一个固定的银圆盘，重五公斤。银圆盘上是一个两公斤重的纯金三角，纳扎尔巴耶夫的手印被永恒地保存在那里。假如没有把你的手放在总统右手的金手印上，闭上眼睛许愿，你的阿斯塔纳之行就是不完整的。但导游提醒，首先你必须向总统致意，否则你的愿望是不会实现的。

除了诺曼·福斯特之外，没有人在阿斯塔纳留下的印记比努尔苏丹·纳扎尔巴耶夫更大，纳扎尔巴耶夫是这座城市的助产士和首席建筑师。每年以盛大排场庆祝的阿斯塔纳日是7月6日，也是纳扎尔巴耶夫的生日，这很难说是一个巧合。"有人联系我说，他们想要给我建一座纪念碑，就像人们在土库曼斯坦为土库曼巴希建的那样。"纳扎尔巴耶夫接受《华尔街日报》

1　BIG，即 Bjarke Ingels Group，比亚克·英厄尔斯集团。

通讯员休·波普（Hugh Pope）的采访时，谦虚地说，"我问，'为什么呢？阿斯塔纳就是我的纪念碑。'"[iii]

阿斯塔纳的现代建筑只选著名外国建筑师设计，这是从苏联统治和五年计划成功过渡到市场经济的胜利证明。哈萨克斯坦拥有大量的天然气和石油储备，以及大批金矿、煤矿和铀矿，这使它成为中亚最富有的国家。物价反映了它的相对富裕：阿斯塔纳的一间酒店房间至少跟奥斯陆的酒店房间一样贵。

从苏维埃加盟国成功过渡到现代民族国家，纳扎尔巴耶夫将此归功于其英明领导。像土库曼斯坦的首任总统土库曼巴希一样，纳扎尔巴耶夫也出身低微。他生于一个贫穷牧羊人家庭，但是头脑聪明，在学校成绩优秀。任何想一览纳扎尔巴耶夫的学业成绩单的人，都可参观阿斯塔纳的纳扎尔巴耶夫中心，那里展出了他的小学和初中成绩单。同级生的成绩单也被一并展出，与他们相比，纳扎尔巴耶夫在学校的确表现优异。与土库曼巴希一样，他被培养成一名工程师，这在工业导向的苏联社会是备受尊敬的职业。后来，他在不同的冶炼厂工作了几年时间，起初是在乌克兰，后来到了哈萨克斯坦。这份工作薪水不错，但对体能要求很高。熔炉的温度在 2000℃以上，工作人员每轮一次班都要喝半桶水，来补充因为出汗流失的水分。闲暇时间，纳扎尔巴耶夫修了一个经济学的函授课程——这表明他拥有比炼钢更大的人生抱负。二十二岁，他加入了共产党，之后很快平步青云。1989 年，戈尔巴乔夫任命他为哈萨克斯坦共产党第一书记。

很多人喜欢拿纳扎尔巴耶夫与土库曼巴希做比较，与后者相比，纳扎尔巴耶夫采取的领导风格更温和。在 20 世纪 90 年代，当所有原苏联加盟共和国都在不稳定的经济与急剧的通货膨胀中挣扎时，他稳住了国家的发展方向。2000 年以来，哈萨克斯坦国民生产总值的年度增长率始终保持在 5% 至 10% 之间，多数人的生活都更富裕了。纳扎尔巴耶夫也在维持各民族团结统一上下了很大功夫，避免俄罗斯人和哈萨克人之间关系紧张。

　　但是，像他的多数中亚同僚一样，纳扎尔巴耶夫也患有独裁者综合征。他自 1991 年苏联解体便占据了总统之位。多年来，认真反对他的候选者屈指可数。在这场政治博弈中，他们全都被他以种种谋略解决了，有几个还被谋杀了。2007 年，议会通过了一项宪法修正案，允许纳扎尔巴耶夫不受国家总统只能连任两届的规定限制。实际上，他现在可以终身出任总统。2010 年，议会不顾其本人的些许反对，授予了纳扎尔巴耶夫"民族领袖"的荣誉称号。同时，一项法案获准通过，该法案规定，侮辱总统或破坏总统形象属于违法行为。纳扎尔巴耶夫也被授予了终身起诉豁免权，以及在退休后决定国家政策的权利。

　　假如选举结果可信，即便过了这么多年，纳扎尔巴耶夫还是极受民众欢迎的。实际上，每次选举他的民众欢迎度都在增长。2011 年，他再次以超过 95% 的得票率当选，考虑到投票率是 89.9%，这一成绩就显得更加惊人。他的一个对手甚至夸口说，为表"对胜者的敬意"，他也为纳扎尔巴耶夫投票了。

　　或许对于纳扎尔巴耶夫的领导风格最好的描述就是，他是一个开明的独裁统治者。纳扎尔巴耶夫才是所有重大决定的决策者——议会更像是一个附庸。纳扎尔巴耶夫始终坚称，哈萨克斯坦得以自己的方式、按自己的节奏行事——从七十年的极权统治过渡到民主政治，需要慢慢来。就目前来说，总统须优先发展经济，并逐步建立各国家机构。新闻自由、公民权利和民主在优先列表中处于非常靠下的位置，但所幸还有很多时间：根据总统的长期计划，哈萨克斯坦到 2050 年才会成为全面发展的民主国家。每个城镇都贴着纳扎尔巴耶夫的巨幅海报，海报上印着 2050，在这个神奇的年份，一切都会好起来。当然，问题是纳扎尔巴耶夫生于 1940 年，到那时，他很可能早就死了。但纳扎尔巴耶夫并没有指定继任者，以确保他去世后的权力交接，而是给阿斯塔纳的纳扎尔巴耶夫大学捐赠了大量资金，供其研究延年益寿的药物。

虽然距离 2050 年还很遥远，哈萨克斯坦实际上已是中亚最成功的国家，至少从经济角度说是如此。这个国家无比成功，纳扎尔巴耶夫开始考虑将国名从哈萨克斯坦改成哈萨克耶烈（Kazakh Eli），意思也是哈萨克人的土地，但免去了"斯坦"这个后缀所包含的负面意涵。总统厌倦了哈萨克斯坦总是跟管理不善的贫困邻国捆绑在一起，担心投资者会因为相似的名字望而却步。

虽然独立的哈萨克斯坦，或者说哈萨克耶烈，在其地质情况上撞了大运，享有丰富的自然资源，但苏维埃时代仍为这个国家蒙上了阴影。如今，提到哈萨克斯坦，许多人首先仍会将其跟古拉格、流放和 20 世纪 30 年代的饥荒联系在一起。除了人口损失，环境恶化也很严重。北部大草原瘠薄的土壤经不住赫鲁晓夫乌托邦式"处女地运动"的折腾；在南方，曾经浩渺的咸海如今萎缩成了一个小湖泊；而在东部，因为冷战时期的核武器竞赛，大片土地变得不适宜人类居住，居住在那里的人，许多都饱受核辐射相关的健康问题折磨。

　　纳扎尔巴耶夫最开始的独立决策之一，就是关闭苏联当局设在塞米巴拉金斯克的备受争议的核试验场，这也巩固了他作为国家总统的民众基础。

伟大试验

我乘坐的这架小飞机正缓缓爬上云端，即将载着我往东南方飞，去往塞米巴拉金斯克。旧窗帘在窗前翻动，过道一路铺着积满灰尘的地毯，地毯边缘已然褪色。手提箱和装得太满的塑料袋从头顶开放式的行李架边缘顶出来。机身震得像一台旧滚筒烘干机。底下平坦的景观越来越远，直至消失。

哈萨克斯坦有许多航空公司，但是，除阿斯塔纳航空以外，这些航空公司都在欧盟的黑名单上，被禁飞欧洲领空。然而阿斯塔纳航空不再飞往塞米巴拉金斯克。他们在2012年升级了机群以后，取消了飞往塞米巴拉金斯克的航班，因为那边的机场"达不到国际安全标准"。所以一家名字听上去不太可靠的航空公司——斯卡特航空（S.C.A.T. Airlines）——接手了这条航线。很明显距离上一次斯卡特航空升级机群已经有一段时间了，因为螺旋桨的声音一会儿轰隆轰隆，一会儿嘎吱嘎吱。窗户下面的烟灰缸散发着陈年烟味。空乘起飞前懒得进行安全演示——反正如果飞机从天上掉下去，我们也毫无得救的希望。

当起落架终于砰的一声撞上跑道时，乘客们纷纷欢呼鼓掌。我也发自肺腑地热烈鼓掌。

冷战最黑暗的一章在塞米巴拉金斯克郊外荒凉的平原上演：正是在这里，苏联实施了大部分的核试验。他们平均每个月引爆一枚原子弹，一共 456 枚。每一声爆炸在地球另一端——内华达沙漠和太平洋——都有回响，那是美国人做试验的地方。两个超级大国就这样搞了近四十年。这一切仿佛一场慢舞，一场白色蘑菇云形状的影子战争。

要载我从塞米巴拉金斯克去试验场的司机以快得要命的车速出发了。我叫他慢一点，他只是笑了笑，然后开得更快。道路空无一人，可到了半路，我们发现了一个老人，他正只身沿着沟边步行。上路以后头一次，司机慢了下来，然后老人感激地爬上了后座。他的眼睛细窄，额头上有深深的沟壑，笑的时候金牙闪闪发光。他告诉我们他叫萨迪克，今年五十岁。

"要是有那个运气，我或许还能再活个五年，"他言简意赅地说，"在我们这种地方，没人能活到老。我表弟今年早些时候去世了。他才四十二岁。当然是癌症。这附近的人一般都是这么死的。"

到萨迪克要去的地方只有几公里路。他说要在一个岔道下车，那条岔道通向一座鬼城。空荡荡的混凝土空壳在我们面前豁开大口。通向摇摇欲坠公寓楼的这条路，有一段已经长满杂草和矮树。

"那就是恰甘（Chagan），我的家乡，"萨迪克一边说一边冲那片废弃公寓楼点点头，"在苏联时期，恰甘是一个封闭的小镇，只有俄罗斯人和军人生活在这里。我父亲在军营里，所以我才会在这里长大。苏联解体以后，所有的俄罗斯人都走了。现在这里什么也不剩。我每天去上班都会经过这些鬼屋，但我试着不去看。曾经这个城镇充满活力，有学校，有门诊部，什么都有。"

"你们当时知道附近在进行核试验吗？"

"不知道，但是我们知道有什么事情在发生。我出生的时候，他们已经停止进行大气层爆炸，转到了地下试验。有时候地面会震动，尤其是周六的时候。如果发生地震的时候我们在学校里，就会被疏散到大街上。"

萨迪克下了车，朝路对面的小村子走去，他现在住在那儿。他走路时步态缓慢而僵硬。

司机大踩油门，一段短得惊人的时间之后，我们就抵达了库尔恰托夫（Kurchatov）。在城外的一个旧检查站，曾经用来防止人们未经批准进入城镇的带刺铁丝网，如今只剩下几根桩子。现在不需要它们了。不会再有搬进库尔恰托夫的人了，只有搬出来的人。

库尔恰托夫是核试验场的行政中心，于1947年以最快的速度建成。成千上万名囚犯被调来建设楼房和道路。当局争分夺秒。自从美国在广岛与长崎投下原子弹，已经过了两年，苏联亟需造出类似的炸弹。物理学家伊格尔·库尔恰托夫（Igor Kurchatov）受命主导这个计划，这座城镇之后也以他的名字命名。斯大林将1948年设为造出苏联原子弹的最后期限，委派了秘密警察的首脑——令人畏惧又残酷无情的拉夫连季·贝利亚 (Lavrentiy Beria) ——来监督这一项目。试验被安排在塞米巴拉金斯克并非巧合。苏联领导人将哈萨克斯坦视为一片广袤的不毛之地，是进行各种试验的完美场所。生活在这里的人很少，这让试验变得更切实可行。

在规模最大的时期，库尔恰托夫有四万多名居民。在官方资料中，这座城镇并不存在，在地图上也没有标识。整个区域对外封锁，未经批准者不得入内，道路也有重兵把守。很长一段时间，这座城镇甚至连名字都没有，只有一个邮政编码。城镇附近进行试验的区域则被称为多边形 2 号（Polygon 2），没有多边形 1 号——挑这个数字是为了误导美国人。

1949 年 8 月 29 日，那一天到来了。行动代号是"第一道闪电"（First Lightning），贝利亚亲自出席了试验。剧烈的爆炸发生几秒钟后，一团火球出现在天空中。那短暂的一瞬间，火球发出的光比太阳还要强烈。爆炸造成的冲击波，连卡拉干达和今日的阿斯塔纳所在的地方都能感觉到。在试验场好几百公里外的煤矿工作的矿工也感觉到了地震。在随后的寂静之中，火球变幻成一朵白色的蘑菇云。几分钟后，蘑菇云也消失了。一切都在按照计划进行。

久而久之，这些引爆试验成了家常便饭。

显然，库尔恰托夫曾经是比较漂亮的一座城镇。主路上的房屋是新古典主义风格的，墙面刷成柔和的颜色。透过破窗可以一窥房屋内部，那些地方曾经都是气派的公寓和办公室。城里有两家酒店，一家似乎是无限期关门翻修，另一家则只接待跟核研究所有关系的住客。

"这里还有其他酒店吗？"我问。

"酒店，唔，"司机嘟囔道，"有为特定社交场合、退休人员和散工提供的食宿旅馆，他们肯定有空房间。"

食宿旅馆被阴森的灰暗混凝土公寓楼包围。每两栋楼就有一栋被废弃，窗户破漏，墙面开着大洞。野狗占领了廊道。楼与楼之间的开阔绿地，见证了城市规划者最好的意图：这里会有足够的绿地和娱乐区，孩子们有游乐场，大人有公园和长椅。库尔恰托夫会是个宜居的地方。

现在树木和公园再也无人料理，成堆成堆的垃圾藏在建筑之间茂盛的草丛中。一群在此定居的居民在旅店外面站着聊天、喝酒、抽烟，似乎多的是时间。一群退休人员围坐在一张桌子边，通过打牌来消磨时间。他们散发着伏特加的气味，但气氛欢快。一见到我和我的同伴，他们便立刻开始讲起了美好的过去。

"苏联那时候什么都好！"一个约莫六十多岁、满面通红的男人叫道，"当年的日子真好啊！人人都有工作，不存在差别。人人都是同志！"

"如今一切都变了。"一个女人叹了口气，她漂染过的头发梳向脑后，涂着粉色的口红，"现在只有少数人非常有钱，而我们剩下这些人全是穷光蛋。"

"那核试验呢？"我问。

一个没牙的老人清了清嗓子，开口说：

"我叫弗拉基米尔·马克西莫维奇（Vladimir Maksimovich），

我在多边形做了四十年司机。我见过所有的爆炸！"

"核爆炸是什么样的？"我问。

弗拉基米尔看了我好一会儿，但什么都没说。他好像没明白我问的是什么。

"我们大多数人从没见过核爆炸。"我解释道。

"是啊。唔，先是爆炸和蘑菇云，然后，过了五分钟，它就消失了。"他说，一副就事论事的样子。

"你不害怕吗？"

"不，一点儿都不害怕！我当时不知道危险。他们没告诉我们。"

当我漫步回到旅馆时，太阳快要下山了。一幅褪色的巨大海报打破了街道的单调。海报上是一位模样权威的护士，底部有一行大写的字："人民的健康是最重要的。"低声吠叫的流浪狗从后街和小巷中溜出来，占据了夜晚的街道。

第二天早上，我要去看看弗拉基米尔·马克西莫维奇作为司机工作了一辈子的核试验场。我有一点想要取消行程，即便这是我来这里的唯一原因。谁会主动来参观一个原子弹试验场呢？

哈萨克斯坦原子能研究所外，一个小代表团在等着我，这是库尔恰托夫唯一一栋维护比较得当的建筑。一个留着长发、一口坏牙的年轻男子自我介绍说他叫瓦连京，是我的向导。灰色的大众汽车里坐着研究所的司机，还有一位一脸凶相的秃顶男子，他的胳膊跟大腿一样粗壮。瓦连京解释说，这人是来监督我们的。他会确保每个操作都符合规定。

"他有在切尔诺贝利的经验，"瓦连京对我悄悄说，声音小得只有我能听清，"听说事情发生时他就在那儿……"

不久，我们就离开了库尔恰托夫，进入了试验场。这里是开放的，无人看守，只有几块标识牌低低地插在高长的草丛中，警告说，这里属于危险区域，严禁入内。

"这里的地貌对核试验来说堪称完美，"瓦连京热情高涨地说，"它不是平的，你看，形状更像一口锅，有和缓的斜坡。换句话说，这是爆炸和冲击波的理想条件。"

整片广袤的绿地上只有我们几个。试验场所覆盖的区域和挪威的松恩－菲尤拉讷郡一样大。我们可能开车数日，都没法穿越整个试验场。开了两三公里之后，我们路过一片房子。两三头牛在房屋附近吃草。烟囱往外冒着炊烟。

瓦连京顺着我的目光看去。

"这一片是安全的，"他解释道，"他们获准在这里务农。"

"但住在这里种地真的安全吗？"

瓦连京大笑。

"我就知道你会这么问！人们以为这里有多么危险，但只有少数几个区域有高度辐射。大多数地方完全是安全的。"他掏出一个盖革计数器，指针在零的位置摇摆。"你看吧，没有辐射！"

我们继续往试验场里开。沿途景色黄绿交杂。草长得足有一米高，且惊人地丰茂，堪称漂亮。过了一段时间后，我在右边发现了一排混凝土建筑。这些房子彼此相距几百米，多数看上去都还保持着原样。

"观察塔，"瓦连京解释道，"每次爆炸试验之前，都要在里面安装摄影机和压力测试仪。所有爆炸都有精密测量和记录。有时，他们会在爆炸前，在爆炸地点附近建一整个仿真城镇，完整配备了桥梁和道路，还有直升机、坦克和消防车，用来测量爆炸对不同类型的基础设施和军事设备的影响。当然，他们没有在人身上做试验，但用了牛和猪。你知道猪皮其实跟人皮很相似吗？"

突然，盖革计数器开始哔哔叫。瓦连京满意地看着小屏幕。数字飙升：2、3、4、5……

"快到了！"他说。

我们下了车，蓝色的鞋套沙沙作响。我们每走一步，盖革计数器都响得更刺耳。四周的景色光秃秃、空荡荡。在我的记忆中，只有一个地方能听到如此强烈的鸟鸣似的声音：跟导游参观切尔诺贝利的时候。

"我们今天算走运，"瓦连京咧着嘴笑了，"因为刚下过雨，尘土都落地了，我们不需要戴防毒面具。"

当我们在高高的黄草当中跋涉时，盖革计数器疯狂地鸣响。虽然我知道人体感觉不到辐射，但还是感觉浑身似乎都在发抖发麻。我扫了一眼盖革计数器上的两位数字，开始担忧自己的遗传物质。

瓦连京终于停了下来。他严肃地指着一个不太大的水库。

"这就是苏联第一枚原子弹炸出的弹坑。这就是'冷战'开始的地方。"

苏联成功的核爆炸试验引起了美国的担忧。美国核物理专家开始狂热地探索制造更大、更强的炸弹的可能性。1951 年，爱德华·泰勒（Edward Teller）和斯塔尼斯拉夫·乌拉姆（Stanislaw Ulam）成功研发出一种热核弹，就是如今所说的氢弹。这种新型炸弹涉及两个级别的爆炸：第一级爆炸实际上是普通原子弹；随后的第二级炸药威力远远更强，包含氢核。第一级炸弹的能量可以使氢核加热到数千万度，它们于是高速运动，相互撞击，在剧烈撞击下，它们会聚变并生成第三种更重的原子核。这种聚变会比裂变，即原子分裂（铀弹就是以此为基础）释放更多能量。

1952 年，美国进行了新炸弹的第一次成功爆炸试验。不像铀弹，体积超过临界限制会自动爆炸，氢弹的大小没有限制。这种炸弹被称作"常春藤迈克"（Ivy Mike），爆炸当量可达10.4 兆吨，比 1945 年投在长崎的原子弹当量要大上四百五十倍。

在苏联，物理学家安德烈·萨哈罗夫（Andrei Sakharov）极其努力地想要研发类似的炸弹。1953 年夏天，经过多年奋斗，第一枚苏联氢弹已准备好在塞米巴拉金斯克试爆。只有一个问题：萨哈罗夫的团队将注意力过多地放在筹备炸弹本身上，忘了计算伤害范围。一位科学家指出这一点之后，每个人都惊慌不已。过了紧张的几天后，研究人员计算出，生活在这一区域的数万人需要撤离。他们立刻征集了七百辆军用卡车，撤离马上开始。萨哈罗夫有些担心撤离的方式是否妥当：这当中有病人、老人和孩子——坐在卡车后面穿越没有道路的草原，他们能受得住吗？这样的担忧很快被那些位高权重的人打消了。"每场军队演习都会造成人员伤亡——死个二三十人不可避免。我们的核爆试验对于国家以及国防力量都重要得多。"国防部长亚历山大·华西列夫斯基（Alexander Vasilevsky）如是说。这类观点让萨哈罗夫更加焦虑，他在回忆录中写道："这几天，我无意瞥到镜中的自己时，被自己的改变惊住了——我看上去脸色灰白，暮气沉沉。"[iv]

1953 年 8 月 12 日，到了核试验那一天。萨哈罗夫和其他科学家被指定待在一个距离爆炸三十五公里的地方。他们配备了护目镜，匍匐在地面上，面向爆炸地点。萨哈罗夫写道：

> 时间一分一秒缓慢地过去。还剩 60 秒。50……40……30……20……10、9、8、7、6、5、4、3、2、1。那一瞬间，地平线处出现了一道闪光，接着出现了一个迅速膨胀的白色球体，照亮了整个地平线。我扯下护目镜，虽然从黑暗到强光的巨大变化让我眼花缭乱，但我可以看到一团巨大的云，上面笼罩着一圈紫色的尘雾。后来，那团云变作灰色，很快与地面分开，向上卷去，迸发出橙色的光。渐渐地，形成了一顶"蘑菇帽"，连接"蘑菇帽"和地面的"茎"，比照片中那些普通原子弹爆炸时的要粗得多。

尘埃落定以后，科学家驱车靠近爆炸中心，查看破坏状况。萨哈罗夫回忆道：

> 突然，车停在了一只鹰隼前面，它的翅膀已经被严重

烧焦。它试着起飞，但飞不起来。眼睛呆滞无神，可能瞎了。一名军官下车，对准那只鹰隼狠狠踢了一脚，结束了这只不幸鸟儿的悲惨命运。我听说每次试验都有数千只鸟类死亡，强光一闪他们便扇动翅膀打算飞走，但是又落回地面，受了烧伤，失明了。

这场试验本身大获成功，但是萨哈罗夫尚未正确理解第一阶段的辐射和热度上升与第二阶段的内爆之间的关系。这枚炸弹的当量"只有"40万吨，主要由裂变而不是聚变产生。直到1955年11月，萨哈罗夫才成功研发出一枚真正的氢弹，这次的当量是1.6兆吨。

> 我看到一个白中透黄的刺眼球体在地平线处迅速膨起，在不到一秒钟的时间内变为橙色，然后变为鲜亮的红色……在云团与滚滚卷动的沙土之间长出一条蘑菇的茎，比上次那根更加粗大。冲击波在空中向四面八方来回冲撞，喷射出零星分散的奶白色圆锥体，附在蘑菇形状上面。在那之前，我感觉到热气像从开放的火炉中迎面而来——这是在严寒之下，离爆炸中心点几十公里。整场烟花表演都是在彻底的寂静中展开的。

尽管这一次为了把核辐射扩散降到最低，炸弹是从飞机上投下来的，但还是有几个人为此丧命。一名年轻士兵因为冲击波震塌了壕沟而死亡。在核试验场外面的一个村子里，防空洞因为受冲击波重击而坍塌，坐在里面的一名两岁女童因此丧生。在另一个村子里，当地医院女病房的屋顶被毁。就连在塞米巴拉金斯克，距离爆炸地点一百五十公里远的地方，冲击波也造成了损害，震碎了一家肉类加工厂的窗户，肉臊子全掺上了玻璃渣。在更远的地方，乌斯季卡缅诺戈尔斯克（Ust-Kamenogorsk）[1]当地人说，因为一些未知原因，炉子里的煤灰突然都被吹进了房间。

然而，这场试验本身非常成功，军队的高级军官受邀于当天晚上参加一场宴会。当天的英雄人物萨哈罗夫举杯祝词："愿我们所有的产品都能像今天的这个一样成功爆炸，但永远只在试验场而不是城市里炸。干杯！"

桌上鸦雀无声。大家都愣住了。试验项目的军事领导人涅杰林举起酒杯，回以一个笑话："一个只穿一件衬衣的老汉拿着一盏灯，坐在一个圣像前祈祷，'请指引我，使我刚硬。请指引我，使我刚硬。'可他的老婆躺在炉炕上说，'祈祷变硬就够了，老头子，我自己可以指引自己！'让我们举杯！硬起来！"

在回忆录中，萨哈罗夫写到，涅杰林的话就像给了他一记重拳。他猛然意识到自己参与了什么："我们，发明家、科学家、工程师和工人，创造了一种可怕的武器，这是人类历史上最可怕的武器，而它的使用将完全不受我们控制。"

之后，萨哈罗夫尝试研究这些核试验的长期后果。即便没有数据记录，人们很快清楚地看到，塞米巴拉金斯克地区的

1　该地现称厄斯克门（Oskemen）。——译者注

癌症病例数在试验开始后急剧攀升。婴儿天生畸形达到了令人不安的数量，某些村庄的精神疾病发生率也高得异常。在仔细查看了对人类造成的伤害之后，萨哈罗夫和库尔恰托夫都成了核武器和核试验的积极反对者。他们的抗议产生了一定影响，1963 年，美国、英国和苏联签署了禁止在大气层、外太空和水下进行核武器试验的多边协议。

萨哈罗夫继而成为一个热切的和平活动家和普遍人权的倡导者。因为他的坚持投入和不知疲倦的反核运动，他在 1975 年被授予了诺贝尔和平奖。苏联当局拒绝放他离开苏联，他的妻子叶连娜·邦纳（Elena Bonner）只得前往奥斯陆代表他领奖。

萨哈罗夫渐渐成了苏联政权的眼中钉。他强烈反对 1979 年苏联对阿富汗的入侵，抓住每一次机会来解释他为何反对这场战争。第二年，也就是 1980 年，他和妻子被捕，并被内部流放，遣送到高尔基（Gorky）[1]，这是一座位于莫斯科往东四百公里的城市，不准外国人进入。他们处在克格勃的严密监视之下，被禁止跟外国人或莫斯科的学界人士联络。萨哈罗夫的回忆录手稿几度被没收，他不得不全部从头写过。对于自己所遭受的待遇，这位著名物理学家写信抗议过，甚至绝食过，但都徒劳无果。

在 1986 年 12 月 15 日晚上 10 点钟，萨哈罗夫家的门铃响了。两个电工和一个克格勃特工进入公寓，安装了一部电话。

"你们明天早上 10 点钟会接到一通电话。"克格勃特工离去时说。

1　该地现称下诺夫哥罗德（Nizhny Novgorod）。——译者注

12月16日，安德烈·萨哈罗夫和妻子在家里坐等电话响起，一直等到下午3点。正当萨哈罗夫准备穿上外套出去买些面包时，电话响了。

"你好，我是戈尔巴乔夫。"电话那头的声音说。

新任总书记打电话来通知萨哈罗夫，他和他的妻子可以搬回莫斯科了。

虽然在大气层做爆炸试验已在1963年被禁止，苏联当局仍继续在哈萨克斯坦做试验。此后一直到1989年，塞米巴拉金斯克附近的试验场又进行了340次地下爆炸试验。苏联解体后，试验场被立即关闭。俄罗斯人打包行囊回家。在很短的一段时间内，库尔恰托夫的人口从四万急剧下降到一万不到。每两栋公寓楼就有一栋空置。

白天，敛财劫掠的忙得不亦乐乎。俄罗斯人在哈萨克斯坦留下了一份危险的遗产。1991年，哈萨克斯坦土地上还留有一千四百多个核弹头，这让哈萨克斯坦成了世界领先的核大国之一。第二年，新哈萨克斯坦政府与俄罗斯达成协议，将所有的核武器交还俄罗斯。纳扎尔巴耶夫的目标是让哈萨克斯坦成为一个无核国家。

转移武器的过程相当迅速和痛快，但是这并没有解决问题。还有几百公斤的钚和高浓缩铀遗留在塞米巴拉金斯克试验场的地下隧道当中。作为一个年轻的国家，哈萨克斯坦并没有能力处理这个问题，有好几年时间，这些危险的废料无人把守，如果落入居心不良者的手中，这些废料可以用来研发出威力巨大的原子弹。

美国人忧心忡忡。1998年，西格弗里德·S. 赫克（Siegfried S. Hecker）教授访问了库尔恰托夫。赫克是洛斯阿拉莫斯国家实验室（Los Alamos National Laboratory）的前主任，美国就是在那里研发了他们的核弹。就许多方面来说，洛斯阿拉莫斯都是库尔恰托夫的孪生城市——它是"二战"时在新墨西哥的沙漠中建立的城市，只有一个目的：研发世界上第一枚原子弹。该镇的存在与位置都是顶级机密。像库尔恰托夫一样，它在地图上没有标识，也没有名字，只有一个邮政编码。美国的顶尖科学家都被送往那里，受命投入一切空闲时间研发核弹，项目代号是"曼哈顿计划"（Manhattan Project）。为了让炎热沙漠中与世隔绝的生活更有吸引力，这座城镇配备了所有可能的现代便利设施：泳池、带空调的大楼、货品齐全的超市，以及一流小学。紧锣密鼓的工作出了成果：1945年7月16日，美国进行了第一次核爆炸试验。三个星期后，第一枚核炸弹在日本上空投落。

仅仅几年以前，一个洛斯阿拉莫斯国家实验室的前主任访问库尔恰托夫——苏联最机密的一个城镇，还是不可想象的事情。"冷战"不仅结束了，还即将成为历史。但是政治关系的改变比放射性废弃物的分解快得多：苏联核试验的物质遗产仍留在地表之下，必须尽快处理。

赫克对丁多边形里的设备和金属遭盗窃有所耳闻，但是当他去了现场，还是被眼前的景象震惊了。他以为自己会看到骑骆驼的男人拖走铜缆线，但结果他发现了数公里长的壕沟，显然是挖掘机挖的。壕沟里的铜缆线被转售给他国商贩。换句话说，这种洗劫行为是有针对、有组织的。当地人告诉赫克，他们当然知道从多边形偷材料有巨大的健康风险，但是他们别无选择了。他们的工作场所被关，只能靠自己谋生。

2013年发表的一篇文章有史以来第一次报道了美国、俄罗斯和哈萨克斯坦如何协力转移了这些危险核废料，并使之无害化。赫克访问库尔恰托夫之后，成功说服俄罗斯人分享了记录着哪里存放着何种废料的秘密档案。俄罗斯人起先当然不愿意，但赫克给他们看了挖掘机挖出的壕沟照片之后，他们让步了。哈萨克斯坦负责项目的实际执行工作，美国资助了经费。

2012年秋，一群俄罗斯、哈萨克斯坦和美国科学家在多边形的杰格连山（Degelen Mountain）山脚下齐聚庆祝。花了十四年时间，一亿五千万美元，这个顶级机密项目终于完成，那些隧道都用特殊混凝土填死了。专家们举起倒满伏特加的酒杯，为一座三面石碑揭幕。石碑上用英语、俄语和哈萨克语刻着："世界变得更加安全了。"

至今，没有人全面统计过苏联在哈萨克斯坦进行的456次爆炸试验所造成的人员损失情况。放射性废料随风雨扩散，弥漫在三十多万平方公里的区域。共有两百多万人或多或少地受到辐射和爆炸造成的放射性尘埃的影响。

在坑坑洼洼的苏联公路上开了三个小时之后，我们到达了萨尔扎尔（Sarzal），这是受危害程度最大的一个村庄。风几乎接连不断地向这里吹来，带来放射性颗粒，那些毫无察觉的村民因此患病。这里常年有风将沙尘扬起，让人呼吸困难，但除此之外，萨尔扎尔看上去是一个田园牧歌式的小村庄。房屋粉刷成白色，配着蓝色窗框，周围围着低矮的蓝色栅栏。树干和木桩上拴着健壮的马匹。一位老人站在一面栅栏边，抬头望着天空中的某个地方。我向他走过去，但还没来得及开口自我介绍，他便挥手叫我走开。当我试图跟一个推着婴儿车的年轻母亲说话时，也遭遇了同样的对待。

一栋白色的大楼房俯临周围其他小房舍。这肯定是市政厅了。我决定碰碰运气——市政府成员肯定能够告诉我核试验对萨尔扎尔造成了怎样的影响。他们甚至可能有数据。接待处一个人也没有，但有一扇门开着，所以我进去了。所有的办公室都空无一人，但在第二层走廊尽头，我见到了三个坐在塑料椅上喝茶的男人。

"你好，"我向他们打招呼，"我是从挪威来的……"

"每年这里都有从世界各地来的记者和学者！"一个男子埋怨道，他身上的皮夹克看上去是三个人当中最贵的，"有从日本来的，有从美国来的，说他们会帮助我们，但他们走了之后再也没回来过！全是嘴上说说。什么事情也没发生。这儿没人愿意跟你说话！你最好马上离开。"

我转身走出了市政厅。比起刚来时，外面的风似乎更大了。沙子进了我的头发、鼻孔、耳朵、指甲缝，到处都是沙子。市政厅隔壁有栋长方形建筑，外观衰败。正门前的标牌写着这是萨尔扎尔健康中心。我走了进去，招呼我的是一个年轻护士，她既不会俄语，也不会英语。她一声不响地带我去了一个小隔间，一个穿白色外套的短发女人坐在那里。她叫劳拉，是这里的医生。她是十二年前结婚之后搬到这里的。

"这里有很多问题，"她说，声音很轻，"两千个居民里面，有一半人患病。孩子生下来就有贫血症，或者有六根指头。很多年轻人有精神健康问题。搬来这里后，我也得了病。我的血压不正常。这里几乎每个人都患有高血压。"

"你为什么不搬走？"我问。

劳拉耸了耸肩："我的家人在这里。能怎么办？只能忍。"

在村庄边缘，三四个男人游荡在一个出售香烟和烧酒的街角小店外面。他们说只要能保证匿名，就答应谈谈多边形的事。

"每个人都知道发生了什么，但是我们能怎么办？"最健谈的那位说，他五十多岁，留着胡子，"我们对抗的是整个帝国。他们坐着直升机飞到村子上空，挂下长幅标语，警告我们11点钟有爆炸。所以安全起见，我们11点的时候就得在外面，以防房子被震塌了。"

"辐射让大家都生病了？"我问。

"当然了，"男子说着，指了指一座满是坟墓和十字架的小山，"生病的人全在那儿。"

"你们不担心健康受威胁吗？"

"为什么要担心？"他的笑声粗哑，又点起一根烟，"我们生在这里，也会死在这里。我们早就适应了辐射。"

当我准备离开萨尔扎尔，这个不停刮风又不友善的村子时，一个身穿驼色外套和皮靴的老妇人朝我们的车子走过来。她手里提着沉沉的塑料袋。

"我其实是从塞米巴拉金斯克来的，80 年代搬到了萨尔扎尔，因为钱在这里更经花。这个村子受辐射影响特别严重，所以住在这儿拿到的津贴多。"她开心地解释。

但她不愿意谈核爆炸的事。

"为什么要谈这事？谈是没用的。没有人想要记得。这一点好处都没有。"

脆弱的心 [1]

把麻烦人物送到哈萨克大草原的俄国传统并不是新近才有。在塞米巴拉金斯克生活过的最著名的囚犯，大概要属 1854 年抵达那里的费奥多尔·陀思妥耶夫斯基了。他在西伯利亚鄂木斯克（Omsk）的监狱里待了四年，原因是参与了自由派的彼得拉舍夫斯基小组（Petrashevsky Circle），他将以士兵身份在塞米巴拉金斯克服完剩下的几年刑期。几年的牢狱生活使他的健康大受损害。像其他囚犯一样，他的脚上全天候地戴着沉重的镣铐。营房人满为患，囚犯连一秒钟的独处时间都没有。夜里，三十个男人要一起挤在硬邦邦的光板床上，跳蚤和虱子泛滥成灾。地板已经霉烂，屋顶漏水。冬天，屋里屋外都寒冷刺骨，夏天则潮湿闷热。陀思妥耶夫斯基后来写道，当他被沿着额尔齐斯河（Irtysh river）送往塞米巴拉金斯克，开启一段军旅新生活时，他从未觉得如此快乐，"周围都是干净的空气，内心

1　标题取自陀思妥耶夫斯基 1848 年的中篇小说《脆弱的心》。——译者注

充满了自由"。

今天的塞米巴拉金斯克（哈萨克语称其为塞米伊），是一个污染严重、单调乏味的地方小镇，有着宽阔的街道和灰不溜秋的高大混凝土建筑。但这座小镇其实要比看上去古老。彼得一世（Peter the Great）早在 1718 年就在此建造了一座堡垒，这是他向东扩张的一部分。多年以后，驻防部队周围逐渐建立了一座城镇。大学和庞大的市政厅后面——为了社会主义长治久安，这些建筑选用了混凝土浇筑——有一些安静的街道，从那里仍可一窥陀思妥耶夫斯基生活在这里时这座城镇的样貌。这些道路没有铺沥青路面，路两边排列着 19 世纪低矮、坚固的木屋。那时候，塞米巴拉金斯克有五六千名居民。陀思妥耶夫斯基从一个军人的遗孀那里租到了一个简陋的小房间。房间里到处是跳蚤和蟑螂，但是这位作家终于可以独处了，这是四年来的第一次。他终于可以再度开始阅读和写作。

在镇上的陀思妥耶夫斯基博物馆，馆长尽了最大努力重现这位作家的陋室。在小起居室里，他们放了一张简单的书桌、一张狭窄的床铺、一个茶壶和几个茶杯和两个法国钟。这些家具都是 19 世纪 50 年代左右的，但没有一件曾经属于这位大作家。陀思妥耶夫斯基住在塞米巴拉金斯克时，还未在文坛上崭露头角，没有人想到去保存他那些寒酸家具。也没人确切地知道他的房间是什么样子。博物馆只是根据已知情况进行猜测。

再现作家故居这种艺术是俄罗斯人的专长。整个帝国之中有数百个这样的"鬼屋"，里面的家具与其时代接近，有时甚至是作家自己的家具。这些圣地通常是由严厉的妇人看守，那些文学朝圣者一离开房间，她们就会赶紧关灯。带我参观塞米巴拉金斯克的博物馆导游是一位体型庞大的女士。她身体太差了，在展柜跟展柜之间不得不停下来喘口气，但她特别了解这位作家的生平与作品，每分每秒，一字一句，她都知道。她上气不接下气地跟在我身后，眼神中透着对死亡的轻蔑，向我灌输陀思妥耶夫斯基在这个镇上生活时的细节：

"他来到这里不久，就与亚历山大·兰格尔（Alexander Wrangel）男爵交上了朋友，后者是他作品的狂热拥趸，"她告诉我，"兰格尔竭尽所能地改善这位贫穷作家在塞米巴拉金斯克的生活条件，很快成了他的知己。陀思妥耶夫斯基也结识了酒鬼亚历山大·伊萨耶夫（Alexander Isayev）。"导游停下来喘了口气，又热切地继续说，"伊萨耶夫身患肺痨的妻子玛利亚的婚姻生活极其苦闷。她的丈夫每每喝醉便要打她。他因为酗酒丢了工作，他们没有钱。陀思妥耶夫斯基对她抱着深深的同情，并很快一头陷入了爱河。但无论如何，这份爱情对这个伟人来说不是什么幸事……"

兰格尔写过一本书，回忆了与陀思妥耶夫斯基交往的那些年，因为这本书，我们得以了解这位作家与玛利亚之间这段激烈混乱的关系中的许多细节。玛利亚患有肺痨，身体屡弱，却也性情热烈，让人捉摸不定。"她对他很好，"兰格尔写道，"但不是因为她喜欢他，而是因为她同情这个不幸的人，他被命运之神发了一手烂牌。可能她也受到了他的吸引，但她从来没有爱过他。她知道他受着神经紧张的困扰，他也没有钱。他是一个'没有前途'的男人，她说。但是费奥多尔·米哈伊洛维奇将她的同情当成了爱，并以一个年轻人最炽烈的激情爱着她。"

一年后，灾难突然降临：伊萨耶夫在库兹涅茨克（Kuznetsk）的一家旅店谋到了差事，那镇子离塞米巴拉金斯克有六百公里远。陀思妥耶夫斯基把所有的业余时间都用来盼信和写信。据兰格尔说，他一本又一本的笔记本，都写满了给玛利亚的信。不幸的是，只有一封信留存了下来。信上满是对她的赞美："您是一位令人思慕的女性。您的心保持着奇妙的、几乎像孩童般的善良。一个女人向我伸出了手，这件事本身就是我生命中的一件大事。"玛利亚在回信中绘声绘色地描述了贫穷和疾病对她的折磨。陀思妥耶夫斯基非常痛苦。"他比从前更加消瘦，"兰格尔写道，"他变得郁郁寡欢，暴躁易怒，像个幽灵一般四处游荡。他甚至中断了《死屋手记》的写作。"

1855 年 8 月，伊萨耶夫死了，玛利亚陷入绝望。谁来照顾她和她七岁的儿子呢？陀思妥耶夫斯基尽其所能地帮助她，他借了债给她寄钱。伊萨耶夫的死虽然让他充满希望，但也带来了新的忧虑。要是她爱上别人怎么办？她的爱慕者肯定能排成长队吧？"我活着、呼吸，都只为了她一个人，"他在一封写给兄弟的信中说，"噢，我太不幸了！太不幸了！我经受着折磨，宰割！我的灵魂遭受着痛苦。"

玛利亚知道如何操纵他的嫉妒。假如"有一位有着优秀品格的老绅士，一位富有的官员"来到她面前向她求婚，她该如何答复呢？她在一封信中突然问他。"爱情的快乐无与伦比，但痛苦也是如此剧烈，让人觉得最好永远不要去爱。"陀思妥耶夫斯基在一封给兰格尔的信中写道。我们不知道他是如何给玛利亚回信的，但是他的回信肯定感动了她。在接下来的一封信中，她向他保证，不存在那样一位富有的官员。她只是想考验他的忠诚！

　　然而，过了不久，玛利亚又欲探听这位作家爱她有多深。在接下来的一封信中，她向他活灵活现地讲述了"一位富有同情心的年轻教师，他有着高贵的灵魂"。陀思妥耶夫斯基再也无法忍受，于1856年夏天的一次出差时偷偷前往库兹涅茨克见她。"多么高贵的灵魂！像天使一般的灵魂！"这次见面后，他在给兰格尔的信中热情地写道。再次见到她让他喜出望外，但同时玛利亚确认了他最担心的事：这位教师的确存在。他叫尼古拉·韦尔古诺夫（Nikolai Vergunov），玛利亚流着泪承认自己已经爱上了他。但是，她又不愿意放手让陀思妥耶夫斯基走。"不要哭，不要难过，"她安慰着他说，"一切都还没确定，只有你和我，没有别人！"陀思妥耶夫斯基心里装着这些话，返回了驻防部队，又燃起了希望。但很快他又被绝望所吞没，因为玛利亚在接下来的一封信中写道，她爱的终究还是那位教师。为了让自己在玛利亚眼中显得更有吸引力，陀思妥耶夫斯基开始想办法提升自己的军阶。他写了一封感人肺腑、充满懊悔的信给上级长官，最终被提拔到了军官的级别。玛利亚仍旧在他和那位教师之间摇摆不定，将两人都弄得心烦意乱。"我已经成了一个不幸的疯子！"陀思妥耶夫斯基在给兰格尔的信中写道，"这样的爱是疾病。我太清楚了。"

　　11月底，陀思妥耶夫斯基再次去库兹涅茨克看玛利亚，这次穿上了自己的军官制服。不知道是不是军服的作用，在这趟探访的最后,玛利亚答应嫁给他。"她爱我,现在我确切地知道了。"他得意扬扬地写信给兰格尔说。同时他对于那位被打败的情敌良心上过不去,请求兰格尔安排他参加正规师范学院的结业考试。然而,他对于即将到来的婚姻的狂喜非常短暂:接下来的几封信里,就不再有赞美或浪漫的流露,只有枯燥、实际的婚礼筹备和金钱事宜。

"他们在1857年2月6日结了婚,"博物馆导游热情地说,"费奥多尔·米哈伊洛维奇当时三十四岁,玛利亚·德米特里耶夫娜二十九岁。韦尔古诺夫,那位深爱玛利亚的教师,是见证人之一。陀思妥耶夫斯基紧张得一塌糊涂!如果玛利亚最后一刻后悔了,转而选了那位教师怎么办?如果那位教师心里充满了嫉妒,发起袭击,动手杀他呢?然而,婚礼很顺利,但是这段婚姻很短暂,也很不幸。在回塞米巴拉金斯克的路上,陀思妥耶夫斯基的癫痫发作得厉害。玛利亚开始后悔自己选择了一个一穷二白的囚徒,而不是年轻的教师,并且她没有把后悔藏在心里。没错,就是丝毫不加掩饰!"胖导游似乎对玛利亚的行为很愤慨,跺着脚去了下一个展柜。

结婚后,陀思妥耶夫斯基的癫痫发作得越来越频繁,最终不得不离开军队。"我的生活艰难而苦涩。"他在1858年写道。第二年,他获准离开塞米巴拉金斯克,这对夫妇搬去了圣彼得堡。他们只在那里同居了很短一段时间,多数时间都争吵不休。俄国首都的气候不利于玛利亚的健康,她搬回了小地方,搬到一个叫弗拉基米尔(Vladimir)的小镇。从此,她的身体每况愈下,病得越来越严重,饱受痛苦。而陀思妥耶夫斯基则疯狂地爱上了另一个女人——阿波利纳里娅·苏斯洛娃（Apollinaria Suslova）。他们一起去西欧进行了一趟长期旅行，在那里陀思妥耶夫斯基发展了另一项爱好：赌博。

　　1863年秋，陀思妥耶夫斯基被从洪堡的牌桌上叫走：玛利亚病危了。据兰格尔说，这对夫妇在她临终时达成和解。"噢，亲爱的朋友，"陀思妥耶夫斯基写信给他说，"她给我的爱无穷无尽，我也永远爱她，但是我们无法一起幸福地生活……我们无法停止爱对方，我们越不幸福，跟对方的羁绊就越紧密。听上去很荒谬，但就是这样。她是我所认识的最坦率、最高贵、最慷慨的女人。"

苹果之父

　　一架旧螺旋桨飞机——也是斯卡特航空的——载着我从塞米巴拉金斯克前往我此行的最后一站，阿拉木图。这个旧都的地理位置令人惊叹，周围是一座座被白雪覆盖的高山。这座城市曾在1887年被一场强地震完全摧毁，如今多数建筑都按照苏联风格建造，有着一模一样的外立面和设计。街道直而坡度陡，有点像旧金山。阿拉木图虽已失去首都地位，但仍旧是哈萨克斯坦的金融中心，可能是中亚最国际化的城市：在路边咖啡馆，你可以听到各种不同的语言，从俄语和汉语到法语和英语都有。山上有著名的滑冰场麦迪奥，上百个世界纪录都在那里产生。

　　该滑冰场于1954年竣工，当时被称为阿尔玛－阿塔（Alma-Ata）的阿拉木图迅速成了国际滑冰界的一个奇迹。仅仅一年之后，那里便传来了惊人的报道，称苏联滑冰运动员打破了五百米、一千五百米和五千米的世界纪录。在挪威的滑冰圈，有人推测或许苏联的钟表走得比较慢，又或许滑冰场的大小测量出了问题。渐渐地，非苏联籍滑冰者也来到这里，同样开始打破世界纪录后，批评的声音没有了。1976 年挪威人斯滕·斯滕森（Sten Stensen）成为世界上首个在十四分四十秒之内完成一万米滑冰的人，他创下的纪录是 14 分 38.08 秒。在 1977 年一场挪威与苏联的比赛中，谢尔盖·马尔丘克（Sergey Marchuk）首次在七分钟之内滑完了五千米。但是他 6 分 58.88 秒的纪录并没有保持很久：在之后的一场比赛中，另一名挪威人凯·阿尔内·斯滕斯耶梅特（Kay Arne Stenshjemmet）取得了 6 分 56.9 秒的成绩。

麦迪奥能够成为世界上最好的滑冰场有这样几个因素：其一是这个滑冰场的高海拔，超出海平面 1691 米。另一个是风。有时风会从山顶上吹下，让滑冰场上的滑冰者一路顺风。1972 年，苏联当局投入了两亿克朗来翻新该设施，将其改造成人工滑冰场，并安装了一套先进的供水和冰冻系统。

麦迪奥的世界纪录在 1986 年之前一直被刷新，同年，第一批室内滑冰场开放了。1991 年苏联解体之后，这个滑冰场多年里被放任失修，因为没有足够的资金用于维护了。年轻的哈萨克斯坦有更加迫切的任务。不过，近年来哈萨克斯坦当局投入大量资金维修麦迪奥和阿拉木图附近的其他冬季运动综合场馆，梦想有一天能够主办冬奥会。哈萨克斯坦被俄罗斯的索契打败，失去了主办 2014 年冬奥会的机会，但是他们没有放弃希望。他们在 2015 年再次申办，但又一次被一个强大的邻国击败：2022 年冬奥会将在北京举办，而不是阿拉木图。

不过，任何未来的奥运会参赛者都不能够再借麦迪奥的东风了，因为现代滑冰规则规定，这一等级的国际赛事必须在室内举行。

* * *

阿尔玛 – 阿塔意为苹果之父。

著名苏联植物学家尼古拉·瓦维洛夫（Nikolai Vavilov）怀着巨大的耐心和热情，探索世界最偏远的角落，遍寻新品种植物。关于阿尔玛 – 阿塔的苹果，他在笔记中写道："在整个城市周围，辽阔的野苹果林向四面八方延伸，覆盖了山丘，汇成大片森林。相比西方高加索山脉果实非常小的野苹果，哈萨克的大部分野苹果的果实都很大，其质量与人工栽种的品种相比毫不逊色。9 月 1 日这个时候，苹果几乎都成熟了，你可以亲眼看一看，这个美丽的地方就是苹果的起源地。"

瓦维洛夫的植物探险让他行遍整个苏联，到达日本、中国、韩国、美国和加拿大，抵达阿富汗的遥远山脉，也去到撒哈拉和埃塞俄比亚，在那里差点儿被土匪打劫。他总是一身量身定做的深色西装，配白衬衫和领带，穿得无可挑剔，良好的幽默感和无尽的精力使他走到哪里都能交到朋友。瓦维洛夫的计划雄心勃勃：他想要对不同植物品种进行杂交，例如土豆、小麦和黑麦，培育出基因更强健的作物变种，以此消除饥饿。他认为这些作物的许多野生变种具备一些在人工栽植中遗失的珍贵基因品质。例如，有一些品种可以在极端气温变化中存活下来。通过对野生和人工栽培的植物进行杂交，或许能培植出遗传双方最佳品质的变种。这在遗传学尚处于发展初期的当时，是极具开创性的想法。

瓦维洛夫从许多次的探险中，建立起了可观的种子收藏。

这是全世界第一个种子库，保存于瓦维洛夫在列宁格勒建立的种植业研究院（Institute of Plant Industry）。因为这项工作，瓦维洛夫在 20 世纪 20 年代是全世界最著名的生物学家之一。列宁了解瓦维洛夫研究的经济价值，给予他完全的自由。瓦维洛夫被任命为苏联科学院院士，并因为他所做的工作而被授予列宁奖，这是苏联最具声望的科学奖。

　　列宁于 1924 年去世，这时，瓦维洛夫的好运也走到头了。斯大林赞赏另一个植物学家，特罗菲姆·李森科（Trofim Lysenko）。瓦维洛夫继承了 19 世纪奥地利植物学家孟德尔（Gregor Mendel）关于杂交培育与遗传性状的思想，而李森科受到的是 18 世纪法国植物学家让－巴蒂斯特·拉马克（Jean-Baptiste de Lamarck）的启发，后者认为后天取得的品质可以遗传给后代。李森科认为，假如一种植物可以在漫长、寒冷的冬天存活下来，并在春天再次开花，那么其后代也会在春天开花，无论它是否也经历过漫长、寒冷的冬天。换句话说，他相信，有可能通过培养而让植物后天获得不同的品质，且这些品质可以遗传给下一代。

　　李森科的错误理论在欧洲早就被否决了，但是在 20 世纪 60 年代以前一直主导着苏联的农业政策，这对苏联农业和李森科坚定的批评者瓦维洛夫都造成了灾难性的后果。1940 年，他为研究而前往乌克兰，在途中被逮捕，并判处死刑。两年后，死刑被减为二十年有期徒刑，但这点慰藉微不足道：1943 年 1 月 26 日，尼古拉·瓦维洛夫这个为了消除饥饿而奉献一生的人，在监狱中死于营养不良。

多亏了瓦维洛夫敬业的同事，种子库在长达二十八个月的列宁格勒围城战中幸存下来。当局并未下达任何保护这二十五万颗种子的命令，但是研究院的职员们主动承担了这一任务：他们对种子进行了筛选，放进一个大箱子，然后将箱子带到地下室，轮流看守。尽管看守种子的人当中，有九人在1944年春围城战结束之前被饿死，但没有一个人动过吃那些种子的念头。

斯大林去世后，瓦维洛夫获得平反，重新获得了苏联最重要的科学家之一的地位。

既然我来到了苹果之城，就去了一趟市场，想试试当地出产的苹果。大大的果蔬市场里挤满了正在采购的家庭主妇，空气中混合着泥土和甜美的气味。多数商贩都用丰硕、汁水饱满的苹果招徕顾客。我挑出一个硕大的青苹果，付钱后咬了一口。味道犹如夏天的清晨。恰到好处的酸，恰到好处的甜，恰到好处的紧实。

"我觉得这是我人生中吃过的最好的苹果！"我叫道。

坐在码得整整齐齐的水果堆后面的摊贩得意地笑了。

"我们所有的苹果都是专门从中国进口的。"他自豪地告诉我。

疲惫的活动家

像大多数人权活动家一样，他的时间不多。我们还没能找到一条长椅坐下，他便已向我交代了一些基本情况：哈萨克斯坦最迫切的民主挑战，总统的三个女儿，她们各自的职位、职责以及各种银行户头，大部分人的经济状况，以及愈加严格的审查制度。

"这里的情况比俄罗斯更严峻，"他说，"哈萨克斯坦更加封闭，我们没有知识分子。纳扎尔巴耶夫像独裁者一样统治这个国家。他身边养了一帮亲信，这些人全都有钱拿，有好处捞，并且完全由他摆布。没有人知道他和他的家族到底有多少钱，但是我们估计得有数十亿美元吧。纳扎尔巴耶夫管理哈萨克斯坦的方式就像管理一家股份公司，他既是主要大股东，又是总经理。"

加雷姆·阿格雷奥夫（Galym Ageleuov）清瘦而强健，四十五岁年纪。一头桀骜不驯的乱发衬着他的窄小脸颊和清秀眉目，这似乎打破了平衡，他的头相对他细瘦的身体显得莫名笨重。

他的嗓音轻而温和，笑的时候带着点懊丧与讽刺，这仿佛是全世界许多人权活动家共有的习惯。

"不存在真正的反对派，"他解释道，"当局系统地逮捕所有反对派候选人。你可以畅所欲言，只要不是在公共场合，或者开始组织点什么。一旦你这么做，他们就会制止你。"

他自己就曾在 2012 年一次示威之后被捕，被判十五天监禁。他与另外十四名囚犯一起被关押在一个十八平米的大监室里，不允许打电话给任何人，尤其是律师。当时是夏季，监室中炎热难耐，但囚犯一周只允许洗一次澡。除了每天能去院子里放风一小时，他们其余时间都被关在拥挤的监室中。加雷姆还算幸运：一些吉尔吉斯人和乌兹别克人连监室都没有，不得不睡在走廊冷冰冰的水泥地上，连屋顶都没有。

"你害怕再次被捕吗？"我问。

"不怕，"他毫不犹豫地说，"我是一个人权活动家。我不害怕。但我公开讲话不像以前那么多了——那样他们会再次逮捕我。不过我会把演讲和呼求传到 YouTube 上。"

一条长椅空出来了，我们坐到树荫下面。我们约好在一个广场见面，那里就叫老广场，是阿拉木图的众多绿化地带之一。1986 年 12 月，数千名学生和示威者聚集在此，抗议任命俄罗斯人根纳季·科尔宾（Gennady Kolbin）成为哈萨克共产党第一书记。示威者认为第一书记应该是哈萨克人。12 月 17 日下午，游行示威失控了，示威者与警察之间发生了暴力冲突。在我见到加雷姆的几个星期前，我跟一名叫安娜的警察聊了聊，她就在当时的抗议现场。

"到了晚上，特种部队来支援我们，"她说，"我们普通警察连配枪都没有，只能站在那里。特种部队非常残酷。他们带着警棍和高压水枪冲进去，几个小时之内就清理出了街面。我仍然一字不差地记得他们说的话：'示威者就是敌人。不用理会那些死伤者。就让他们躺在那儿吧。'"

第二天，12月18日，广场上又来了数千名示威者，于是军队开枪恐吓他们。因为关于这次游行示威的详细记述被封锁在莫斯科一家档案馆中，没有人知道12月那两个寒冷的日子里，有多少人受伤或被杀。数字在两人到一千人之间。安娜不知道确切数字，但是确信数字一定很大。"他们任由那些死伤者躺在广场上，一想到这个场面，我还是会感觉痛苦。"她说。

之后，超过一千名示威者入狱，其中几十人被判长期徒刑。两人被判死刑。安娜和她的同事被授予了奖章，同时被宣告为英雄。

苏联解体后，哈萨克人起来反对莫斯科的"十二月抗议事件"成了国民认同的重要部分。然而，游行示威者并不是想要从苏联独立——实际上，五年后，超过90%的人都投票反对如此——他们只是想要一位哈萨克的第一书记。而到了1989年，他们得偿所愿：努尔苏丹·纳扎尔巴耶夫接任了共和国的最高职位。两年后，也就是1991年12月16日，哈萨克斯坦成为最后一个宣布从苏联独立的中亚国家时，纳扎尔巴耶夫成了这个国家的第一任总统。没有人敢大声议论他在游行示威期间与苏联当局穿一条裤子的事实，他自己则更只字不提。

被宣布为人民的英雄十年之后，安娜不得不将奖章交还。

她被告知哈萨克斯坦当局视她为"人民的敌人",她的工作没了。

历史总是由赢家书写。

正好二十五年之后,在 2011 年的 12 月,哈萨克斯坦发生了另一起血腥的镇后抗议事件。扎瑙津(Zhanaozen)是该国西部一个贫穷的小镇,离土库曼斯坦边境不远,那里的数百名石油工人从入夏以来就在罢工,原因之一是拿不到工钱。人权活动家加雷姆·阿格雷奥夫密切关注事态发展,记录下了对一些罢工者的随意逮捕以及身体伤害。

加雷姆有一种预感,事情或许无法以好的方式收场,但是他没有预料到形势可以恶劣到那种地步。示威者已经占领中心大广场几个月了,12 月 16 日,武装警察抵达广场驱赶示威者。官方解释是,为了给独立日庆典做准备,广场必须清空。之后发生的事情不明确,但是最终结果是,至少十四名游行示威者被开枪射杀。一些人说被杀人数其实更多。

"我猜人数可能高达两百人。"加雷姆说。

"但这么多的死者怎么藏得住呢?"我问。

"他们可能花钱收买了那些死者的家人,封他们的口。他们可能动用了非正式的墓地。有很多可用的办法。"

很难想象哈萨克斯坦当局如何能够隐瞒这么多的死亡人数,即便是在一个偏僻的工业小镇。当局对人民说了太多的谎,人们也习以为常,阴谋论在这样的政权下很容易盛行。阴谋论一度在苏联十分普遍。当局从不告知真相,一切都经过粉饰、遭到掩盖。许多原苏联加盟共和国的领导者都是在苏联时期登上权力顶峰，并继续以同样的威权主义和粉饰传统统治国家的。换句话说，阴谋论在中亚仍然有良好的滋生条件。

政府当局没有对扎瑙津发生的事进行公开、独立的彻底调查——这或许倒能抑制猜忌与臆测——而是下令禁止对死亡人数进行任何猜测。官方说法，十四人被杀。句号。

当过警察的安娜告诉我，她最小的儿子在扎瑙津服过兵役。在 12 月 16 日的屠杀中，他中枪了，失去意识，但因为穿着防弹衣，他并没有受重伤。军队领导想在事后颁给他一枚奖章。

"我告诉他，领了也没意思，反正他们之后也要收回去的，"安娜说，"他听了我的话，拒领了。"

"政府的计划是，我们到 2050 年会成为一个理想社会，"阿格雷奥夫继续说道，"他们一直在推日期。先是 2020 年，然后是 2030 年。不过到了 2050 年，最后一切都会好的。"他笑了一下。"问题是，事情在往错的方向发展。今年早些时候，三十二家新闻媒体被关闭了，包括评论性周报《共和报》（Respublika）。报纸上的一切都是受到控制和规定的。广播和电视也一样。唯一能找到批评总统的内容的是网上的社交媒体。但互联网当然也是受限的，数百个网站都被屏蔽了。"

"你觉得自己现在有没有被监视？"我问。

"我知道自己在被监视。"

"你认为他们现在在听我们说话吗？"

他摸了摸裤袋里的手机。

"是啊，就是如此。除非我把电池扒下来，或者另找一个房间放手机。但像这么说话没问题。我想说什么就说什么，只要不拿着话筒，站在讲台上对观众说。"

太阳将要沉到树梢后。忽然间，加雷姆看起来脸色苍白而疲惫。他太瘦了，宽松的黑色 T 恤和肥大的牛仔裤里面几乎什么也没有。然后他轻声笑了笑，好像是对他自己笑的。

"讽刺的是，我们只在国外的会议上才能见到我们的监察官，"他说，"他们过来找到我们，告诉我们应该说什么，应该怎么想。他们当然永远站在政府那边，不是我们这边。"

中亚的人权活动家要想坚持下去，适量的黑色幽默大概是必须的。许多活动家都在极度困难的条件下工作。在乌兹别克斯坦和土库曼斯坦这两个政治最压抑的国家，人权运动者几乎只能在地下工作，并且冒着巨大的生命危险。即便是在吉尔吉斯斯坦这个被认为是中亚最民主的国家，他们也并非没有个人安全之虞。2010 年，吉尔吉斯斯坦最知名的人权运动者之一阿齐姆扎诺夫·阿斯卡罗夫（Azimzhan Askarov）在一场极具争议的法庭诉讼中被判处终身监禁。哈萨克斯坦算不上自由的堡垒，但是在世界的这一片区域，能够与人权活动家公开见面、交谈，已然是拥有一线希望。

一记重击

面朝大路的瓦楞铁皮墙上用蓝色大写字母写着比法蒂玛（BIFATIMA）。我们到了。

我下了车，进了小院。几只鸡和鹅在简朴的房舍之间散步。除却一个包着头巾、穿朴素绿裙的驼背老妪，没有别人。

"请问我能见见比法蒂玛吗？"我问那位老妪。

"可以。"她简短地回答。她的脸饱经风霜，有些凶相，"我就是比法蒂玛。"

"啊，太好了！我叫……"

但比法蒂玛对我的名字没兴趣。她缓步往最近的那间房子走去，指了指黑魆魆的入口。

"先进去喝杯茶。我们的规矩是这样。"然后她背向我，步履蹒跚地转过房子的墙角，不见了。

阿拉木图城外的车龙长得吓人。这是暑假前最后一天上学，是原苏联国家都会庆祝的一个日子。也是我这一段旅程的最后一天。第二天我就要登上飞回奥斯陆的飞机。

在旅途的某个地方，我不记得是哪里，某个人建议我——我也不记得是谁——要是去阿拉木图，一定要拜访比法蒂玛。"你肯定不会后悔。"那人向我保证。虽然我已经忘了自己是怎么听说比法蒂玛的，但关键词——她的名字，已经牢牢地嵌入我的脑海里。

出城来到这里的路途比预计要长。一公里又一公里，我们开车驶过无垠的绿地，其间点缀着红色野郁金香。但不算难找。司机一路询问，每个人都知道比法蒂玛住在哪里。

我犹豫不决地走进那黑乎乎的房间。墙角有个小厨房区，苍蝇围着剩饭嗡嗡乱飞。三个妇人坐在房间尽头的桌边，喝着茶。我坐在一张空椅子上，有人端给我一杯热腾腾的茶，仿佛这是世界上最自然不过的事。没有一个妇人问我任何问题，但她们很乐意回答我的问题。

她们告诉我，她们是姐妹，来到这里是因为各种各样的问题。最小的林姆古尔是个很有活力的妇人，快五十岁的年纪，最近常在早晨醒来时手臂没有知觉，并且这种情况越来越频繁。最近几个晚上，比法蒂玛通过按摩手臂为她治疗。两天前，比法蒂玛若有所思地说，她认为有另一个女人夺走了林姆古尔手臂的知觉。或许是某个邻居，某个居心不良的人。林姆古尔立刻想到了一个邻居，她性格拧巴，不太好相处。一定是她。

前一天晚上，女人们一起进行了一场仪式。比法蒂玛混合了母鸡和鹅的血，接着她们坐成一圈，一边在口中念着"阿拉，阿拉"，一边让比法蒂玛把血抹在她们身上。能量太强了，林姆古尔甚至开始流泪。她哭啊哭啊。现在她感觉好多了，她说。

净化了。充满了生命的热情和活力。

一名年轻的金发女子出现在门口。

"她准备好了，你可以去了。"她说。

林姆古尔将一只手放在我肩上。

"会没事的。"她轻声说。

比法蒂玛站在外面的院子里等我。

"找一个硬币。"那个金发女子说。

我开始在口袋里翻找。那三姐妹商讨着我是否该用自己国家硬币，但是我已经没有挪威硬币了，于是只好用哈萨克坚戈。她们又来来回回讨论了一阵，姐妹几个判断说，这肯定也一样管用。

"把硬币放在你的一只手上，然后把两手都伸出来。"年轻女子命令道。

比法蒂玛集中力量使劲打了一下我的手。

"向前躬身。"

我低下头。比法蒂玛又打了我一下，我的脑袋开始嗡嗡响。我大叫了一声。接下来是我的脖颈。我又一次大叫。

"再往前倾一点。"

我完全蒙了，但还是照做，虽然我知道接下来会怎么样。在比法蒂玛的拳头捶到我的脊椎前几秒，我又尖叫了起来。她给了我一个不满的眼神。

"把鞋脱了。"

比法蒂玛瞄准我的两个脚底板，各来了一下。然后她伸手从一个脏兮兮的蓝桶里掬满水，把水捧出来。

"喝了它。"

我低下头来，乖乖地喝了水。

"再喝点儿。"

我又喝了一点儿。一股沼泽地和老太太味儿。接着比法蒂玛把桶里剩下的水给我当头浇下。冰冷的水让我忍不住又尖叫了一声。比法蒂玛径自点点头，走到墙边提来另一桶水。这一次她使劲把水朝我脸上泼来。然后她拍了拍手，朝鸡舍走去。

"好好收着这个硬币，"金发女子嘱咐我，"它会让你富有。现在我们去圣山。"

金发女子带我往路对面的山脊上走去。她只告诉我她从莫斯科远道而来，别的一概不提。连我们要去哪里都不愿说。

"你就等着看吧。"每次我问，她便这样轻声细语地回答。她先我几步上山，长长的蜡染裙子在风中摆动。

在山顶，地面上有个圈。圆圈中间的地皮塌陷，形成了一个宽敞的洞。据金发女子说，这是村里某个人的坟墓。她在洞边跪下，说了一句祈祷词，并叫我跟着念。为了让这一切更有气氛，她掏出手机放了一段伊玛目吟诵。然后我们站起来继续走，走到另一个远一点的山丘。那上面放了两块石头。一块是男石，一块是女石，她解释道。我们跪下来，她又说了一句祈祷词。接着她叫我在石头之间坐下来，许一个愿。我照她说的做了，但是想不出什么愿望。我脑袋里唯一的念头就是这样坐着有多诡异：身处遥远的哈萨克乡村，伴着一个廉价手机播放的伊玛目吟诵，跪坐在两块石头之间。

中亚到处都是类似这样的神秘传统和圣地。人们相信恶灵与巫术，这大概是从伊斯兰化之前的时代流传至今的，当时的游牧民崇拜自然神灵，并且有萨满巫师。这种信仰与伊斯兰教并存，且很少有人认为这是个问题。伊斯兰教的一个精神分支，苏非派关注个人的神秘体验，传统上在中亚有深厚的信众基础。整个地区有数百个类似的朝圣地，从圣人的墓冢、温泉，到因为某些原因，数世纪以来被认为具有超自然治愈力量的其他特殊地方，万物皆可圣地化。在土库曼斯坦旅行时，我们在好几个类似的地方做过停留，包括四十毛拉山（Kyrk Molla），这是该国最神圣的朝圣目的地之一。过去，想要成为毛拉的男子都必须在山顶上斋戒、祈祷四十日。今天，全土库曼斯坦没有子嗣的女子都去那里朝圣。她们随身带一个小摇篮，里面装一个娃娃，象征着她们渴盼的孩子。她们将摇篮放在山顶，跟之前来过的其他女子留下的数百个摇篮放在一起。然后她们侧身躺下，从山上一路滚下去。她们要滚三次，一次比一次快，一次比一次晕。那真是一个壮观的场面。假如她们日后生了孩子，就须回去将摇篮收回。

　　"好了。"金发女子说着关掉了伊玛目吟诵。她站起来，开始步子飞快地往回走。我小跑着跟上她。我想多了解一些她的事情。她是谁？为什么会在这里？

　　"你是从哪儿来的？"

　　"莫斯科。"她简短地回答，并没有放慢脚步。

　　"你为什么会来到这里？"

　　"来这儿的人有各种各样的原因，"她说得模棱两可，"有的人是因为生了病，有的人想来开启灵魂，获得顿悟。"

"你是来这里获取顿悟的吗？"

她笑了笑，但没回答。

"你来这儿多久了？"我问。

"很久了。"

"你是穆斯林吗？"

她大笑，眼睛看向下面。

"神是同一个，拜的是谁并不重要。这里的人是穆斯林，所以自然要按穆斯林的规矩来做事。"

我们下山回到院子里时，比法蒂玛不见人了。三姐妹又泡了一些茶。黄昏降临。我得回阿拉木图去了，回酒店房间收拾尚待打点的行李。

我旅行的第一段结束了。夏日即将来临，中亚的天气会变得很无情。在许多地方，白天温度可以达到40℃以上。我会再回来，但要等夏日的暑气褪去，秋天到来以后。这些石油储量丰富的沙漠国家被我抛在身后。该去那些贫穷的山地国家了。

我依依不舍地与那三姐妹挥手告别。塞车早已结束，整条路都是我们的。离离旷野在黄昏时分变得灰蒙蒙的。郁金香都合上了花瓣。

回到酒店，我发现那枚让我挨了那么多揍的硬币从裤兜里掉出去了。我通向财富的钥匙永远地丢失了。

回家好几周，我的胃都不得安生。我说不准，但我怀疑比法蒂玛的圣水是罪魁祸首。

塔吉克斯坦

奔驰之都

黎明的第一束光在树梢上方慢慢显现。从远处看，红白绿三色的塔吉克斯坦国旗在清晨的微风中懒洋洋地飘动。那国旗重三百多公斤，长60米，宽30米，本身就足够令人惊叹了，但将之挂起的旗杆更令人惊叹：165米，这是——目前是——世界上最高的独立旗杆。高旗杆近年来蔚为风潮。

这一切始于2001年，当时一家公司定制了一根123米高的旗杆，用来庆祝阿布扎比的国庆日。阿拉伯联合酋长国的居民原本已经拥有全世界最高的酒店、全世界最大的枝形吊灯和全世界最大的祷告跪垫。此时，阿布扎比的红白国旗又飞扬在了全世界最高的旗杆上。但喜悦并没有持续很久。2003年，约旦的阿卜杜拉国王在首都安曼立起了127米的旗杆。第二年，他又定制了一根旗杆，比第一根还高出三米。所以，短期内，世界上最高的两根旗杆都在约旦。接着在2008年，土库曼斯坦成了第一个加入竞赛的原苏联加盟共和国，以阿什哈巴德133米高的旗杆夺走了最高纪录。两年后，阿塞拜疆以立在巴库的

162 米高的旗杆打破了此前的所有纪录。但喜悦又一次只保持了很短一段时间：不到一年，塔吉克斯坦国旗就在杜尚别 165 米高的旗杆上飞扬。[1]

但这场国际旗杆战争的真正赢家毫无疑问是三叉戟服务公司（Trident Support），每一根打破纪录的旗杆，都是这家公司生产的。继阿布扎比的旗杆大获成功后，该公司发现旗杆领域存在一个几乎无法满足的市场，很少有其他公司（如果说有的话）有能力制造出打破纪录的旗杆。自 2001 年以来，三叉戟服务公司就只生产旗和旗杆。该公司的网站上说，他们可以建造从 90 米到打破纪录的 165 米的纪念旗杆——还可以更高。所以我们只需拭目以待，看塔吉克斯坦的世界纪录能保持多久。已经有传言称沙特阿拉伯和迪拜计划投资建新旗杆。[2]

如阿塞拜疆、迪拜、土库曼斯坦和沙特阿拉伯这样的石油富国有钱参加最高旗杆的竞赛，不算稀奇事。但是塔吉克斯坦当局从哪里弄来的钱呢？

塔吉克斯坦无疑是所有原苏联共和国当中最穷的。这个国家既无石油，也无天然气，九成以上的国土都是山地。只有 7% 的土地可以耕种。该国工业（如果还算得上有工业的话）一直管理不善，国家依靠国外救助组织维持各领域运转。半数的人

1　朝鲜 160 米高的旗杆没有被计算在内，这根旗杆被战略性地安排在与韩国的边界上，它实际上是一座顶部挂国旗的非常高的无线电塔，而不像传统旗杆一样是独立的。顺便说一句，挪威迄今最高的旗杆立于 2014 年，以庆祝宪法制定一百周年。该旗杆高 31 米，位于东阿格德尔郡的伯克兰。

2　沙特阿拉伯的吉达的旗杆目前是世界上最高的，达到了令人难以置信的 171 米。这是在 2014 年完工的。——译者注

口被认为生活在贫困之中，八百万居民中大约有 20% 以每天不到十挪威克朗的开支勉强维生。

然而，世界上最高的旗杆如今立在杜尚别。

* * *

据说杜尚别是中亚最美的首都。满街高大繁茂的树木在低矮、颜色柔和的新古典主义房屋上投下长长的影子。宽阔的街道上尽是尘土，是为社会主义未来而建，一半的人行道被留给骑行者使用，而骑行者显然也属于未来。在杜尚别停留的四天时间里，我只见过一个骑行者：一个老人，骑着一辆眼看就要散架的、锈迹斑斑的老自行车。人行道似乎是女人的领域，她们三两成群地轧着马路，穿着五颜六色的及膝棉布束腰外衣，配宽松裤子。她们的黑色长发大多披散着，或者只编一条简单的辫子，只有少数人戴头巾。她们肤色白皙，长着鹅蛋脸，褐色的杏仁状眼睛，鼻梁直而窄。相比较而言，哈萨克人和土库曼人是蒙古人与突厥人的后裔，塔吉克人则是波斯人的后裔，塔吉克语非常像波斯语，许多学波斯语的学生会选择到杜尚别留学，而不愿去政治敏感的德黑兰。两种语言的最大区别在于字母表：波斯语以阿拉伯字母书写，而塔吉克语仍使用西里尔字母。

早晨的阳光把空气晒得暖和起来，使其变得像美丽的挪威夏日一般怡人。在大广场的另一端，一个椭圆形喷泉后面，矗立着一栋既简朴又宏伟的建筑。要说这是宏伟建筑，有点小了，形状像个四四方方的箱子，但正面又傲然伫立着希腊式廊柱。

这里是塔吉克歌剧与芭蕾学院剧院（Tajik Academic Theatre of Opera and Ballet）。虽然杜尚别地处帝国东部边缘，在与中国和阿富汗的交界处，但苏联当局还是为这座城市提供了歌剧与芭蕾，以此来匹配一座首都。我从几个在喷泉边喂鸟的老妇人身边走过，想去售票处看看接下来几天有什么演出。售票处关着，海报上的节目单包括柴可夫斯基的歌剧与芭蕾舞剧，但已经是去年的了。

塔吉克斯坦在 1929 年获得苏维埃社会主义共和国的地位之前，曾是乌兹别克苏维埃社会主义共和国的一部分，当时的杜尚别不过是一个只有三千名居民的村庄。新的共和国需要一个首都，机遇便落在了这个以星期一大市场闻名的小村庄头上：杜尚别在塔吉克语里的意思是星期一。1929 年到 1961 年，这座城镇被称为斯大林巴德（Stalinabad），正是在这几十年里，尤其是战后时期，大量新古典主义建筑纷纷涌现。

今天，曾经默默无闻的村庄成了该国最大的城市，居住着七十多万人口。从 1991 年开始，许多低矮、颜色柔和的房屋被推倒，代之以现代高楼，但一些乡村气息似乎留存了下来：街上没人赶时间，人们慢悠悠地在人行道上散步，除了开着大四驱车沿街兜风的富人，没有人按喇叭或高声说话。巨大的红白绿三色旗在屋顶上飘扬。

我朝着旗杆直走，路上见到一个郁郁葱葱的大公园。在公园另一头，离旗杆不远处，矗立着一座华贵的宫殿，有着金色圆顶和数量多到几乎数不完的希腊式圆柱。杜尚别的新总统府在规模和风格上绝不亚于阿斯塔纳和阿什哈巴德的总统府。这样浮夸的建筑在土库曼斯坦和哈萨克斯坦这类石油富国中看到或许是意料之中，但是这样的铺张靡费为什么会出现在这里——后苏联国家中最穷的国家？资金从哪儿来呢？

总统府和旗杆并不是塔吉克斯坦首都唯一令人意外的建筑。在凯悦酒店旁边，世界上最大的茶室正在建设，市中心之外还在建造一座清真寺，建成后将成为中亚最大的清真寺。据说，它将能够容纳十五万人，杜尚别超过 1/5 的人口数。相较之下，哈萨克斯坦的哈兹拉特苏丹清真寺（Hazrat Sultan Mosque）——当前中亚最大的清真寺，可容纳人数是一万左右。卡塔尔的埃米尔提供了建设这座巨大清真寺的大部分费用，但茶室的经费——据估计将耗费六千万美元——从何而来就不得而知了。

在离总统府不远的公园一角是另一座巨大建筑：杜尚别国家图书馆，这是中亚最大的图书馆。图书馆于 2012 年开放，共九层楼，占地四万五千平方米。它足以容纳一千万本书，为了填满书架，每家每户都被要求捐赠图书，以供图书馆开馆。进去过的记者说，只有一个大厅有书，其余的书架仍是空的。

令人惊叹的主入口有着高挑、细长的列柱，以及深色玻璃镜面，但大门是锁着的。几个男孩解释说地下室的门才是日常使用的。一位上了年纪的保安穿着紧巴巴的蓝色制服，站在光线昏暗的地下室门口，驱赶着每一个想要进去的人。

"对不起，今天图书馆关门了。——对不起，关门了。——我们今天关门了。"

"但现在才十点半呀！"我抗议说。

保安警惕地张望了一下四周。"今天没电,"他悄声说,"下次再过来碰碰运气吧。或许明天我们就有电了。"

在街道对面看似办公楼的建筑外立面上,挂着一幅巨大的海报,海报上是一个站在麦田里的西装革履的男人。这个男人有着浓密的眉毛、明显的 M 形发际线和一头茂密的黑发。土库曼斯坦和哈萨克斯坦的经验告诉我,巨幅海报上这个上了年纪的人应该不是别人,正是塔吉克斯坦的总统埃莫马利·拉赫蒙。

像许多他的同侪一样,拉赫蒙在仕途上晋升得很快。他的父母是塔吉克斯坦西南部库洛布省(Kulob)的农民。他二十出头的时候在大学里学经济,这跟土库曼巴希和纳扎尔巴耶夫一样,之后他回到丹加拉(Danghara),在那里的集体农场体系中稳步高升。1987 年到 1992 年,他是列宁集体农场的主席;1990 年,他被选为最高苏维埃的人民代表;内战从 1992 年持续到 1997 年,造成了五到十万的人口损失,但拉赫蒙的仕途有了飞速发展;1992 年 11 月,他被任命为最高苏维埃主席;1994 年,他以 59.5% 的得票率被选为总统。假如塔吉克斯坦当局可信,选举投票率是 95%,即便内战战事正酣。

一个人要是搬进了某个中亚共和国的总统府,便不太可能自愿搬出来。拉赫蒙严守着这一传统,在那里待了下来,带领国家进入 21 世纪,并且继续加强对权力的控制。他和妻子阿齐兹莫(Azizmo)育有七个女儿和两个儿子,他们全部在政府机构中担任要职:一个女儿是外交部第一副部长,大儿子是海关署署长[1]。围绕着拉赫蒙的个人崇拜比不上土库曼斯坦总统所享受的，但是毫无疑问他也在朝着同一个方向迈进：在正式场合中，拉赫蒙越来越频繁地被称为 Janobi Oli，意思是"陛下"。2007 年，他去掉了自己姓氏的俄语后缀，将名字从 Rahmonov 改为 Rahmon，这在塔吉克语中的意思是"仁慈的"。在总统繁忙的日常工作之余，拉赫蒙还抽时间写了十几本书，包括他的代表作《历史之镜中的塔吉克人》(*The Tajiks in the Mirror of History*)，他在书中尽情将今天的塔吉克人和 6 世纪萨珊王朝塔吉克人的辉煌过去相提并论。这本书是拉赫蒙"给塔吉克民族的精神献礼"。

　　1999 年，总统选举于停战两年后举行，拉赫蒙以不可思议的 97.6% 的得票率再次当选。当时的投票率也再创新高，高达 98.9%。2006 年的选举受到反对党的抵制，根据欧洲安全与合作组织（OSCE）的描述，这场选举是和平进行的，但缺少"真正的选择和有意义的多元化"。拉赫蒙又当选了，得票率为 79.3%。投票率又一次超过了 90%。在 2013 年 11 月，也就是我在那里旅行的几个星期之后，又进行了一次新选举。理论上说，拉赫蒙要与其他六名候选人竞选总统，但这次的结果也毫无悬念。拉赫蒙自己对于再次当选极其自信，甚至不再费工夫搞竞选活动。但为了维持一定的平衡，他还是要确保竞选对手在媒体上只有最少的版面，所以，实际上，他们也搞不成什么竞选活动。

1　这是 2013 年，他现在任杜尚别市市长。——译者注

　　拉赫蒙的首都不乏宏伟建筑，但很难找到凑合的餐馆。我走过数不清的专卖二手手机和盗版 DVD 的商店，最终找到了塔吉克斯坦唯一的一家欧陆街头咖啡店，里面坐满了国际援助工作者。我在一张空桌子旁坐下，看着来往车辆。宽敞的街道上车不算多，但是宝马和奔驰的数量颇为惊人。闪亮的黑白车辆驶过，就像串在一条线上的珍珠。我又一次好奇这钱是哪儿来的。多数塔吉克人每月收入低于八十美元，1/3 的人口一直营养不良。国家甚至无法在冬天为公民提供足够的电力，更别说为幼儿提供疫苗，以对抗最危险的儿童疾病。但是在这里能看到的豪车，比阿什哈巴德和阿斯塔纳街上的还多。

　　我在返回挪威以后才找到答案——不是钱从哪儿来的答案，而是豪车之谜的答案。都是从德国来的。通过彻底调查和现代 GPS 设备，德国警察得以追踪到二百辆失窃的豪车，包括许多宝马和奔驰。警察原以为车被转卖给了东欧和俄罗斯的犯罪团伙，但是令他们意外的是，新的车主实际上是塔吉克斯坦政府中的高级官员，以及拉赫蒙总统的亲朋好友。

与时代脱节

以"末日隧道"或"死亡隧道"之名广为人知的安索布隧道（Anzob Tunnel）是一场灾难。开始的几公里还好：车轮下有柏油路面，隧道顶部有照明灯，墙上也有紧急电话。一切看上去都没问题。但接着，大约走到一半，隧道开始变差。管道和电缆从顶部悬下，却没有灯泡。我们在一片漆黑中继续往山里开。隧道中弥漫着废气，慢慢钻进车里。柏油路已成往事，路面成了碎石子路，坑洼的地方积满泛着油光的黑水。根本无法估计那些水坑有多深。司机俯身趴到方向盘上方，眯眼盯着黑黢黢的前方。他绕着"之"字，尽可能避开那些最险的坑洞，以及迎面而来的车，那些车像一对对跳动的光锥驶向我们。

这条隧道是在伊朗的援助下建造的，但由于某些原因，始终没有完工。[1]这是杜尚别和北方的苦盏（Khujand）之间唯一的直接通路。苦盏是塔吉克斯坦的第二大城市。隧道建成之前，

---

1 这条隧道的建造工作于 2015 年结束，但官方 2017 年 8 月才宣布落成。——译者注

去苦盏的路须经过乌兹别克斯坦，这对邻国之间的关系有些紧张。另一个选项就是坐飞机，但这只有少数塔吉克人负担得起。而现在，尽管安索布隧道在冬天通常是关闭的，大多数当地人还是会选择贿赂隧道看守，甘冒风险，而不愿意花高价买机票。

"夏天更糟糕，"我的导游穆基姆冷静地说，"隧道里全是水。就像蹚水过河一样。"

开完剩下的几公里差不多花了半小时的时间。沉默寡言的老烟枪司机大概五十来岁，在我们终于看到隧道尽头的光时，他几乎难以察觉地松了一口气。

隧道那头的景色十分壮观。路的两侧，闪闪发光的雪山拔地而起，陡峭地直冲湛蓝的天空。

"我妈不明白为什么会有这么多外国人来这儿度假。"穆基姆说。他其实是一名英语师范生，但近年来都靠当导游生活，"我跟她解释说，他们是来看我们巍峨的高山的，但她觉得这个理由很可笑。在她看来，山就是讨人厌的东西。"他笑了笑，"我以前也这么想，但是现在我可以透过游客的眼睛去看我们的大自然。要理解你天天见到的东西有多美，不是一件容易的事。"

穆基姆二十六岁，虽然他近来发现了山峦的内在美，但他还是一心想离开塔吉克斯坦。他跟我讲述了参加一个工作交换项目时在美国待的六个月，简直激动得热泪盈眶。

"我们降落到纽约时，太阳才刚刚升起。我们从各种广告牌和摩天大楼上空飞过。就像电影一样。"他望着黝黑的群山，"我的兄弟姐妹全都去俄罗斯工作了，像这里的所有人一样。但我不想去那儿，我想回到西方。"

当我们到达旅行目的地雅格诺布山谷（Yaghnob Valley）时，路况明显又变差了。路面没有铺过，颠簸不平且坑坑洼洼。在这个偏远的山谷里，村民们能够拥有算得上路的东西，其实也多亏了雄心勃勃的苏联当局。直到 20 世纪 70 年代，才有道路连通这个山谷。

第一个村庄是马吉布（Margib），坐落在道路尽头草木葱茏的山坡上。园子里种满了苹果树和李子树。用了包括干果、坚果、肉饭、酸奶和大量绿茶的豪华一餐之后，他们带我去了我的房间，房间简朴但极为整洁。

马吉布的居民全是塔吉克人，但山谷里仍有几个村庄居住的全是雅格诺比人（Yaghnobis）。雅格诺比人是个近乎神话般的民族，据说是从远古时期到中世纪早期，生活在塔吉克斯坦和乌兹别克斯坦的古老民族粟特人的后代。正是粟特人建造了撒马尔罕，他们控制了丝绸之路沿线的贸易几个世纪的时间。粟特人信奉琐罗亚斯德教，世界上最早的一神论宗教之一。琐罗亚斯德教是由波斯先知琐罗亚斯德（有时人们也将其称为查拉图斯特拉）于公元前一千年左右所创立的。由于琐罗亚斯德教徒将各种元素，尤其是火，置于极为重要的位置，他们经常被称为“拜火教徒”。但琐罗亚斯德教与基督教也有一些惊人的相似之处。例如，琐罗亚斯德教徒也相信救赎与复活，以及存在天堂和地狱。

722 年，阿拉伯人征服粟特最重要的一个城市彭吉肯特（Penjinkent）时，一些琐罗亚斯德教徒为避免被强迫改宗伊斯兰教，逃到了人迹罕至的雅格诺布山谷。他们在此继续信奉琐罗亚斯德教，到整个粟特改宗伊斯兰教很久之后都是如此。这些反叛者的后代雅格诺比人几个世纪以来都与世隔绝，所以他们仍旧说着粟特语，一直到近年，学者都还以为该语种已经灭绝了。

夜幕降临时，一轮金黄的满月照耀着这个村庄。忙碌的小老鼠在地板下面四处乱窜，它们发出的响动伴着我睡去。

第二天清早，穆基姆和我出发了，带着一头负重老毛驴和它的主人，一位退休的地理老师，一口牙已经掉光。教师的退休金每月约三百挪威克朗，这还不够应对生活开支，于是他不得不兼职赶驴赚些外快。小毛驴背上驮着衣服、水瓶、面包、水果和罐装食品。雅格诺比人在塔吉克斯坦属于最贫穷的一群人，尽管穆基姆向我保证，即便只剩最后一个土豆，他们也会跟我们分享，但我们最好还是带着自己的口粮。

有一条小径从村子通往山上。从此处，我们踏上一条新铺的碎石子路进入山谷。我们艰难行走的时候，穆基姆又跟我讲了讲他在美国的经历，他曾在那里的一个游乐园工作过，也当过婚礼服务生。

"我对做服务生一窍不通，但是学得很快！每个人都那么好，那么友善，小费也很多，在游乐园也是这样！"

"但这是美国比不了的。"我一边朝四面八方的巍峨高山扬了扬下巴，一边这样说。地平面上白雪覆盖的山峰有五千多米高。

"或许吧，但在美国能创造自己的未来。"

几个小时之后，我们来到一处村庄的废墟。那里只余留了房屋地基的轮廓。大自然已经重新占领了这个村庄。现在厨房和卧室里都长满了花草和灌木。

"村民1970年被逐走了，"穆基姆告诉我，"曾经住在这里的人再也没有回来。"

20世纪70年代的驱逐是雅格诺比人历史上最跌宕的篇章之一。苏联当局想要增加塔吉克斯坦的棉花产量，投入了大量资金，不像乌兹别克斯坦和土库曼斯坦，这里主要的问题不在于水资源供应，而在于缺乏劳动力。当局的解决办法就是将山村居民驱逐到低地的集体农场。住得最偏远的雅格诺比人是最后一批被驱逐的。最初当局曾试图让人们自愿搬迁，但未能成功，最后期限过后，只有几户人家响应号召，搬离了山谷。剩下的人家是用直升机强制搬迁的，这场精心策划的行动持续了将近两年。他们有组织地将人从村子里清空，直到整个山谷里一个人都不剩。逃回山谷的雅格诺比人，又被直升机载回扎法拉巴德（Zafarabad）的集体农场，一次又一次，一年又一年，最终，经过十年的抗争，当局终于妥协了。到了80年代，每个人都清楚苏联的铁腕统治正在式微，搬回雅格诺布山谷的人家也被允许留下。

然而，多数雅格诺比人选择留在低地，那里有公路、电和自来水，以及邻近的学校和医院。一些人家选择将相对舒适的低地生活抛在身后，返回的却是已成废墟的家园。因为雅格诺比人的房屋都是用石块、黏土和牛粪建造的，所以经不住时间的考验。假如无人照看，一个大雪连绵的冬天便能让屋顶塌陷，墙壁坍圮。十几年无人居住，村子早已沦为废墟。

我们继续沿着新石子路走。谷底，雅格诺布河淙淙潺潺的河水欢快地流动。不过几年前，雅格诺比人还生活在极度的与世隔绝之中，没有道路，但此时已经可以开车去谷底的村庄，起码夏天可以。到了冬天，山谷会被厚厚的积雪覆盖，大路小径都无法通行。

我们在一个坡上停下来喘口气，这时候穆基姆向我征求建议：

"我明年想申请去德国读一个经济学硕士学位。你觉得我有多大把握能被录取？"

"你不是英语师范生吗？"我问。

"是的，但是我今年秋天已经开始读一个非全日制的经济学课程。"

"既然经济学背景这么少，那么我觉得你最好申请本科学位，"我委婉地说，"或者申请跟英语更相关的专业。"

穆基姆抿起了嘴，棕色的眼睛闪着光。

"一个朋友告诉我，你可以成为这个世界上任何你想成为的人，"他说，"只要信念坚定。"

我们在沉默中继续跋涉。夏日逐渐远去，一些树已经变为橙色和黄色。空气闻起来有泥土和阳光的味道。穆基姆没有气很久，很快便跟我讲了他对未来的西方生活的计划。

"我希望在欧洲找个老婆，"他说，"她是德国人或者俄罗斯人，基督徒或者犹太教徒都不要紧，只要她生活在欧洲。我要生几个欧洲孩子。所有的大门都将对他们敞开。"

"那你的塔吉克老婆怎么办？还有你们即将出生的孩子？"我反问道。他给我看过她的照片。她跟他长得有点像。她的脸看起来开放又友好，有着棕色的大眼睛和圆圆的、几乎像孩子一样的面颊。他们是青梅竹马。她刚刚考取了护士执照，现在正大着肚子。

"这不是问题。"穆基姆耸了耸肩说，"我找新的老婆她没有意见，只要我寄钱回家就行。我一年起码会回来看他们一次。"

"那你在塔吉克斯坦有家小，你觉得你的欧洲老婆也会没意见吗？"

"她为什么会有意见？"穆基姆困惑地看着我，"我大多数时间都会跟她在一起。"

当我们终于见到第一个村庄比迪夫（Bidef）时，太阳快下山了。那村子在一座山顶上，离河流有一段路。一条细窄的小径在山腰上蜿蜒而上。它比看起来还要陡峭，而我们已经在近三千米的高度了。直到此时，我才意识到空气有多稀薄。爬第一个坡时，我的双腿已经疲软不堪，汗流浃背。因为有些透不过气，我疯狂喘息。一个穿着塑料凉鞋的小男孩脚步轻快地从我们身边跑过。他向我们问了声好，然后翻过山脊，消失在了山那边。

我们快走到那些泥房子时，听到了有节奏的鼓声。听起来有点像萨满鼓。这是琐罗亚斯德教某种秘密仪式的节奏吗？这真是超出了我的期待。我兴奋地看着穆基姆。

"我们要等他们结束吗？"

"什么结束？"

"仪式呀。你没听到鼓声吗？"

穆基姆狂笑起来。

"那是迪斯科。我们要是等他们结束，可能得在这儿扎个营。"

我们循着那声音走过去，路过一片土豆地，穿过房屋之间的一条狭窄通道，最终来到一个小广场，那里的两个喇叭正用最大音量播放着塔吉克流行音乐。广场上挤满了男男女女，一些只是站着，另一些则飞快地跑来跑去。女人穿着简朴、五颜六色的棉布裙子，男人则穿着牛仔裤和运动服。一个男人靠墙站着，正在一个巨大的铁锅里搅动什么东西。他随着音乐的节拍晃动身体，搅动的同时还唱歌。

"我们运气不错，"穆基姆说，"这儿在举办婚礼。"

我们被告知，婚宴本身是在第二天，但准备工作已经热火朝天，多数的宾客也已经到了。平常，这个小村里只住了四户人家，但现在这里人气爆满。不断有宾客在房门口进进出出，手里拿着茶壶和圆面包。有些人是从邻村渡河过来的，那个村子就像是山谷那一侧的一个倒影。有人是从低地的扎法拉巴德过来的，那是雅格诺比人在70年代被驱逐的目的地。还有一些人是从杜尚别远道而来。

村里的每一平方米地面，都要用来安置众多客人在此过夜，但还是有我们的容身之处，我们立刻被邀请参加第二天的婚礼。

"哦，不，我们不想做不速之客！"我礼貌地反对说。

"你们能来是我们的荣幸。"主人向我们保证说——他是一个瘦削的男人，身穿蓝色的阿迪达斯运动服，脸上布满了细纹。

一个年轻小伙带我们去了一个能睡觉的屋子，在村子另一头，一个户外公厕的旁边。我们放好东西后，另一个男孩端着新鲜的面包和绿茶进来了。

穆基姆拿出一本俄语书，开始大声读关于雅格诺比人的一章："直到 1970 年的驱逐之前，雅格诺比人都与其他民族相隔绝，尽管他们也逐渐改宗伊斯兰教，一些伊斯兰化之前的琐罗亚斯德教仪式依然在山谷中有所留存。"

我们坐着喝苦涩的热茶时，一位身材高大的老先生出现在门口，背对着我们。他的胡子灰白，穿一身厚厚的蓝色长袍，头戴一顶黑色平顶帽。他这样站了一会儿，前后晃动着，之后开始吟诵那句整个穆斯林世界的光塔都会以一天五次、全年无休的频率宣读的句子：Allah-u-akbar! Allah-u-akbar! 真主至大！一群留着胡子、穿长袍、戴平顶圆帽的老人开始围拢起来。他们在门槛外停住，脱下鞋子，然后进入了在村里被用作清真寺的简朴厢房。

老人们做完了晡礼，年轻的男男女女便继续无忧无虑地做自己手头的事情，端着食物和茶跑来跑去，或者站着扎堆聊天。祷告结束以后，老人们又成群地出来，穿上简朴的鞋子，蹒跚着回村里去了。

那位号召大家来祷告的老人在我们身边坐下，给自己倒了一杯茶。他告诉我们他今年七十岁了。

"你是这里人吗？"我问。

"不，我住在扎法拉巴德，"他用纯熟的俄语回答，但带着浓重的口音，"从 1970 年被迫迁过去开始，我就一直在那里生活。"

"你在哪儿学的俄语？"

"莫斯科。我在那儿服兵役，从 1962 年服到 1965 年。"

"从雅格诺布谷搬去莫斯科肯定是相当大的冲击吧。"我说。

"莫斯科就跟雅格诺布谷一样，"老人平静地说，"那儿也很冷。"

"你就没想过迁回来吗？回到你长大的地方？"

"没有，"他立刻回答，"山谷里的生活很艰苦。我在扎法拉巴德有一份开拖拉机的工作，可以养活家人。"

"你们在扎法拉巴德有没有设法保留雅格诺比文化？"

他茫然地看着我。

"你们有没有设法保留雅格诺比人独有的传统或者风俗？"我补充道，"你们周围都是塔吉克人，又远离原来的家，肯定很难吧。"

"我们的文化跟塔吉克人一样，"老人回答，"我们是穆斯林，就像他们一样。没有差别。"

"你们就没有任何雅格诺比人的独特风俗吗？"

"没有！我们是好穆斯林，我们自从在 8 世纪被阿拉伯人改宗以后一直是穆斯林。"

穆基姆沉不住气了。

"不是这样的！我读的书里说，雅格诺比人从阿拉伯人那里逃走，就是为了避免被改宗，他们成为穆斯林是很久以后的事。"

"不。我们从 8 世纪开始就一直是穆斯林，跟塔吉克人一样。"老人坚持己见。他毫不费力地从踏平的泥地上站起身来。"走，我们去其他人那儿。他们的说法也会跟我一样，等着看吧。"

　　我们跟着老人穿过低矮、寒酸的房舍之间的一条土路。一垛垛草被堆在房顶上等待晒干，以备冬天使用。干草、牛粪和新鲜面包的甜美气味盘旋在村庄上空。老人在一间房前停下，示意我们跟他进去。所有方才去清真寺祷告的男人都坐在屋里的一个小台子上。到处摆着五颜六色的松软坐垫。墙面靠下部分贴着橙色的纸板，这样客人便无须直接靠在泥墙上了。屋子中央，大桌布上散放着许多小碟子、茶壶和面包。老人们都穿着长袍，留着精心修剪的短胡髭，胡髭都泛着不同程度的灰色。年轻人坐在台子的末端，那边没有墙可靠。我们走进来时他们全站了起来，其中一人立刻给我们倒了茶。

　　我问他们，有没有哪位能跟我讲讲雅格诺比文化的独特之处，但我最后还是一无所知。

　　"除了我们的语言，雅格诺比人和塔吉克人没有什么不一样的！"坐在我身旁的一个没牙老人说。

　　"我们是穆斯林，跟塔吉克人没什么两样。"另一个人附和道。

　　"在城里，雅格诺比人的生活就跟塔吉克人一样——他们有漂亮房子，受过优良教育。没人看得出差别。"第三个人补充道。

　　当我询问有没有琐罗亚斯德教传统流传下来时，他们全都断然摇摇头。

　　"我们全是穆斯林，不是异教徒。"旁边的没牙老人直截了当地说。

穆基姆是一个塔吉克人，都比雅格诺比人知道的琐罗亚斯德风俗多得多。他居住的村庄位于该国最北边。孩子出生以后，人们总在孩子的房间点一支蜡烛，让蜡烛亮四十天不熄灭；如果家里有人去世，则要让蜡烛持续亮三天三夜。他还小的时候，他们每年还会在某个特定的星期三生起篝火。村里每个人都要从篝火上跳过去三次，然后每个人都要往里面扔一件没用过的新东西——比如一个陶瓷马克杯。这是为了让他们未来能够消灾避难。

虽然仍保留着一些伊斯兰化以前的传统和风俗，但塔吉克斯坦现在主要的信仰还是伊斯兰教。塔吉克斯坦实际上是唯一拥有国教的后苏联国家，98%的人口是逊尼派穆斯林。埃莫马利·拉赫蒙总统自己就是一个逊尼派穆斯林，他与伊斯兰教有一种相当矛盾的关系。他完全清楚，伊斯兰教对于多数塔吉克人来说是一种重要的身份标志，但是像其他中亚总统一样，他担心极端伊斯兰团体会在他的国家找到立足之地。为了阻挠激进团体的发展，他颁布禁令，在学校禁止戴头巾（hijabs）。长须也被禁止，老师则完全不允许蓄须。2007年，当局关闭了杜尚别80%以上的清真寺。这些清真寺之后被重新翻修，用于非宗教活动，就像在苏联时期一样。

拉赫蒙曾尝试通过回望伊斯兰化之前的时代，构建统一的后苏联国民身份，在那个时代，生活在如今的塔吉克斯坦的人都是琐罗亚斯德教徒。他骄傲地列出许多琐罗亚斯德教传统，例如，塔吉克人对动物很友好，这就是琐罗亚斯德遗产依然活跃的证明。联合国教科文组织受到来自塔吉克斯坦政府的压力，于是将琐罗亚斯德文化的三千周年纪念日定在 2003 年庆祝。中亚到处都热烈庆祝该纪念日，尤其是塔吉克斯坦。按照拉赫蒙的看法，琐罗亚斯德教圣书《阿维斯塔》(Avesta) 超越了荷马的《奥德赛》，因为前者更加古老，字数更多。阿维斯塔也是如今塔吉克斯坦官方通讯社的名字。

但是在雅格诺布谷里，虔诚的琐罗亚斯德教徒躲避阿拉伯占领者的地方，没有一个人想要谈论旧宗教。雅格诺比人是好穆斯林，就像塔吉克人一样，这是一句被反复念叨的咒语。

但为什么对雅格诺比人来说，像多数人一样那么重要呢？

我在二十四岁的时候，曾去北奥塞梯为我的社会人类学硕士论文做实地考察，论文讲的是别斯兰人质危机[1] 的后果。我在那里的第一天就犯了一个巨大的错误，把为我提供信息的人说成了俄罗斯人。我立刻被更正了："我们不是俄罗斯人，我们是奥塞梯人。"假如我问奥塞梯人什么是奥塞梯文化特有的，人家肯定会给我好好上一课。如果信得过奥塞梯文化的狂热爱好者，那么奥塞梯人对世界史的贡献数不胜数，从伦敦的建成到罗马帝国的陷落。当我往西走，去到印古什和车臣，这类主张就更加肆无忌惮了。有些人从头到尾只谈他们的民族、起源和独特性。

但雅格诺比人不是这样。这个稀有民族在全世界只有几千人，他们的语言雅格诺比语是现代学者与已然灭绝的粟特语唯

1　2004 年 9 月 1 日，车臣分离主义武装分子在俄罗斯南部北奥塞梯共和国别斯兰市第一中学制造的一起劫持学生、教师和家长作为人质的恐怖活动。——译者注

一的联系，他们却坚称自己与塔吉克人没什么两样。或许雅格诺比人民族自信的缺失可以追溯到苏联时期的少数群体政策：雅格诺比人太少了，还不足以获得独立的民族身份。在1970年的驱逐事件之后，苏联当局甚至从所有的登记资料中删除了雅格诺比人的民族身份。他们直接判定雅格诺比民族再也不存在了。所有的雅格诺比人都被登记为塔吉克人。今天也是如此，因为塔吉克斯坦像苏联当局一样，为可承认的民族身份设置了一个最低人数限制。最低要求是五万两千人。雅格诺比人远远达不到。

"我儿子出生时，我请护士在民族那栏写雅格诺比，"一个男人到此时才开口，"她没有听我的，写了塔吉克，现在我为此庆幸。如果她照我说的写，我儿子可能要面临无数不必要的麻烦。"

说话的男人看起来比屋里其他人家境要差一些。他穿着一件旧格纹衬衫，一条牛仔裤旧得快要散了。狐狸一般尖尖的脸上长了一圈精心修剪过的白胡须。

"我叫米尔佐那扎尔，出生在诺梅特贡（Nometkon），离这里不远，我生于1941年，也就是伟大卫国战争爆发那年。"他说，"这屋里的所有人当中，我是唯一一个迁回山谷的。直升机来抓我们的时候，我刚给自己和家人盖好一栋新房。要是我知道他们会强制我们外迁，肯定不会盖那栋房子。我干活干得背都不中用了。"

米尔佐那扎尔、他的妻子以及四个孩子都被迫登上直升机，被带去了位于低地的扎法拉巴德的集体农场。大儿子索希布那扎尔那年十一岁。霍尔马哈曼德八岁。戈比那扎尔七岁。小女儿索希布只有一岁。

抵达扎法拉巴德不到一周，索希布那扎尔、戈比那扎尔和索希布都夭折了。因为孩子们自出生以来便一直生活在与世隔绝的山谷里，没有抵御低地疾病的免疫力。

1981 年，在集体农场待了十一年以后，米尔佐那扎尔带着妻子和唯一活下来的孩子回到了雅格诺布谷。

"我离开的时候，胡子还是黑的，"米尔佐那扎尔说，"回来的时候，胡子已经白了。"

米尔佐那扎尔的房子空置了十一年，已经被风霜雨雪完全摧毁了。墙壁和屋顶已经塌了，当地牧羊人径自拿走了房屋的木材，当柴烧了火。在米尔佐那扎尔重新盖好房子之前，这个小家庭不得不住进马厩，那是村里最完好的房子。

"现在我只回扎法拉巴德看看孩子们的墓，"他说，"索希布那扎尔非常特别。他是个聪明的男孩，在学校成绩很好。他要是找我要十卢布买笔记本和笔，我总会给他二十卢布，我太喜欢他了。剩下十卢布给你自己买点饼干或者带馅油炸包吧，我跟他说。"

"这么短的时间失去三个孩子，这对你妻子来说肯定很难受吧？"我说。屋里其他男人听着我们的对话，沉默不语。

米尔佐那扎尔叹了口气，笑了一声。那是一声苦涩的笑，他的眼睛黯淡无神。

"就是她提议搬回来的。"他说，"我父亲建议我们别搬。他觉得我们在这里会很难吃饱。我告诉他，我喝上三捧村边拉塔班德索伊（Latabandsoi）泉的水，就不会饿了。"

他们迁回来一个月之后，十名警察和一名律师来劝他们回到低地。

"你们必须离开，直升机很快就会来！"警察坚称。

趁警察听不到的时候，律师告诉米尔佐那扎尔，他可以拒绝离开。律师说，警察没有权力强迫他，但前提是他得表现得坚定不移。

"朋友，你们别想带我回扎法拉巴德，除非我死了。"米尔佐那扎尔告诉警察，"我或许感觉不到第一颗子弹，或者第二颗，但是第十颗我一定能感觉到。但我不怕你们。"

直升机来的时候，警察和律师登机了，而米尔佐那扎尔和他的家人没有。

"山谷里的生活是什么样的？"我问。

"这里的生活方方面面都很好，否则我就不会回来。我可以罗列出这里生长的七十六种不同植物。当植物在春天生长时，我们可以吃幼苗和芽。干净的空气我也可以说上一说。他们在低地可呼吸不到这样的空气！但假如要我只说一样，我会选择这里清澈的冷水。你只能在这儿找到这样的水。在山谷里只有一种疾病，那就是死亡！"米尔佐那扎尔咧嘴笑了，露出了尖尖的虎牙，这让他看起来更像一只狐狸了。

不断有新的男人到来，我们于是不得不坐得越来越挤，好让每个人都有位置可坐。年轻男子进来时端着热腾腾的新鲜面包和新泡的一壶壶绿茶。每进来一位老年人，年轻男子就会站起来，一直到他落座才坐回去。只有老年人在回答我的问题，实际上，也只有老年人在说话。年轻人都只听着，站起来又坐下去，确保桌布上有足够的面包和茶。

"尊敬老人在雅格诺比文化里是不是很重要？"我问旁边的男人。

"《古兰经》里说，年轻人要尊敬老人，"他回答，"老人只为他们喜欢的人祈祷，而老年人的祈祷在真主那里比年轻人的更有价值。"

老年人们自己聊开了。许多人相互已经有一年多没有见面，所以有许多事可聊。

"老年人喜欢谈他们自己的人生。"穆基姆智慧地品评道。

"他们在谈什么？"

"他们说的很多话我都听不懂，只是这里听一句那里听一句的，"他说，"他们相互说的是雅格诺比语。"

我呷了口茶，试着在这个帽子、胡须和长袍的世界里捕捉异域的声音和词语。或许是因为语调，但它听起来似乎比塔吉克语更加铿锵、有更多断音？两种语言我都不会，要听出区别并不容易。而我知道我正坐着听雅格诺比语，这是我们今天能听到的最接近古代粟特的主要语言——粟特语——的语言，光是这一点就让我的耳朵激动不已。这是两千年前琐罗亚斯德教教士对火神吟诵和歌唱时用的语言。当公元前4世纪亚历山大大帝在他的传奇战役中，从希腊到印度，攻占一个又一个国家时，这是本土人向他乞求、威胁和协商的语言。这是商贩在丝绸之路沿线就奴隶价格讨价还价时所使用的语言。没错，粟特语是贸易买卖的通用语，从土耳其到中国都在使用。

"所有雅格诺比人都会说雅格诺比语吗？"我问旁边的男人。

"不是，现在掌握这门语言的人越来越少了。多数生活在杜尚别和杜尚别附近的雅格诺比人只说塔吉克语。我们这些住在扎法拉巴德的人成功保留了这种语言，尽管学校不教，也不使用。现在许多雅格诺比人跟塔吉克人或乌兹别克人结婚，他们的孩子通常不会学雅格诺比语。我们最害怕的就是，自己的语言会很快灭绝。"

今天，全世界只有不到一万五千个雅格诺比语使用者。仍然住在雅格诺布谷的四五百人全都说雅格诺比语，许多孩子直到上学才开始学塔吉克语，而在学校里只说塔吉克语。但人们能继续在山谷里生活多久是个问题，极度贫困和与世隔绝让生活充满艰辛。如果一个少数民族都不被当作少数民族看待，他们的语言又不是书面语言，学校里也不教授，那么这种语言保存多久呢？他们的语言流传到今天，见证了雅格诺比人的决心与骄傲。虽然 70 年代的驱逐之前，雅格诺比人与世隔绝地生活在山谷里，但现在多数人都生活在低地城市，被塔吉克人和乌兹别克人包围。一种语言能在这样的环境下留存多久呢？

我刚从男人的房间走开，一个脸上布满皱纹、镶着一口金牙的年轻女子就抓住了我。她不知是用雅格诺比语还是塔吉克语跟我说了一句什么。

"她邀请你去女人的聚会。"穆基姆解释道。

"太好了！"我叫道，"走吧！"

穆基姆犹犹豫豫。

"那不是我该去的地方，我是个男人。你自己去可以吗？"

女人的屋子跟男人的屋子几乎一模一样。矩形房间里，女人们全都挤挤挨挨地靠墙坐，喝着茶，吃新鲜的面包，相互聊天。每当一位老太太进来，年轻女子就会站起来，一直到她坐下为止。她们全都穿五彩斑斓的及踝长裙或连衣裙，许多人头上还围着白色的头巾。跟在男人的屋子里一样，我又被让进了最里面的上座，一名年轻女子立刻给我倒了些茶。但没有穆基姆我十分无助。不管是年轻的还是年长的，这些女人没有一个会说俄语。我坐在那里微笑、点头、倾听。我一把茶碗放下，一个年轻女子便帮我倒满。坐我身边的女人掰开一块面包，放到我旁边。我微笑着撕下一块吃掉，喝一口茶，然后我的碗又会被倒满。我最后起身离开的时候，已经喝了八九碗绿茶，年轻女子们全都礼数周到地站了起来。我谢过她们所有人，然后离开了。

正餐是抓饭，这是中亚最最节庆的食物。厨师是一个乐呵呵的留胡子的男人，他从一个巨大的铁锅里给所有想吃的人都盛出分量十足的一份饭。炒饭滴着羔羊的肥油，散发出洋葱、胡萝卜和烤肉的香气。穆基姆和我分吃了一份，用手抓食，这是山谷里的风俗。

九点半，人人都上床睡觉了。我好像被当成了贵宾，被允许睡在男人们的住处，跟穆基姆、地理老师和一个高大结实的家伙一起。因为村子的海拔很高，太阳一落山，温度便直降下来。房子的保温不太好，里面简直跟外面一样冷。患关节炎的老人睡在有烧柴火炉的内室里，躺着聊了好几个小时的天。因为他们多数人听力很差，所以说话声音很大。其余的宾客睡在哪里是一个谜。村里大概总共有八间小房子，但现在差不多已经来了一百名宾客了。多亏我有帽子、围巾和耳塞，我很快睡了过去，几乎没有察觉到，从墙上的洞里钻出来的小昆虫，爬到了我的脸上。

老人们走出房门，去拂晓凉爽的幽蓝光线中洗漱和晨祷时，太阳还未升起。六点，他们已经在隔壁房间聊开了；七点，迪斯科的节奏又开始在室外厨房边上的喇叭中轰鸣。这是米尔佐和尼颂举行婚礼的日子，整个小村子都在为最后一刻的准备而忙碌。

我漫步走出去，呼吸凉爽的山间空气，这时我第一次见到了新郎。他有着棕色的大眼睛，浓密的眉毛和突出的宽颧骨，看起来像极了弗兰兹·卡夫卡年轻的时候。他瘦瘦小小，比我矮一些，看起来不超过十四岁。其他客人告诉我他已经十八岁了，按照塔吉克斯坦法律，到结婚年龄了。或许他真的已经十八岁了——山谷里多数孩子都营养不良，所以看上去比实际年龄小得多。成年人似乎正相反：即使是二十五岁的人，脸上也已经布满深深的皱纹，背也开始驼了。

米尔佐严肃地坐在一张椅子上。在他身后，一位拿着大剪子的白发老人，仔细地将米尔佐一缕缕的黑发收集到一条白色方巾里。许多宾客向前冲过去，在方巾里扔下卷成卷的纸币。

"这是给理发师的钱。"穆基姆向我解释道。

理发完毕，新郎闪进了他父母的屋子。我们耐心地站在外面等着。少顷，他穿一身崭新的黑西装走出来，那西装对他来说起码大了一个号。宾客现在远超过一百人了，大家跟着他走到小村子的尽头。他们在此站住，几个最年长的男人为他祈祷祝福。虽然场合庄严肃穆，新郎米尔佐却收不住脸上的笑。

新娘尼颂来自一个叫作古勒（Qul）的村庄，距此几小时路程。我被告知，米尔佐是自己选的她。他有一次去那个村里时注意到了她，告诉父母说那就是他想娶的姑娘。两个年轻人从未独处过，他们从未触碰过彼此，也几乎没跟对方说过什么话。

老人们祝福过米尔佐之后，新郎就带着一小队同伴出发去新娘的村里。他们先是徒步走下陡峭的山坡，然后开车走几公里石子路。石子路到了尽头，他们又骑驴和马继续前往古勒村。大家推测他们应该到午后才会回来。

这期间我们便吃些东西。先是用了一些新鲜面包和茶，接着一个年轻女孩给我们端来刚做好的抓饭。然后又给我们上了小扁豆汤，随即是热腾腾的蔬菜汤。一个小男孩在旁确保茶壶里始终有新鲜的热茶。

五点刚过，迎亲队伍终于出现在了陡峭山坡的底下。最前面是一长溜怀里抱着孩子的女人，她们气喘吁吁，频频停下来休息。接着是一些骑在驴上的男孩子，新郎紧跟在后面，他是一群人中唯一穿着西装的男性。他骑着一匹马，朋友们一路小跑着跟在他周围。途中，他笑得合不拢嘴，棕色的大眼睛闪闪发光。他的身后跟着新娘。她坐在最后面一匹灰马的马背上，两手紧抱着一个晒得黝黑的精瘦男人，那男人穿着牛仔裤和运动服上衣，是她的叔叔。因为她的脸蒙着厚厚的面纱，所以无法知道她到底长什么样，但据说她很漂亮。她朴素、纯白的新娘礼服裙下面，搭了一条白色的灯笼裤。廉价的衣料底下似乎藏着一个孩童般娇小的身体。

为了在婚礼时使用，喇叭已经从室外厨房挪到新婚夫妇住的房子的房顶上。洞房地面上已经按照风俗铺了七条垫子。客人们此时已经在屋外站着等了几个小时了。新娘最终到达村子时，女人们开始按照传统礼节，用右手捂住嘴欢呼起来。她们蜂拥到新娘的马匹边上，向她抛撒糖果。一些女人自然而然地跳起舞来，双手举过头顶，绕成一个圈，随着现代迪斯科的节拍慢慢舞动。

新娘被从马上扶下来，然后带进一间房子里吃饭。随后会有人陪她去她的新家，她和新郎将在那里度过剩下的夜晚，而宾客则继续留在村里庆祝。

这一天当中，这个小山村来了更多的客人。为了给新来的人腾地方，至少是一部分人，穆基姆、地理老师和我把东西放到老毛驴背上，准备离开。新郎的父亲有些反对。天都快要黑了，他不赞成地说，你们就不能等明早再走吗？但我们礼貌地谢绝了他的好意，出发去了下一个村子，去那里大约要走一个小时。

"唔，我猜这里大概要庆祝到凌晨了。"我们沿着陡峭山坡往下走时，我这样说。

地理老师看了看他的表。

"只会跳到九点，"他说，"总统下令，婚礼不得超过三小时，宾客上限是一百五十人。葬礼宾客不得超过一百人，割礼不得超过六十人。"

这些规矩不是凭空冒出来的。大概是许多家庭都耗尽积蓄来操办铺张奢侈的婚礼，招待整个大家庭，一办就是好几天，已经造成了问题。在塔吉克斯坦这样的贫穷国家，像这样的法律能让贫困家庭举办规模较小的婚宴，而不至于丢了面子。但问题是这些规矩是否也适用于总统的家庭。在一条发布于2013年5月的热门YouTube视频中，醉醺醺的拉赫蒙在儿子的婚礼上唱卡拉OK。视频中，总统一边步态不稳地跳舞，一边荒腔走板地唱歌。宾客们似乎已经醉得厉害，由此推测，他们早已狂欢了不止三个小时了。

那段视频热度太高了，塔吉克斯坦当局不得不为此把YouTube屏蔽了一段时间。

我们在奇妙的满月月光下抵达下一个村庄，诺梅特贡。这个村子已被弃置，空无一人。一条狗在附近某处吠叫，以示警告。我们看不到一丝灯光，只有月光倾洒在简朴的泥房上。一个男人出现了，对我们表示欢迎。他解释说村里现在只有他一个人，其他人都去参加婚礼了。他带我们去了一个房间，供我们睡觉，然后给我们端来了面包和绿茶。

夜晚降临雅格诺布谷。我沉沉睡去。醒来时，天已经大亮。

"睡得好吗？"婚礼上长着一张狐狸脸的老人米尔佐那扎尔意味深长地看着我。他在晨祷后离开了比迪夫，已经到家好几个小时。

"非常好。"我点点头。

"我觉得也是，"他狡黠地眨了下眼，"你睡的可是新婚夫妇的床垫！"

此时是 9 月，秋收已经接近尾声。在接下来的几周，一直到第一场雪之前，山谷里每周都有一场婚礼，有时是一天接着一天。人们从一场婚礼赶赴另一场婚礼，无暇顾及其他事情。下周轮到米尔佐那扎尔村里的一个年轻人了，婚礼的一切都已准备就绪。角落里有一大摞五颜六色的松软垫子，一口大木箱里装满了新婚夫妇可能需要的杯子、刀具、碗、盘子等厨房器具，边上还有些做衣服的料子。房间里新油漆的味道还未消散，靠墙有一台小电视，供这对新婚夫妇娱乐享受。

我们坐着小口喝茶。穆基姆谈起他在美国的时候，米尔佐那扎尔听了很久，但未置一词。然后他望向窗外，突然不安起来。

"都这么晚了，"他抱怨道，"还有活儿要干。我没时间坐着闲聊了。"

穆基姆和我开始打包东西，但米尔佐那扎尔并没有要起身的意思。

"我妻子今年 2 月 14 日去世了，"他告诉我们，"所以在被婚姻困了五十八年之后，我又回归自由身了。"他毫不费力地从地上一跃而起。"不，这样不行。我最好快点开始干活。我不能坐着浪费时间。"

但是他一直站着没动。当我们准备离开时，他又谈起索希布那扎尔，他的大儿子，也就是十一岁时在扎法拉巴德早夭的那个。

"我多希望他还活着！他是学校里四百个学生中最聪明的，表现最好的。他的葬礼来了五百多个人。"

他猛眨了几下眼睛，然后又挤出一个狐狸似的笑容。

"等你回国后，你可以写，在一个遥远的地方，一个远方的山谷，世界上的一个偏远角落，你遇到了一个身负悲剧故事的老人。"

徒步半小时之后，石子路到了尽头。一辆黄色的挖掘机被无限期弃置在路边，等着更适合的日子。挖掘机后面，一条狭窄小路沿着苍翠的山坡蜿蜿蜒蜒。河对岸是山谷里修建到一半的新学校。一路上有好几次，我们被骑驴的雅格诺比人赶上，驴背上还驮了洋葱，这是他们必须出山谷才能获得的货物之一，其余还有诸如米、油、肥皂和面粉等生活必需品。他们只能在这贫瘠的土地上种出少数几种谷物、土豆和胡萝卜。为了增加这些基本生活物资储备，男人们每年骑驴到山谷前头一到两次，拿山羊和绵羊交换必需品。山谷里没有一个人有富余资金，他们大多自给自足，依赖物物交换。

沿着狭窄小路走两三个小时之后，我们来到了普斯贡(Pskon)。今天，只有十三户人家住在这里，但它一直是山谷里最大的一个村子。我们穿行于简陋的泥屋之间，一直走到村子上头的房屋前，这是村里的毛拉和医治者赛义德姆罗德居住的地方。整个山谷里的人都来这里接受医治。

赛义德姆罗德正坐在接待室里。房间摆设不多，但窗户很大，可以看到壮观的山景。他正跟另一名客人说话，一个赶着羊群往南方去的牧羊人。他隆重接待了我们，立刻带我们去了客房，我们可以在此过夜。无论一个雅格诺比家庭多么贫穷，他们总是有一栋客房，或至少一间屋子，随时供不期而至的客人住用。而在这山谷里，没有手机信号，也没有座机和互联网，几乎所有客人都是不期而至的。

赛义德姆罗德四十七岁，性格非常平和友善。他们家在1980年最先回到了普斯贡。他们回来的时候，唯一相对完好的建筑就是牛棚，也就是 saraiet。他的父母清扫了地面，竭尽所能地把里面弄干净，这样父亲盖好新房之前，他们就可以睡在那里。

"他们说如果普斯贡被抛弃了，那么人人都会离开山谷，"赛义德姆罗德告诉我们，"我父亲以前是村长，因此觉得迁回来是他义不容辞的事情。他在扎法拉巴德过得也不开心。那里气候炎热，我们适应不了，他和我母亲都因此生了病。我也病了，还有我的兄弟姐妹。但是我们回来之后，就全都康复了。"

如今赛义德姆罗德的父母都过世了，他成了村长，也是毛拉和医治者。他还生了很多孩子，包括七个儿子和两个女儿，但只有六个孩子还在世。两个儿子和一个女儿不满五岁就夭折了。这里有很多儿童死亡的故事。几乎每个人都曾失去孩子。在雅格诺布谷，人们没办法看医生，也没有药。到了冬天，大大小小的路都被大雪封死，人们哪儿也去不了。孩子病了的时候，他们唯一能做的事情就是向真主祈祷。有时他们的祈祷被听到了，有时没有。如阑尾炎这样简单的疾病对成人和儿童来说都可能是致命的。要是某个人胃痛，他们便开始数日子。有时候病痛会过去。

"在山谷里，我们仍旧像是活在 19 世纪。生活很艰苦，但是我们很幸福。"赛义德姆罗德说。

天黑下来之前，穆基姆和我在村里转了一圈。我们在牛棚外面遇见了一对姑嫂：比比那萨布四十六岁，纳尔兹莫二十六岁。比比那萨布嫁给了纳尔兹莫的兄弟，而纳尔兹莫离婚了，所以和他们住在一起。她们站在一堆圆粪饼旁，那是村里的女人们堆出来的，把牛粪晒干，好做燃料。她们都穿着五颜六色的宽松裙子和肥大的裤子。长长的黑发在褪色的头巾下随意披散着。

"日子很苦。"比比那萨布一边说一边咯咯笑。她有一双棕色的大眼睛，眼睛周围布满细纹，"但是我们生在这里，已经习惯了。"

比比那萨布没有孩子。她结婚后不久就生了一个儿子，但那孩子没活下来。过了几年，她的丈夫找了第二个老婆。

"对这件事你是什么感受？"我问，然后穆基姆为我翻译。他们在村里只说雅格诺比语，但是女人们跟牧羊人和其他来村里的人学了些塔吉克语。

"我当然同意了。"她断言，又咯咯笑了起来。

"她比你年轻？"

"噢是的，我想差不多年轻十岁，但不确定。我没上过学，所以什么都不懂。"她窃笑着，"但是我丈夫对我们俩一样疼爱，没有什么差别。我和新媳妇，我们处得也不错，从来没出过什么问题。我做饭，我们一直是一起吃饭。"

"你做饭的话，那个媳妇做什么？"

"她清马厩，"比比那萨布强忍着不笑，"过了几年，她在这儿过够了，跑去另找了个老公。这里的日子太苦了，她过不惯。

她也没生孩子——她吃药好让自己怀不上，这样她走了也没什么要紧的。"

两个女人突然忙了起来，对我们表示失陪，她们得进牛棚，给里面的两头母牛挤奶。但她们没有关门，于是她们干活时我们还能继续聊天。

纳尔兹莫也没有孩子。她十五岁就结婚了，结婚三年后，她丈夫把她送走了，这时她十八岁，怀着第二个孩子。第一个儿子胎死腹中，第二个三岁时夭折。

穆基姆和我对她的故事都想不明白。为什么她丈夫要把怀孕的妻子送走？

"其实不是我丈夫把我送走的，"纳尔兹莫承认，"他父母对我不好，不把我当人看。所以我走了。"

"他们有想办法把你接回去吗？"

"没有，"她立刻回答，"他们一次都没来过。"

她的故事仍有一些奇怪之处，但是我们放弃了，没再试图去理解这个家庭的关系和婚姻故事。

"你想再婚吗？"

"哦，想啊！"牛棚里的纳尔兹莫大叫。但母牛发出哞哞的欢快叫声，几乎淹没了她的声音。

第二天早上，我见到了赛义德姆罗德的妻子乌姆里莫。她当时正坐在厨房边的一个台子上，跟朋友喝茶聊天，身边围着她们的孩子，穆基姆和我于是停住聊了聊。

"噢，噢，噢，艰难，雅格诺布的一切都很艰难！"我向她问起山谷里的生活时，她笑呵呵地感叹道。她有一副少女似的尖嗓子，一双明亮的眼睛和照亮整张脸的笑容。最小的女儿看上去一岁左右，正在她的怀里吮吸母乳。一个大约三四岁的快乐男孩流着鼻涕，坐在她们边上。

乌姆里莫 1972 年出生在扎法拉巴德，十六岁时嫁给了赛义德姆罗德。她现在四十一岁了。

"我们没有像样的炉子，用牛粪烧火。很臭！"乌姆里莫哈哈大笑，"看看我的衣裳，多脏！"她把印花棉布裙子的裙边提起来，边缘已经磨损、磨薄，并因为污垢和年月变了色。

"你更愿意住在扎法拉巴德吗？"我问，然后穆基姆为我翻译。

"扎法拉巴德的生活更好，那是当然的。"她回答，"但是我没有钱。也没有给我们做的工作。我没有受过什么教育，几乎不会读书写字。所以我们还是在这好一些。"她把小女儿放了下来。挂着鼻涕的快乐男孩立刻抓住机会，爬到她的腿上。显然他以前也这么干过，因为他霸占她空出来的乳房吸了起来。

"我想让我的孩子受教育。"乌姆里莫突然正色道，"我们把两个大儿子送去艾尼（Ayni）读寄宿学校，那是我们这个地区的首府，但是他们一年后就回来了。我们想了一切办法让他们回去，但是他们不肯。他们说他们宁愿跳河也不回学校了。"她叹了口气。"他们说寄宿学校的东西难吃。学生经常挨饿，分到的面包都不好……希望我们很快就能有自己的学校。校舍快要建完了，就在这条路旁边。你们经过时看到了吗？"

我们点点头。

"可惜它建得不是很好。多半的钱中途都没影儿了,所以施工方不得不买便宜的砖,地板质量也太差,这里的冬天很冷,常常下雪,这样的地板撑不过去。但主要问题是,我们没有老师。谁会想来这个偏远山谷当老师?"

我们提起前一天晚上在牛棚旁边遇到的那两个女子时,乌姆里莫和她的朋友立马热情高涨了起来。

"纳尔兹莫是我们普斯贡一个富裕家庭里出来的,但新郎没钱,"那位朋友说,"她喜欢她丈夫,但是跟他家里人相处得不好,在他们的贫困村子里过得不开心。最后她受不了了。他们家曾经来人接她回去,但是她不肯走。"

比比那萨布和二号妻子之间的关系也不像比比那萨布声称的那般美好。

"比比那萨布嫉妒心很强的,她们还打架哩!"乌姆里莫叫道,"新媳妇比她漂亮,也比她力气大。最后,比比那萨布受够了,回了娘家。等她回去的时候,她丈夫称了她的心愿,把新媳妇甩了。"

"没有,没有,她没有吃药。她从哪儿弄药啊?要是她能弄到药,我也想来点儿,"朋友边说边指了指一个留着卷曲短发的小女孩,"她是我第七个孩子。我本来不想要的。我吃了药片、草药,做了一切措施避免再生孩子,但她还不是来了。男人可不会放过我们。"

"那怀孕和生产呢?"我问,"你们真能自己处理所有事吗?"

"去年这个时候我正在外面割麦子,"乌姆里莫说,"突然间觉得肚子痛。我回到家就生了我女儿。整个事情发生得太快了，原本要来帮忙的村妇都没及时赶到。我丈夫不相信我，还喊我出来帮忙干活。"

"生完孩子以后，我们有一天可以躺着休息，"朋友说，"然后就得起来干活。偷懒不干活的人会沦为其他女人的笑柄。"

"如果孩子是死胎，或者夭折了，我们会哭，"乌姆里莫说，"不会哭很长时间，因为生活要继续。但哭还是会哭的，哭哭有用。"

一个男孩走过来坐在我们身边。

"这是拉贾巴，我们家老二。"乌姆里莫笑道，"他十四岁。"

他非常瘦小，看起来根本不超过八岁。

"你长大了想干什么呀？"我问，"你想不想当医生，当老师，或者当足球运动员？"

"我想在两年内结婚。"他一本正经地说。

"我想让他读书，但他只想着讨老婆，再放几头牛。"他的母亲抱怨。

"那你找到老婆了吗？"

"还没，"男孩回答，依旧严肃，"但我在留意。我想要一个干干净净的老婆，最好的。可能要从扎法拉巴德或杜尚别来的。"

"每次有城里亲戚来，他都会仔细研究女孩。"他母亲笑话他，"她一定得是非常纯洁、非常干净的，不能像村里的女孩一样，指甲缝里还夹着牛粪！"

乌姆里莫和她的朋友尽情大笑，但是男孩眼皮都没眨一下。

我们沿来时的路返回，路过道路尽头的挖掘机，路过尚未完工的学校，穿过那个有着狐狸笑容的老人住的村庄。这一次我们在河对岸的一个村子过了夜，在那儿可以望见比迪夫，此时那里已经听不到迪斯科的节奏了。最后一天，我们路过那个被弃村庄的废墟，继而翻过山脊，然后下山来到地理老师所在的草木丰茂的村庄。沉默的司机已经在那儿等着我们，我们又一次驶上颠簸不平的石子路，穿过末日隧道回到杜尚别，那里巨大的国旗仍在夜晚的微风中慵懒飘动。看见主路上这些奔驰和宝马、宽阔的人行道、空荡荡的图书馆、总统大宅，我的头有点晕。感觉我好像离开了好几个月，好几年，好像我已经与时代脱节了。那一切只是一场梦吗？

我爬上床——床，这绝妙的发明——把熨烫平整的白色床单盖在身上时，发现自己的腿上有几百个小红点。

这是来自雅格诺布谷的问候。

所以那一切终究都是真的。

伤心的服务小姐

尽管库尔干秋别是塔吉克斯坦第四大城市，但导游手册里连提都没提它。唯一的景点就是历史和民族志地方博物馆——在每个苏联城市都能找到这样的博物馆——和塔吉克斯坦的第一台拖拉机，他们给它安了基座，放在一个环状交叉路口的中央。除此之外，没什么可看或可做的。

在主路上来回逛了几趟后，我最后来到了卡林娜咖啡店。我是这花哨的店里唯一的顾客。店里配有毛绒沙发和巨大的迪斯科球，显然这不是一家面向午餐食客的店。

"外国客人在我们这儿可不常见！"女服务员高兴地看着我。她的齐肩长发染成红色，身材苗条，打扮精致，涂着指甲油，脚上蹬着高跟鞋。几分钟后她端茶过来时，手中拿着一张三个孩子的照片。最大的看起来十八岁左右，最小的男孩大概四五岁。

"你能帮我在这儿签个名吗？"她满脸期待地看着我。我拿起她递给我的笔，在照片背面写下了我的名字。她再三感谢我。

我的希腊沙拉是伴着这位女服务员的悲剧人生故事吃完

的。她名叫斯韦塔，三十七岁。她有一个十八岁的女儿和一个十二岁的儿子，是第一次结婚生的。最小的儿子五岁，来自第二段婚姻。她怀上小儿子的时候，丈夫做了许多塔吉克斯坦男人都会做的事情：去俄罗斯赚钱。塔吉克斯坦的八百万居民中，有一两百万人一直在俄罗斯工作。他们寄回家的钱占塔吉克斯坦国内生产总值的一半。世界上没有任何一个国家如此依赖移民工人的工资。

"最开始的几个月，他会定期打电话和寄钱，"斯韦塔此时已在我桌前坐下，她这样告诉我，"大概六个月以后，他说他的雇主要了他，所以他要另找一份工作。从那以后我就再也没有他的消息。"

她凄然笑笑，我看到她缺了两颗门牙。

"我起初非常担心，想尽办法找他。我联络朋友和熟人，想要知道他的行踪。我甚至不知道他是不是还活着！我现在接受现实了：只有他想让我找到，我才能找到他。他知道我住在哪里。他失踪以后，我手机卡没换过，所以还是同一个手机号。我儿子只见过爸爸的照片。他每次见到陌生男人，都会以为是爸爸。"

斯韦塔的俄语十分完美，一点口音都没有。这是有原因的：她的母亲是俄罗斯人。她母亲年轻的时候爱上了一个塔吉克男人，皈依了伊斯兰教。在俄罗斯生活了几年之后，这对年轻的夫妇搬来了库尔干秋别，这是丈夫的家乡，他们在这里共同生活。

"我人生的头五年是在俄罗斯度过的。"斯韦塔边说边点起一根细细的香烟。从窗帘缝中透过来一缕纤细的日光，烟雾在日光下晕成蓝色的烟团。"我受了洗，但我不确信自己是基督徒还是穆斯林。或许两者都有，一半一半吧？除了最初那五年，我一辈子都生活在这儿。当然除了打仗的时候。战事最惨烈的时候我逃去了俄罗斯。我还在莫斯科待了一段时间。他们那儿什么都有！电、燃气……他们什么都不缺。"

"那你为什么回来？"我问。

"我的孩子在这儿！我要跟他们在一起。但我倒是希望我能走……"她叹了口气，"只是我没有俄罗斯国籍。我应该能拿到俄罗斯国籍的，但是这样我就得去杜尚别，那是两个小时的路程，而且要花钱。什么都要花钱。我没有工资，只能分到一点小费，不够用。我们甚至不是每天都有客人。去一趟市场，买一袋吃的，嗖一下——钱就没了。"她又叹了口气，"这里的生活根本不是生活，埃丽卡。我希望我的大儿子能去俄罗斯。"

"你女儿呢？她想去俄罗斯吗？"

"她刚从高中毕业，在家照看小的那个，"斯韦塔说，"她遇到了一个小伙子，他们很快就要结婚了。"

斯韦塔从桌子那头凑过来，密谋般压低了嗓门。

"我们的总统只想着他自己。他从来没为人民做过任何事。冬天的时候，我们每天只有几个小时能用电。我们坐在微弱的烛光里瑟瑟发抖。我们也没有燃气，几乎从来没有热水。我的公寓楼层太高了，连水龙头都不出水！我得下到地下室，然后把冷水一桶一桶提上来。每年冬天都有许多小孩和老人冻死。这根本不是生活。我们不是在生活，我们只是没死。我不上班的时候，有时会跟朋友来这里跳舞。这样才能暂时忘记我们的伤心事。"

她表示抱歉，又点了一支细香烟。

"我丈夫失踪以后我才开始抽烟。我有时也喝一点儿酒，但不多。其他还在这边的俄罗斯人全是酒鬼。女人也是。"

大多数俄罗斯人在 20 世纪 90 年代的内战时期离开了这个国家。今天，俄罗斯人占总人口的不到 1%，因此塔吉克斯坦是整个原苏联加盟共和国当中俄罗斯人占比最小的国家。但是，没有哪个国家比塔吉克斯坦更加依赖俄罗斯。如果俄罗斯当局颁布了对塔吉克斯坦移民工人的签证要求——每次埃莫马利·拉赫蒙总统不顺着俄罗斯的意思，他们便威胁要这样做——这个国家的经济当天就会垮掉。

许多塔吉克斯坦移民工人都找了俄罗斯老婆。但是，这不妨碍他们每年出于义务回自己村里一次，并在回俄罗斯之前把他们塔吉克斯坦老婆的肚子搞大，甚至还附赠她一场性病。渐渐地，回乡和转账的次数越来越少，一直到他们采取最后一步，申请俄罗斯国籍，并在那儿留下来。对逊尼派穆斯林来说，一个丈夫只需将 talaq（离婚）这个词重复三次，这对夫妇就能离婚了，所以近年来，许多塔吉克斯坦女人都收到了丈夫从俄罗斯发的这样的短信："Talaq, talaq, talaq."

2011 年，塔吉克斯坦的乌里玛委员会[1] 禁止了电话离婚。

晚上，我回到卡林娜咖啡店。这里完全变了样。二楼的桌

---

1 乌里玛委员会（Council of Ulema）是塔吉克斯坦最高伊斯兰宗教机构，"乌里玛"意为伊斯兰教学者权威。——译者注

子坐满了小群大群穿西装的男人。我是店里唯一的女客人，也是唯一单独坐的。迪斯科球把小块小块的光线撒满整个屋子，立体声的音量开到了最大，大屏幕上闪过性感的流行音乐录影带。光线太暗，我随身带了本书想读，也不得不放弃。

斯韦塔也完全变了样。她周身散发着浓重的香水味，涂了金属色的唇膏，眼睑上涂了厚厚一层闪闪发亮的暗色眼影。她跟穿西装的男人坐在一桌，一只手搭在他们大腿上，在他们俯到她耳边说话时专注地听着。

夜晚的斯韦塔端着希腊沙拉和面包来到我桌边，兴奋地告诉我有位穿白衬衫的年轻绅士，坐在角落抽烟的那个，表示对我有兴趣。他想知道他能不能过来坐到我这桌。

"但是，"她小声警告我，"他讲什么故事你都别信他，别让他骗了。"

"我马上就走，"我让她放心，"我只是过来跟你打声招呼。"

她对我露出一个悲伤的笑容。

"你知道，我还没放弃希望，或许我能找个新男人，"她说，"女人总得有希望，要不然就完了。"

战争的面目

战争的故事便是混乱的故事。它们碎片化，支离破碎，难以理解，就像战争本身，也是碎片化、难以预测和理解的。

战争一旦结束，便被分解为一个个数字，我们因而得以从混乱中创造秩序，让难以理解的事变得更好把控。塔吉克斯坦的内战一共持续了五年。从 1992 年初夏到 1993 年隆冬，最初的几个月是最为血腥的。五到十万人丧生，超过一百万人被迫逃离家乡。

战火肆虐时，对一个人来说最重要的事情莫过于从今天活到明天。勉力维持分崩离析的生活，忍受恐惧与不确定，获取足够的日用饮食。

"我还记得那些长队。"苏拉娅说。苏拉娅是我在雅格诺布山谷一间简朴小木屋里见到的一个老妇人，由于退休金微薄，她和丈夫夏天在山谷里种土豆以补贴生活。"天微微亮我就起来去排队。上午都是这样过的。运气好的话，我能在面包分完之前领到一条。第二天早上也是一样。到了中午，街上就没人了。

犯罪团伙趁着安保空缺时间招摇过市，偷窃，捣乱。完全是一片混乱。"

每天妻子排队领面包时，丈夫桑金穆拉特就去杜尚别市中心的交响乐团，他是那里的保安。因为战时没有音乐会，他就是这栋宏伟建筑里唯一一个人。桑金穆拉特每次在保安室的一片漆黑中独自坐十到十二小时，每周七天。他不敢开灯，因为怕成为枪击目标。

"每次我去市中心，都在想今天还能不能活着回家，"他告诉我，"我们住的地方还相对平静，但城里是全面战争状态。"

一天，一群年轻战士破门进入交响乐团。桑金穆拉特没有做任何抵抗，而是尽力帮他们挑出了值钱的东西，并取出保险箱里的钱财。第二天，主管来了。他就保安表现得如此冷静给予赞扬，并指示他，假如那些战士回来了，也不要抵抗。就让他们把想要的东西全拿走，并且千万不要联系他，也就是主管。

那群战士的确回来了。他们是一群没有受过教育、粗鲁无礼的年轻男子。他们穿着脏兮兮的靴子，大摇大摆地踏上昂贵的地毯。此时此地，他们是战争的胜利者。因为桑金穆拉特一直很帮忙，所以他们从未伤害过他，但是他们逐渐从街上带了一些人进来。他们在保安室里脱去这些人的衣服，没收所有值钱的东西。有时还对这些人拳打脚踢。完事之后，他们会放这些人回到街上，通常不把衣服还给他们。有一次，桑金穆拉特实在受够了，大喊着让他们住手。一个战士上前来想割掉他的耳朵。要不是其中一个领头的为桑金穆拉特说话，他可能已经动手了。

　　上下班路上，桑金穆拉特有时会被带刀和持枪的年轻男子拦下。"你站在哪一边？国家那边还是反对派那边？"他们对他大声喊叫。因为桑金穆拉特不知道对方支持的是谁，他的回答总是尽可能地圆滑。"我站在和平那边。"他说。一次又一次，他重复着同样的回答，"我不与任何人站在一边，我只想要和平。"

　　最后，他再也受不了了。1994 年，他逃到俄罗斯，在那里待了三年，一直到杜尚别交响乐团的大门再次向公众敞开。

　　一开始，一切都看起来很美好。1991 年秋，塔吉克斯坦成为第一个举行自由选举的后苏联国家。不像土库曼斯坦和哈萨克斯坦，塔吉克斯坦有几个不同的党派和候选人被允许参与选举。但不出所料，共产党的候选人拉赫蒙·纳比耶夫（Rahmon Nabiyev）当选了总统。他此前是塔吉克斯坦共产党主席，但是在 1985 年因一次腐败丑闻被戈尔巴乔夫免职。1991 年秋天，他成功爬回了权力顶峰。

　　反对派包括民主党和伊斯兰复兴党，他们占了 30% 以上的选票，但是纳比耶夫拒绝在他的政府中给予他们任何部长职务，或以其他方式与他们分享权力。纳比耶夫来自北方的苦盏，许多共产党领导人都是在那里被吸收入党的，这一点对他不利。塔吉克斯坦是一个部族观念深重的国家，其他地区的人感到被忽视了。纳比耶夫还有一些来自苏联时期的坏习惯，这对他也没有益处：他大量地喝酒、抽烟，很晚才到办公室，却常常午饭后就回家。1992 年春，当数千名心怀不满的市民聚集在首都示威游行时，他什么也没做，一直等到 5 月才采取行动，试图用武力终止抗议。但这时已经太晚了。他于 6 月组建了一个联合政府，试图以此安抚各方，但其存在时间不长，斗争进一步升级。该国差不多分成了四派：北方的苦盏亲纳比耶夫阵营、杜尚别内外伊斯兰复兴党和民主支持者之间的反纳比耶夫联盟、东南方的库洛布（Kulob）亲纳比耶夫阵营，以及西南方以库尔干秋别为总部的阵营，主要支持伊斯兰主义者，他们在贫困且人口稀疏的帕米尔地区也有很强的势力。

1992 年 9 月 7 日，纳比耶夫被反对派俘虏，被逼下台。同年秋天，埃莫马利·拉赫蒙被任命为最高苏维埃主席。乌兹别克斯坦不希望伊斯兰主义者在邻国掌权，遂给予了拉赫蒙和共产主义者军事支持，为此，他们设法控制了杜尚别和库尔干秋别。战争期间，数万人因此丧生或被迫逃离。

拉赫蒙政府在该国的部分地区重新掌权之后，按旧部族的方式，选择了报复而不是和解。塔吉克斯坦中部的加尔姆（Gharm）地区和东部帕米尔的人首当其冲。这两个地方都全心全意支持反对派。1993 年春，超过一千名加尔姆人和帕米尔人在杜尚别被得到政府默许的民兵组织直接铲灭。超过二十万加尔姆人和帕米尔人在这一时期逃回东部的山区，许多人在阿富汗边境寻求庇护，塔利班在那里给予了他们道义上的支持和实际的帮助，让他们能够继续反抗战斗。在这一动荡时期，来自阿富汗的鸦片走私据估计增长了 2000%。

尽管最惨烈的战斗已经结束，但是和平尚未降临塔吉克斯坦。帕米尔的积雪一化，伊斯兰主义叛乱分子便卷土重来，袭

击边境沿线的哨岗和俄罗斯军事大楼。杜尚别时不时就有炸弹
爆炸。联合国、俄罗斯和塔吉克斯坦的中亚邻国在好几年时间
里都尝试在各方之间议定和平协定，但在 1996 年秋天塔利班于
喀布尔掌权之前，都没有施加真正的压力。对俄罗斯来说，塔
吉克斯坦是应对阿富汗的一个重要缓冲，俄罗斯人不惜一切代
价也要阻止塔利班在塔吉克斯坦掌权。其他中亚国家自然也不
想让塔利班扩张到塔吉克斯坦，于是要求拉赫蒙与帕米尔的伊
斯兰主义者达成和平协议。

　　拉赫蒙迫于压力，最终，在 1997 年，他与伊斯兰主义运动
的领袖赛义德·阿卜杜拉·努里（Said Abdullah Nuri）达成了协定。
和平协定在 1997 年 7 月 1 日签署。拉赫蒙答应给予反对派至少
30% 的议会席位，同时给予他们几个重要的部长职务。这一承
诺逐渐失去效力：今天，反对派没有一个部长职务，伊斯兰复
兴党[1]在议会的六十三个席位中只占两席。反正议会成员也不再
享有重要影响力，因为近年来越来越多的决策被送到了总统办
公桌。

　　库尔干秋别是内战中受创最严重的城市。有数万人在那里
丧生，整个街区沦为一片废墟。今天不再有明显的战争痕迹，
甚至连一方小小的纪念碑都没有，放眼望去，只能看到新粉刷
的四层苏联式公寓楼。

　　但记忆无处不在。

1　该党在 2015 年被政府取缔。

"内战是最可怕的事情。"漫画艺术家说。他是一个身材矮小的男人，头上几乎秃了，但留着精心修剪的灰色胡须。他的眼睛明亮，看上去总是在笑。他总是被自己的笑话或者拿给我看的漫画逗得开怀大笑，那样的漫画有许多许多。数百幅。在他身后的墙上，在各种证书与奖章之间，挂着狐狸、骑士和公主的木偶，全都来自他正在准备的戏剧。他除了是塔吉克斯坦唯一的漫画艺术家以外，还是诗人、摄影师、电影演员、布景设计师和木偶制作者。

"讽刺漫画在苏联时期更有力量，"他用出色的俄语说，"现在我主要画一些日常情境。"

他拿出一幅钢笔画，画的是一个坐在桌前、紧抓一个巨大印章的官僚。官僚的脑袋顶部有一个狭长的投币口。

"每次有人投一个币，他就给一份文件盖上章。"海鲁洛（Khairullo）说着笑了。然后他找出一幅圣诞老人在塔吉克斯坦边境被盘问的画。

"因为他没法提供一个他们满意的地址，边境守卫就不让他入境。连圣诞老人都逃不过我们吹毛求疵的官僚！"海鲁洛笑得上气不接下气。

在苏联，海鲁洛被公认为了不起的艺术家，并受邀参加整个广大帝国中的各种会议。1991 年 8 月，他在莫斯科一个漫画家会议中担任嘉宾。他在那里的时候，一个新世界在他眼前诞生了。这名来自塔吉克斯坦的漫画艺术家目睹了红场的大型示威游行。坦克。叶利钦激情澎湃的演讲。所有回杜尚别的航班都取消了，他直到 8 月 27 日才坐上了回国航班。此时，杜尚别的街上也是游行示威。两周后，9月9日，塔吉克斯坦宣布独立。

"像一场海啸。忽然之间苏联就成了历史。"

彼时，海鲁洛是哈特隆（Khatlon）省的民主党领袖，也是库尔干秋别市议会的成员。但他没有去打仗。甚至到1993年2月，仗已经打到库尔干秋别时，他也没有去。街上在疯狂开火，大人小孩都惊慌不已，四下逃窜躲避子弹。数千人仓促逃离了这座城市。

"而后一切都归于沉寂，我们动身回去，"海鲁洛说，"尸体到处都是，我们得在城外为受害者另建一座新墓地，因为旧墓地埋不下所有的人。"

那一年晚些时候，海鲁洛和他的妻子以及五个孩子不得不再次逃亡。有三四个月时间，他们躲在阿富汗边境的一个牛棚里。大约五百到一千人拥挤地生活在同一屋檐下，他们是彼此的邻人、朋友和亲戚。男人和女人分开睡，但是为了不挨冻，每个人都紧紧挨着彼此。所幸那年的雪来得很晚，第一场雪一直到2月才下。然后他们继续逃难。海鲁洛的妻子和孩子在附近找到一个安全的地方，但他自己则需要去更远的地方，因为他太有名了。他们逃离库尔干秋别之前卖掉了车。这笔钱派上了大用场：在海鲁洛抵达的第一个路障处，所有库尔干秋别来的人都被射杀了——除非他们付得起钱。海鲁洛还花钱弄到一个通行证，那让他得以在各个战区自由进出。

有一整年的时间，他躲在土库曼斯坦的一个集体农场里。之后他去了乌克兰，在朋友那里住了几个月。从那里，他去了俄罗斯的一个小城，他在那儿有几个亲戚。1995年一整年，他都待在那里。为了维持生计，他在当地市场卖香蕉。有一天，一位顾客注意到他无事可干的时候会坐在那里画画。顾客上前来问他能否为他画一幅耶稣像。海鲁洛画了，那人一看到画，就流下眼泪："想想这么聪明的一个人，一个艺术家，竟坐在这儿卖香蕉！如果你是这里的人，你都能开上"陆地巡洋舰"了！"

那个人以差不多两周的香蕉销售量的价格买了那幅画。

"即便现在我有七八份工作，也不用再卖香蕉了，但我还是买不起'陆地巡洋舰'。"海鲁洛说。他从办公椅上起身，从抽屉里拿出一本皮面精装的笔记本。笔记本里密密麻麻地写满诗行。每节诗两行，每首诗都配着精美的钢笔插画。其中一幅插图画的是一个人坐在地上，头垂到两膝之间。那个人没有眼睛，也没有嘴。另一幅是一头败给了森林大火的狮子："战斗到死的巨人。"所有的诗都是他在俄罗斯流亡时期写的。我问他能不能念一首诗集里的诗，但他摇了摇头。

"这一章已经结束了。"

战争结束后，海鲁洛回到了库尔干秋别的家人身边。他花了两年时间重建自己的公寓，巷战时一场大火毁掉了他的公寓。他后来受聘于一家剧院，逐渐得以重建生活。他的诗歌如今配上了音乐，他接受委托制作雕塑，并拿到了几个电影角色。

"等我死了，这座城市失去的不是一个人，而是许多个人！"海鲁洛说着，露出一个微笑。然后他又正色道，"只要我对他们有用，他们就会放过我。但是我还是没被授予什么荣誉称号或者勋章，即便我已经画了三十年了。我可能上了黑名单。"

海鲁洛在苏联时期画了数千幅漫画，但只有两幅从战争中幸存下来。其中一幅叫作"人类演化"，画的是一个被授予了越来越多勋章的人。压到他身上的荣誉越重，他的不满就越明显，面相也越发凶恶。

当我问他对当前塔吉克斯坦的形势怎么看时，他不好意思地笑了笑，头一次什么话都没有说。

"一朝被蛇咬，十年怕井绳。"他最后说，"被茶壶烫过手的小孩，也会小心不要再被烫。我现在不碰政治了。我不画总统或者任何其他政客，我只画日常场景就满足了。这就足够了。"

"选举的时候你会投票给谁？"我问。

"我周六和周日可能会忙于工作，所以没有时间投票。"他立刻回答，"不管怎样，现在最重要的是我们和平了。希望永远不要再开战。内战是世上最可怕的事情。"

大博弈

"现在我将深入遥远的北方，去玩那场大游戏。"

——鲁德亚德·吉卜林，《基姆》，1901

旋翼带着我们从地面升起时，直升机的机身轻轻颤动。外部升过级，如今换上了塔吉克斯坦国旗的颜色。但从内部看，仿佛过去五十年间丝毫未变。乘客大约有二十人，挤挤挨挨地坐在两条长凳上，背靠着弧形窗。飞机驾驶员弯腰坐在驾驶室的一条矮凳上。因为那里的空间只够容纳一人，副驾驶员只得跟乘客一起坐在窄板凳上。通往驾驶室的门敞开着，这样两个驾驶员就可以交流。

这是一个美好的早晨。阳光照耀，万里无云，每当有飞机——这次是直升机——要从杜尚别飞往霍罗格（Khorog），就总是这样的天气。因为驾驶员飞行时没有雷达，他们靠的是山地上空的高能见度。另外，一定得是几乎没有风，飞行员才能收到明确的起飞信号。最轻微的一阵风都可能是致命的，因为这条线路的小飞机最高能飞四千两百米高，而它们经过的许多山都高达五千米。换句话说，我们要在一座座山峰之间穿梭，而不是在它们上空飞行。在苏联时期，这是俄罗斯航空飞行员唯一有风险费可拿的路线，且不是没有理由的。

我们一到达巡航高度，杜尚别周遭的绿色平原便立刻被不毛山地所取代。我们经过一座座山峰，感觉上只与它们隔了几米距离。副驾驶员开心地笑着。山越来越陡峭，也越来越嶙峋，目之所及，没有人造建筑，只有棕色的山坡和白雪覆盖的山顶。多数乘客对于这壮观的景象完全无动于衷，他们抓住时机打了个盹儿。一条山坡危险地逼近时，坐在我身边的男人吓了一跳，眨了眨眼。他迅速往窗外张望了一下，然后靠过来在我耳边大喊："阿富汗！"音量盖过了旋翼噪音。

有多少人曾试图征服这个国家，最后却付出生命的代价？即使阿富汗人只有他们所生活的山地一半的桀骜不屈，这都是一个从开始就注定失败的任务。然而，那么多人都尝试过。英国人早在 1839 年就做了首次尝试。多斯特·穆罕默德汗（Dost Mohammad Khan）自 1818 年起统治着喀布尔。他一向都对英国人颇为友好，但在 1837 年，有令人担忧的消息称他将与在喀布尔的俄国使节结盟。这引发了英国人的担忧，因为他们最害怕的就是沙俄会通过阿富汗入侵印度。经过反复考虑，英国决定将王权归还给他们此前的盟友舒亚沙阿（Shah Shuja），此人在三十年前被逐出喀布尔。

1838 年 12 月，超过两万英国与印度兵员从印度出发。他们于 1839 年 4 月到达喀布尔之时，已经横穿四千米高的山地，并征服了几座小阿富汗城池，在此过程中并无太大损失。多斯特·穆罕默德被迫逃亡，舒亚沙阿登上了王位。但舒亚沙阿不是强悍的领导者，为了保证他坐稳王位，英国人别无选择，只得在喀布尔留下。阿富汗人对留下的英国人有强烈的厌恶情绪，于是，在1841年11月，暴动爆发。英国人意识到他们已经无法掌控局面，决定撤离。1842年1月6日，一万六千多人从喀布尔的英国-印度军营出发，前往145公里外贾拉拉巴德（Jalalabad）的英军驻防地。天气寒冷刺骨，第一天夜里就已经有人冻死，许多人被严重冻伤。经过三天长途跋涉，他们到达了库尔德喀布尔山口（Khurd Kabul pass），而阿富汗人已经埋伏在那里。英国与印度士兵毫无胜算。从喀布尔出发的一万六千多人当中，只有英国战地医生威廉·布赖登（William Brydon）成功到达贾拉拉巴德驻防地。1842年1月13日，从喀布尔撤军整整一星期之后，他骑着一匹伤势严重的小马，浑身血迹、筋疲力尽地进了驻防地。整个英-印纵队，除不到一百个被阿富汗人俘虏的英国士兵和几百个设法逃脱的印度士兵外，全部在伏击中身亡。

几个月后，舒亚沙阿被杀，多斯特·穆罕默德重登王位。

英国征服喀布尔的尝试与一百四十年后，即1979年的苏联入侵有几个惊人的相似之处。苏联人也希望在喀布尔安排一个亲苏政权领导人。结局是一万四千苏联士兵在九年的征战中死亡。超过一百万阿富汗平民丧生，起码一样多的人被迫逃亡。1989年苏联坦克撤回时，他们一无所成。

有一种说法是，智者不仅从自己的错误中吸取教训，还从他人的错误中吸取教训。这两点英国显然都没有做到，因为他们是2001年北约入侵热切的支持者。经历十二年的战争，双方都有数千人死亡。如今，塔利班再次发展壮大，即便是在他们此前毫无影响力的部分阿富汗地区。[1]

透过窗户，我看到太阳在陡峭的群山之间升起。积雪的山峰在早晨的阳光下熠熠发光。风景在我们脚下展开，不久之后我们便在霍罗格顺畅着陆，这是帕米尔的地方首府。直升机一落地，乘客们便突然焕发了生机。几分钟不到，跑道上就一个人都看不到了。

在早晨凉飕飕的空气中，我迈出了在帕米尔土地上的第一步。帕米尔高原常被称为"世界屋脊"，延伸至超过十二万平方公里的区域，共覆盖五个国家：中国、巴基斯坦、吉尔吉斯斯坦、阿富汗和塔吉克斯坦，最末者是大部分山脉的所在之处。帕米尔高原有三座山超过七千米——最高的是中国新疆的公格尔峰（Kongur），高 7719 米。塔吉克斯坦这一侧最高的山是伊斯梅尔索莫尼峰（Ismail Samani Peak），高 7495 米。这曾是苏联最高的山峰。1932 年到 1962 年，这座山被称为斯大林峰（Pik Stalina），1962 年到 1998 年则被称为共产主义峰（Pik Kommunizma）。

长期以来，帕米尔高原是地球上最人迹罕至的地区之一。由于过去几年签证政策的变更，这个偏远的地区如今对爱好冒险的游客更加开放了一些。

塔吉克斯坦和阿富汗以喷赤河为界，边境线有 1206 公里长。

1　阿富汗政府和塔利班的和平会谈正在不间断地进行。英国在 2014 年正式从阿富汗撤军，但在该国仍保留军队。——译者注

我在当地的司机叶尔加什载我沿河一路向南方开。没见有士兵或围栏。两国的边境像筛子一样处处是漏洞：每年渡河走私的烟草和鸦片可按吨计，之后运去吉尔吉斯斯坦和哈萨克斯坦，从那里再运到俄罗斯，最后运往欧洲。边境线两边的村庄，全村人都靠走私过活。走私网络的触角或许延伸至塔吉克斯坦政府高层，这也就解释了杜尚别的豪车和奢华建筑的来处。

下午，我们抵达了伊什卡希姆，这是塔吉克斯坦的最南点，也是我们过夜的地方。我沿着河堤走了走，找到一个大岩石遮挡的阴凉处坐下。天空中没有一片云，日光在漂着白沫的水波上闪闪发光。草丛里的旧塑料袋在一阵阵风中飘舞。

这里，奥克苏斯河的东岸，就是俄国人在中亚领土扩张的止步之处。在河的另一边，大约四五十米外，就是阿富汗。虽然水流湍急，但是水非常浅，大概能涉水过河。河对岸的人说着跟这一边的居民同样的语言：瓦罕语(Wakhi)。几个世纪以来，充当帕米尔各民族之间边界的并不是河流，而是山谷两边高耸入云的褐色群山。目前的边境线是俄罗斯帝国和大英帝国在 19 世纪进行的地缘政治大博弈的结果，双方都想在中亚攫取统治权。[vi]

当俄罗斯帝国与大英帝国之间的竞争于 19 世纪后半叶全面展开之时，早有传闻称，彼得大帝留下了一个秘密遗嘱。根据这些传闻，1725 年，这位强大的沙皇在临终床榻上敦促他的子孙后代，要竭尽所能来实现俄国真正的使命：统治世界。假如俄国人攻占了君士坦丁堡和印度，这就有可能达成。尽管没有人能够拿出具体证据证明这个遗嘱的确存在，但这个故事在他死后仍流传了几代人。

1807年，当拿破仑向沙皇亚历山大一世提议合并军力，联手向南进军印度时，许多英国人的怀疑得到了证实：俄国人想把手伸到印度。计划中的俄法联军后来不了了之，因为拿破仑转而决定向莫斯科进军——这一战是他帝国终结的开始。尽管与拿破仑的结盟没有实现，但是英国还是担心俄国在亚洲的下一步行动。大博弈已经开始。

阿瑟·康诺利（Arthur Conolly）中尉最先在1839年创造性地使用了"大博弈"这个词来描述大英帝国与俄国为了争夺在中亚的统治权与影响力而进行的斗争。这个词随后借鲁德亚德·吉卜林1901年出版的小说《基姆》而流传下来。在那个时候，这场博弈已经到了最后阶段。边界已经划分，权力的天平倒向了俄国。但在阿瑟·康诺利中尉最初介入之时，这场博弈才刚刚开始，希瓦、布哈拉、浩罕等地的汗国仍是独立的。中亚被看作野蛮而危险的领土，很少有白人到过那里，他们也不怎么受欢迎。大博弈中的先行者因此常常乔装成神职人员或马商，以免被认出是欧洲人，私下则秘密地做笔记，画地图。康诺利本人喜欢乔装成医生或本地人。打扮成本地人时，他总是确保自己看起来尽可能地穷，这样土匪和强盗就不会对他感兴趣。许多土库曼部落专门袭击和打劫商人，外国商队更是众人垂涎的目标。换句话说，最早的一批英国和俄国探险者为了填补地图上的空白，冒了巨大的个人风险。然而，最大的危险不是怀着敌意的部落或心意叵测的可汗，而是大自然本身。中亚的城镇受到世界上最高的一些山口的庇护，辽阔的沙漠在夏天酷热无比，到了冬天，温度则会骤跌至零下50℃。

　　1839年到1840年的冬天，俄国人痛苦地体验到了沙漠究竟能冷到何种地步。这个冬天是他们一百多年来第一次正式向中亚进军。第一次尝试是在1717年，结果以惨败告终。18世纪初，希瓦可汗请求彼得大帝保护他们免受周围敌对部落的侵扰。他承诺，如果俄国沙皇愿意帮忙，希瓦将甘愿成为俄国的属国。收到这一请求几年之后，彼得大帝决定作出回应，派了一支四千名士兵的军队去希瓦。带领军队的是亚历山大·别科维奇—切尔卡斯基（Alexander Bekovich-Cherkasky）亲王。这些人用了一整个夏天穿越炎热、荒凉的沙漠，一直到8月才抵达希瓦，此时他们已经行军四个月了。可汗对俄国士兵表示了欢迎，但向他们解释，单凭希瓦自身，要为这么多人提供食宿是办不到的。因此，他让他们分成五个小单位，在城外的特定地点扎营。亲王想与可汗友好相处，于是照做。到了晚上，五个营地里，毫不疑心的俄国士兵全部遭到了袭击和屠杀。只有十几个士兵在突袭中幸存下来。对可汗来说走运的是，彼得大帝此时正忙于征服高加索，因此没有余力派兵实施报复。但是圣彼得堡从未忘记这位可汗诡诈的突袭。

　　1839年11月，也就是一百二十二年后，俄国人再次尝试征服希瓦。瓦西里·佩罗夫斯基（Vasily Perovsky）将军带着五千二百名士兵和一万头骆驼出发穿过卡拉库姆沙漠。官方理由是去解放几百名在希瓦被强迫为奴的俄国人。佩罗夫斯基希望他们能在2月之前抵达那里，因为到了2月，真正的冬日严寒就要开始了。

同时，在印度的英国人听说了俄国人的计划。他们立刻派了一个使团去希瓦，劝可汗释放奴隶，这样俄国人就没有发动袭击的借口了。他们最不希望的就是俄国人攻占中亚更多地方，那样就会对印度越逼越近。

第一位英国使者是詹姆斯·阿博特[1]上尉。他毫发无伤地成功抵达了希瓦，这或许是第一个做到这点的英国人。在穿越沙漠的路上，他见到了几群被俘的男人、女人和小孩，土库曼卫兵正押送他们去希瓦。

> 到了晚上，他们的脖子套上锁链，彼此穿在一起，这样就几乎不可能休息，同时冰冷的铁与皮肤接触肯定是莫大的折磨。一想到这体制所造成的种种令人心痛的苦难，我的心便万分沉重。哎！进入希瓦的人抛弃了所有希望，必定就像进入地狱。他的牢房外包围着茫茫无路的沙漠，而那沙漠里唯一的居民便是这些贩卖人类血肉之躯的人贩子。[vii]

可汗礼貌接待了阿博特，结果证明这位可汗对于外界非常孤陋寡闻。上尉克服重重困难才让他明白，英国不是某个臣服于俄国沙皇的微不足道的小部落。对于俄国，他也不怎么了解：他以为俄罗斯汗国同他自己的汗国差不多大。当可汗听说

1　詹姆斯·阿博特（James Abbott）在今天的巴基斯坦创建了阿伯塔巴德（Abbottabad）这个城市。阿伯塔巴德在 2011 年成了新闻头条，当时奥萨马·本·拉登在那里被美军特种部队杀死，此前他已经在这座城市里躲藏了一段时间。——译者注。

大英帝国的国王是个女人时，他的问题就更加没完没了：他们一直都加冕女人当国王吗？大臣也得是女人吗？她统治多少个城市？她有多少架加农炮？假如她结婚了，她的丈夫会当上国王吗？

与此同时，佩罗夫斯基将军不得不承认自己被气候之神打败了。那一年的冬天来得早，12月就下了第一场大雪。很快士兵们就只得在齐腰深的雪里跋涉，气温也不断下降。那是人们记忆中最严峻的冬天。到了1月，他们平均每天要损失一百头骆驼。三个月后，佩罗夫斯基意识到，他们永远也到不了希瓦了，于是下令撤退。当他们回到奥伦堡（Orenburg）的俄军要塞，也就是今日的哈萨克斯坦边境，已经有一千名士兵死亡。一万头骆驼中，只有一千五百头活了下来。一枪都没有开过。

当可汗听闻佩罗夫斯基和他的军队已经折返回到奥伦堡时，他失去了兴趣，送走了阿博特。除了给希瓦可汗上了一堂现代地理与政治的入门课，阿博特一无所成，回了印度。

然而，英国将军里士满·莎士比亚（Richmond Shakespear）在同一年去了希瓦，不似阿博特，他成功说服可汗尽数释放了所有俄国奴隶，共计416人。他将他们护送到奥伦堡的俄军要塞——从希瓦到那里要行军几个星期。当莎士比亚不久之后出现在圣彼得堡时，尼古拉斯一世沙皇也就别无选择，只能热烈欢迎这位俄国奴隶的救星。然而，在政治圈里，沙皇因为自己再没有借口进攻希瓦而暴怒，已然不是什么秘密，而这当然一直以来都是英国的目的。

　　莎士比亚的同胞阿瑟·康诺利中尉在大博弈中便没有那么幸运了，虽然他自己才是为其命名的人。1841 年秋，他出发前往布哈拉营救自己的国人查尔斯·斯托达特（Charles Stoddart），后者已经被该国的埃米尔囚禁三年了。康诺利是一位经验丰富的探险者，有许多远征探险经验傍身。他不仅希望说服布哈拉的埃米尔纳斯鲁拉（Nasrullah）释放斯托达特，还想让他与希瓦和浩罕两个汗国达成和平协议。假如中亚的汗国能够停止相互厮杀，转而相互联合，他们就有更大的把握与俄国抗衡，后者此时已开始在北方四处活动。

　　斯托达特三年前带着相似的任务来见这位阴晴难测的埃米尔，于是沦为了阶下囚。他的目标是说服埃米尔释放布哈拉的俄国奴隶，这样沙皇就没有理由攻打布哈拉了。纳斯鲁拉埃米尔像希瓦可汗一样，不了解俄国幅员有多大，国力有多强，对大英帝国顶多也只有模糊的概念。他的反应就是把斯托达特投入该城臭名昭著的地牢。

　　康诺利受到了希瓦和浩罕可汗的诚挚欢迎，但是与布哈拉埃米尔的会面却不怎么愉快。埃米尔指控他是间谍，不久之后康诺利就被投进了囚禁斯托达特的同一个地牢。当埃米尔一年后听闻阿富汗人在阿富汗屠杀英国殖民队的消息时，他便断定，没必要怕英国。1842 年 6 月 17 日，康诺利和斯托达特被带出地牢，他们被迫自掘坟墓，之后在埃米尔的宫殿前遭到斩首。

　　1842 年 1 月英国从阿富汗灾难性地撤军之后，改变了他们在中亚的战略。"精明无为"（Masterly inactivity）成了新准则。尽可能少地行动，静观其变。巧合的是，俄国人也采取了相同战略，尽管原因有所不同：当时，高加索山区的叛乱分子已经让他们自顾不暇。况且，经历了克里米亚战争的惨败，他们已无心再在外国战线上承担进一步的风险。波兰也有全面起义发生，而俄国国内的社会动乱迫使亚历山大二世沙皇废除农奴制，这反过来也激怒了许多贵族。

1864 年，经过了半个世纪的征战，俄国人终于成功降服了切尔克斯人（Circassians），这是高加索最后一批叛乱分子。亚历山大二世沙皇于是又一次将注意力转向中亚诸汗国。俄国十分依赖从美国南方各州进口的棉花，但因为美国内战，棉花进口被完全阻断。他相信，浩罕汗国境内富饶的费尔干纳盆地（Fergana Valley）的土壤会非常适合种植棉花。

俄国人刚开始十分谨慎。1864 年冬天，他们夺取了浩罕汗国边境的几个乡村小镇。可汗抗议并向英国求援，但是他们客气地回绝了他的请求。

俄国首相和外交大臣戈尔恰科夫（Gorchakov）亲王料到他们会抗议，于是写了一封措辞机巧的便函，这封便函在欧洲列强之间流传：

> 俄国在中亚的位置与所有不得不与不具备稳定社会组织的半野蛮游牧民族接触的文明国家一样。
>
> 在此种情况下，通常是更文明的国家，出于其边疆安全和贸易利益，被迫对那些因为骚乱而不受欢迎的邻国行使某种支配权。必须打压突袭和劫掠的行为。为制止这些行为，须让边境各部落屈服。一旦达成这一结果，这些部

落将习得更和平的习性，但反过来，又会受到更遥远的部落的侵袭。文明国家有责任保护他们免受这些掠夺，并且惩罚实施掠夺的一方。因此，可见对一个因其社会组织而无法战胜的敌人进行长途跋涉、耗费甚巨、周而复始的远征的必要。如果，盗匪一受到惩戒，远征旋即撤回，教训就会被迅速遗忘，其撤兵会被视为软弱。无所敬畏，只慑于可见可感的武力，这正是亚洲人的特性，理性论证的道德力量打动不了他们。于是这样的工作总是需要一次次从头做起。

为了终结这种持久的混乱状态，我们在这些抱持敌意的部落当中设立了筑有防御工事的哨岗，并通过对他们施加影响，使其逐步被削弱为归顺状态。但很快轮到这第二道防线之外的其他更偏远的部落制造类似的威胁，故有必要采取同样的压制措施。于是文明国家被迫在两个方案中任选其一，放弃无尽的劳作，放任其边疆陷于无尽的骚乱，将所有繁荣，所有安全，所有文明置于不可能，抑或相反，越来越深入野蛮国家，在此过程中，每前进一步，困难与花费都随之增加。

陷于类似境地的任何国家都面临着相似的命运。美利坚合众国、阿尔及利亚的法国、荷属殖民地的荷兰、印度的英国——它们都被强迫卷入这个前进过程，这力量更多的是迫切需要而非野心，此时最困难的就是知道应在何处止步。[viii]

戈尔恰科夫没有明说，但暗示俄国将止步浩罕边境："我们来到了一个较为坚固、较不动荡、组织较良好的国家面前，它为我们确定了停止前进的准确地理位置。"

俄国在中亚的扩张逐渐远远超出了便函暗示的范围，当戈尔恰科夫在之后的一些场合中面对质问时，他通常将之归罪于大胆冒进的将军们。他声称他们有时会不顾沙皇的命令，擅自行动。事实上，一年后——也就是1865年——俄国人吞并塔什干（Tashkent）时，的确是将军自作主张。

当时塔什干拥有十万居民，是中亚最富庶的城市，这既归功于其富饶的土壤，也得益于18世纪俄国征服哈萨克汗国之后，两国之间广泛的贸易。然而在1865年春天，布哈拉酋长国与浩罕汗国之间又爆发了一场冲突，塔什干处于后者境内。临近浩罕的边防哨所指挥官米哈伊尔·切尔尼亚耶夫（Mikhail Chernyayev）决定抓住机会，趁埃米尔的军队抵达城墙之前发动袭击。只有一个问题：切尔尼亚耶夫的连队只有一千三百人。而塔什干城墙内，至少有三万士兵严阵以待，准备守卫城市。在圣彼得堡，人们的意见是，以如此少的兵力发动进攻太过冒险，所以沙皇发了一封电报命令他们不要进攻。切尔尼亚耶夫必定知道电报上说了什么，他选择不打开信封。他推想，如果他成功了，沙皇会原谅他的。

当切尔尼亚耶夫的小部队抵达塔什干城墙时，他们发现布哈拉来的兵员已经抵达那里，并接管了城墙的防御工作。他们曾抱着希望，认为城里的许多亲俄商贩能从中协助，解决矛盾，此时这样的希望也破灭了。他们也不能后退，因为这等同于承认败北，会向中亚人传递错误信号。切尔尼亚耶夫别无选择，只能为了塔什干打赢这场战役。

他们在6月15日夜晚发动袭击。几百人被派去城墙另一侧，发动佯攻，以转移注意力。切尔尼亚耶夫将炮架的轮子用毛毡包住，这样就可以尽可能安静地移动到他们意图发起真正突袭的地方。就在城墙外面，他们碰上了几个显然是从秘密通道出来的男人。切尔尼亚耶夫的战士于是强迫这几个人带他们找到其位置，因此，一些士兵得以从秘密通道进入城市。其他人则借助梯子爬上城墙。埃米尔的战士们正忙于抵挡城墙那头的佯攻，直到俄国人已经成功进城他们才注意到，但已经太迟了。

尽管在数量上居于劣势，但俄国人比当地士兵受过更好的训练，有更强的武器。第二天，塔什干的居民就投降了。在这次大胆的袭击中，只有二十五名俄军士兵死亡，尽管困难重重，但这次袭击大获成功。

不出所料，切尔尼亚耶夫在自己的祖国被誉为英雄。沙皇不仅原谅他违抗命令，还授予了他最高荣誉。

不久之后，能力杰出、经验丰富的康斯坦丁·凡·考夫曼（Konstantin von Kaufman）将军被任命为第一任"突厥斯坦总督"，驻地塔什干。自由汗国所剩时日真的不多了，虽然俄国声称他们没有攻占更多地区的计划。

吞并塔什干三年后，俄国人得到了他们等待已久的借口。布哈拉的埃米尔十分轻率地在其酋长国内的撒马尔罕召集军队，目的是把俄国人赶出突厥斯坦。考夫曼将军立刻派了三千五百人去应战，这是他可以从身边派出的最多的人数。埃米尔的军队被内部矛盾所困，令俄国人惊讶的是，他们竟在一天后就投降了。于是，撒马尔罕这颗中亚宝石在 1868 年 5 月 2 日成了俄国的领土。不久，布哈拉也沦陷。埃米尔依然在位，但实际上沦为了俄国的附庸。

接下来的一年，1869 年，俄国开始秘密地在里海建立要塞。他们已经从 1717 年和 1840 年的错误中吸取了教训，意识到，为了攻占希瓦，他们需要一个比奥伦堡在位置上更具战略意义的基地，希瓦的位置远远比其他汗国更加靠西。这个要塞被命名为克拉斯诺沃茨克。1873 年，夺取塔什干五年之后，考夫曼将军带着一支一万三千人的军队开拔前往希瓦。可汗知道他面对俄国的现代军队毫无胜算。1873 年 5 月 28 日，他落荒而逃。曾经如此顽强不屈的希瓦汗国最终成了俄罗斯帝国的一部分，几乎没流一滴血。

两年后，也就是 1875 年夏天，浩罕人民起义反抗俄国人。这正是考夫曼需要的借口，他正好借此攻占肥沃的费尔干纳盆地里最后几个城镇。1876 年 3 月，浩罕汗国正式解体，被纳入俄国的突厥斯坦。

短短十年，俄国攻占了中亚的三个主要汗国，其覆盖面积达美国的一半。然而，野蛮土库曼部落的问题仍然存在，根据戈尔恰科夫亲王的便函，他们正是让俄国人感到有必要持续深入中亚的原因。

1879 年，俄国人对土库曼要塞盖奥克泰佩（Geok Tepe）发动了攻击，这是土库曼部落的一个主要基地。俄国人近几年只跟可汗们纪律松散的军队交过战，对土库曼人的骁勇善战毫无准备。狂怒的土库曼人将俄国士兵打得落荒而逃，后者险些无法逃脱。盖奥克泰佩之战是俄国人自 1717 年以来最为惨烈的败仗。

"无所敬畏，只慑于可见可感的武力，这正是亚洲人的特性。"这是戈尔恰科夫亲王在他的便函中写的。不到两年时间，俄国人再次攻袭。这次他们将取得胜利。这支七千人的军队由米哈伊尔·斯科别列夫（Mikhail Skobelev）将军带领，人们都称他为"白将军"，因为他在战斗中总是穿一身白色制服。斯科别列夫也是出了名的残暴和无所顾忌。在城墙内，一万名土库曼战士和四万平民严阵以待。土库曼人显然预料到还会有一次攻袭，因为他们已经加固了城墙。俄国人的子弹对土库曼人用干黏土建造的简朴但坚固的堡垒几乎毫发无伤。但斯科别列夫知道怎么办：他命令士兵去挖一条隧道。据说他亲自站在隧道入口，给不同的挖掘队计时。如果士兵干得不错，负责的军官会被奖励香槟和伏特加。反过来，假如活干得太慢，军官就会当着部下的面受到体罚。

1881 年 1 月 24 日，隧道完工了，堡垒的墙体正下面埋置了两吨炸药。几百个土库曼人在随后的大爆炸中死亡。当所有人都尚处惊愕之中时，俄国士兵趁机冲进了堡垒。土库曼人很快意识到打不赢了，于是四散逃跑，有多快跑多快。但俄国人没有放他们走，而是骑马追击。连续三天，斯科别列夫任由士兵们抢劫、强奸和杀人。士兵们杀掉了他们遇到的每一个人，连小孩和老人都不放过。逃难的人中，多至八千人被杀，而堡垒之内，另有近六千五百人被屠杀。

俄国人只损失了 268 个人。

只剩下梅尔夫了，著名的土库曼首都。为了打动土库曼部落的首领们，1883 年，一些土库曼代表受邀参加沙皇亚历山大三世在圣彼得堡的加冕典礼。在那里，他们可以亲眼看看庞大的俄罗斯帝国有多么强大、现代和富庶。当俄国一年后开始对梅尔夫施加军事压力，并夺取了一个邻近城市时，部落首领们在激烈讨论后决定，自愿归顺俄国人是最好的选择。盖奥克泰佩的大屠杀还历历在目，他们意识到俄国实在是太强大了。所以，这个曾经强大的城市没流一滴血就落到了俄国人手中。

冷眼旁观俄国人攻克了一个又一个汗国的英国人此时担忧起来。梅尔夫具有战略性地位，位于去阿富汗的赫拉特（Herat）和坎大哈（Kandahar）的路上，所以离印度也不远。沙皇的外交官安抚英国人说，土库曼人是自愿成为俄罗斯帝国的一部分的。外交官称，他们想要结束混乱状态，这样他们就能够享受文明的益处。对此英国人能说什么呢？他们自己也用类似的解释来论证他们在其殖民地上存在的正当性。

"此时最困难的就是知道应在何处止步。"为了平息怒气，大不列颠代表和俄国代表决定在 1884 年秋天会面，就俄罗斯帝国和阿富汗之间的边界达成共识，因为阿富汗是英国对印度的重要缓冲国。然而，俄国人不断找借口拖延会谈，所以这场会谈从未真正成行。当冬天过去，到了 1885 年，俄国军队便渡过奥克苏斯河，包围位于阿富汗境内的绿洲城镇潘贾德（Panjdeh）。这显然违背了所有协定，英国人暴怒。俄国军队不想被指控率先开枪，于是什么也不做，只是耐心静等。3 月 31 日，一名阿富汗士兵开枪打伤了一匹俄国马——如果领导这场进攻的阿里汗诺夫（Alikhanov）中尉所言不假。这正是俄国人等待已久的机会。在随后的战斗中，超过八百名阿富汗人死亡。于是潘贾德也成了俄罗斯帝国的一部分。

在大博弈中，俄国与大英帝国这两个世界上最大的帝国从未离开战如此之近。幸运的是，阿富汗的埃米尔阿布杜尔·拉赫曼（Abdur Rahman）轻描淡写地接受了俄国对潘贾德的吞并，选择将整件事情当作一场无关紧要的边境争斗。

俄国与大英帝国原计划的边界协商一直到1887年才落实。俄国保留潘贾德，但条件是让出一个战略性的山口给阿富汗。各方还达成共识，除潘贾德外，阿富汗边界线将沿奥克苏斯河确定，俄国人承诺即刻开始尊重这一边界。虽然许多英国人持怀疑态度，但俄国人遵守了承诺。差不多一个世纪后，俄国士兵才再一次渡过奥克苏斯河。

现在，唯一尚未确定边界的中亚地区就是人口稀疏的帕米尔高原，它高出海平面几公里，俄国、中国、英属印度和阿富汗的边界在此交会。英国人对于俄国人可能要做的事情感到紧张。从帕米尔很容易就能穿过印度守备薄弱的北部边境。俄国人正忙于在曾经的各个汗国建设铁路，这样就能高效运送大规模军队。为了避免帕米尔落入俄国人手中，英属印度派出了一支英国使团前往中国的喀什噶尔，试图说服中国人吞并帕米尔东部。中国人很容易就被说服了，但当地的俄国间谍摸清了当下的情况，确保了俄国捷足先登。

1891年夏天，一支四百人的俄国哥萨克军队从北部入侵了帕米尔。按照俄国当局的说法，这绝不是入侵，哥萨克人只是想去调查中国人和阿富汗人在那里进行什么活动，好向莫斯科汇报。不久之后，两名英国军官被当地俄国士兵指控进入俄国领土，并被驱逐出了帕米尔。这引发了一场外交危机，俄国人悄悄地从高原撤兵了。同时，俄罗斯帝国在粮食歉收、饥荒和经济下滑中苦苦挣扎，沙皇亚历山大三世无力再与英国人缠斗。

次年，亦即 1892 年，俄国人回来了，就像他们撤兵一样悄无声息。第二年，他们开始在帕米尔山脉建立要塞。

1895 年，两个帝国的使团再次会面商讨中亚的边界问题。英国人意识到，他们对于阻止俄国人吞并帕米尔几乎无能为力，因为实际上吞并已经发生了。他们此时的主要关切点成了填补帕米尔与英属印度之间的空缺，这样这两大帝国就不会直接接壤。他们于是商请阿富汗的埃米尔阿布杜尔·拉赫曼将瓦罕走廊（Wakhan Corridor）的南端收归为阿富汗领土。这条走廊就像一条长长的肠子横亘在今日的塔吉克斯坦和巴基斯坦之间。阿布杜尔·拉赫曼无须商请第二次。即便阿富汗这一侧的瓦罕走廊在某些地方只有几公里宽，虽然狭窄，阿富汗如今也是帕米尔和印度之间的一个缓冲了。生活在河两岸的人，如今突然发现自己身处国界线两侧，当然没有被征求过意见。

在这场持续了将近一个世纪的权力博弈的最后，俄罗斯帝国终于到达了他们在中亚的外扩极限。他们的向南扩张到此为止。在很大程度上，俄国人取得了他们想要的东西，是大博弈的赢家。在 19 世纪之初，俄国距离英属印度有两千多公里远，而此时，在某些地方的距离已经不足二十公里。

俄国的兴趣转向了更东边。西伯利亚大铁路正在建造，此时他们对蒙古的领土又有所主张，并且在朝鲜的领土上建了一个大港口。日本人担忧地关注俄国的动向，在 1904 年发动了进攻。日俄战争对于俄国是灾难性的，间接导致了革命和十三年后沙皇的倒台。

经历了日俄战争的惨败，俄国与大不列颠签订了一个秘密条约，两个帝国以此划分他们在中亚的利益区域。条约判定西藏为中国的势力范围，而阿富汗处于英国的势力范围内。反过来，英国承诺不再干涉中亚，并建议阿富汗同样如此。波斯被分成不同的利益区域，由俄国和英属印度瓜分。1907 年 8 月 31 日，双方签订了《英俄条约》。

大博弈以俄国和大不列颠通过谈判瓜分中亚而告终。整个漫长的竞赛期间，两国之间没有开过一枪。第一次世界大战爆发时，英国人和俄国人并肩作战，不让德国人和土耳其人接近他们在阿富汗、波斯与高加索的利益区域。

然而，两个大国之间的友谊并不长久。1917 年在俄国取得政权的布尔什维克将《英俄条约》视为一张废纸。列宁与彼得大帝一样心怀统治世界、征服印度的梦想。但虽有这样的野心，中亚的边界线在列宁在世时并未变更。苏联对阿富汗九年的入侵，抑或北约与塔利班十二年的斗争，都没有使阿富汗北部边界线移动哪怕一毫米。今日的边界线与 1895 年一致，始终沿着奥克苏斯河，但穿过潘贾德地区时例外。潘贾德这个在当时险些触发一场大战的地方，如今在土库曼斯坦境内。潘贾德这个小镇如今的名字叫谢尔赫塔巴德（Serhetabat），它是苏联的最南点。

灰浊的河水冰凉。我用脚趾浸了一下后飞快地缩了回来。在另一侧，山峰陡峭地刺向蓝色的天空。有几栋简朴的房屋，几乎与棕色的沙土融为一体。几个穿着浅色束腰外衣的男人耐心地跟在一头牛身后缓步而行，一个身穿红色外衣的女人在一小块地里俯身劳作。一条窄路没入山腰，似乎是新建的。我们从霍罗格一路开车过来，在阿富汗那一侧只见到了一辆车——一辆白色吉普，车上印着国际救援组织的标志。

另一边的村子与塔吉克斯坦这边的村子名字一样，都叫伊什卡希姆（Ishkashim）。这两个村子被一条河和整整一个世纪划分开。有一座桥通向那边，每周有一次联合市场。除此之外，这些曾经一样的人就没有联系了。

我从河岸站起来，跨过野餐残余垃圾和伏特加酒瓶碎片，漫步走到伊什卡希姆整齐有序的笔直街道。考虑到整个伊什卡希姆只有两千个居民，主路上官方大楼的数量令人吃惊。有市政厅、文化中心、健康中心，以及各种行政大楼。对苏联政府来说，在这帝国的外围建造社会主义天堂大概特别重要，这里的对比最为明显。一个列宁的半身像仍旧立于小市政厅外。一个驼背的老人注意到我站在这里看半身像，走了过来。

"这里站着的是弗拉基米尔·伊里奇·列宁，"他用完美的俄语宣称，"我们挚爱的列宁。"他带着敬意补充说，然后用手摸了摸这位共产主义领袖的头。

为了保持匀称，列宁的对面挂了一幅塔吉克斯坦总统埃莫马利·拉赫蒙的巨大海报。

回宾馆的路上，我路过了一所学校。小学生们正在操场上做体操。充满活力的老师确保男孩们都做了足够的俯卧撑。男孩们穿白衬衫和黑裤子，女孩们穿白衬衫和黑裙子，这仍旧是整个前苏联地区的习俗。

在河对岸，学校与教师匮乏，许多孩子成了牧羊人，不能去学校。瓦罕走廊总体上一直是阿富汗的一个和平地区，没有被战乱殃及，也没有受过塔利班的干扰，但近几年，塔利班也开始进驻这里。在塔吉克斯坦，人们担忧：美国和其他北约军队撤军之后，这里会如何？塔利班是否会试图渡河？假如他们来了，谁能够阻挡他们？

太阳脚下的土地

在高高的帕米尔高原上，被环绕在顶部圆钝的荒凉山丘和湖泊之间，湖里流着你所能想象的最蓝的湖水，这样远离尘世的风景之中，坐落着布伦库尔（Bulunkul）村。泥土泛着各种金属色泽。一些山丘是绿的，一些是蓝的，某些地方的土是锈红色的，另一些地方的土又呈金黄色。四十六户人家，四百零七口人，定居在这个月球表面般的地方，道路已到尽头，没有手机信号或网络覆盖，跟最近的村子相距数英里。

我的住宿由学校校长提供，她开着一家旅馆。尽管寒风刺骨，周围荒凉贫瘠，但布伦库尔每个人脸上都挂着灿烂的笑容。在这个小村的尽头，人们正在紧锣密鼓地筹备婚礼。醉醺醺的男人站在临时搭建的户外厨房里，正忙着剁肉和洋葱。

"布伦库尔是塔吉克斯坦最冷的地方，"校长的丈夫吹嘘道，"最低温纪录是零下53℃！"

"那这里的人们冬天怎么生活？"

"我们习惯了。我们就套上件外套。"

帕米尔占塔吉克斯坦超过 1/3 的领土面积，但只有数十万人居住在这里。原因不难理解。帕米尔高原上的气候是世界上最严酷的一种气候，冬天漫长、寒冷、多雪。土壤贫瘠，景色荒凉。高原的大部分地区处于海拔三千到五千米之间，并被一些世界上最高的山所包围。因为高山上空气稀薄，许多游客会生高原病，特别是如果没有慢慢花时间适应的话——帕米尔被称为"世界屋脊"不是没有理由的。马可·波罗在 13 世纪穿过这个高原前往中国，他将马背上的这一趟旅程描述为一项艰苦的事业："该平原被称为帕米尔，骑马横穿总共要花十二天，所到之处除了沙漠一无所有，没有民居，没有绿色植物，所以旅行者不得不携带一切所需物品。这个地区太高、太冷，甚至看不到任何鸟类飞过。因为这极度的寒冷，火没办法像别的地方一样烧得那么旺，没法产生那么多的热，因此也没法很快将食物烧熟。"[ix]

牛、山羊和一般绵羊无法适应这里严酷的气候，所以多数农民靠养牦牛为生。马可波罗羊——一种耐寒的野生品种——适应了这里的贫瘠环境，此外没有很多野生动物在高原上生活。这一羊种最先在马可·波罗的描述中出现，因此以他的名字命名："（它们）的角足足六掌长。牧羊人将这些角制作成大碗用来吃饭，也用这些角圈出羊栏，让牲畜夜间待在栏内。"今天，马可波罗羊濒临灭绝。仍想猎杀这种羊的游客，每次出猎需要支付至少两万五千美元。

没有人知道"帕米尔"这个词到底是什么意思。这个词最先出现在公元 7 世纪的中文游记里，再次出现在 13 世纪的马可·波罗游记里。一种说法认为，它来自古波斯语词 bom-ir，雅利安人之地。几个 19 世纪的西方探险者支持该说法，认为帕米尔必定是雅利安人种的摇篮，因为这里的居民中，许多人长得不像其他亚洲人，而是身材高大，金发碧眼。另一种说法认为，这一名称来自 pa-i mir，"山脚下的土地"。第三种说法认为它来自土耳其语的沙漠或高原。但最诗意的说法是，其根源是古波斯语的一句表达，pa-i mehr，"太阳脚下的土地"。

走遍布伦库尔花不了什么时间。校长高大的未婚小叔子带我看了学校。它是 20 世纪 50 年代建造的，像村里大多数房子一样。虽然布伦库尔是帕米尔高原上最与世隔绝的村子之一，帕米尔高原又是整个苏联最与世隔绝的一个区域，但是共产主义者在这里还是干劲十足。除了学校，他们还建造了气象台，塔吉克斯坦的最低温度在此被记录下来。像在其他地方一样，当地人被组织起来送进集体农场，苏联拖拉机厂输送了现代设备，以让农业更加高效。苏联瓦解时，所有俄罗斯人从这里离开，带走了技术知识，也断绝了设备和备用件的供应。留在此地的当地人已经忘了如何用传统方式耕作。一切都得从头学起。

教室很小，每间教室只有四五张课桌。走廊里的墙上贴着来自各种援助组织的海报。

"孩子们在学校的午餐来自联合国的世界粮食计划署，"小叔子告诉我，"他们还给我们提供了面、油和土豆。因为我们的海拔太高了，什么东西都很难种。牦牛给我们提供了肉、酸奶、黄油、牛奶和衣裳，但是其他的一切都必须从外界获取。"

他带我去了一个小温室，番茄苗从一排排花盆里探出头来。

"另一家机构为我们建了这个温室，所以我们也能吃上黄瓜和番茄了。"他皱起眉毛，努力回想，"可能是阿加汗基金会（Aga Khan Foundation），我不记得了。"

"阿加汗？"我疑惑地看着他。

"是的，他是我们的宗教领袖。在帕米尔高原上，我们不是塔吉克那种逊尼派穆斯林，而是伊斯玛仪派，这是什叶派穆斯林的一个分支。我们的领袖阿加汗生活在瑞士，有很多钱。他的基金会帮助了瓦罕山谷里的人，也帮助了帕米尔高原上的我们，为我们提供了各种各样的东西：资金、学校、医疗服务、道路……没有他们的帮助，要生活在这里是不可能的。政府根本不在乎我们。"

"伊斯玛仪派信奉严格的伊斯兰教形式吗？"

"完全不是！"小叔子笑得太大声，不得不用手捂住嘴，"其他穆斯林一天祈祷五次，我们只祈祷一两次。这样就足够了。我们斋戒月时也不斋戒，因为这儿的气候太严酷了。毒太阳照下来的时候，在山里走一整天，又没吃没喝的，这样没有好处，不是吗？另外，阿加汗热衷于教育。这才是关键，他说。女孩子尤其需要受教育，这样她们就能找一份工作，不用坐在家里看孩子了。我们伊斯玛仪派是现代穆斯林！"

到了晚上，牦牛挤完了奶，在牛栏里关好，酸奶准备妥当放着发酵，黄油也搅拌好之后，校长终于有时间坐下来跟我说说话了。她总是笑盈盈的，她的笑容点亮了整个房间。不像我在村里见到的多数人，她看起来比实际年龄要年轻。她的嗓音温柔，几乎像是耳语，尽管她并没有压低声音说话。她的小叔子告诉我，她的学生常常央求她继续教他们，甚至到了他们早该换新老师的时候还是如此。她很少忍心拒绝。

"我不喜欢城里，"她说，"我的孩子也是。在城里待了一个星期之后，他们就问我能不能回家。他们想念新鲜的空气、自然和家里做的新鲜食物。我们在这里什么都自己做，不会出去买。人们靠牦牛和湖里的鱼生活。这里没有多少工作，不过许多年轻人会去俄罗斯待几年，存些钱。然后他们再回来。"她温暖地笑着。

"他们走后留下来独自生活的妻儿不是很辛苦吗？"我问。这位校长是我在旅行中遇到的态度最积极的人，我发现自己很难相信她。在我去的每个地方，都能听到对于日常生活种种挑战的不满和抱怨，或者像土库曼斯坦一样，人人鹦鹉学舌般地歌颂无与伦比的独裁统治。这里的生活不可能那么田园牧歌吧——海拔三千米，距离最近的村庄数英里，周围尽是不毛之地，到了冬天，气温降到零下50度，天寒地冻，大雪封门。

"一点都不困难，"校长笑了笑说，"每个人都相互帮助。比如，我丈夫去年冬天出了五个月的远门。所有邻居都来帮我干活，接待客人，诸如此类的。"

"也就是说你们像真正的共产主义者那样生活？"

她点点头，然后大笑。

"我全天都在干活，"她补充道，"即使有一刻空闲，我也会用来打毛衣或者做针线活。我只有在睡觉的时候才休息。星期天我洗衣服。我从来没时间看电视，但这不要紧，我喜欢干活。"

她是帕米尔人，但是从一个更西边的村子过来的。她是十七年前结婚的时候搬到布伦库尔的。

"我丈夫是父母找的，"她说，"这是这边的规矩。"

"你对他满意吗？"

"噢，当然了！"她露出灿烂的笑容，再次照亮了整个房间，"即使我对他不满意，我也会留下的。对于我们伊斯玛仪派来说，第一段婚姻才是唯一真正的婚姻。如果第一段婚姻过不下去，第二段和第三段也会过不下去。"

之后，我们一起去了村子另一头的婚宴。小房间里挤满了人，音乐放到了最大音量。孩子们用手捂着耳朵，哭个不停。一个穿着皮夹克的年轻男子在我身边坐下。他告诉我他最近离婚了，正在找新老婆。

在布伦库尔没有一个人在意总统的婚礼规定，聚会一直进行到下半夜，但我们没有待那么久。我们走一条短路穿过村庄，回到校长家的房子，音乐一路回荡在我们耳边。这天晚上没有月亮，周围特别的暗，我们几乎看不到面前的墙。她突然停了下来。

"看，"她仰头说，"美吧？"

我抬头看向天空。我从未见过像那里那样多的星星，那世界的屋脊。它们像发光的沙粒，撒在黑色的夜空之中。

* * *

俄国人在帕米尔建立的第一个军事驻防地是帕米尔斯基哨站（Pamirsky Post），在那里度过一个漫长的冬天之后，谢列布连尼科夫（Serebrennikov）大尉已经忍无可忍。在1894年夏天，他在日记中写下了自己的忧愁：

> ……我们都已经非常厌倦广袤而单调的帕米尔，假如
> 悲观主义者需要，它对于他们来说将是一片理想的乐土。
> 事实上，我想象不到任何画面，能比一个悲观主义者在帕
> 米尔上读叔本华更加恰当地展现最极致的忧郁。这是一个
> 没有希望的地方。[x]

俄罗斯士兵在这里一直待到了 2005 年，协助守卫塔吉克斯坦与中国之间的边界，此时距塔吉克斯坦成为一个独立的国家已经过去很久了。他们在那里驻守了超过一个世纪的时间，撤退时带走了关于未来的最后一丝希望，以及穆尔加布居民的固定月薪。穆尔加布，这是帕米尔斯基哨站如今的名称。穆尔加布仍旧是一个荒凉之地。相比距此只有几小时车程的布伦库尔，两者之间的差距不能更大了。穆尔加布位于帕米尔高原的中间，海拔 3650 米。大约有七八千人居住。他们全都是穷人，许多人患病，有酒瘾，于此定居主要是因为他们没有别处可去。如果可以，他们早就离开了。去杜尚别，去吉尔吉斯斯坦，去俄罗斯。任何地方都比这儿好。

这里的建筑低矮寒酸。只有寥寥几户人家费心将他们的灰色混凝土墙刷了漆或刷成白色。一长排没什么摆设的集装箱组成了这个镇子的集市、购物街和酒吧。镇上只有很少几家咖啡店，它们也设在集装箱里，配备着狭窄的长凳、脾气暴躁的服务员和闪闪发光的瓶子。夜幕降临后，街道弥漫着许多发电机

排出的蓝色废气。烟雾与汽车经过时从路上扬起的尘土混同在一起，那些尘土要过好长一段时间才会落下。女人们用头巾边缘捂住脸，以防吸入有毒气体。她们浑身被五颜六色的棉布包裹，只留一个小口露出眼睛，走过时就像一群忍者武士。虽然离边境还有几小时的路，但在某种程度上，你已经置身吉尔吉斯斯坦。本地人的脸跟塔吉克人柔和的波斯长相非常不同，个子也比高大的帕米尔人矮很多。他们有着轮廓分明的宽颧骨和细长的蒙古眼。他们是吉尔吉斯人。

烟雾与灰尘层层叠叠，根本看不到星空。夜晚很快降临，因为街上没有灯。夜里，整个穆尔加布都没有电力供应，发电机的废气和柴油与汽油的臭气笼罩在镇子上空。大家都在各顾各的。发电机所能供应的微弱电流不够给手机充电，也没法启动其他电器，只够裸露的灯泡在房子里发出微弱的灯光。

"我打算等自己一有能力就搬去吉尔吉斯斯坦，"易卜拉欣咕哝道，他是我所住的简陋旅馆的所有者，"这里没有未来。"

易卜拉欣的侄女当天晚上要结婚，于是，我还没反应过来，便又当了一场婚礼的宾客。我被带去一个矩形房间。人们沿着墙壁挨挨挤挤地坐在一起。女人全围着头巾，坐在一侧；男人都戴白色的高毡帽，坐另一侧。屋中央的一大块布上，堆放着多得不可思议的食物。几百块圆面包，小碟小碟的各种沙拉，果酱、水果和果汁。不一会儿，主人端着大盘的肉饭进来了。接着送上了汤。喝完汤以后，大盘的肥羊肉被端了过来。人们安安静静地自己动手，然后安静地用餐。吃完肥肉，人们开始传递几个椭圆形的盘子，里面满满当当地堆着羊肉。人们往自己盘里盛上一大堆肉。随后是一盘家庭自制的黄油。宾客们自己动手，弄一大块黄油放在肉旁边。坐在我身边的年轻女子让我自己取了一大块黄油，才肯把黄油盘子传走。

"我觉得我吃不了这么多黄油。"我小声说。

年轻女子只是笑了笑。她是整个房间里唯一的塔吉克人，也是唯一没有戴头巾的女人。她悄声告诉我，她是新娘最好的朋友。她自己还没有结婚，虽然她已经三十岁了，但很快就轮到她了。婚礼在 11 月。我跟她道了恭喜，但她只是悲伤地摇了摇头。

"我受过护士培训，而他没受过任何教育。"她小声说，"婚礼之后我就要搬去伊什卡希姆，我的小叔子家。"

"你为什么不跟你丈夫住在一起？"

"我一怀孕他就要回俄罗斯去。"

"但是他会常回来看你的吧？"

她摇摇头。

"至少你有自由，"我试着安慰她，"因为你丈夫在俄罗斯，我的意思是……"

她又摇摇头，迅速而坚决。

"他兄弟会看着我。日子不会太容易，会非常寂寞。我父母甚至不喜欢他，他们说他酒喝得太多了。但他性格很好。他是个好男人。在这儿要找个好男人可不容易。"

"那你为什么要跟一个常年待在俄罗斯的男人结婚呢？"

"这里没有别人了。"

"你不能跟他去俄罗斯吗？"

"不行，我们不能全都走，得有人留下。"

一个小男孩带着一摞塑料袋走进房间。眨眼间，成堆的肉和黄油都进了塑料袋。不久前还摆满了整块布的丰盛食物，也进了塑料袋。然后客人们站起身来往外走，一手提一个塑料袋。

第二天清晨，同样的仪式又重复了一遍，同样多的食物，同样多的菜肴，但是在另一栋房子里。这一次请的是邻居。我下午出发离开时，仍有好几场宴会要举行。新郎的家人、同学和同事都要好好欢迎接待。在一些吉尔吉斯家庭里，这样的宴请会延续几个星期，新宾客源源不断：朋友，熟人，新老邻居，远近亲戚。人人都受到招待。

吃了一肚子面包、果酱、抓饭和绿茶，我摇摇晃晃地挪上了副驾驶座。当叶尔加什拐了个弯，开上 M41 公路时，吉普车在身后留下一长道轮胎扬起的尘土。我们上了帕米尔的公路，朝吉尔吉斯斯坦边境开去。在我背包的最上层，是满满四个塑料袋的新鲜羊肉和新搅拌的黄油。

让我们一起打击腐败！

一道围栏从一整片平坦、尘土飞扬的景象中横穿过去。立柱有两米高，彼此相距正好两米。立柱之间布着纵横交错的带刺铁丝网，样式是精心设计的，连一只狐狸都溜不过去。这种精心设计的带刺铁丝网绵延了数十公里。架设这些铁丝网肯定是一项庞大的工程！一根立柱接一根立柱，一米接着一米，在海拔四千米的高度，背后吹来帕米尔高原刺骨的寒风，眼中落进纷飞的沙尘。最讽刺的是，20 世纪 80 年代才立起了这样一道围栏，当时苏联与中国达成协议，应在双方边界之间设立一个五十公里的安全区。苏联在瓦解之前的那几年，还在为长远使用而修建围栏，热衷于封死每一米边境线，以确保边境安全，与其说是想把其他人拦在外面，不如说是想将自己人圈在里面。

看到这道精心修建的安全线，让人想到波兰驻外记者雷沙德·卡普钦斯基 (Ryszard Kapuściński) 的杰作《帝国》(*Imperium*) 中最吸引人的段落：

帝国国土面积超过两千两百万平方公里，其陆地边界线比赤道还长，绵延四万两千公里。只要技术上有可能，这些边界都由密集的带刺铁丝网拦着……由于恶劣的气候，这些铁丝网很快就坏掉了，因此时常要更换数百公里甚至数千公里的铁丝网，可以说，苏联冶金业的很大一部分都用于生产铁丝网。……如果我们将苏联政府执政多年来所用的铁丝网数量加起来，就不难回答这样的问题，为什么在斯摩棱斯克或者欧姆斯克的商店里既买不到锄头，也买不到锤子，更别提刀子或者勺子：因为缺乏生产这些工具的原料，原料全都用于生产带刺的铁丝网。但这还没完！成吨的铁丝网还必须用船只、火车、直升机和骆驼、狗拉雪橇运到帝国最边远最人迹罕至的角落，然后还得把这些全都卸下来、摊开、剪断，最后固定住。……不难想象，从莫斯科打给全国各地下属的电话，口气中总是会带着谨慎的关切，表现在以下问题中：你们都好好地被铁丝网围起来了吗？人们本应把精力放在建造房屋和医院上，检修时不时就会断裂的下水管道和电线，却成年累月地忙着（幸运的是，不是所有人都这样）在自己帝国内部和外部、地区和全国缠绕铁丝网。[xi]

如今莫斯科不会再打电话来了。围栏年久失修。在某些地方，带刺铁丝网已被割断，有些地方的门则被强行破开，任由其大敞着。塔吉克斯坦当局显然早就放弃把陌生人隔绝在外，把自己人圈在里面。从很多方面来说，此前的生活或许更轻松——那时有来自莫斯科的命令、围栏立柱和铁丝网。而今，维持国家运转的则是移民工人的非法工资，这也是莫斯科来的。

塔吉克斯坦与吉尔吉斯斯坦的边防哨所太不起眼了，我起初还以为不过是又一个检查站。一只昏昏欲睡的缉毒犬兴头不高地闻了闻我们的轮胎。边境守卫住在一个小木屋里，空间只够放四组上下铺和一张桌子。三个士兵正坐着打牌。他们看到我时，叫醒了第四个，那人从其中一张上铺爬下来，穿上衣服，然后找出两个简单的笔记本。他们请我坐在一张铺位上——因为房间里没有椅子——并给我端了一杯温热的茶水，与此同时，一名年轻士兵将我护照上的信息用非常工整的字迹抄录了下来。

"你们得在这儿待多久？"我问。

"两年。"他郁闷地回答。

我们一到另一边，景色就变了。四周的地更绿了，山坡更红了。山峰上覆盖着熠熠发光的积雪。

吉尔吉斯斯坦的边境站宏伟多了。路障那一边立着五六栋崭新的砖房。我的司机叶尔加什不耐烦地按着喇叭，但是没有人过来为我们打开路障。一个人也看不到。一直到我走下车，徒步越过路障，才终于发生了点什么。一名肥胖的海关官员摇摇摆摆地走过来，要求看我们的护照和车辆行驶证。叶尔加什在护照里面夹了一张面值两百的吉尔吉斯斯坦索姆纸币（约合二十五挪威克朗），把它递给那名胖海关官员。他抽走纸币，然后把护照还了回来。

"我每周都开车从这儿过，所以必须跟他们搞好关系。"叶尔加什用英语向我解释，这样海关官员就听不懂了。

我们被带到了护照检查处。正门的贴纸上写着："让我们一起打击腐败，为更好的吉尔吉斯斯坦而奋斗！"护照检查员坐在一台巨大的老式电脑后边。我们把护照递给他，他开始若有所思地翻看。看到叶尔加什护照里的纸币时，他突然手忙脚乱了起来。他把护照放在自己大腿上，这样它就被桌板挡住，处于我们视线之外了。他用紧张不安的声音说，我最好坐在车里等。他会在五分钟内记录好我护照上的信息。

"他觉得不安，因为本来不应该让游客知道贿赂的事儿。"五分钟后，叶尔加什回来时告诉我，"我跟他保证你什么也没看见。"

"那他拿钱了吗？"

"当然了。"

当三张纸币分别揣进了三个不同的口袋之后，我们被允许通过开放的路障，进入吉尔吉斯斯坦——中亚唯一相对自由和民主的国家。这里的人们曾经揭竿而起，两次推翻在任总统。这也是唯一一个西方游客无须签证的中亚国家。

在边境线的这一边，肯定有某些东西不一样了。一开始就能够注意到，但是过了好几天，我才弄明白到底是哪里不一样。究竟少了些什么。

吉尔吉斯斯坦

自由的时刻

　　吉尔吉斯斯坦是唯一一个有在任总统自愿下台的后苏联中亚国家。该国还保持着中亚总统人数最多的纪录，虽然这个数字也不是特别多。相比较而言，哈萨克斯坦和乌兹别克斯坦的领导人还是戈尔巴乔夫在任时期任命的，即便他们现在头发更灰白了，脸上的褶皱更多了，绝大多数民众还是支持他们——如果选举结果可信的话。

　　所有显示自由和民主排名的地图，都将这个哈萨克斯坦的小邻国与其周边国家呈现为不同的颜色。吉尔吉斯斯坦是中亚最自由最民主的国家。其新闻出版是该地区最自由的，而且在经济自由上，这个贫穷的山地小国也可以排到全世界前一百名，远远领先于它的那些专制邻国。吉尔吉斯斯坦还是唯一引入议会制的中亚国家，从而限制了总统的权力。所有其他的斯坦国都是独裁政体，最多只是比较开明。

　　这种自由切实吗？这里的空气不一样吗？不，自由无法感受到，它就在那儿，没有什么好大惊小怪的。与其说这里的自由可感可察，不如说这里不存在恐惧。人们批评当局时不会压低声音。随口对政府做出一句评论前，他们不会警惕地四处张望。这里的人嘲笑政客，公开拿他们开玩笑，甚至总统。似乎没有任何禁忌。我遇到的第一个吉尔吉斯斯坦人乌布赖莫夫甚至跟我大谈特谈他有多么会占国家的便宜。他一边大笑一边告诉我，他正在拿失业救济金，虽然他拥有两家杂货店。他声称，这不是他的主意，而是补助发放官员建议的。他们达成了一笔交易，乌布赖莫夫每年拿十个月的失业补助，剩下两个月的归那名官员。这对他们来说是双赢。这笔救济金数目不多，每个月只有不到四百挪威克朗，但所幸乌布赖莫夫并不依靠这笔钱生活。腐败是吉尔吉斯斯坦唯一比它的许多邻国分数低的项目：它在 177 个国家中排名第 150 位，低于哈萨克斯坦和俄罗斯，但仍比土库曼斯坦和乌兹别克斯坦高，后两者在大多数这类排名中都稳稳立于不败之地。

首都比什凯克感觉上仍旧很俄式。看不到多少头巾，也没有什么白色毡帽。多数人都是现代衣着：牛仔裤、运动鞋和永远的皮夹克。你在街上听到的俄语跟吉尔吉斯语几乎一样多。吉尔吉斯斯坦 20 世纪 50 年代的情况跟哈萨克斯坦相同，吉尔吉斯人也只占到人口的 40%，是自己国家中的少数民族。第一批俄国和乌克兰定居者早在 19 世纪末就纷纷涌向吉尔吉斯大草原。到了苏联统治时，该国的俄罗斯人和乌克兰人的数量就跟吉尔吉斯人差不多了。苏联解体之后，许多俄罗斯人和乌克兰人迁回西方，如今吉尔吉斯人占总人口的 70% 以上。今天，在吉尔吉斯斯坦的俄罗斯人不到三十七万，多数人生活在比什凯克。

　　比什凯克是中亚绿地最多的首都。周围高山上融化的雪水为城里的许多公园和树木提供了淡水，带给这座城市一种友好的乡土风情。这也是中亚变化最小的首都。漫步在比什凯克宽阔、绿树成荫的街道，感觉就像回到了几十年前。除了名称，几乎没有什么改变：1991 年以前，这座城市被称为伏龙芝，这是以出生于此地的布尔什维克领导人的名字命名的。独立后，它采用了旧名 Pishpek 的变体，这个词大概取自吉尔吉斯语中用来做马奶酒（kumys）的奶桶。但如果追溯到粟特时代，Pishpek 也许是类似"山脚下的城镇"的意思。不论真假，这都是对该城位置的恰当描述。在社会主义高楼的背后，雄壮巍峨的天山山脉直冲云霄。

　　许多街道也有了新名称，甚至在二十多年后还把出租车司机搞得晕头转向：列宁美景街（Lenin Prospect）成了崔美景街（Prospect Chui），真理（Pravda）变为伊布赖莫夫（Ibraimov），卡尔·马克思被替换成尤努萨利耶夫（Junusaliyev），如此等等。比什凯克没有阿什哈巴德恢弘的白色大理石建筑，没有阿斯塔纳那么酷的现代主义，甚至连穷酸的杜尚别都比不上，后者毕竟还有一根非常高的旗杆、一栋崭新的总统府和一座大到征用全国的书都填不满的图书馆。相反，比什凯克是一个朴实无华的首都，到处都是宽阔的街道，高大的苏联建筑和宽广、开阔的混凝土广场。近年来一些土耳其购物中心出现在苏联式混凝土建筑当中，一些可靠的老俄罗斯餐厅被改造成很酷的寿司店。印着上届党代会口号的红色宣传旗早已被化妆品和电子产品广告所替代，但列宁的大雕塑仍旧屹立着，只是现在转移到了不太显眼的地方，在历史博物馆的后面。

一个国家的奢华建筑和大理石外立面的数量似乎与其民主发展成反比。吉尔吉斯斯坦是唯一没有花钱建新总统府的斯坦国。"白宫"这栋混合了新古典主义和野兽派风格的苏联式庞大建筑，仍然是总统和中央政府的所在地。愤怒的示威者第一次冲入白宫是在 2005 年 3 月 24 日。

就像在塔吉克斯坦一样，一开始，事情看起来充满希望。最初几场选举在 20 世纪 90 年代举行，还是相当开放和自由的。虽然只有一个人获得了竞选总统的候选人资格，但至少各党派被允许参加议会选举。吉尔吉斯斯坦的首任总统阿斯卡尔·阿卡耶夫（Askar Akayev）与邻国的那几位同侪在许多重要方面都颇为不同：他不是工程师，而是有专业背景的物理学家；他的从政生涯并不长，在 1987 年才首次入选吉尔吉斯苏维埃社会主义共和国的最高苏维埃。他起初是民主与透明性的捍卫者，但是，经年累月，理论与实践之间的鸿沟越来越大，选举结果也越来越假。

经济也在衰退。作为苏联的一部分时，来自莫斯科的津贴构成了吉尔吉斯苏维埃社会主义共和国总预算的 3/4。除了农产品和一个如今已落入加拿大手中的金矿的金子，吉尔吉斯斯坦仍旧没有什么重要的出口品。独立之后没几年，外债超过了国民生产总值，物价飞涨，有时伴随着急剧恶化的通货膨胀，工资跟不上物价上涨速度。当阿卡耶夫试图在 2005 年连任四届总统时，人们已经忍无可忍。暴怒的游行示威者冲进比什凯克的总统府和政府大楼，在该国南部，人们控制了主要行

政大楼。阿卡耶夫和他的家人逃往莫斯科，在那里获得了政治
庇护。

春天，野郁金香开遍吉尔吉斯斯坦，于是这场起义被称作
郁金香革命，其命名方式延续了 2003 年格鲁吉亚的玫瑰革命和
2004 年乌克兰的橙色革命。此后发现的秘密日记与档案揭露了
阿卡耶夫政府究竟有多腐败：各类价格都被详细列了出来，议
会的一个席位可以卖三万美元，一个派往美好的西方国家首都
的大使职位要花将近二十万美元。

不幸的是，阿卡耶夫的继任者库尔曼别克·巴基耶夫
（Kurmanbek Bakiyev）腐败起来也丝毫不逊色于前任，甚至变
本加厉。他立刻安排几个家庭成员担任关键职位。在巴基耶夫
任总统期间，有数名议会成员、反对派政要和记者神秘死亡。
腐败依旧，多数人民的日子没有变好。2010 年，暖气和电的价
格翻了不止一倍。当局原本计划在塔拉斯（Talas）、纳伦（Naryn）
和比什凯克召开公众集会，该年 4 月，亦即集会召开前夕，他
们逮捕了一些反对派政要，人民的耐心就此耗尽。4 月 7 日，
愤怒的示威者又一次冲击了白宫。这一次，有八十七人在冲
突中丧生。后来，下台的总统和他的弟弟贾内什·巴基耶夫
（Janysh Bakiyev）因为下令向示威者开火，被缺席审判，判处
终身监禁。巴基耶夫一家现在生活在白俄罗斯，他们在那里获
得了政治庇护。

为了保证下一任总统不会像前两任那样恶劣，吉尔吉斯斯
坦引入了议会制——这在中亚后苏联国家当中是第一个。总统
须服从议会和首相，权力受到限制。萝扎·奥通巴耶娃（Roza

Otunbayeva）从巴基耶夫手中接棒成为临时总统，一直到2011年的总统大选。她不只是中亚首位女性总统，而且是第一位自愿下台的总统。

小小的吉尔吉斯斯坦是五个斯坦国中唯一奋起反抗当局，并把在位总统赶下台的。不是一次，而是两次。所以为何是吉尔吉斯斯坦？或许更恰当的问法是，为什么这没有在其他任何一个邻国发生？可能的一个解释就是贫困。革命最可能在贫穷国家——或者大部分人口是贫穷人口的国家——蓬勃发展。俄国革命的起因是巨大的贫富鸿沟引发了众怒，触发橙色革命和阿拉伯之春的也是贫穷和日益上涨的生活成本。

吉尔吉斯斯坦是最穷的几个原苏联加盟共和国之一。超过1/3的人口生活在贫困线以下，像塔吉克斯坦一样，这个国家完全依赖移民工人从俄罗斯寄回的收入来勉强维持运转。虽然苦难并非深不见底，但到处都是贫穷的迹象，比如，人行道上有临时搭出来的跳蚤市场，任何能值点钱的东西，退休老人们都会拿出来卖：一个烛台，一个旧花瓶，四本读完了的书。有些人坐在那里，跟前只放了一罐葵花籽，或是一个旧体重秤，路过的人只要花大概半挪威克朗就能称上一次。

土库曼斯坦和哈萨克斯坦都有大量的石油和天然气储量。上层阶级在钱堆里打滚，中层阶级也有出人头地的机会。然而，塔吉克斯坦人十分害怕国家会再次崩溃，陷入战乱，这是可以理解的，所以大多数人愿意一次又一次投票给同一个总统。他们可以忍受腐败、裙带关系和濒临崩溃的经济，只要国家是稳定的。只要还有和平。吉尔吉斯斯坦西边的邻国乌兹别克斯坦也很穷，尽管比吉尔吉斯斯坦要富一些，该国总统为了握紧权力不择手段。乌兹别克斯坦政权是世界上最高压的政权之一，几乎与土库曼斯坦和朝鲜在同一层级。这个因素当然也重要：政权诉诸暴力的能力与意愿。吉尔吉斯斯坦的第一任总统阿卡耶夫下令不许对比什凯克的示威者开枪。他的继任者就没那么有原则了，但之后，当他意识到已经输了这场战役时，便丢下一切外逃了。然而，乌兹别克斯坦总统已经动用过坦克和自动武器来威慑示威者，要再次动用这些手段时大概也会毫不犹豫。

尤其是因为许多地方都有数量众多的警察，中亚其他几个后苏联国家比大多数欧洲国家都安全多了，但在比什凯克，人们会警告你天黑以后不要单独外出。犯罪率不断攀升，袭击与抢劫事件也越来越频繁。

一天晚上，我打了个出租车回酒店，惊讶地发现，开车的竟然是个年轻女子。她肯定察觉到了我的惊讶，因为她立刻开始解释：

"我有四个孩子，没有老公，父母都过世了。我其实受过教师培训，但是教师月薪只有一百五十美元，靠这些钱我自己都活不下去，更别说家里还有四个孩子要养活。所以冒险开出租车要好一点，尽管会遇上各色各样的乘客，尤其是夜里……"

我下车往酒店入口走了几米后总算明白少了什么。我在吉尔吉斯斯坦已经待了一个多星期，还不知道现任总统阿尔马兹别克·阿坦巴耶夫长什么样。比什凯克的墙上贴着电影海报和化妆品广告。少数几个占据墙上空间的男人，皮肤全都晒成古铜色，且肌肉发达，笑起来如牙膏广告般露出一口闪亮洁白的牙齿，名牌衣服下有着宽阔结实的肩膀。

别哭，你现在是我的妻子了

　　十九岁的玛丽亚姆盛装打扮，准备参加闺蜜的订婚聚会，她非常为闺蜜开心。婚礼的日子已经确定，玛丽亚姆要当伴娘。她不太了解新郎，但是闺蜜似乎很久都没这么开心了，这才是最重要的。此时距离玛丽亚姆离开她的小村庄来到比什凯克学习德语正好一年时间。这一年里，她与一个同学相爱并成为情侣，但他们俩都觉得考虑结婚还太早了。玛丽亚姆还要在大学里待四年，并有意在毕业后移居德国。

　　玛丽亚姆到聚会现场后不久，朋友的未婚夫就问她愿不愿意一起出去走走。一走到外面的人行道上，他就要求她上一辆车。她认出坐在驾驶座上的年轻男子跟她是同一个村的。

　　"我要带你去见我父母。"朋友的未婚夫说。玛丽亚姆以为他在开玩笑，打算一笑了之。未婚夫也笑了，但是过了一会儿，他的五个朋友出现在了门口。他们把玛丽亚姆推进车里，自己也跳上了车，关上门。然后车子开动了。

　　慢慢地，玛丽亚姆反应过来了这是怎么回事。她知道自己动作要快，趁他们还在城里。车子在红灯前停住时，她设法逃下了车。她奔向一辆停在巴士站的小巴士，迅速爬到车上。但那男人的朋友追上了她，把她拉回街上。玛丽亚姆竭尽所能地反抗，但没有尖叫或大哭。她不想制造丑闻。毕竟她知道这些男人是谁，他们都是同一个村里长大的。他们还是她的朋友。

在漫长的行车途中，朋友的未婚夫想尽一切办法来说服玛丽亚姆。他告诉她，他从没有爱过她的朋友，他跟她订婚只是为了接近玛丽亚姆。他说他爱她，没有她活不下去，如果她不跟他在一起，他就自杀。他还威胁她：如果她不跟他结婚，他会跟踪她。他会让她永远不得安宁。玛丽亚姆害怕了，不是怕他对她做什么，而是怕他会伤害自己。

这场绑架有那么多的目击者，很快就有人告诉玛丽亚姆的家人和朋友发生了什么事。他们到了绑架者家里以后，他们全都在那儿：她的父母，朋友，她的男朋友。她的母亲哭了。玛丽亚姆哭了。她的男朋友哭着求她跟他回城里。

"我当时太年轻了，真的相信如果我走了，他就会自杀。"玛丽亚姆说。这时距离她被绑架已经过了七年，她现在二十六岁了。脸上还没有皱纹，脸型较大，棱角分明。她穿着一身红色丝绒运动服，一边跟我讲述她的故事，一边给小女儿哺乳，孩子五个月大。她去见朋友时，在婆婆和丈夫听不到的地方，能够自如地讲话，但是她没有告诉我她的真名。安全起见。这种事人们一般不会讨论。

婚礼一个月后才举行，但是按照传统，玛丽亚姆在此期间要跟未婚夫和他的父母住在一起。一天的时间内，她的生活天翻地覆：她在城市里的学业与生活都结束了。她不得不嫁给朋友的未婚夫，一个跟父母住在一起的农民。

最初的那段日子，玛丽亚姆经常哭。

"他安慰我，让我别哭了，"她说，"他很好，很耐心。好在时间久了，情况就慢慢好了。"

玛丽亚姆没有完成学业、移居德国，如今她成了一个忙碌的农妇。她的丈夫和公婆总共有十五头牛，一百头羊，五十只母鸡和十五只鹅。要干的活儿多得不得了。玛丽亚姆也成了两个小女孩的母亲，并想要再生两个孩子，男孩。

"我觉得我很幸福。他是个好男人。孩子出生之前我常常想到以前的生活，但是我现在再也不想了。"她把小女儿从乳房边举起，满含爱意地看着她。小女孩不开心地呜咽着，但玛丽亚姆只是看着她便满脸幸福。"我想让我的女儿过上自己想要的生活，找份体面工作，事业有成，"她说，"我不想让她们像我一样这么早结婚。我希望她们能自己选择丈夫。抢婚是我们的一个传统，但这是错的。"

玛丽亚姆的母亲也是被绑架的。绑架她的人是跟她在同一家工厂上班的同事，比她年长三岁，一天下班后，他在街上绑架了她。她痛哭不已，但是不得不留在未来的丈夫家，这个人之后成了玛丽亚姆的父亲。

"女儿被绑架后把她接回来是丢人的事，"玛丽亚姆解释说，"尤其是如果女儿已经不是处女了。如果我不答应结婚，这就是一桩丑事。对男人来说也不容易。我再也没见过我的前男友。去年，我弟弟的女朋友被绑架了。虽然她爱我弟弟，但她还是选择嫁给绑架她的那个男人。"

* * *

二十一岁的萝扎是在一天晚上从化妆品店下班回家的路上被绑架的，此时她已经在比什凯克生活了三年。这一切都不是意外：绑架她的男人知道她下班的时间，以及她通常走哪条路回家。在萝扎独自走到一条空无一人的昏暗街道上时，他动了手。他借了一辆小巴士，并带了十个村里的朋友。这些朋友强行将萝扎拖进小巴士里，把她绑在一个座位上。

"我已经绑架了你。你要做我老婆了。"坐在驾驶座上的男人宣布。萝扎隐约记得他是村里人，她离开了村子，就绝没有回去的打算。她和姐姐现在住在城里了。她们的父母都已过世。那村子已经犹如前世。

回男人家的路途要花好几个小时，小巴士上的男人们已经喝得醉醺醺的，并且还在喝酒作乐。伏特加的酒瓶丁零当啷，被传来传去，气氛愉快。没有一个人关心萝扎的眼泪。他们抵达村子时，他的祖母已经站在那里，准备了一条白色的大披巾。萝扎知道，假如让她把披巾披到自己头上，就意味着她同意了这场婚事。他的家人已经准备好婚宴（toj）。许多客人已经吃上了。

萝扎不想结婚。她喜欢与姐姐在比什凯克的生活，并且很开心。况且，她不喜欢这个绑架她的男人。他完全不是她喜欢的类型，粗俗、土气，跟英俊完全不搭边。他比她大五岁，在建筑行业工作。但她还是让他的祖母把那条白披巾披到了她的头上。

"我哭累了。"萝扎说。她身材娇小，穿着一件黑色长毛衣和一条牛仔裤，圆圆的脸配着一头短发。

她坚持在我的酒店房间见面，这样就没人能听到我们的谈话内容，我也答应不公开她的真实姓名。我们在一个地方小镇上，这座小镇位于巍峨的天山之下，在这个国家的最西边。每个人都相互认识，到处都有耳目。

第一天晚上她没有跟他发生性关系，但他们并肩睡在同一间房里。第二天，伊玛目来看他们。他读了《古兰经》，并为他们进行了伊斯兰婚礼仪式(nikah)。第二天晚上她跟他上床了，此时他们就是夫妻了。

第一年很苦。萝扎不想跟丈夫或者他的父母生活在一起，但她觉得自己没法跟他离婚。

"吉尔吉斯人不赞成离婚。"她说，眼泪顺着脸颊静静地流下来。她用力吸了一下鼻子。

"你爱他吗？"

"不爱，但我习惯他了。"

"他跟你解释过为什么要绑架你吗？"

"他说他喜欢我。"

"他就说了这些吗？"

"对。"

在第一个孩子快出生的时候，萝扎和丈夫搬出了他父母的房子。他们无法原谅儿媳在嫁过来第一年竟说不想跟他们住在一起，对她很差。他们的大儿子现在六岁，第二个孩子也是个男孩，是一年前出生的。

"有了小儿子以后，我就不再想着离开他了，"萝扎告诉我，"从那时起我就知道我不得不跟他过下去，为了孩子。我没有选择。我又能去哪儿呢？我没工作，没文凭，没有自己的钱。他也不算一个坏男人，真的。他不喝酒，也不打我。他尊重我。"

她擦干泪水，准备起身离开。我给了她一点钱让她坐出租车回家，因为她自己没有钱。这笔车费大约为六挪威克朗。

* * *

"你完全可以用我的名字。"叶连娜说。她一直坐在这儿，安静地听着萝扎的故事。有时候萝扎或者我卡住了，找不到合适的俄语词汇时，她会出来帮忙。她二十三岁，穿着牛仔裤和皮夹克。因为下雨，她戴了一条头巾，一缕缕栗色的长发从头巾下面露出来。她的脸晒成了褐色，这让她明亮的蓝眼睛显得更蓝了。

"我以为他们不会绑架俄罗斯女孩。"我说。

"我也这么以为！"叶连娜说。接着她开始告诉我：五年前，当时她十八岁，来比什凯克学经济学。寒假时，她回村里看望母亲。因为她母亲在村医院里，她独自一人在家。她父亲几年前去世了，姐姐在比什凯克。叶连娜到那里几天后，邻居打电话说他们最小的孩子生病了，问她能否跟他们的女儿一起去买些药。叶连娜从小就认识这家邻居，他们的女儿布布萨拉是她最好的朋友之一。布布萨拉的父母安排了一辆车送她们，两个女孩坐上了车后座。叶连娜没见过前面坐着的两个年轻男子，但布布萨拉知道他们是谁。两名男子将她们送到医院，但那儿的药店关门了。回来的路上，车子停了一下，布布萨拉的叔叔突然跳上了后座。他用力把门拉上后，司机猛踩油门。他们开出了村子，全速开过另外两个村子。叶连娜和布布萨拉开始哭喊，不顾一切地想让他们停车，但没有用。这些男人料到了她们会反抗。叔叔紧紧抓住了布布萨拉，其中一个年轻人到后座抱紧叶连娜。叶连娜不敢相信这事竟然会发生在她的身上。毕竟她是个俄罗斯人！

路上，叶连娜成功说服了那些男人停车让她们上厕所。一走出他们的视线，她就抓住朋友的手说："快点，我们跑！"这对朋友尽可能快地跑了。当时是冬天，天已经黑了，地上的雪积得很厚。她们不知道自己正在往哪儿跑，但没关系，只要赶紧逃走就行。她们身上几乎没有穿御寒的衣服。如果她们整晚都得在户外怎么办？要是碰上了狼怎么办？叶连娜无须担心，因为三个男人很快追上了她们，强迫她们回到车上。

"放我出去！"叶连娜尖叫起来，"我要回家！"她又是叫，又是踢，又是打，却无济于事。

"冷静，你这样只会把事情搞得更糟。"司机在前排咕哝。

他们在晚上九点到了司机家。他的亲戚全在那儿了，一间屋子的桌上摆好了婚宴吃食。叶连娜和她的朋友被带去了另一个房间，很快，一个驼背的老妇人就拿着一块白色大披巾走进来。

"我不要戴那玩意儿！"叶连娜尖声叫道。她绝不会嫁给那个男人。她根本不认识他！对她来说，他只是个男人。好几个亲戚进房间来劝她，但是叶连娜只对他们叫喊。一个姨妈试图硬给她套上一件保暖的毛衣，她铆足力气把她推倒了。

有那么一会儿，叶连娜和布布萨拉被单独留在房间里。叶连娜一刻都没有浪费。她找到一把椅子，开始推墙上一扇位置很高的窗户。她刚刚成功，绑架她的人就出现在了门口。

"你要去哪儿？"他问。

"我有男朋友了！"叶连娜喊道，"我怀孕了！"为了脱身她什么都说得出口。

"真的？"年轻男人的脸顿时变得煞白，"我不会照顾另一个男人的孩子，你要知道。"

"那就放我走！"

但他不打算这么做。再次只剩她们俩时，叶连娜拿出手机拨通了姐姐的电话，她的姐姐是律师。起初她姐姐很愤怒。她怎么能那么蠢，竟然上了那辆车？她在想什么？之后她要求跟绑架犯的家人通话。

"你们绑了一个俄罗斯女孩。如果你们不在五分钟之内开车把她送回家，我就去报警。"她威胁他们。

一个小时后，大约是经过了许多讨论，这家人开车把叶连娜送回去了。此时已经是十一点了。叶连娜的心里满是逃过一劫、安全回家的解脱感。但是布布萨拉得留下。她叫叶连娜通知她的父母，好让他们来接她。但是她们到这时还不知道，布布萨拉的父母就是整件事的同谋。

在回去的车上，绑架她的人继续向她施压，尽管已没有那么强势。

"你为什么要回家？告诉你姐姐你要跟我们一起生活！"

当天晚上，这个司机跟布布萨拉结婚了。她没有抵抗的力量，同意了这场婚礼。

经过这一切，叶连娜以恨不能更快的速度回到了比什凯克。接下来的两年里，她都离那个村子远远的，连放假都不回去。布布萨拉的婚姻不幸福。结果证明她的丈夫热衷家暴，好几次她逃去了叶连娜母亲家。有一次，叶连娜也在家。那男人来接妻子回家，像之前一样说自己愿意悔改，叶连娜问他为什么要打她的朋友。

"如果当初跟我结婚的是你，一切都会不一样。"他回答。

如今布布萨拉有两个小孩。第三个孩子流产了。她的丈夫在她怀孕期间也动手打她。

"他现在又娶了一个老婆，"叶连娜摇着头说，"吉尔吉斯男人比俄罗斯男人还差劲！"

那场绑架发生三年后，叶连娜在网上认识了一个哈萨克男人。两个月后，等叶连娜拿到会计资格证，他们就要结婚了，然后搬去圣彼得堡开始一段新生活。布布萨拉选择留在暴力的丈夫身边，叶连娜担心自己的朋友，但很高兴自己当时逃脱了。

"对我来说，留下从来不是一种选择。我对于离开那里丝毫不感到羞愧。我不是吉尔吉斯人，我只想回家。"

* * *

在吉尔吉斯语中，抢婚的传统被称为阿拉卡丘（Ala kachuu），"抢夺并逃跑"。没有确切数据表明在吉尔吉斯斯坦，每年究竟有多少年轻女人被绑架并强迫结婚。罗素·克莱恩巴赫（Russell Kleinbach）是一位社会学教授，是少女庇护所协会（Kyz Korgon Institute）的创立者之一，该组织的目标是结束中亚的新娘绑架行为。罗素·克莱恩巴赫花了许多年研究这一现象，他估计吉尔吉斯斯坦有 1/3 左右的婚姻都是这种类型的。在农村，这一数字达到 50% 以上，也就是说，每年有一万一千八百个年轻女人被绑架，每天三十二个，每四十分钟一个。超过 90% 的新娘会跟绑架她们的人一起生活。

"许多人声称阿拉卡丘是一种古老的游牧民传统，但这纯粹是胡说。"巴努尔·阿卜迪耶瓦（Banur Abdiyeva）是一名律师，也是女权组织"领导者"的负责人。"大家都以为民族史诗'马纳斯'（Manas）提到了这一传统，但这其实是一种广泛流传的误解，因为几乎没人读过整篇史诗。'马纳斯'一次都没提到过阿拉卡丘！在古代，女人有时会在战争时期被绑架，年轻情侣也可能因为父母不同意婚事，或者新郎不想付'聘礼'（kalym）而一起私奔。这在今天也还在发生，但这不是阿拉卡丘。女人违背自己的意愿被掳走才是阿拉卡丘。这种所谓的传统始于苏联时代的集体化时期，在苏联解体后变得越发盛行。"

绑架者此前只会面临十万索姆的罚款（约合一万一千五百挪威克朗左右）以及三年的活动自由限制。偷羊的处罚都比这严重。在"领导者"和其他各方的努力游说下，2012 年，法律处罚增加到七年的无条件监禁，如果被绑架的女孩未成年，则是十年。然而，受到处罚的风险极小。根据少女庇护所协会的数据，一千五百个男人中只有一人因抢婚被判刑，迄今为止，只有两个男人依据新法被判处监禁：一个案例是年轻女人自杀了；另一个案例中，一名离异男子绑架了一名十六岁的少女三次。他在第一天晚上就强奸了她。她的父母不希望她嫁给这样一个男人，把她接回去了。于是他再一次绑架了她。最后，这对父母报了警。庭审期间，这个女孩不得不回答公诉人的问题：为什么她要拒绝跟这个男人和他的家人生活在一起，拒绝这样一份有保障的生活？他对她来说不够好吗？

巴努尔认为关于阿拉卡丘的观念根深蒂固：

"我们对待女性和儿童的整个方式必须改变。这里没有浪漫的传统。农村的男人除了绑架和强奸，根本不知道怎么找老婆。他们祖父母是这么结婚的，他们父母是这么结婚的，村里其他家家户户也是这么结婚的。整个家庭都参与了这一传统。当男人带着他绑架来的哭泣的新娘回家时，祖母已经站在那儿准备好了白色披巾。年长的女性亲眷负责施加心理压力，'我们也是被绑架的，我们也哭喊，但接着我们有了孩子，就都忘了。看看我们现在！我们有儿女，有孙子，还有漂亮房子！'男人对女人的痛苦无动于衷。他们认为哭也是传统的一部分，不明白她实际就是在遭受痛苦。如果一个女人失去贞操，那就等同于终身无期徒刑了。那样她就别无选择，只能结婚。即使这个男人没碰她，她也担心回到父母家以后再也没有人会娶她了。正是因为社会和心理压力很大，大多数女人才留了下来。在7%的案例中，女孩没有答应跟男人结婚，这样的男人就会受苛责：这算什么男人，连一个新娘子都留不住？"

阿拉卡丘的受害者中有许多女孩都遭到强奸，或被迫跟一个她在几小时之前才认识的男人发生性关系。伊玛目祝福了这对夫妇，就意味着他们将在当天晚上圆房。关于新婚之夜有许多悲剧故事。一名年轻女子告诉我，在伊玛目进来祝福他们之前，她从未见过这个跟她结婚的男人。在她被绑架和结婚的当晚，她和丈夫被反锁在卧室里。他的好几个女性亲眷坐在门口等候。因为这对年轻的夫妇彼此不认识，于是他们坐在那儿聊了聊天。她不想跟一个完全陌生的人做爱，大概他也一样紧张。几小时之后，一个女人不耐烦地敲了敲门。"你是男人不是？你还在等什么？"男人于是开始满屋子追这个女孩。他强奸她的时候她尖叫、哭喊，但是没人在乎。那些女人感兴趣的只是床单上的血迹，它能证明新娘还是个处女。

"我们的社会极具侵犯性，"巴努尔说，"虽然非常热情好客，但是吉尔吉斯社会其实很冷酷。随便什么就能让人突然爆发，对彼此大喊大叫或者打起来。家暴十分常见，甚至辈分不同的人也会大打出手。我们得培养一种更宽容、更平和的文化。但怎么去培养呢？"

养鹰人

"我就是养鹰人。"他从头到脚穿戴着皮革制品，公事公办地向我伸出手。他戴一顶传统的吉尔吉斯高毡帽。面目温和而饱经风霜。握手很有力。他打开车门，示意我坐到磨损陈旧的副驾驶座上。引擎在启动之前接连发出咳咳喀喀的杂音。

"这车虽然旧，但已经勤勤恳恳地为我跑了三年了。"他拍着仪表盘说。

有什么东西弄得我的脚趾痒痒的。我俯身发现一只兔子，它正竭尽所能地在杂物箱下面缩成小小一团。

"我以为我们是去山上正经打猎的。"

养鹰人摇了摇头。

"这时候马正在山上吃草。要去的话路太远。您只能将就看看普通的兔子表演了。"

一声尖厉刺耳的叫声像一记鞭子，划破了四周的空气。我惊呆了，转过身看到一个毛茸茸的脑袋从无盖后备箱顶上来。这只鸟戴了皮革头罩。她张开尖尖的长喙，再次发出一声刺耳尖叫，这一次更声音更持久，也更埋怨。

"她饿了。"养鹰人说。

可怜的兔子因为恐惧瑟瑟发抖。

我们开车穿过波孔巴耶沃（Bokonbayevo）满是尘土的乡村街道，接着开出村庄，进入荒凉的大草原。养鹰人戴上一只长而厚实的手套，打开后备箱，把那只金雕放到他的胳膊上举起来。他小心翼翼地除去皮革头罩。一双圆溜溜的黑眼睛露了出来。

"跟我最好的鹰图马拉打个招呼吧。"养鹰人往后退了几步，从不同角度熟练地摆了几个姿势。图马拉把重心从一只脚换到另一只脚，但十分顺从地站着没动。一听到命令，她便飞起来，飞了一小圈，接着又落回他的胳膊上。

"唔，我们最好开始吧！"养鹰人重新给图马拉戴上皮革头罩，打开副驾驶的车门，把那只瑟瑟发抖的兔子放了出来。它重获自由，感到不知所措，困惑地横冲直撞。最后它在平原中央停了下来，一动不动，仿佛希望某个人能赶来救它。养鹰人缓步走去最近的山脊。

"准备好了吗？"他在顶上喊道。

我对准兔子拉近镜头，准备永久地记录下它的死亡。随着一声捕食者的呼号，养鹰人松开了图马拉。她贴着地面俯冲下来，直接扑向自己的猎物。兔子肯定已经意识到有什么可怕的事情即将发生，但似乎还没有放弃有人会来救它的希望，因为它仍旧呆呆地站在那里。下一刻，图马拉就逮到了它。她的爪子深深陷进兔子的皮毛，这样它便动弹不得。她待在那里，一直到养鹰人从山脊上下来，用一个单音节向她发出允许开动的信号。她无须鼓励。她甚至懒得先杀死自己的猎物，鸟喙钻进灰色的皮毛中，便开始吃了。兔子无助地躺在那里，眼神呆滞，心脏还在跳动。一切很快便被吞食干净。皮毛、骨头、肝脏、血液和心脏。

"您觉得如何？"养鹰人用期待的眼神看着我，"她很厉害，对不对？"

"是的，"我含糊答道，"非常厉害。"

金雕是极其出色的捕猎者。它们可以发现几公里之外的猎物。因此，图马拉抓住几百米外一只一动不动的驯顺兔子就没有那么令人震撼了。这一定是她最起码的技能。

回去的路上，后备箱里一声鸟叫都没有。金雕已经饱餐了一顿。

"我在她还是幼鸟的时候就把她从巢里带了回来，"养鹰人说，"我一直等到她开始拍打翅膀。这时候她就准备好了。过几个月，我们就可以一起去打猎了。我对她来说又是爹又是妈，她就像我的女儿。她只听我的话，不会听别人的。我一共驯了三只金雕，图马拉是最棒的。她得过两次国家冠军，有一次比赛甚至抓着了一头狼。"

他找来两把椅子，好让我们在杂草蔓生的花园里坐着。我们得待在房子外面，因为他十一岁的大女儿正在里面做大扫除。在房子的后面，图马拉被拴在一个用旧锅做的栖息点上。她黄色的喙上还沾着点点血迹。她的旁边站着一只体型更大、但羽毛没有那么光亮的鹰，这是最近刚抓的。养鹰人给它扔了一块肉，它贪婪地扑了上去。他刚转过身，那鹰就发出愤怒的叫声，索要更多的肉。

养鹰人叫塔尔加尔别克（Talgarbek），今年三十八岁。他从七八岁的时候就开始操弄鸟类。没有人教他，更没有人鼓励他这样做。他的祖父养过许多鸟，但是塔尔加尔别克六岁时他就过世了。他的父亲是位老师，受够了这些鸟。

"在苏联时期，他们不鼓励我们保持吉尔吉斯传统，"塔尔加尔别克说，"我觉得，如果我父亲带着身上被猛禽抓伤的痕迹出现在学校，肯定会觉得丢人。"他卷起一边的袖子。旧伤加新伤，在他晒黑的皮肤上形成一片复杂的图案。塔尔加尔别克因为总在山里游荡，从早待到晚，所以在家常常被责骂。他每年穿破的靴子比兄弟姐妹多得多。

"我去找那些老猎人聊天，他们把自己所学的全部教给我。我猜这东西是骨子里的，因为我学得非常快。现在我了解所有关于鸟的事，我也有自己的徒弟。"

塔尔加尔别克九年前辞去了吉尔吉斯电信的工作，现在只靠他的兔子表演为生。夏天的时候几乎每天都有游客来。多亏了游客的钱和兔子的牺牲，他终于有钱盖自己的房子了。

"我妻子一直都支持我，即使我赚钱不多的时候也一样。我的一个朋友，因为他的妻子不支持，不得不放弃养鸟。他们现在住在比什凯克。"

"你是怎么认识你妻子的？"

塔尔加尔别克一阵大笑。

"我抢来的。我们在比什凯克的一家咖啡馆坐了两小时，

聊了聊天，然后我就逼她上了我的车。有两个朋友在那儿给我
当帮手。我当时二十六岁，她二十三岁。当然，她哭啊，叫啊，
这就是我们的传统。我们把她带到这儿，然后告诉她的父母我
们绑架了他们的女儿。然后我奶奶把一条白披巾披到她头上，
我们就结婚了。"

"为什么你偏偏要选她呢？"

"是时候找个老婆了，所以我就去了比什凯克。一些朋友
介绍我们认识，是一见钟情。她在比什凯克工作，是个设计师
和建模师。现在她是个家庭主妇，怀着我们第四个孩子。我们
很幸福。"

"如果有人绑架你女儿，你觉得没关系吗？"

"只要他们有一套好房子，为什么不行呢？"塔尔加尔别
克耸耸肩，"女儿早晚都是要嫁出去的。但是阿拉卡丘现在被
禁了，可能会因此进监狱，所以没那么常见了。有些男人怕跟
女人说话。所以新法律生效以后，他们可能永远也结不了婚。"

我们说话时，一个约莫八九岁的男孩跑出来，来到花园里。
他的胳膊上有一只小鹰。

"阿齐姆将成为第四代养鹰人。"塔尔加尔别克边说边拍了
拍男孩的头。

我在门口瞥到他十一岁的大女儿，她正用一把大扫帚清扫
客厅，忙着做家务，没有工夫抬头看。

* * *

"塔尔加尔别克不是个正经养鹰人！"伊申别克（Ishenbek）

轻蔑地哼了一声，"他关于鸟的知识全是我教他的，但对他来说这只是生意。他坐在家里等游客打电话。他都懒得出去打猎，他只参加比赛和节日。他搞的那个兔子表演真是丢人。丢人！"

伊申别克和他的妻子齐娜（Zina）居住在波孔巴耶沃往西几十公里的小村子，临近伊塞克湖，这是世界第二大高山湖。这个轻微含盐的蓝色湖泊使湖边的气候比吉尔吉斯斯坦的其他地方要宜人一些——冬天不会寒冷至极，夏天很少酷热难耐。夏天的几个月，吉尔吉斯游客蜂拥前往海滩，而外国背包客则到伊申别克和齐娜的简朴旅社来。

"你运气不错。"齐娜告诉我。她是一个勤快、务实的女人。在退休之前，她是村里的医生，"明天有一个俄罗斯摄制组要来。他们要在山里拍摄猎狐的过程。只要花一点点钱，你就可以跟他们一起去。"

"是真的打猎吗？正宗的？有马和所有那些东西的那种？"我可不想再看一场兔子表演。

"当然了，是真的打猎，有马，什么都有。"齐娜跟我担保。

"狐狸是野生的，对吗？是真的打猎？"

"对的，狐狸是野生的，当然了。"

伊申别克是一个时常喘粗气的大块头男人。由于多年吸烟，他的嗓音深沉粗哑。他有着浓密的灰白头发和宽大的颧骨。他从1980年才开始养鹰，那时他二十五岁，他的父亲和祖父已经去世，他们在世时也带着鸟打猎。他原本为自己设想了一种更正常的人生。他取得了一个经济学学位，受过理论和实际的训练，本打算将时间花在家庭和工作上。但是他身上的某种东西让他延续了家族的旧传统。置身于大自然的渴望，对野生猛禽无尽的迷恋。据伊申别克说，当时全吉尔吉斯斯坦只剩下一个养鹰人，一个叫库图尔度（Kutuldo）的老人。库图尔度生怕这门技艺会随他入土，于是非常欣喜地收了伊申别克为徒。他甚至把自己的两只鹰送了他一只，并对他倾囊相授。

很难想象苏联时期中亚传统游牧民的生活究竟发生了怎样的剧变。他们最初并不渴望定居。他们住在自己的毡房里，带着牲畜随季节迁徙，自古以来他们就是这样生活的。苏联当局认为这种游牧生活原始且低效，用尽一切手段彻底废除它——灾难性的后果随之而来。

"我们的祖先没有武器，打猎只用鸟，"伊申别克告诉我，"猎物给他们提供了肉，狼和狐狸给他们提供了保暖的皮毛。这些鸟还保护他们不受食肉动物的攻击。所以鹰供给他们三类东西：食物、衣服和保护。对他们来说，这些鸟必不可少。"

在斯大林的统治下，游牧民被迫搬出他们圆圆的毡房，搬进方方正正的房子，不得不全年待在一个地方。新生活对他们来说是一种心理冲击。他们得学习用另一种方式来理解时间和空间。他们得学习新的农耕方法。一切都不一样了，所有的一切。苏联当局给了他们一套基础设施，有学校和医疗服务，他们也有了厨房设备和拖拉机，但与此同时，他们失去了自己的文化和传统生活方式。今天，只有大约10%的吉尔吉斯人过着游牧生活，而且只在夏天的几个月。许多关于自然循环的古老知识已经遗失。因此，过度放牧成了许多地区的难题。

"在今天的吉尔吉斯斯坦，真正的养鹰人屈指可数，但悲哀的是有许多假养鹰人（bükütchüs），"伊申别克说，"假养鹰人胳膊上放一只鹰，摆姿势让游客拍照。其中一些人甚至穿着短裤。"他对他们嗤之以鼻。

伊申别克辞去会计工作有几年了，转而投身旅游业，自此以后他便成了全职养鹰人。

"每只鹰只能跟我十到十五年，"他说，"之后我就得放它们走。这是传统。它们也得有机会成家，筑巢，寻找伴侣。跟书上写的相反，它们很快就会恢复野性，忘记我。即便它们从小一直跟人类生活在一起，也知道如何筑巢。当然会有泪水，因为要说再见总是很难过。但它们得结婚。这就是传统。"

伊申别克最近又弄到了一只鹰，所以现在有三只金雕生活在他郁郁葱葱的大花园里：十岁的图尔曼，十岁的迪兹疆纳尔（"Dzjanar"，意为火花），以及那只新的鸟，目前还没有名字。伊申别克7月中旬将它从巢里抱出来，当时它才刚刚能够扑动翅膀。一个男孩顺着绳子爬上去找到鸟巢，伊申别克和团队其他人则站在底下等。他们带着枪，如有必要可以用来驱走幼鸟的父母。接下来的几个月，伊申别克每天都饲喂这只鸟，这样它便能够习惯他并学会信任他。

齐娜并非一直以来都支持她的丈夫养鹰这个兴趣，但现在这给家庭带来了收入，以及名气和荣誉，于是她的态度相对也更积极了：伊申别克逐渐成了当地名人，参与了很多部纪录片的拍摄。

"快好了！"伊申别克穿着一身传统的绒面革衣服出现了，

提着一个大黑箱子。金雕迪兹疆纳尔已准备就绪，等在吉普车上，她的头上罩着皮革头罩，脚上拴着皮绳。晨露仍像纱帐一般笼罩着园子。伊申别克走向园子中央一个大水泥仓筒，爬了进去。一声尖厉、恐惧的叫声从仓筒底部传来。我走过去从上往下看。屎尿的恶臭扑面而来。一只瘦小、毛发稀疏的狐狸正缩在水泥墙边。它的大眼睛满是惊恐，皮毛打结，色泽暗哑，沾满脏污。伊申别克用一根大棍子把狐狸赶进那个黑箱子里，然后关上前面的盖。接着他把箱子扛在肩上，爬出仓筒，把狐狸跟雕一起放在后备箱里。狐狸在箱子里抓挠木板。雕在皮革头罩下面兴奋地叫起来。

"好了，现在我们准备好了，可以走了。"伊申别克边说边拍了拍手，"这狐狸很漂亮吧？我们几个星期前抓的，当时还是个小崽子。"

半个小时后我们来到一片炎热的褐色平原，周围被山坡包围，坡上的林木迸发着秋日的各种色彩。俄罗斯影片摄制组有五个人，其中只有三个人是做事的。其他两个人漫无目的地四处闲逛，每次无意间入镜时都会被导演吼。

导演一发令，主持人就从驾驶座上跳出来站到镜头前。她一头金色长发，戴着一顶羊毛帽，脚上穿一双不实用的鞋子。她夸张地大声说，她现在在吉尔吉斯斯坦，游牧民之乡、毡房之国、群山与传统之地，她即将见到养鹰人伊申别克。伊申别克已经站在那里，准备就绪，迪兹疆纳尔站在他的手臂上，他干巴巴地介绍了下猎鹰的能力。

"它们会猎杀兔子，"他说，"狐狸，有时还有狼……"

"狼！"主持人惊声叫道，向摄像机靠过去，"狼[1]！它们能抓狼！狼——！"

导演小心翼翼地不让装狐狸的箱子进入镜头。

"我们不能让她捕猎试试吗？来真的。"他抱着希望建议说，"或许她能找到点儿什么？"

伊申别克摇摇头。

"她什么都找不到的。今年还太早了。"

导演坚持说还是应该试试。于是伊申别克和活力满满的主持人尝试了几次让那只雕打猎。每一次她都飞不过十米就落到一块石头上，在那儿待着不动，等伊申别克去接她回来。没别的选择了，假如观众要看雕捕猎，狐狸就得牺牲。

当那只受惊的小狐狸被放出箱子时，整个影片摄制组在一堆石头后面趴着，做好准备。它先是朝一个方向跑，然后又奔向另一个方向。接着它停了下来，不得不被赶着往前跑。伊申别克取下迪兹疆纳尔的皮革头罩，对她发出捕猎的指令。她伴着一声尖叫腾空而起。几秒钟后，她的爪子便抓住了那只茫然无措的狐狸，她的喙深深地啄进狐狸的皮毛，吃了起来。狐狸无助地望着天空，目光渐渐呆滞下去，最终熄灭了。

摄像师将镜头拉近血腥的吞吃场面。那鸟儿在猎物上方收拢翅膀继续吃，全神贯注、有条不紊。她尖锐、血淋淋的喙一次又一次地狠狠啄向狐狸。主持人不得不转过身去，脚步踉跄地走开，弯下身并用手捂住嘴。她回来的时候，眼里还噙着眼泪。

1　原文为俄语。——译者注

"我们女人太感性了，看不了这个，"她对着镜头说，"我能理解这就是自然，自然是残忍的，但是我们女人生来不忍心看到这样的画面。我们是敏感的生物，这样的场面不适合我们，即便这就是自然之类的。它就是不适合天性敏感的女人看。"

然而，她又不能将眼睛从雕和猎物身上移开。伊申别克冷眼旁观着这一切。

"女人一看见血，就开始哭，"他对镜头说，"我就知道她会哭。她们都是这样。"

他慢慢地走向迪兹疆纳尔，拾起狐狸的残骸扔进木箱里。接着他娴熟地掸了掸手。

"好了，现在你们得到想要的东西了，不是吗？"

红色阵线最后的德意志人

"没有人愿意跟您聊,"威廉先生在电话里警告,"没有人[1]!他们不信任陌生人,之前跟记者打交道的经历又很不愉快。我花了一年多的时间才取得他们的信任。所以我强烈建议您不要去红色阵线(Rot-Front),您明白吗[2]?"

威廉先生的警告让我大吃一惊。我打电话给他是想获得一些关于红色阵线的德意志社区的背景资料,因为他是过去几年与这个村接触最密切的人之一。这次电话让我有点不安,但同时又让我更想去那里了。他们为什么这么抵触来访者?

带我去红色阵线的年轻司机名字很难发音,也很难记。因为他是金发,我便以为他是俄罗斯人,结果他却是鞑靼人。中亚是许多民族、文化、面孔、语言和传统的混杂之地。许多人在第二次世界大战期间来到这里,比如克里米亚鞑靼人。

1　原文为德语。——译者注
2　原文为德语。——译者注

1944 年，斯大林决定将所有的克里米亚鞑靼人——数量超过二十三万——都放逐到中亚。近三万鞑靼人仍旧生活在吉尔吉斯斯坦，其他一些民族也遭受了同样的命运，包括一万七千万最初生活在符拉迪沃斯托克的朝鲜人，一万九千万来自高加索的阿塞拜疆人，以及八千五百名来自伏尔加管区和黑海的德意志人。在苏联当局于 1989 年宣布允许自由移民之前，超过一百万德意志人生活在中亚，主要是在哈萨克斯坦。吉尔吉斯斯坦也是超过十万德意志人的家园。吉尔吉斯斯坦的德意志人的独特之处在于，许多人 19 世纪就已经到达那里，当时俄国还在沙皇统治之下。在第一波移民潮当中来的人是门诺会教徒（Mennonites），这是诞生于 16 世纪重浸派（Anabaptists）的一个基督教新教教派，由荷兰神父门诺·西门（Menno Simons）创立。这些德意志门诺会教徒从黑海千里迢迢迁到这里，为的是逃避沙皇军队的兵役。现在在红色阵线这个比什凯克北边[1]的小村庄里，仍住着少数德意志门诺会教徒。

　　年轻司机猛地踩住刹车。轮胎发出一声刺耳的声响，能闻到一股橡胶烧焦的轻微气味。就在我们的正前方，一辆快散架的旧卡车开到了路上。司机小声骂了句脏话。

　　"这个国家没人会开车。"他抱怨道，一如全世界所有的专业司机。

　　"拿驾照贵吗？"我问。

　　"要一百美元，但无论是选择上驾驶课再考试，还是只要

1　此处有误，谷歌地图显示该地在比什凯克以东。——译者注

一个证，都是这个价格。"

"那你是怎么选的？"

"因为我已经会开车了，所以没必要上课。不然就浪费时间了。"

要不是在路上载了一个非常了解这一区的搭便车的人，我们可能永远找不到这个村子。无数道路通往不同的村子。路标最多只能起误导作用。

一块破旧、锈迹斑斑的苏联标识欢迎我们来到红色阵线。结果这是个田园牧歌般平静的地方：几条笔直的长街，仅此而已。房子都刷着白石灰，配着蓝或绿的窗框。高高的栅栏围着植物茂盛的花园。一两个农民沿着路边急匆匆走过，其余时候这个村子看上去空空荡荡的。年轻司机似乎对于辨认德意志人住的地方颇为在行。

"德意志人，肯定是德意志人！"他指着一个整洁、打理良好的花园说。"但我保证，那儿住的一定是吉尔吉斯人。"我们开车路过一个房子，厚厚的油漆一块块从外墙上剥落。这个院子乱七八糟地放着工具、旧车和小孩的玩具。"吉尔吉斯人。那儿也是吉尔吉斯人。吉尔吉斯人。德意志人！"我们又经过一个漂亮整洁的花园。这栋房子是老房子，模样破旧，但墙刷得雪白，连一条裂缝都没有，新粉刷过的窗框在秋日的阳光下泛着光泽。司机大笑。"德意志人肯定有一种特别的打扫基因，这是吉尔吉斯人没有的。"

一个穿工装的男人朝我们走来。他的个子很高，金色的头发已经变白，面色红润，留着稀疏的金色胡须。我犹犹豫豫地下了车朝他走去，威廉先生的警告言犹在耳。

"日安[1]。"在一个吉尔吉斯斯坦村子当中用德语打招呼感觉怪怪的。

"日安[2]！"金发男人对我露出友好的微笑，"您是个记者吧？"

"对，也不对。实际上我在写一本书。"

"您运气真不错！这里没人比我更了解红色阵线的历史了。您要待多长时间？"

"一整天。"

"非常好[3]！"他伸出手，自我介绍说他名叫恩斯特·科普(Ernst Koop)，是村里年纪最大的德意志人之一。接着他便开始讲了，站在沟边没有动。恩斯特是一本活百科全书，整段历史都记在他的心里。

"16世纪，门诺会教徒在天主教徒与新教徒之间的宗教战争时期受到迫害。我们跟新教徒之间有很多共同点，但跟他们不一样的是，我们是和平主义者，施行成人洗礼。为了避开征兵，许多门诺会教徒从弗里斯兰(Friesland)和佛兰德(Flanders)，也就是我们来的地方，迁到今天波兰所在的地方。到1772年，波兰的这些地方被普鲁士占领。居住在那里的门诺会教徒为免除兵役被迫出高价。渐渐地，这一选项也没有了。叶卡捷琳娜大帝邀请普鲁士的门诺会教徒前来定居在俄国南部的农耕地区，

1　原文为德语。——译者注
2　原文为德语。——译者注
3　原文为德语。——译者注

也就是今日的乌克兰。女皇承诺他们可以享有充分的宗教自由，免除兵役，并有权开设自己的学校，许多人于是接受了女皇的邀请。这些德意志人建立自己的村庄，建造学校、医院和教堂，没有国家的介入也日渐把日子过起来了。但到了19世纪70年代，俄国当局开始干预门诺会教徒的生活方式，要求他们像其他人一样服兵役。许多德意志人为了反抗，向西迁去了美国和加拿大。但是也有一大群人选择往东走，去了中亚。1880年，他们到达今日乌兹别克斯坦的塔什干，有两年的时间，他们一直在寻求土地。俄国总督最后把塔拉斯山谷里肥沃的土地给了他们，位于今日的吉尔吉斯斯坦西部。"

恩斯特说着一口完美的德语，发音精确，且极其清晰。每个有"r"的地方他都会卷舌，每个词的每一个字母他都会一个不落地发出来。他可能会被不小心错认成老派的德国南方人或者奥地利人。

"因为每个家庭平均有十到十二个孩子，所以德意志人的村子扩大得很快。"他继续说。此时的我们还站在沟边。有些微风，但太阳正从蓝天照射下来。"要给每个人都寻到土地变得越来越难。1927年，一群门诺会教徒——我祖父就是其中之一——离开塔拉斯往东去了。他们走了三四百公里，在比什凯克北边定居下来，在此建了伯格塔尔（Bergtal）村。"

三个年轻的吉尔吉斯人骑着马飞奔而过。马蹄在柏油路上嗒嗒作响。恩斯特的目光追随着他们。

"这曾经是个纯粹的德意志村子，"他说，"在20世纪80年代，这里只有一户吉尔吉斯人家。但这说得有点太急了。我们才说到 30 年代，当时苏联当局开始显示自己在这里的权力，村子的名字从伯格塔尔改成了更有革命意味的红色阵线。门诺会教徒不被允许再信自己的宗教，所有私人财产都遭到没收。我外公阿伦·瓦尔（Aron Wall）拒绝交出自己的牛和马。他不算特别富，大概总共有十匹马，这在当时已经足够被划分为富农了。因为他拒绝合作，就遭到逮捕，进了三百公里外列宁波尔（Leninpol）的监狱。我母亲当时十三岁，她告诉我们，警察来了之后把家里所有的东西都搬到了街上。盘子。床。刀叉。所有东西。接着就爆发了饥荒。德意志人受创尤其严重。我母亲把食物和家什埋在花园里，这样就没有人能找到。她的整个青春期，都在为日后藏东西。同时，我外公从狱里逃了出来，在哈萨克斯坦的糖厂找到一份工作。我外婆、母亲和其他孩子就都跟着他过去了。他们在哈萨克斯坦一直待到 1937 年。"

"然后他们又回来了？"我问。我感觉自己已经在太阳下站得太久了。头皮发烫，前额又红又热。我们已经在沟边站了一个多小时了。恩斯特的皮肤比我还白，他似乎一点也不热，继续不知疲倦地讲着故事。

"不是。我外公再也没能回家。他们半夜来抓走了他。他们不告诉我外婆要带他到哪儿去，也不说要如何处置他。她后来才得知，他一个月后就被杀了。许多塔拉斯和伯格塔尔来的人在那一年都惨遭同样的不幸，那是斯大林恐怖统治最凶残的一年。这些人未经法律审判就被杀了，只因为他们是德意志人。战争爆发时，所有年满十五岁的德意志人都被派往劳动部队（trudarmiya）。这实际上是一个劳动营。他们的工作是建运河。

许多人根本不会说俄语，只会说德语和吉尔吉斯语。劳动繁重，吃的东西又不多。冬天他们总是挨冻。大病小病普遍。入伍的人里有 1/3 永远没回来。"

恩斯特 1957 年出生，是八个孩子中最小的。这时最残忍的迫害已经结束，德意志人恢复了原本的权利，再次食物富足。

"我在那个时候出生是很幸运的，"恩斯特说，"1953 年斯大林死后，苏联当局就放过了我们。我们可以像德意志人那样生活。我在上学之前一个俄语词都不会，因为我们在家里都说德语——更偏低地德语——这是我们的共同语言。时不时就会有督察出现在学校，教授我们信无神论，但是我们全都是信徒。除了这一点，其他没什么可抱怨的。或许我们没有很多车，但是我们也没挨冻。我们有吃的。然后到了 1989 年，人们可以移民去德国了，差不多所有人都走了。我也去了。我还记得在莫斯科的中转特别可怕。到处都挤满了德意志移民。"

红色阵线的所有房子都在挂牌出售。有人数十次申请出境许可，每次都被拒。突然，通往外国的大门敞开了。恩斯特并不真的想去德国，只是觉得有机会的时候他得抓住。但他始终无法完全适应新的国家。

"移民和本地人之间一直在发生磨擦，"他说，"德国人觉得他们比我们移民 [1] 优越。我去德国以前，自以为会说德语，但我到了那儿以后，连电视上在说什么都听不明白。我们门诺会教徒有几百年没有跟德国联系了，所以我们说的德语老派得无

1　原文为德语。——译者注

可救药。不像德国人，我们发出来的音跟写下来是一样的。他们喜欢用的那些缩写，我也全都搞不懂。"

恩斯特在德国待了十二年，期间他结了婚，又离了，然后再次结婚。2001年，他带着他的俄罗斯新娘迁回吉尔吉斯斯坦，回到了红色阵线。

"我看到那么大的变化感觉很震惊。房子都破破烂烂的。村子突然看起来很老。这里现在几乎只有吉尔吉斯人住了。五年前，村里有三十户德意志人家，但现在只剩十户了。十到十五年以后，红色阵线大概就不会再有德意志人了。还能告诉您什么呢？这就是红色阵线的历史了。您碰上我真的非常幸运，亲爱的女士[1]！"

恩斯特露出友好的微笑，伸出手和我道别。我被晒得晕晕乎乎，一张脸已经像村子的名字一样红，步履蹒跚地回了车上。

第二天是个星期天。教堂很好找，就是村子入口一栋简单的灰色建筑，这是戈尔巴乔夫执政时建的，得到了德国的资金支持。教堂最后面的条凳上已经坐了二三十人。我在左边坐下，这是女人坐的地方。我注意到有人在看我：我是这里唯一穿裤子的女人，也是唯一的外国人。大多数女人戴着头巾，没有一个人戴首饰或戒指，脸上也不化妆。男人少一些，坐在最右边的条凳上。年长的男人都穿黑色西装。我前一天交的朋友恩斯特·科普不在。教堂本身跟教众一样朴素。墙的颜色是柔和的

1　原文为德语。——译者注

棕色和米黄色，墙面裸露，没有鲜艳的彩色玻璃或油画。唱诗班后面的墙上用俄语写着摘引自《圣经》的句子。

到九点三刻，这里聚集了一百多个信徒：有一些德意志人，但多半是俄罗斯人或吉尔吉斯人。到十点钟，他们开始唱歌：俄语《诗篇》里徐缓忧郁的歌。每个人都在唱。清亮的女声飘上了天花板。他们一直唱，一直唱，仿佛永远不会结束。一唱完一首赞美诗，便翻到下一页继续唱。

当最后一个音符终于逐渐消散时，一个四十多岁的女人站了起来，开始发言。她颇有口才，讲了好一段时间，声音虽轻，但大家都能听到。作为人类，我们必须有开放和宽容的勇气，她用俄语说。我们必须敢于直视那些不属于我们圈子的人，接受他们的故事与痛苦，与他们交谈，保持开放、友善。她坐下去以后，另一个女人站了起来。她声音颤抖，告诉我们耶稣如何在她的艰难时期给了她帮助。接着是一个男人。然后是一个唱诗班里的年轻女人。其余的教众虔诚地倾听着他们的话。坐在我身后的三个金发孩童正在读一本德语童书。他们悄无声息地翻页，如饥似渴地读着那些字母和文字，然后继续耐心、安静地翻页，仿佛隐形。

最后，一个看起来像是教众领导者的男人站起来讲话。他瘦削，站得笔直，带着一种别人没有的权威气场。他在那个朴素的讲台前站定位置，开始谈论上帝。他的声音严肃而真诚，不过他并没有抬高嗓门。他跟其他人一样说俄语，尽管他显然是德意志后裔。我的思绪在那些柔软的俄语发音里越飘越远，但一个词突然把我的注意力抓了回来：记者。教众领袖不再谈上帝，他站在讲台上，正语气温和地谴责记者。

"记者们来到这里，写了一些关于我们的错误报道，"他说，"所以最好不要跟记者说话。"他说话时一直看着我的方向，但并不直视我的眼睛。

又是一阵祈祷。一个哭泣的女人站起来讲话。又唱了一会儿。然后他们要求所有不是教堂成员的人离开。所有小孩和许多大人站起来走了。我感觉到向我投来的尖刻目光，于是跟着走到了外面的太阳下。

不一会儿，其余的教众也出来了。教众领袖站在门口。他看向我，示意我过去。

"不用问，您肯定知道我叫什么名字了。"我向他走过去时他这样说。

"不知道，"我说，我说的是实话，"但我猜您是教堂长老？"

他点点头。

"海因里希·哈恩（Heinrich Hann），我猜您已经跟威廉先生聊过了？"

"简短聊过，没错。"我说。

他又点了点头。接着他开始了一长段讲话，显然是事先准备过的：

"我很抱歉，我们跟记者之间的经历很不愉快。不止一个记者，而是好些记者。许多人来到这儿，然后写了一些不实的报道。已经有好几本书写到过我们了。为什么还要写？有什么意义呢？我认为您最好马上离开。没有人想要跟您说话。"

我试图说服他告诉我，这些记者写了什么糟糕的报道，但是海因里希·哈恩抿着嘴，什么也不再说。连句再见都没有，他扭头消失在了教堂里。

启程回比什凯克以前，我请年轻司机在墓地停一停。墓地宁静地坐落于河对岸，被云杉和落叶木包围。地面覆盖着干燥的黄叶。一个个坟墓虽简朴，却料理得当。从前的教会成员从墓碑上的肖像框里看着我们，他们穿着西装和端庄的连衣裙，头发精心梳过，不戴首饰，不化妆，这些都没有随着时间而变化。然而，墓碑上全都装饰着带有训诫意味的宗教引语：Die Liebe weint. Der Glaube tröstet. 爱令我们流泪，信仰给我们慰藉。Durchs Kreuz zur Krone. 经历十字架后取得皇冠。Ich bin Dahin! Kommst Du auch? 我在那儿！你也来吗？从年份看，这些死者离开我们并不久：1988。1987。1989。2009。

我们从出村的路经过教堂时，哈恩先生正在锁门。我们经过时，他转过身，向我投来充满敌意的目光。

希腊坚果

阿尔斯兰博布（Arslanbob）既是村庄大恩人的名字，也是那个村庄的名字，传说阿尔斯兰博布是在 11 世纪到达那里的。先知穆罕默德交给他一个使命，派他去寻找人间的天堂。阿尔斯兰博布到访了许多不同的地方和国家，但没有找到天堂。最后，他来到一个肥沃的山谷，那里有苍翠的山坡环绕，河流与小溪汩汩地流着清水。阿尔斯兰博布知道，自己的使命完成了。他找到天堂了。唯一的问题是这个人间天堂没有树木。阿尔斯兰博布向穆罕默德汇报，告诉他自己已经找到了人间天堂，但是那里没有树木。于是穆罕默德给他送去一袋坚果，阿尔斯兰博布爬上最高的山峰，朝山谷播撒了那些坚果。

按照当地旅游咨询处的说法，这就是阿尔斯兰博布那片胡桃林的来源。阿西尔别克是村里的圣人，也是该城陵墓的守墓人，他讲了一个稍有不同的故事，但结局一样。

"阿尔斯兰博布是穆罕默德亲近的朋友。"阿西尔别克说。他留着一把灰色的长胡子，嘴唇饱满，穿着磨旧了的西装长裤，上面有清晰的压痕，和一件肥大的棕色夹克，头上戴一项白色小帽。"先知告诉阿尔斯兰博布，他有三个任务要给他。第一个是照看黄色柿子的种子。有一天他会遇到一个接管种子的人，他就把种子给他。阿尔斯兰博布把种子放在自己的舌头下，直到有一天遇到了那个人，就把种子交给了他，如他答应先知的一样。第二个任务是去一片绿色的山丘，种出一个大园子。阿尔斯兰博布照做了。最后，他会遇到天使加百利，天使会给他一些坚果。这一次，他不再把种子交给别人，而要亲自种植，他照做了，就种在我们村里，在阿尔斯兰博布。"阿西尔别克微微一笑，"从阿尔斯兰博布来这儿到现在，已经过去了四十代人，我是他的直系后裔。"

当地旅游咨询处还喜欢讲另一个关于胡桃林的传说，这第三个故事里涉及亚历山大大帝，跟前两个相互矛盾。据说，亚历山大的军队往东行军时，经过了阿尔斯兰博布。为了向士兵们表明自己不是敌人，当地人抱着满怀的胡桃欢迎他们。士兵们太喜欢这些美味的胡桃了，于是带了一些回希腊。他们在那里种下大片胡桃林，因此阿尔斯兰博布的胡桃树是欧洲胡桃树的源头。在俄语里，胡桃被称作 gretsky orekh，也就是希腊坚果，但如果这个传说可信，则要称 kirgisky orekh，吉尔吉斯坚果才更准确。

在关于阿尔斯兰博布的胡桃林起源的第四个故事中，是亚历山大大帝从印度带来了坚果，那些坚果装在一个个大麻袋里，每当有人帮他渡河，他便将其作为酬劳。等他到阿尔斯兰博布的时候，他和他的士兵种下了大片胡桃林。旅游咨询处的两个员工极力反驳这个故事，说它不过是谎言和杜撰，不可信。

关于胡桃是如何来到阿尔斯兰博布的，虽然存在一定争议，但没有人可以否认，包围村庄的胡桃林覆盖了大约六百平方公里的区域，是世界上最大的野生胡桃林。阿尔斯兰博布是我整个旅行中造访的最绿、最肥沃的地方。胡桃林的绿色巨浪向东延伸，一波接一波，一公里接着一公里，最后止步于地平线上的蓝色群山。房屋几乎全都被树木吞没，我从林中的一座小山上俯瞰村庄，才发现这林子有多大。数百栋房屋与花园掩藏在茂盛的林冠之下。这里的房屋比我在其他村庄见到的也更大，更漂亮。这些房子是砖砌建筑，新近粉刷过，有着明晃晃的大玻璃窗。花园也令人赏心悦目。

小径和土路交错成网，通向胡桃林。低矮的栅栏将公共林地划分成小块，供村里人家租用。胡桃销售所得的收入，10%须上交给当地胡桃协会，该机构负责照管林木，栽种树苗。在粗壮的树干之间，人们扎起五颜六色的帐篷，到处都有孩子在玩耍、奔跑。此时是10月，正是胡桃成熟季节。每年秋季，村民有四五个星期的时间可以采摘成熟的胡桃。假如下了雪，就太迟了。许多人家在此期间都搬到树林里居住，这样他们就不必浪费宝贵的时间，在村子与树林之间来回走动。

阿比德尚和他的家人已经在树林里住了好几个星期。全家出动，采集胡桃并清洗干净，连两岁的小女儿也来了。他们的小塑料帐篷比一辆大众甲壳虫大不了多少，这对父母和四个孩子如何在里面住下是一个谜。五颜六色的垫子、毯子、炊具和食物全都存放在塑料布下面。几只母鸡在帐篷绳周围走来走去。

这家人的驴拴在一棵树上。他们的猫和狗也跟着来树林了。

阿比德尚饱经沧桑的脸让他看起来比四十五岁的年纪要老得多。他的金牙和凸出的下颌对此也于事无补。但他的身体精瘦，柔韧性好，这倒像个二十来岁的人。他的四肢强壮有力。爬树时像只猴子，只需要一小段绳子，别的安全设备一概不用。很快他就爬上了三十米高的树冠，只剩一个暗暗的轮廓。他试探地迈步跨向一根树枝。树枝往下弯了一点儿，但没有断。他差不多站到了树枝的最外端，树枝在他脚下弯成弧形，他屈膝下蹲，开始上下摇晃。空中尽是落叶和胡桃。孩子们飞跑起来，捡那些落得到处都是的皱巴巴的青色坚果。在售卖之前，这些坚果得清洗干净。孩子们的手已经被染黑了。

"这不危险吗？"阿比德尚下来时我问他。

"不危险，只要你对树怀有敬畏，就不危险，"他说，"有时候年轻人会摔下来，弄伤自己，但几乎都是因为他们太不小心了。我个人一次事故都没出过，感谢真主。"

这家人有一百二十棵树。年头好的时候，他们能收获五百公斤坚果。初秋，一公斤坚果的价格是六十索姆，大约七挪威克朗。在一个一年人均国民生产总值不到七千挪威克朗的国家，这些坚果提供了相当可观的额外收入。这里的家家户户自己很少吃坚果，全都拿去售卖。如果他们等到 12 月的旺季再去卖坚果，就可以赚到两倍的钱，但是很少有人能等得起。

"住在树林里是不是很棒？"我问十二岁的大儿子。

"噢！对呀！"他说。光滑稚嫩的脸上容光焕发。"坚果就是钱，好多好多的钱！"

　　像阿尔斯兰博布的多数居民一样，阿比德尚和他的家人都是乌兹别克人，而不是吉尔吉斯人。根据当地旅游咨询处的说法，阿尔斯兰博布的人口构成也能够用一个传说来解释：几百年前，一个乌兹别克公主被许给了一个吉尔吉斯国王。为了表达谢意，国王将阿尔斯兰博布献给了公主的父亲。所以阿尔斯兰博布成了乌兹别克人的，即便大多数邻近村庄住的都是吉尔吉斯人。

　　不管传说有几分真，阿尔斯兰博布是一个表明中亚的边界能有多误导人的好例子。一般人自然以为吉尔吉斯人生活在吉尔吉斯斯坦，毕竟它的意思就是吉尔吉斯之地，而乌兹别克人生活在乌兹别克斯坦，也就是乌兹别克之地，以此类推。但事实并非如此。中亚有将近一半的土库曼人生活在土库曼斯坦之外，许多人在阿富汗和伊朗。在阿富汗的塔吉克人比塔吉克斯坦本国的还多。在乌兹别克斯坦的撒马尔罕和布哈拉，主要语言是塔吉克语。而乌兹别克人则占了吉尔吉斯斯坦 1/6 的人口和塔吉克斯坦至少 1/5 的人口。

　　苏联的地图绘制者要在这个由不同民族、不同语言和不同部族拼凑而成的中亚理出头绪不是容易的事。到 1924 年为止，俄国人都将中亚视作一个大的地区，统称为"突厥人之地"鉴于多数在那里生活的人说的话都属于突厥语族。俄国人当然清楚知道中亚的人民属于不同部族和文化，但是觉得没有理由将事情进一步复杂化。当前的情况就已经够棘手的了。人们经常不知道他们属于什么国籍。在 1926 年的人口普查中，人们大多可以说明自己的部落和家族，但并不总是能够回答自己到底是乌兹别克人、吉尔吉斯人还是塔吉克人。

正如在19世纪末俄国人到来之前，突厥斯坦从来不是一个统一的、有组织的实体，在1991年之前，如今的这五个原苏联加盟共和国也从未被定义为边界分明的国家。新的国家遵循着斯大林在二三十年代划分的边界，虽然这些边界无论如何都是没有历史根据的。如果苏联人按照更加变化不定的汗国的边界来划分，乌兹别克斯坦本该被划分为三个国家。但是苏联当局选择依照民族和语言划分，不怎么在乎地图贴不贴合实际。

有意思的问题是，为什么苏联当局要大费周章地把突厥斯坦分为五个共和国？这一方面是因为共产主义者对国族的理解。他们认为，这是朝世界革命推进的一个重要阶段，他们把国籍用作整个苏联的组织原则。另一部分可能来自担忧，他们担心突厥斯坦的穆斯林会在一个泛突厥民族主义之下联合起来。苏联当局强调中亚各语言有多么不同，而实际上有几种语言的相似性要大于差异性，比如吉尔吉斯语和哈萨克语，他们突出各民族不同的文化与历史，借此在中亚各部落之间构建新的语言与文化分界线。

这一战略成功了。在整个苏联时期，这五个中亚共和国与俄罗斯的联系与贸易比五个共和国之间的联系与交往要多。至今，斯坦国和俄罗斯之间的经济与政治联系仍比他们彼此之间的更为紧密。哈萨克斯坦和吉尔吉斯斯坦先后成为欧亚经济联盟的成员，主要是为了加强与莫斯科的关系，而不是与其他斯坦国的合作。塔吉克斯坦很快也将效仿。

　　如前面提到的，不同民族之间的边界只是粗略划分的。因为在许多地方，不同民族都是比邻而居，如果边界要更加精确地描述民族之间的界限，就得迁移数十万人，甚至数百万人。斯大林通常会毫不犹豫地进行这样的工程，但是他没有在中亚这样做。莫斯科的政策是"分而治之"（Divide and Rule）。

　　在肥沃的费尔干纳盆地，塔吉克斯坦、吉尔吉斯斯坦和乌兹别克斯坦彼此交会，边界在地图上构成了令人混乱的"之"字形图案。吉尔吉斯人、塔吉克人和乌兹别克人已经在此比邻而居数个世纪。在苏联统治下，主要由乌兹别克人定居的大片区域最后落到了吉尔吉斯斯坦那边。当1929年塔吉克苏维埃社会主义共和国与乌兹别克苏维埃社会主义共和国分割开来时，数十万塔吉克人落在了乌兹别克斯坦那边，许多乌兹别克人则落在了边界另一边。让情况变得更为复杂的是，吉尔吉斯斯坦境内建立起了一些塔吉克斯坦和乌兹别克斯坦的小飞地，乌兹别克斯坦境内也同样有吉尔吉斯斯坦的飞地。这些飞地今天依然存在，常常对他国公民构成麻烦，因为他们常常得花很多工夫绕开它们。在苏联时期，边境控制一般都是走个形式，这些边界和飞地便没有构成实际问题。各个共和国如果有需要，可以相互租用土地，多数人可以去相邻的共和国走亲戚，不会有任何限制。

　　但在今天，此前不过是地图线条的那些边界，成了实体屏障。一起和平地生活在莫斯科铁腕之下的人们此时成了相互仇恨的敌人。吉尔吉斯人和乌兹别克人之间的关系尤其复杂，后者在吉尔吉斯斯坦南方占了1/3的人口。从历史上看，吉尔吉斯人一直提防定居的乌兹别克人，而乌兹别克人则鄙夷吉尔吉斯人的游牧文化。由于乌兹别克人传统上主要从事手工业和贸易，所以一般比吉尔吉斯人富裕，后者近来才开始迁入城镇，通常需要十分努力才能找到工作。

潜藏的矛盾受到压制，一直到苏联的最后几年。1990 年 6 月，当联盟开始逐渐破裂，第一丝火星冒了出来。一个乌兹别克民族主义团体和一个吉尔吉斯民族主义团体就一个前集体农场的归属权发生了争执，冲突由此开始。火星迅速蔓延成了大火。几天之内，超过三百人被杀，一千两百人受伤。战斗主要发生在吉尔吉斯斯坦南部的乌兹根（Uzgen）和奥什（Osh），后者是吉尔吉斯斯坦第二大城市。暴动开始三天之后，戈尔巴乔夫派来了军队。受过专业训练的士兵迅速控制了局面。维和部队在这一地区驻留了六个月，以防冲突死灰复燃。

苏联解体之后，许多吉尔吉斯人担心乌兹别克人会在吉尔吉斯斯坦掌握太多权力与影响力。他们刚刚从俄国人的束缚中解放，想要自己掌握统治权。乌兹别克人则厌倦了被当作"乌兹别克移民"，好像他们只是被自己国家赶出来的一时的过客，而他们实际上已经在这片土地上生活几个世纪了。吉尔吉斯斯坦的历史书对乌兹别克人只字不提，并且，2004 年颁布的新语言条例规定，在正式文件中不得使用乌兹别克语。乌兹别克人也被系统地排除在政府职位和权力地位之外。

整整二十年后，乌兹别克人和吉尔吉斯人再次于奥什爆发冲突。这一次的死亡人数比 1990 年还要高。

6月的五天

2010年6月12日，奥什吉尔吉斯人与乌兹别克人之间的暴力冲突爆发两天后，动乱蔓延到了贾拉拉巴德（Jalal-Abad），这是一个拥有不到十万居民的地方小镇，靠近乌兹别克斯坦边界。妮戈拉是一个二十六岁的乌兹别克女人，当时正跟她的妹妹、姨妈、表姐和表姐的两个小孩一起在列宁街姨妈家的后花园里，他们听到了第一阵枪响。女人和孩子们急忙跑进姨妈家的房子里，把门全部锁死，在一个没有窗户的房间内躲好。谁也不敢开灯。他们听到街上有男人在大声叫喊，以及哗啦啦打碎窗玻璃的声音。妮戈拉担心她三岁的儿子，他此时在她嫂子家。她嫂子就住在附近，但妮戈拉不敢出去，尽管她非常想去儿子身边。

那天晚上有几十家商店被洗劫。那条街再往下走一点儿有一家珠宝商，里面价值三万多挪威克朗的珠宝被偷，这在吉尔吉斯斯坦是一笔不小的财富。吉尔吉斯团伙在只有乌兹别克人居住的区域开着货车四处转。他们挨家挨户搜刮，把地毯、冰箱、洗衣机、电视和珠宝装上自己的货车，走前一把火烧了对方的房子。整个白天和晚上，一直有吉尔吉斯人从村里过来参加战斗。贾拉拉巴德附近有一整个村庄都被火海吞没，在乌兹别克人和吉尔吉斯人的激烈冲突中，许多人被杀或受重伤。妮戈拉后来得知，嫂子二十岁的儿子铁木尔就是那天晚上惨遭杀害的人之一。

第二天早上，妮戈拉的嫂子打来电话。她们还不知道铁木尔已经死了。嫂子告诉妮戈拉，她儿子非常害怕，想找妈妈。她可以想办法过去吗？外面现在已经安静些了。她们没再听到街上有人声或枪响。妮戈拉和陪她去的妹妹犹犹豫豫地打开了大门，走到空无一人的人行道上。街上没有车，所有的店铺都关了。昨晚发生了多场火灾，烟味仍在街上弥漫。她们走到红绿灯下时，看见两个四十多岁、高大的吉尔吉斯男人从街道另一边朝他们走来。两个男人发现妮戈拉和她的妹妹后便停了下来。他们彼此距离不过三四十米。他们从一个塑料袋里抽出两柄长刀。街上更远处，又出现了八到十个吉尔吉斯人。"拦住这些乌兹别克人！"其中一人喊道。妮戈拉和她的妹妹转过身用最快的速度往姨妈家跑。她们听到那些男人在追她们。姨妈家的大门锁了。"姨妈，开开门！"妮戈拉一边大喊一边捶打大门。姨妈打开门，两姐妹正好在那些男人追上来之前溜进门去，追她们的人站在外面的人行道上，对那扇大铁门狂敲狂踢。

两个小时后，那些吉尔吉斯人回来了。他们再次对着姨妈家的门又敲又踢，但门又高又牢固，所以他们这次也没能进来。他们转而破门进了邻居的房子，偷了他的车。女人们害怕那些男人会第三次回来，于是想办法强行打开大门，逃去了另一侧邻居家的房子，一位盲眼老人跟儿子一起住在那里。邻居的儿子带她们去了一间小储藏室，他说她们在这儿是安全的。"别出去，等我们过来找你们的时候再出来。"他嘱咐道。以防万一，他锁上了门。

　　已经有另外两个家庭在那里避难，此时共有九个女人和十个孩子一起挤在这个又小又暗的房间里，这本是盲人和他儿子冬天用来存放土豆和洋葱的。此时是夏天，外面热极了。那个小储藏室的空气里弥漫着汗水、恐惧和洋葱的气味。一分一秒都过得缓慢，他们在那儿待了大概一个小时以后，听到老人乞求和哭喊的声音："不，不，别这样，求你们，别这样！"然后他们听到哧的一声，那是点火声不会错。他们能感觉到火越来越近，烟漫进了小储藏室，里面越来越热。但门上了锁，他们出不去。渐渐地，屋顶着了起来。里面热得难以忍受，空气里烟雾弥漫，他们咳嗽，抱头大哭。他们全都向真主祈祷。妮戈拉也一样。她祈求他们可以逃出去。这句简短的祈祷是她脑中唯一清晰的想法。她等待着，等待得救，等待发生些什么，等待这一切结束。火焰舔舐着一个十四岁女孩的脚。她的一双腿都着火了，但她太害怕了，都没有注意到。盲眼老人的儿子前来打开门时，妮戈拉已经准备接受死亡的命运。大火即将吞没这栋房子。红色的火舌从窗户往外窜。妮戈拉赶紧跟其他女人和小孩一起逃了出来。

　　他们跑到邻居家房子后面的死胡同时停住了，不确定该往哪儿跑。去哪儿安全呢？在那条街往上一点的地方，站着四个善良的吉尔吉斯人，他们看到歇斯底里的女人和小孩们，于是走了过来。"别怕，"他们说，"我们是你们的邻居，我们会帮你们。"吉尔吉斯邻居带他们去了附近的一间公寓。他们在那里是安全的。其他吉尔吉斯邻居给他们带来了吃的，并尽可能地给他们提供帮助。

第二天，动乱结束了。吉尔吉斯团伙已经离开，可以安全出去了。但是女人们一直到那天晚些时候才敢走出公寓。妮戈拉的儿子见到母亲十分开心，立刻忘了他之前有多么害怕。妮戈拉则在接下来的好几个月里都因为突然传来的声响而惊惧不已。

"要花很长时间才能忘记。"她告诉我。她是个瘦小的年轻女人，戴着头巾，穿紧身牛仔裤。她的脸上总是直白坦率，几乎像个孩子。"慢慢地，慢慢地，我不再害怕。生活回归到常态。但有些事情再也不一样了。那几天，有些东西被永远破坏了。铁木尔永远不会回来。我的邻居当时已经怀孕，枪声响起时她太害怕了，就这样失去了孩子。乌兹别克人和吉尔吉斯人之间的关系也再不一样了。每当我听到'吉尔吉斯人'这个词，都感觉脊背发凉。"

如所有动乱局势，对于那个夏天的暴动为何会爆发，又是如何爆发的，有着各种不同解释。目击者的描述彼此脱节，有时相互矛盾。在许多证词中频频出现的一件事是一个乌兹别克人和一个吉尔吉斯人之间的争执，发生在6月9日晚奥什的一家二十四小时赌场里。据说，那名乌兹别克赌客输了一大笔钱，开始跟一个年轻的吉尔吉斯人争吵。双方对抗逐步扩大，店里的乌兹别克人叫来了其他乌兹别克人帮忙。很快整个城市都知道，乌兹别克人和吉尔吉斯人之间发生了冲突，年轻人拉帮结伙，开始在市中心聚集。

事后没有一个人能解释传言是如何开始的。在几个小时内，整个城镇突然"知道了"在一栋大学住宿楼里发生了什么事。随着时间一分钟、一小时地过去，故事变得越来越离奇和疯狂。即便那栋宿舍楼仍完好无损地屹立在那里，但整个奥什很快都相信，一群乌兹别克人强奸、伤害和残杀了年轻的女学生后将那栋楼烧成了平地。紧急状态解除之后过了几天，当地的一名律师对发生的事进行了如下描述，并仍然坚信这是事情真相："那群人闯入宿舍楼，强奸了女学生。另一些人痛打吉尔吉斯男学生，将楼内的窗户打碎。发现了八具女学生的尸体，她们遭到强奸，被刀子肢解，并有烧伤的痕迹。其中几具尸体被剖出肠胃，在腹内填塞了垃圾，并被挖除眼球。"[xii]

事实是，那晚没有一个人闯入那栋宿舍楼，既没有乌兹别克人也没有吉尔吉斯人，因而里面也没有人被强奸或杀害。但谣言自有其生命，一如谣言惯常的那样，它煽动着城里的吉尔吉斯年轻人。一夜之间，局势彻底失控，奥什成了战区。街上到处是武装团伙和坦克。住宅和店铺被刷上了黑色的大字。那些标了吉尔吉斯人的房子得以幸免。

6月12日，暴力蔓延到了贾拉拉巴德，它位于奥什向北一百公里处，比什凯克当局无能为力。他们请求俄罗斯支援，但梅德韦杰夫总统并不想卷入吉尔吉斯斯坦的内部事务。

直到 6 月 15 日，过了血腥的五天之后，当局才得以在军队的协助下结束这场暴力。四百二十多人被杀，两千多人受伤。数十万人被迫逃往边境地区或乌兹别克斯坦境内。两千多栋建筑被放火烧毁。

1990 年夏天的事件和 2010 年夏天有诸多相似之处。在两个案例中，暴力都是在权力真空状态下爆发的，政府软弱无力。1990 年，苏联已经行将就木；2010 年夏，吉尔吉斯斯坦刚发生革命不久，总统巴基耶夫被迫流亡，国家刚刚开始从革命中恢复。1990 年，经济下行，2010 年也一样，刚刚经历了国际金融危机。在 1990 年和 2010 年，大部分人员伤亡都是乌兹别克人。但有一个重要的区别。在 1990 年的庭审案件中（顺便提一句，这是苏联境内第一例由种族冲突引发的审判），四十八人因谋杀、谋杀未遂和强奸罪名，被处以长期监禁。其中 80% 是吉尔吉斯人。而在 2010 年的事件之后，七十一个被判谋杀的人中有 4/5 以上是乌兹别克人。其中，十七人——尽数为乌兹别克人——在之后的审判中被判终身监禁，各人权组织对这些审判进行了严厉的批评。在所有案件中，法官和律师，包括辩护律师，均为吉尔吉斯人。

在这些极端事件发生三年后，贾拉拉巴德许多被烧的地方仍保留着原状。那些只剩骨架的建筑每日提醒着人们，在 6 月阳光普照的那些日子里被四处抛洒的仇恨。宏伟的吉尔吉斯－乌兹别克人民友谊大学自此以后再没有打开过大门。烧坏的窗帘在破碎的窗户后面飘动，墙上覆满焦灰。

吉尔吉斯人和乌兹别克人之间的关系依旧紧张，很少有人愿意说对方一句好话。许多乌兹别克人迁走了，去了乌兹别克斯坦或俄罗斯。但是妮戈拉选择留在贾拉拉巴德。

　　"我的许多朋友都去了俄罗斯，以示抗议，"她说，"他们不想做吉尔吉斯斯坦的公民了。当然，我们都怕事情会重来一次，但吉尔吉斯斯坦是我的祖国，贾拉拉巴德是我的家乡。我不想迁去别的地方。"

等候室里的沉默

他们靠墙并排坐成一长排。由于某种原因，但也很可能是巧合，所有人都穿着黑衣服。黑色皮夹克，黑头巾，黑裙子，磨损了的黑鞋。从驼背的老妇人到高瘦的青年男子，各个年龄的人都有。最小的不超过两三岁。他坐在母亲膝上，抽抽搭搭。除此之外，走廊里一片安静。

"他们每天早上都要来这里取药。"医生一边解释，一边随手关上了身后的门。他是个身体结实的男人，五十来岁，一头浓密的灰色头发，穿的衣服剪裁讲究但不招摇。"有些病人不相信这些药真的有用，所以他们得过来，这样护士就可以保证他们真的把药吞下去了。"

连小小的贾拉拉巴德都有自己的结核病诊所，我对此表示惊讶。医生连眉毛都没有抬一下。

"当然有，我们现在全国都有结核病诊所。单是这里，每年就确诊大约八十个新病例。全国超过一万人患有结核病，其中至少有10%的人感染了侵袭性多药耐药菌株。"

自苏联解体以后，中亚各共和国都不得不奋力抗击日益增高的结核病发病率。吉尔吉斯斯坦是发病率最高的一个国家——不单是在该地区，在全球也是如此。尤其是患耐多药结核病的人数在上升，它既难治又耗费不菲。

"苏联解体以来，情况就每况愈下，"医生说，"所有的疫苗接种计划也失败了。现在失业率更高，贫困的人也更多了。没有失业救济金，没有援助网络。许多病患是风华正茂的年轻人。不幸的是，通常二十到四十五岁的人受影响最严重。据官方统计，俄罗斯有七十万吉尔吉斯斯坦移民工人，大多数是年轻人。他们的生活条件很差，常常是二十到二十五个人一起住在一间小公寓里。这样的话他们全都患病就真的不奇怪了。监狱也是一大感染源。囚犯们的伙食很差，而且挤挤挨挨地住在又冷又隔热不良的牢房里。能治这种流行病的只有一个办法，就是保证每个人的就业，保证大家都有更多钱拿。我一个月才挣一百美元多一点，这在我们国家算得上不错的工资。那么许多专家都跑去俄罗斯很奇怪吗？他们在那里一个月可以轻轻松松挣到一千五百美元。"

"至少您留下来了，这是件好事，"我说。"如果所有的医生都去了俄罗斯，就没有人治病了。"

医生耸了耸肩。

"如果有好工作，我也会去。"

您是否携带了色情物品，小姐？

如果你要从吉尔吉斯斯坦去乌兹别克斯坦，推荐在棉花收获时节穿过边境。通常情况下，队伍要绵延几英里，假如运气不佳，你可能要等上几个小时，没完没了的手续，接着还是等待。而在棉花收获季，整个边境差不多都是你一个人的。

为了防止人们躲避每年的公共劳动节，乌兹别克斯坦的边境会对所有人关闭，只放外国游客通过。每年秋天，成千上万的医生、教师、护士、官员和其他公职人员，以及大学生，都会被召集起来摘棉花——这是一个从苏联时代保留下来的老传统。唯一的不同是，在苏联，大部分的采收是由机器完成的，而现在主要是手工采摘，因为没有人维护和修理机器。因为花期非常短，一百四十万公顷的棉花都要在秋季繁忙的几个星期里采摘完成。这几个星期的食宿都得自费，许多人只好将就着睡在露天或冰冷、拥挤的地板上。以前，数量可观的公职人员和其他受影响的团体会趁棉花收获期间去邻国享受一个家庭长假，但现在这种行为已经被禁止了。

"来自挪威？奥斯陆？"护照检查官对我笑了笑，"撒马尔罕，布哈拉，希瓦？"

我点点头。又是一个灿烂的笑容，盖章，转眼间我就进入了世界上独裁最严重的国家之一。好吧，还没有。海关才是真正的挑战，护照检查还不是。扫描完我的行李后，海关官员想知道我是做什么的。我不得不再次说谎。

"学生？！你这年龄？"他对我露出一副严厉表情，"我现在二十五岁，二十二岁时就已经从军事学院毕业了。之后就一直在工作。我猜你还没结婚吧？"这更像是个陈述而非疑问。

"没有，我没结婚。"

他无奈地摇了摇头，挥挥手让我去他同事那边。他的同事负责的是道德检查。

"您是否携带了色情物品，小姐？"中年海关官员饶有兴致地看着我。

我摇摇头。

"《圣经》呢？宗教宣传？"

我又摇摇头。

他要求检查我所携带的所有书籍和照片以策安全。他仔细研究了我手机里每一张图片。有时他会问我：这是奥斯陆的吗？那里冬天冷吗？这是你母亲吗？当他发现德语阴阳性应用时——它的图标是分别代表男性和女性的两个符号叠在一面德国国旗上——他像个青少年似的活络起来。他点开应用，页面弹出了选项：Der. Die. Das. 他装模作样地试了几个词。都错了。

"您一个人旅行吗？"

我点点头。

"您不害怕吗？"

"乌兹别克斯坦应该不是危险国家吧？"我反问。

"不是，这里是安全的，但是……"他意味深长地向吉尔吉斯斯坦那边点了下头，"那边很危险。非常危险。"

他挥挥手让我通过，我走过路障，进入了乌兹别克斯坦。

"小心点！"海关官员从后面叫我。

乌兹别克斯坦

装门面的艺术

　　酒店巨大的餐厅看起来像是为婚礼布置的，但我是唯一的客人。我用餐的时候，一个金发女孩面带微笑走上前来。她伸出手，介绍说自己叫玛丽亚。

　　"他们说我应该能在这儿找到你。"她操着几乎不带口音的纯熟英语。

　　"'他们'是谁？"我警惕地问道。我受到过警告，秘密警察在乌兹别克斯坦无处不在，所有的外国人，尤其是单独旅行的，都会被监视。因为要申请到乌兹别克斯坦的媒体签证几乎不可能，所以这个国家的少数外国记者普遍都是暗中行动。假如暴露，他们可能会被立即驱逐出境。然而，这相比当地记者和联络人可能遭受的风险根本不算什么：被拷打，被强制送进精神病院，被简单粗暴地谋杀（没人会去调查）或在不人道的条件下受到长期监禁。这些都是乌兹别克斯坦言论自由捍卫者的标准待遇。

　　"前台接待，还能有谁？"这位友善的蓝眼睛女孩说，"他说有位游客刚刚登记入住，我大概能在餐厅找到你。我是国家电视台的记者，乌兹别克斯坦一台，我正在做有关安集延（Andijan）私营企业家的报道。"

"国家"是多余信息，因为乌兹别克斯坦所有的电视频道都是国营的。

"安集延有很多私营企业家，这让该地区变得十分独特，"女孩继续说，"你有时间做个采访吗？了解你作为外国人对于我们国家的想法，对我们的观众来说会很有意思的。"

"我才刚到，"我说，"所以恐怕没太多可说的。"这是实话。一阵妄想症突然发作，我想到玛丽亚可能是国家安全局（SNB）派来的——这相当于乌兹别克斯坦的克格勃——目的是查出我来他们的国家到底是要做什么，采访只是一个询问我的借口。

"这不要紧，"玛丽亚露出一个大大的微笑好让我安心，"就谈谈你对这个城市的第一印象吧。"

"我真的是刚来，"我圆通地说，"我对这里没什么第一印象。其实我还没怎么看这座城市呢。"

"这不要紧，"玛利亚亲切地重复道，"就谈谈你坐车过来时的印象。"

"我真的没什么印象……"我开始说。笑意逐渐在玛丽亚的眼中消失，这个瘦小的女孩似乎开始泄气。"让我先把沙拉吃完，"我说，"之后我们再开始。"

我吃东西的时候，玛丽亚告诉我，她梦想着离开乌兹别克斯坦。最好去德国。作为俄罗斯人，她在自己的家乡感觉自己像个外国人。苏联瓦解之后，将近一半的俄罗斯人离开了乌兹别克斯坦，去了俄罗斯或哈萨克斯坦。留下的人不到一百万。俄语不再是官方语言，许多乌兹别克年轻人更愿意学英语。玛丽亚会说乌兹别克语，但有口音。

"我得完成三年义务劳动才能走，"她叹了口气说，"在乌兹别克斯坦，所有从公立机构毕业的人都有义务为国家工作至少3年。"

能获得国家广播公司的实习经验，任何挪威新闻系学生都会高兴得蹦起来，但玛丽亚渴望离开。她想在德国开始新的生活。她在乌兹别克斯坦国家电视台获得的训练与经验，到了西方可能派不上什么用场，对此她不抱幻想，准备重新接受训练。

我吃完以后，我们走到外面的阳台上，在这里可以看到玛丽亚所说的老城的全景。那些亮闪闪的棕色外墙没有一个看上去使用超过一年。

"在我身边的是埃丽卡·法特兰，一名挪威游客，"玛丽亚对着镜头认真地说，"您对乌兹别克斯坦的第一印象是什么，法特兰小姐？"

"这里现代得让人惊讶。"说完我就后悔自己用了"惊讶"这个词。这会显得冒犯吗？玛丽亚鼓励地笑了笑，我意识到她想让我详细说说。"这里有那么多气派的新建筑。"我说。

"在安集延，有超过五万名企业家和小企业，这是我们的政府所鼓励和支持的经济活动的绝佳案例。对此您有何评论？"

我其实真正想说的是，这在我听来是典型的官方宣传，但是我听见自己说："这是好消息。蓬勃发展的创业对于国家经济有积极作用，能够帮助保持低失业率。我刚去过吉尔吉斯斯坦，失业率非常高，年轻人不得不去俄罗斯找工作。这太让人难过了。"我补充道。几百万乌兹别克人也作为移民工人在俄罗斯讨生活，但是我猜只有总统有资格在国家电视台上对此做评论。几个月前，他其实措辞激烈地表达过对移民工人的看法。"现在乌兹别克斯坦的懒人非常少了，"他说，"那些去莫斯科扫大街、扫广场的人，才是懒人。一想到为了一片面包去那里的乌兹别克人，就让人觉得恶心。"[xiii] 或许乌兹别克斯坦移民工人从俄罗斯寄回家的钱占了近 1/5 的国民生产总值，也让他觉得同样恶心。

"安集延 90% 的汽车是乌兹别克斯坦制造的，对此您有何看法？"

"印象深刻，这对乌兹别克斯坦的经济也很有积极作用，"我微笑着说道，"乌兹别克斯坦人这么支持当地汽车工业，非常好。"

玛丽亚一再感谢我接受了采访，并且再次说，她真高兴能够找到我。"电视观众真的很看重外来人的看法。"她向我保证。

安集延。这个名称透露着鲜血和死亡的味道。如果在谷歌上搜索这个名称，"安集延屠杀"会出现在最前面的几条里。从吉尔吉斯斯坦来到这里的游客通常会迅速前往下一个地点。反正这里没什么值得看的。唯一从 1902 年地震中幸存下来的清真寺，在 80 年代被火烧毁了，留下的只有入口处的一段外墙。

离开安集延之前，我想亲眼去巴布尔广场（Bobur Square）看看，那是大屠杀发生的地方。按照官方公布的数据，187 人在冲突中死亡。大多数独立的消息源称死亡人数起码是这个数的三倍。不过，在我去游览之前，我得解决一个实际但麻烦的问题：我需要现金。

乌兹别克斯坦的钱可自成一章。为了尽可能不让居民持有外币，当局想了一些策略，其中之一就是禁止使用除乌兹别克索姆之外的货币付款。索姆的价值极其不稳定，通货膨胀居高不下。当索姆在1993年替代卢布时，与美元的汇率被定为七乌兹别克索姆。但现在在黑市上，你得用两千八百索姆才能换一美元。官方汇率低一些，大约是两千二百索姆，但是对于普通乌兹别克人和诚信商贩来说，要合法持有美元几乎是不可能的事情。连国有企业都得为了兑换外币等待几个星期，而且还有严格的配额。当局没有采取任何措施调整黑市和官方汇率差额，而是在进口和出口上充分利用这个差额。换句话说，他们按照官方汇率卖东西，接着在黑市上换钱。

跟土库曼斯坦一样，外国人到乌兹别克斯坦时得随身带足够的美金。信用卡在这里用得不多。理论上说，在塔什干有接受VISA和万事达的自动取款机，但多数时候是有故障的。首都的几家银行提供"预支现金"服务，但要收取一笔不小的费用。所以真的就只能靠美元现钞和黑市了。所有的酒店都用美元标房价，按照当天的汇率折算成当地货币。除了国营酒店必须使用官方汇率外，所有酒店都是用黑市汇率。因此，你也得用黑市汇率——不是为了赚钱，而是为了不亏。严格来说，在黑市换钱是违法的，但每个人都这么干，连警察也是。小贩们拎着装满钞票的塑料袋站在固定地点，这样的地点通常靠近市场。

在安集延市中心的黑市角落，各个币种的名称被低声报出，像一首由货币组成的诗歌。

"吉尔吉斯索姆！"

"美元！"

"俄罗斯卢布！"

"欧元！"

我走向一个四十来岁的男人，他镶着金牙，脸上的胡茬有两天没刮了。

"我想换三百美元。"我悄声说。

"只换三百美元？"他吼着回我，"不多换点？不换欧元？不换吉尔吉斯钱？"

我摇头。

"行。按照今天的汇率，八十四万，可以吗？"

我点点头。他丝毫不打算掩盖这桩非法交易，从一个脏兮兮的塑料袋里掏出了八捆纸币，一共八十万索姆。然后飞快地点出四万索姆的纸币，连着那八捆纸币一起递给我。

"如果你要再换点钱，你知道上哪儿找我。"离开时，他冲我挤了挤眼睛。

因为疯狂的通货膨胀，乌兹别克人都是数钱的大师。他们能以闪电般的速度准确数出一大捆钱，不耽误跟人说话，翻点那些破旧磨损的面值一千索姆纸币时也无须看着手指。面值五千索姆的纸币刚发行不久，但是显然还没有大规模流通，因为所有东西都是用一千索姆和五百索姆面值的纸币付的，即使有时数目高达好几百万。

假使忽略我的包里塞满千元大钞这件事，那感觉有点像到了美国中西部。相比塔吉克斯坦和吉尔吉斯斯坦，乌兹别克斯坦格外现代。崭新的棕色外墙是一种现代新建筑风格，到处都挂着为快餐打广告的霓虹灯牌。其实主路上也没有其他餐馆，没有什么慢餐可吃。所有的标牌用的几乎都是拉丁字母。反正我还不认识乌兹别克语词，但因为用的是拉丁字母，这些文字感觉上便没那么异域了。人行道上全是人。多数人都是西式穿着，少有女人将头发遮起来。没有男人蓄长须，而这对吉尔吉斯斯坦的乌兹别克人来说是标配。在贾拉拉巴德，我还见过好几个整张脸蒙着尼卡布（niqabs）黑面纱的女人，而这在边界这头则不可想象。在乌兹别克斯坦，任凭胡须生长或穿伊斯兰服饰就是等着被逮捕。

尽管彼此间有种种矛盾，但中亚的前共产主义领导者们在一个方面是团结一致的：他们不惜一切代价也要防止伊斯兰原教旨主义找到立足之地。因此，他们都拥护一种温和的国家伊斯兰教，其基础是他们所认为的中亚传统价值观。他们不同程度上都成功了。塔吉克斯坦和乌兹别克斯坦出台了一部分相同的限制措施：禁止伊斯兰服饰，只允许国家授权的清真寺开放。在土库曼斯坦，这样的镇压力度更猛，很难找到不同的宗教或政治团体，人们只能在国有清真寺或家里祷告。哈萨克斯坦当局也紧盯其国内宗教团体，但是伊斯兰原教旨主义者目前还没构成重大问题——哈萨克游牧民从没有信奉过严格的伊斯兰教形式。吉尔吉斯人也没有。传统上一般认为中亚伊斯兰教的心脏地带是肥沃的费尔干纳盆地，现在该地已经被乌兹别克斯坦、吉尔吉斯斯坦和塔吉克斯坦割据。1917 年的革命之前，这里每个边边角角都有清真寺，从头到脚穿着帕兰吉（paranjas）的女性是寻常景象。帕兰吉是一种传统的女式服装，在乌兹别克人和塔吉克人中尤其普遍，包括一条及踝长袍，从头到脚覆盖身体，并以马毛制作的厚面纱遮盖面部。这种长袍颜色多样，但面纱一般是黑色的。共产主义者掌权时，中亚女人被从帕兰吉和面纱中解放出来，无论她们自愿与否。

苏联解体之后，宗教生活再次在费尔干纳盆地兴盛，如伊扎布特（Hizbut-Tahrir），即伊斯兰解放党（the Islamist Liberation Party）这样的激进伊斯兰团体也在此生根。最为积极的成员当中，一些人曾为苏联前往阿富汗打仗。在那里，这些年轻人第一次接触了自由发展的伊斯兰教，这对其中很多人来说都是深刻的经验。

朱马博耶·霍吉耶夫（Dzhumaboy Khodzhiev）就是这样一个年轻人。苏联–阿富汗战争时期，他是一名伞兵。1991 年，他二十二岁，给自己起了一个战时化名朱马·纳曼加尼（Juma Namangani），在自己的家乡费尔干纳盆地中的纳曼干（Namangan）成立了萨拉菲（Salafist）团体阿多拉特（Adolat，意为正义）。阿多拉特呼吁在整个乌兹别克斯坦实施伊斯兰教法，并在短期内成功在费尔干纳盆地的部分地区获得了势力。近 1/3 的乌兹别克斯坦人生活在那里，该国大部分农产品也是在这个盆地里种植的。因此，对总统伊斯兰·卡里莫夫（Islam Karimov）来说，重获对该盆地的控制就成了当务之急。1992 年，他采取了行动：阿多拉特被禁，数名成员被捕。纳曼加尼与其追随者逃过边界去了塔吉克斯坦，内战时期他们曾在此与伊斯兰复兴党人并肩作战了好几年。在伊斯兰复兴党人失去支持以后，他们逃往阿富汗和巴基斯坦，在那里与奥萨马·本·拉登等人取得了联系。1998 年，阿多拉特随着乌兹别克斯坦的伊斯兰运动重生。第二年，几枚炸弹在塔什干爆炸，据推测那可能是针对总统卡里莫夫的刺杀行动，当局很快将责任推给伊斯兰主义者全体，尤其是乌兹别克斯坦伊斯兰复兴党人运动。十六人在爆炸中丧生，卡里莫夫毫发无伤地逃脱了。

像他的许多中亚同侪一样，乌兹别克斯坦总统也有一段不同凡响的职业生涯。伊斯兰·卡里莫夫 1938 年出生于撒马尔罕一个非常贫穷的乌兹别克－塔吉克家庭。他因为有奖学金而得以完成高等教育，之后拿着机械工程的学位从塔什干理工大学毕业。从工程师到终身独裁者之间的路，在中亚明显很短。卡里莫夫最初在塔什干的一家飞机制造厂当机械师谋生，同时兼修经济学。1966 年，他被委任了一个财政部的职位，此后便稳步高升。经历了腐败丑闻和费尔干纳盆地的民族骚乱，戈尔巴乔夫几次撤换高层官员，之后在 1989 年委任了相对默默无闻的卡里莫夫为乌兹别克共产党第一书记。卡里莫夫坚持党派路线，成了一个出了名的威权领导者，但他对戈尔巴乔夫的改革抱持怀疑态度。1991 年 8 月，保守派共产主义者企图在莫斯科发动政变时，他给予了全心全意的支持。政变未能成功，8 月 31 日，乌兹别克斯坦转而宣布独立。主要动机倒不是对国家独立的强烈渴望，而是希望避开戈尔巴乔夫的自由化改革，让体制维持原状。

卡里莫夫在位期间，乌兹别克斯坦成了世界上最残暴的独裁国家之一。卡里莫夫十分狡猾，他以对族群暴力、伊斯兰原教旨主义和动荡邻国的恐惧为借口来维持铁腕统治。稳定是第一要务。其他一切，如民主、人权和经济增长排在第二。乌兹别克斯坦政权因严重侵犯人权而臭名昭著。举例而言，为了遏制人口增长，一些地区的产科医生接到指令，每个月须为一定数量的女性绝育。女人为了做剖宫产去医院，离开医院时还不知道她们不能再有孩子了。为了强行逼供，囚犯经常遭到拷打和强奸。首选的拷打方法就是用一个防毒面罩罩住嫌犯的脸，然后将所有呼吸阀关闭。上法庭的案件超过 99% 会被判监禁。2002 年，两个年轻人因涉嫌宗教原教旨主义而被逮捕并遭到活烹，该事件激起公愤。然而，这些只是冰山一角。英国驻乌兹别克斯坦前大使克雷格·默里（Craig Murray）在他的《撒马尔罕的谋杀》（*Murder in Samarkand*）中描写到，死囚通常会被放在合上的棺材中交还给家属，随行的有一名警卫，他负责确保死囚亲属不能在葬礼之前打开棺材。

有很长一段时间，西方对乌兹别克斯坦的人权侵犯现状睁一只眼闭一只眼。2001 年 9 月 11 日的恐怖袭击后，美国对阿富汗发动战争，卡里莫夫政府趁机跟美国人做了一笔赚钱的交易，将乌兹别克斯坦国土上的军事基地租给了美国人。美国和乌兹别克斯坦突然间成了反恐战争的亲密盟友，布什总统对他的同侪与伊斯兰原教旨主义的斗争表达了深深的同情。但原教旨主义者在乌兹别克斯坦的威胁究竟有多大险呢？1999 年在塔什干的炸弹真的该由乌兹别克斯坦的伊斯兰运动负责吗？

今天，诸如联合恐怖主义分析中心（Joint Terrorism Analysis Centre）等大多数恐怖主义专家认为未必如此。炸弹袭击真的太专业了，乌兹别克斯坦伊斯兰运动此前或者之后都没有谋划过类似的行动。有几个要素表明，要么是政府自己制造了这次恐怖主义袭击，要么是政府内部存在派系之争，有人想干掉卡里莫夫。炸弹袭击发生之后，一大波人遭到逮捕，数百人因涉嫌从事非法宗教活动和阴谋颠覆国家而遭到监禁。

即便大多数专家相信乌兹别克斯坦的伊斯兰运动不是1999年爆炸事件的幕后黑手，他们也肯定是同年绑架吉尔吉斯斯坦奥什市市长的幕后主谋。他们还绑架了在吉尔吉斯斯坦南部的一群日本地质学家。市长和地质学家之后均获得释放。2000年，也就是第二年，运动成员绑架了在吉尔吉斯斯坦南部的四名美国登山者。几天之后，几名美国人设法逃脱了，但这两件事在西方和中亚其他地方无疑都严重败坏了乌兹别克伊斯兰主义者的名誉。

2004年3月29日上午，一系列袭击再次震动了乌兹别克斯坦的首都：一名女性自杀炸弹袭击者在塔什干的圆顶集市炸死了六名警察。一小时后，另一名女性自杀袭击者在该城市另一地点的公交站被警察击毙。没过多久，一名司机经过总统府之外的检查站时没有停车，被总统保镖开枪射杀。据说车上装了炸弹，但是它起火时没有留下爆炸坑。如果前大使克雷格·默里所言不虚，那么圆顶集市的炸弹也没有留下爆炸坑，他在事情发生不久后就赶到了现场。前一天，十一人在布哈拉的一次警察突袭检查中死亡。警察称他们突袭检查的是一家炸弹厂，一枚自制炸弹在检查过程中爆炸。但根据目击者所说，是警察向大楼里投掷了手榴弹。在接下来的几天，另外十三人也在各种警方行动中死亡。

当局迅速将责任推给乌兹别克斯坦的伊斯兰运动、基地组织和伊扎布特（伊斯兰解放党）。然而，国外恐怖主义分析家并没有那么确定这些组织就是幕后主谋。有太多情况与此判断不符：这些炸弹都没有留下爆炸坑；其中一个自杀式炸弹袭击者的父母在所谓的自杀袭击发生当时，已被警方扣留了数个小时。

在塔什干爆炸事件之后，又一拨人被逮捕，包括来自安集延的二十三名商人，他们被怀疑是阿克拉米加（Akramija）的成员，该组织在政府列出的恐怖主义团体名单当中。据推测，这些逮捕行动极有可能是出于其他钱权相关的目的。经过一段漫长的审判之后，对二十三名商人的判决结果将在 2005 年 5 月 11 日公布。当天上午，几千名支持者聚集在法庭外等候裁决，结果，法官决定延期判决。第二天，几名示威发起者被逮捕。当晚，一群持枪男子闯入羁押商人的监狱，数名狱警被杀，商人和其他几百名囚犯成功越狱。这些持枪男子随后从各个政府大楼里劫持二十多个人质，要求伊斯兰·卡里莫夫辞去总统职位。

同时，几千人聚集在安集延市中心的巴布尔广场。这一切发展成了一场抗议，与其说是抗议对那些商人的逮捕，不如说是抗议乌兹别克斯坦的经济情况。几名抗议者公开发言，表达了对国家形势的意见。"为什么乌兹别克斯坦的腐败指数在159

个国家中排到第137名？"一个示威者问。一些人开始喊反对卡里莫夫的口号。5月13日的下午，越来越多的人来到广场上，同时，几千名武装士兵在附近就位。但示威者仍待在原地，因为有传言称卡里莫夫总统正要前来与他们对话。

傍晚，士兵封锁了所有通往巴布尔广场的街道，开始开枪射击。示威者遭到围困。没有人知道当天有多少人中弹死亡。国外记者估计数字在四百到六百之间，一些人则声称更高。许多目击者说，他们看到士兵走来走去，对受伤匍匐在地的人开枪。一些尸体被专门包机送出省会，其他的被埋在安集延郊外的集体墓地。

我也不太清楚自己究竟在期待些什么。可能是更多警察吧。大量的安全部署，路障，戴墨镜、穿黑色皮夹克的密探。但大广场上空空荡荡，只有一对年轻情侣坐在一条长椅上深情对望。一点屠杀的痕迹都没有。面向广场的建筑物外墙崭新、闪亮。广场中央是一座巨大雕塑，那是查希尔丁·穆罕默德·巴布尔（Zahir-ud-din Muhammad Babur），16世纪印度莫卧儿帝国的建国者。他于1483年出生在安集延。这个莫卧儿帝国的第一任君主以一种孤独的威严，注视着空荡荡的巨大广场。

2005年的屠杀引起了西方政府的严厉谴责。连美国都不能对这种公然滥用权力的行为视而不见。双方热络的关系冷却下来，美国人被告知须在该年年底离开乌兹别克斯坦的领土。所有的西方记者和组织都被赶走了。

乌兹别克斯坦当局一直以来坚称巴布尔广场上的事件是乌

兹别克斯坦的伊斯兰运动成员煽动的。21世纪初，伊斯兰运动创始人在阿富汗被杀，该组织受到严重削弱。今天它在如巴基斯坦和伊朗这样深陷内战的国家最为活跃，在费尔干纳盆地已经没有立足之地。

根据乌兹别克斯坦政府的说法，伊斯兰极端主义者的威胁依然严峻。当局因此继续强力打压各类宗教团体，至今仍有几千名乌兹别克斯坦人因被指控宗教极端主义或阴谋颠覆国家而在监狱中服刑。

然而，对乌兹别克斯坦国家稳定的最大威胁不是伊斯兰狂热分子，而是伊斯兰·卡里莫夫日益恶化的健康状况。这位总统如今已经七十六岁。早有关于他健康状况的传言，他几天没在公共场合露面，评论人便开始猜测他是否中风或昏迷了。卡里莫夫早已过了乌兹别克斯坦六十岁的退休年纪，比乌兹别克斯坦男人的平均寿命还高出十一岁。

如果他的铁腕不能再让这个国家保持统一，那会发生什么事呢？

不过都是造梦的材料 [1]

　　一个老妇人坐在光线昏暗的屋子中央，在一个锌盆里搅动，里面盛满沸腾的水。几千个茧子密密麻麻地漂浮在水面上。它们看起来像一个个光滑的小鹅卵石。妇人用一根木棒将它们挑起来时，蛛网似的细丝便松散开来。妇人手法熟练地收拢了四五十根这样轻如羽毛、几乎隐形的细丝，绕到一架老式手纺车的线轴上。线轴被一层薄薄的丝线覆盖以后，她便将其扔进另一个冷水大盆中。在此浸泡一小时后，这些丝会被缠绕成松软的绞纱。这样处理完之后，丝仍然硬挺、干燥，呈一种浅黄的谷物颜色。

　　"每个茧子所含的蚕丝纤维可能长达四千米，但大约只有1/4可以产出强韧、不断裂的线。"我的导游埃米尔贝克解释说。他是一个严肃的年轻人，英语是自学的，实际应用起来不差。"剩下的会被分拣出来，挂在挂钩上晾干，"他指了指我们背后那

1　标题引自莎士比亚的《暴风雨》。——译者注

面墙，上面挂着粗糙的黄色丝线缠成的厚实绞纱，"那些用来做地毯。"

生丝接着被浸泡在一盆水里，水中放了皂、小苏打和一种埃米尔贝克不能透露的配料，这是工厂的机密。当妇人一小时后将丝线从热腾腾的肥皂水里勾出来时，硬邦邦的粗糙纤维已经变成最柔软、最光滑、最洁白的丝。

墙边立着的灰色麻袋里装满了毛茸茸、白花花的茧子。每个茧子大约三四厘米见长，两厘米见宽，轻盈多孔，比一根麻雀羽毛重不了多少。干蚕茧的供货商是安集延的专业蚕农。

养蚕是一门技艺，也是一个要求很高的职业。珍贵的蚕茧来自家蚕。在生命的最后几天，雌性蚕蛾会产下五百个左右极小的卵，接着她就会死去。蚕农精心照料这些极小的卵——一千多个卵才重一克。在春天忙乱的几个星期里，幼虫会孵化。在这一关键阶段，蚕农人家通常得搬到室外的谷仓或牛棚去住，为的是在蚕成长时不打扰它们。幼虫一孵化就会疯了般大吃特吃。虽然它们看不到，几乎也无法挪动，但这些小小的幼虫挑剔到了神经质的地步：它们只吃新鲜的白桑树叶子。叶子得在露水干了以后采摘，最好每半小时补充一次。

接下来的一个月，幼小的蚕除了吃和拉，什么都不做。在这几个星期里，蚕农除了饲喂幼虫、清理环境和确保这些永远填不饱的小家伙全天都拥有完美的光线和温度条件，几乎没有时间干别的。蚕是非常脆弱的生物，突然间的巨大噪音、浓烈的气味、温度的改变甚至卫生状况不佳都可能导致它们的死亡。蚕农和家人轮流睡觉，这样就时时有人负责照看。要产出一公斤的丝，需要两百公斤桑叶。

幼虫蜕皮四次以后，长度超过五厘米长，体重达到刚出生的几千倍时，突然就不再吃了，开始吐丝。一连三天的时间里，幼虫从唾液腺里分泌出一种叫作蚕丝蛋白的物质。蚕丝蛋白吐出来时是两条长丝线，这两条丝线会立刻被另一个腺体分泌的丝胶蛋白粘在一起。丝胶一接触空气就立即硬化，于是便将两条丝线合成一条。蚕以精致的"8"字形在自己身体周围吐丝。丝胶在热水中会溶解，这就是为什么要在抽取蚕丝之前将蚕茧浸在一盆沸水里。结茧之后十二到十六天，会孵出蝴蝶[1]，但很少有幼虫能够活到拥有翅膀的时候。蚕一停止吐丝，蚕茧就会被放进沸水里，或放在热蒸汽里蒸，所以幼虫会死去。蚕茧会在送去丝厂之前放在太阳下晒干，到了丝厂，蚕丝蛋白就会变成五颜六色的丝巾。

据说，是黄帝的妻子西陵氏在公元前 2640 年发现了丝。有一天她坐在一棵桑树下喝茶时，一只蚕茧掉进了她的茶杯。她将蚕茧拿出来时，发现它散开变成了一条细长的丝线。于是——倘若这个古老的故事可信的话——制丝的想法就此诞生。然而，最近的考古学发现表明，在蚕茧掉进西陵氏茶杯的时候，蚕的秘密已经在中国流传了一千五百多年。

接着，埃米尔贝克带我参观了图案室。那是一个光线昏暗的大厅，八个青年人坐在地上，全神贯注地俯在层层堆叠的白色丝线上。没有卷尺或直尺，他们在白色的丝线上画着复杂的

1　蚕结茧之后变成的是蚕蛾，不是蝴蝶。——译者注

图案。他们时不时扫一眼放在面前的样品披肩，那条披肩已经染上了蓝色、黄色和黑色。负责给标记好的区域用胶带或绳子打结的男人靠墙站着。给丝线打结确保了染工将丝线浸入染缸时，只有一个标记了的区域暴露在染料里。当颜色固定以后，这些丝线会被送回打结的人那里，他们给新染好的区域打上结并覆盖好，并将原来的绳子和胶带除去，暴露出新的一片丝线。他们持续进行这样的操作，一直到丝线按照坐在地上的人画好的图案染好色，之后的工作将交由编织者完成。

　　染坊是最神奇的。这家工厂生产丝绸只使用天然色，大屋子中央堆了一大堆洋葱皮、压碎的胡桃、干石榴、药草和香料。这些天然染料赋予了丝绸清晰、鲜明的大地色。在隔壁房间，两个健壮的男人抬着一根杆子，杆子上挂着丝线。他们白色的衣服上沾满深浅不一的泥土色，双手也早已失去原本的颜色。丝线已经用胶带打好结，所以只有1/4左右的丝线会暴露在染料里。巨大的铁桶里，染液咕咕冒泡、热气腾腾，两个男人控制着动作将丝线放入铁桶，接着迅速抬起。暴露的区域此时成了红棕色。他们重复数次这样的动作，然后将纱线挂起来晾干。

　　"我们这里还有一家现代丝厂，"埃米尔贝克说，"他们每年生产几百万米的丝绸，整个流程都已经现代化和自动化了。但在这里，我们还是用几千年传下来的老方法制丝。连我们的楼都是老的。"他指着天花板，上面复杂的旧木雕仍然依稀可辨。"有一百多人在这里工作，从处理蚕茧到编织布料，一切都是用手做的。这是一个漫长的过程，但出来的质量值得我们这样做。马尔吉兰（Margilan）出产的丝绸闻名整个乌兹别克斯坦。"

今天的马尔吉兰是费尔干纳盆地南端一个繁忙的地方城镇，离塔吉克斯坦边界不远，是大约二十万人的家乡。多数人都是塔吉克人，我的导游埃米尔贝克就是其中之一。除了丝绸，这个城镇还因为其数量众多的精明商人而闻名。在苏联时代，马尔吉兰是乌兹别克苏维埃社会主义共和国黑市贸易的中心，但该城引以为傲的贸易传统可以追溯到更久远的时候：在9世纪，马尔吉兰是西边撒马尔罕的阿尔泰山脉和喀什（位于现代中国境内）之间的丝绸之路上的重要停靠地。

这条路线叫作丝绸之路有充分的理由。尽管诸如马匹、陶瓷和纸张这些货品也被从东方运往西方，或从西方运往东方，但丝绸数百年来一直是最重要、最珍贵的物品之一。在公元前1世纪，丝绸开始在罗马贵族当中普及。

罗马人极为珍视这种独特织物，但对其来源和生产过程几无所知，而这更增加了它的神秘性。从丝绸之路最东边的城市西安到罗马的直线距离是八千公里。在那时候，这段路程要走一年以上。货物通常在途中几易其手，所以当它们被卖给罗马的富人时，商贩对于货品在东方的起源同样知之甚少。

然而也不乏各种理论。维吉尔（Virgil）相信丝线来自一种特别的叶子，而希腊地理学家斯特拉波（Strabo）认为丝线是从一种树的干树皮里提取的，这种树只生长在印度。老普林尼（Pliny the Elder）则设想它是一种来自远东森林的羊毛。

中国人了解丝绸垄断的价值。个人如果将丝绸来源的机密透露给外国人，会有被处死的风险。但是岁岁年年，一个世纪接一个世纪地过去，蚕和桑叶的秘密还是被传播开来。公元元

年后的头几百年，印度人也开始制丝，接着，据说大约在 550
年，两个聂斯脱里派僧人将蚕卵放在一根竹竿里，成功将其从
中国走私到君士坦丁堡。没有人知道中亚开始制丝的准确时间，
但是到 10 世纪，今天土库曼斯坦境内的梅尔夫已经超越中国，
成了欧洲市场最大的丝绸出口方。直到 13 世纪，西欧才开始生
产丝绸。但是，来自亚洲国家的丝绸仍被认为是最上等的，历
经几个世纪，乌兹别克人的技艺已经臻于完美。

　　我们离开染坊去往刺绣作坊。因为将近午饭时间，只有一
个绣工还在做活，一个美丽、腼腆的年轻姑娘，低头看着自己
正在绣的图案。埃米尔贝克的眼神无法从她的身上移开，赶紧
走了过去。他面颊泛红地俯身在她耳边说了些什么。她很快回
了一句，接着又低头看手头的刺绣。

　　"她是我女朋友。"他解释道。我们四处走着参观作坊里的
各种机器和仓库。

　　"能看出来，"我说，"你们要结婚了吗？"

　　他僵住。"没有，我们还太年轻。我才二十岁，她十九岁。"

　　我没再问问题，他则开始讲解绣工要做的辛苦工作。才说
到一半，他就忍不住脱口而出："她要嫁给别人了！这是两天
前定下来的，就是星期三那天。我才知道这个消息。"他两眼
直直地注视着前方，拼命眨眼睛。

　　"你们在一起有很长时间了吗？"我问。

　　"是的，很长时间了。我给她写了很多信，但她从没回过。"

　　作坊里安静得让人不自在。女孩把针推进丝绸面料，接着
抽出来，推进去，又抽出来，没有抬头。最后埃米尔贝克打起

精神来，继续带我参观，但是机械而冷淡。

当我们来到外面的院子里时，他十分痛苦地告诉我，他的母亲两个星期前已经去见过这个女孩的母亲。

"她准备问问她的女儿愿不愿意嫁给我，但是家里没有人。我母亲决定下回再试试。没什么可着急的……"

"那她想嫁给那个男人吗？"我问。

埃米尔贝克的脸上阴云密布。"对。"

接下来的参观支离破碎。埃米尔贝克带我看了地毯编织作坊，六个年轻女人坐成一排，舞动的手指飞快地编织着复杂的图案。最大的地毯需要耗费两个织工一整年的时间。埃米尔贝克飞快地介绍了几句地毯编织工艺，然后领我去了他们织围巾的屋子。在这里，十二个女人坐在几台大织布机边上加工丝线，图案室和染坊的男人将这些丝线准备好，她们再将其加工成彩色的条纹围巾。女人们每将丝线塞到合适的位置，梭子就会咚的一响。她们坐在那里，脸上沁出豆大的汗珠，有节奏地移动手和脚，同样的动作一遍又一遍地重复。她们以同样的速度纺织，但并不同时，规律的撞击听起来犹如切分音。

后来，埃米尔贝克带我看了工厂大厅，这里摆放着 50 年代的灰色动力织机，让人想起人们过去关于未来的愿景。织工全都去吃中饭时，我四处转了转，一个人看看那些机器。埃米尔贝克说他在外面等我，但是几分钟后又进来了，满脸泪痕。

"现在我觉得好痛苦。"他说。

"这儿有很多美丽的年轻姑娘，"我安慰他说，"你肯定能再找到一个。"

他绝望地摇摇头。

"今天对我来说不是个好日子。"

我们参观完整个工厂以后，再次经过刺绣作坊。姑娘们正坐在一起吃中饭。埃米尔贝克心爱的姑娘举着一个 iPad，另外三个姑娘一边咯咯笑一边往前探着身子看屏幕，完全没有注意到这位惨遭拒绝的追求者。

"我不喜欢这类现代科技，"埃米尔贝克嘟哝着，"我认为还不如把时间花在读书上。我一有空闲时间就读书。优先读英文书。我现在读得最多的是莎士比亚。"

我们到达商店后，导览就全部结束了，他打起精神，又像个导游了。

"你知道马尔吉兰为什么叫马尔吉兰吗？"

"不知道。"

"它得名自亚历山大大帝，"他说，"他东征时曾停在这里吃午餐。午餐里有面包和牛奶。牛奶在波斯语里叫 marg，面包在波斯语和乌兹别克语里都是 nan。"

"这里每个人都爱提亚历山大啊，"我笑道，"他东征到底停留过多少地方啊，都数不清了。半个中亚都说自己是他的后代！"

"亚历山大大帝是乌兹别克人。"我身后有人操着流利的英语说。我转过身，看到了店里除我之外唯一的顾客，一个高大、黝黑的男人，穿着高档的牛仔裤和一件皮夹克。

"我觉得希腊人不会同意。"我反驳道。

"没错，他就是乌兹别克人，"这个男人自信地重复道，"他真名叫伊什坎德尔，他的祖父也是乌兹别克人。"

"唔，这我倒是第一次听说，"我说，"对大多数希腊历史学家来说肯定也是。"

男人没有注意到我言语里的讽刺。

"希腊人也都是乌兹别克人，"他说，"最初有三类希腊人，希腊黑人其实是乌兹别克人。"

"乌兹别克人起初不是 16 世纪从咸海以北的地区来到这里的游牧民吗？"我四处找埃米尔贝克，想从他那儿得到一点儿支持，但他不见了。

"不是，"高个子男人断言，"他们是从南方来的，他们是希腊人。"

"但你刚刚说希腊人是乌兹别克人。"

"是的，我就是这个意思。乌兹别克人是希腊人。"

与持这类观点的人争论毫无意义，但是这表明了中亚人的历史和自我认知与外部的大千世界有着密切联系。中亚人民从未与世隔绝地生活过，数千年来一直在被迫应对从东南西北各方入侵的军队。人们从四面八方过来，有些人或长或短地在此定居，有些人最终以大草原为家。中亚处在亚洲的心脏地带，欧洲和亚洲之间，东西贸易路线的中点，它的中心位置塑造了它。也正是这一命运，这一地理位置，以及人与思想交流的往来不止，使得像撒马尔罕、布哈拉和梅尔夫这样的城市一度成为繁荣的学问中心。

苏联统治的几十年里，中亚处于帝国的边陲，被围困在坚固的铁丝网中，这在其历史上是反常的。但正是由于这一不寻常的孤立阶段，一套独特的苏联艺术收藏品才得以留存到今天。

这还要感谢一位热情苏联人的努力。

沙漠中的博物馆

从踏进来的一瞬间起，各种色彩与印象便向我袭来，令我不知所措。精美的珠宝、手镯和耳环，厚实的蓝色牛仔布料做的卡拉卡尔帕克（Karakalpak）族婚礼礼服——制作于列维-斯特劳斯让来自地中海的相似布料变得人人可得之前一百年，古代花剌子模时期的拥有两千年历史的罐子和雕刻，这些全都来自 20 世纪的一次或许最为重大却最遭忽视的考古挖掘。但是那些签有最优秀的苏联和乌兹别克斯坦艺术家名字的油画，给我留下的印象才最为深刻。这是一个光线与对比的宝库，受到毕加索和高更等欧洲大师的启发，同时又有着自己独特的风格，奇异的中亚地理景观、沙漠变化不定的天空，以及部落民族的古老传统都为之增了色。其中一些主题极为勇敢地表达了对苏联政权的批评，在那一历史时期，这样的直白如果被发现可能会招致流放或死刑。好几位艺术家为他们的笔触付出了高昂的代价。

除我之外，那里只有两个游客在油画间漫步，他们也跟我一样震撼。我时不时就能听到压低声音的吸气、惊叹、拉着长腔的"噢——"和"啊——",或是安静而满足的叹息。其他时候,整个博物馆都属于我。我从一个大厅逛到另一个大厅,从一张杰作来到另一张杰作前,警卫小心地跟着我开灯、关灯。

　　这里的艺术藏品据说是全世界第二重要的俄罗斯先锋派艺术收藏,除此之外,最引人注目的是博物馆的位置。努库斯(Nukus)位于莫斯科东南两千多公里处,卡拉卡尔帕克斯坦境内,这是位于乌兹别克斯坦最西端、最偏远的区域,周围除了沙子什么都没有。从塔什干到努库斯的航班要飞一个半小时——横穿一个空空荡荡的平坦沙漠,无波无澜的九十分钟。

　　尽管卡拉卡尔帕克斯坦占乌兹别克斯坦总领土的1/3以上,但只有一百七十万人左右生活在这里,不到该国人口的6%。其中大约1/4是卡拉卡尔帕克人,其余的是哈萨克人、乌兹别克人和土库曼人。Karakalpak的意思是"黑帽子",但是没有人记得为什么卡拉卡尔帕克人会被这样称呼。就算他们曾经戴黑帽子,现在早就不是这样了。几乎所有独特的卡拉卡尔帕克传统和文化特征都在苏联时期被消灭殆尽,只有语言留了下来,它更接近哈萨克语而不是乌兹别克语。另外,抢婚的传统在这里也比在乌兹别克斯坦其他地方更为普遍,这种传统一旦变得根深蒂固,便似乎很难根除。

　　努库斯是卡拉卡尔帕克斯坦的首府,是一个灰蒙蒙的地方城镇,到处是苏联式的高楼大厦和冷冷清清的宽阔街道。大约有二十万人仍然居住在这里,但这个数字每年都在下降。有能力逃离贫困、满眼黄沙和恶劣气候的人一有机会就会离开。夏季气温可达 50℃，冬季寒冷多风。风从干涸咸海的乌兹别克斯坦那一侧吹来盐和有毒物质。残留的农药、化肥甚至生物武器越过沙丘，进入城市中心。

第二次世界大战后，苏联当局加强了生物武器的研发工作。在 20 世纪 60 年代，生物武器的研发活动达到顶峰，多达五万人在五十二个不同的试验地点参与了绝密项目。进行致命微生物研究的两个地点是咸海的沃兹罗日杰尼耶岛（Vozrozhdeniya）和共青岛（Komsomolsky）。这里的研究集中在炭疽、天花和鼠疫上。1971 年发生了一起事故。一艘船驶近沃兹罗日杰尼耶岛时，船员们接触了天花病毒，他们把病毒带到了位于哈萨克斯坦境内的咸海港口。共有十人感染了天花病毒，只有七人活了下来。今天，沃兹罗日杰尼耶岛和共青岛都已不复存在——咸海消失后，它们成了内陆的一部分。以前曾是岛屿的这两个地方，表层土壤中仍存有孢子和杆菌，每一次起风，它们就会打着旋儿飘向空中，向四面八方飘散。

由于这些军事设施，整个卡拉卡尔帕克斯坦在苏联时期都是封锁区，外国人或其他外来人不允许访问该地区。官方给出的理由是没有旅游基础设施，老实说，这不完全是谎话。

1950 年，苏联艺术家伊戈尔·萨维茨基（Igor Savitsky）来到这个荒凉的地方。

1915 年夏天，伊戈尔·萨维茨基出生在乌克兰基辅，在法国家庭教师的陪伴下度过了一段优裕的童年，周围的亲戚也都见多识广，受过良好教育。他的父亲维塔利·萨维茨基

（Vitaly Savitsky）是一位富有而受人尊敬的律师。曾祖曾在圣彼得堡任神学院的教授，也是彼得保罗主教座堂（Peter and Paul Cathedral）的牧师。外祖季莫菲·弗洛林斯基（Timofey Florinsky）是基辅大学的助理教授，也是斯拉夫研究的负责人。他以坐拥一万两千多本私人藏书而闻名，他的学生都能够读到这些书。他的外孙伊戈尔将会让这种一脉相承的收藏热情达到新高度。尽管欧洲战火肆虐，但基辅的日常生活仍一如既往，伊戈尔人生的最初几年过得非常幸福。

　　随后革命和内战爆发。他的优越出身变成了祸根。1919 年，六十五岁的季莫菲·弗洛林斯基被布尔什维克逮捕并处决。他的藏书被毁坏散尽。伊戈尔母亲这边的大多数亲眷都在 20 世纪 20 年代移民到了法国，在那里他们可以自由地生活。但伊戈尔的父母拒绝离开苏联，并搬到了莫斯科，与母亲的兄弟德米特里一起生活。他是外交人民委员会礼宾司司长——按理说这是个安全的好职位，但在 30 年代的苏联，没有人是安全的。1934 年，在第一次清洗和恐怖浪潮中，德米特里被捕。我们不知道他后来的命运如何，也不知道伊戈尔的父母后来如何，因为萨维茨基几乎从不谈起他的家庭和背景，连对亲密的朋友也没说过。

　　为了表现得像个好无产阶级分子，十六岁的伊戈尔开始当电工学徒。他晚上去私立夜校上绘画与油画课，这才是他真正的梦想和人生抱负。他是一个拥有满腔热情的学生，利用所有的空闲时间来画画，精进技术。1941 年，他被莫斯科苏里科夫艺术学院录取。由于健康状况不佳，他没有被征召入伍，因而可以继续学业。1943 年，整个苏里科夫学院撤退到撒马尔罕。

这次中亚之行给年轻的萨维茨基留下了深刻的印象，并永远改变了他的人生轨迹。

1950 年，萨维茨基受邀担任一个考古学家团队的绘图员，这些考古学家将在卡拉卡尔帕克斯坦挖掘古代花剌子模文明的遗迹。20 世纪 30 年代对花剌子模的发现，如今被一些考古学家用来与图坦卡蒙[1]陵墓相提并论。公元前 6 世纪，在咸海以南，也就是今日的卡拉卡尔帕克斯坦，有一大片先进文明。居住在这里的人是琐罗亚斯德教教徒，生活在一个等级森严、高度发达的社会，尤为重视自然科学和数学。萨维茨基原本就十分迷恋中亚的人与景观，于是不假思索地接受了邀请。他当了八年的探险绘图员。当考古学家们为了躲避下午的炎热在阴凉处休息时，萨维茨基坐在他的画架前，将沙漠永远地留存下来。对于那无边无际的景色中的色彩和变幻不定的光线，他永远不觉厌倦。

今天，萨维茨基被公认为是卡拉卡尔帕克学派风景画的创始者。他找到了他的塔希提岛。同法国画家高更一样，萨维茨基也被原住民文化深深吸引，但他的痴迷是以另一种方式表现的：在业余时间，他会去偏远的村庄收集手工艺品、珠宝、地毯、刺绣等卡拉卡尔帕克文化工艺品。卡拉卡尔帕克人没有书面文字，但在手工艺方面拥有异常丰富的传统。萨维茨基坚持不懈，逐渐收集了八千多件独特物品，全都存放在家中。大家都不明

---

1 图坦卡蒙（Tutankhamun）是古埃及新王国时期第十八王朝的一位法老。——译者注

白他要这些破烂货干什么。此时已经是新时代了，连卡拉卡尔帕克人自己在这些古老的手工艺品中都看不到任何价值。

八年后，考古学家完成了挖掘，萨维茨基则搬到努库斯，永久定居下来。他继续收集卡拉卡尔帕克手工艺品，同时开始给当地的艺术家授课。他认为得建一个艺术博物馆才能正正经经地做这件事。几年之后，他成功地说服当地政府，让他们掏了钱。1966 年 5 月 1 日，努库斯的艺术博物馆开放了。从那天起，萨维茨基不再从事艺术创作。他认为要同时当严肃艺术家和博物馆馆长是不可能的。

博物馆成了他的一生。通常，每个晚上他只睡几个小时，吃得不多，拥有的东西也很少。他根本没有时间娶妻生子——他所有的精力都投入到经营博物馆和收藏艺术品上了。在中亚的那些年里，萨维茨基有一个重大的发现：在那些几乎被遗忘或被禁的艺术家的工作室，以及他们遗孀的公寓里，有大量的宝藏等待被发现，但似乎无人在意。当斯大林在 30 年代加强权力控制时，只有那些具有教化意义的艺术，也就是反映理想化的苏维埃现实的所谓"社会主义现实主义"逃过了审查。然而，苏联艺术家不像苏联当局那样目光狭隘，众多有天赋的画家受到欧洲前卫主义、立体主义、达达主义、超现实主义等现代运动的启发。这些作品没有在任何地方展出，而是深藏在箱子与阁楼里。

60 年代的审查比斯大林时代宽松了些，萨维茨基充分利用了这一点。他开始探访已故艺术家的工作室，拜会他们的亲属，寻找二三十年代被藏起来的作品。一开始，他将目光集中于乌兹别克斯坦，因为当时很多苏联艺术家逃到了那里，但后来他渐渐把搜寻范围扩大到了莫斯科。萨维茨基发现了一件又一件的珍品，它们有的来自像乌拉尔·坦瑟克巴耶夫（Ural Tansykbayev）这样颇受认可的知名艺术家，也有的来自像康斯坦丁·苏里亚耶夫（Konstantin Suryayev）这样不为人知的艺术家。萨维茨基购买了很多画，多达数千幅，这些画对当局来说都色彩太丰富、太表现主义、太有批判性或太实验性了。有些画受损严重，需要大规模修复，常常是萨维茨基自己修复。他拯救的其中一幅画，曾经是艺术家的遗孀用来堵屋顶漏洞的。战争期间，画家亚历山大·沃尔科夫（Alexander Volkov）的家人被迫用他的画框当柴烧，这样他们才不至于被冻死。萨维茨基去拜访他们的时候，这些画岌岌可危。沃尔科夫的家人很高兴仍然有人关心沃尔科夫的艺术作品，把所有的收藏品都捐给了萨维茨基，萨维茨基将这些画带回他在沙漠里的博物馆，并修复了它们。

这座努库斯的博物馆很快在整个苏联声名鹊起，而萨维茨基也因其不俗的品位而成名。他具有非凡的说服力，连那些疑心最重的年老遗孀都被他成功说服，将丈夫的毕生心血交给他保管。朋友和同事开始管他叫"遗孀之友"。萨维茨基尽其所能地向艺术家及其家人支付画款，尤其是让穷困潦倒的遗孀们得到她们应得的，这是他始终在意的事。如果他手头没有钱（这是常事），他会给对方手写一张欠条，在欠条上以努库斯艺术博物馆馆长的身份担保日后支付全款。惊人的是，他们通常都会同意。萨维茨基一有余钱，就会自觉地还上欠他们的钱。

　　鉴于萨维茨基收集的艺术品的数量，卡拉卡尔帕克斯坦地方当局拨给他的钱总是不够花，他一次又一次地超出预算。他们一再要求他不要再买艺术品了，但他就是停不下来。说来也怪，当局没对他怎么样。更奇怪的是，他用政府的钱购买了数千件艺术作品，但这些作品根本不符合宣传机制对富有教益的艺术品的要求——且有些作品的作者还没恢复名誉，政府也放过了他。要是在莫斯科或列宁格勒，这座博物馆肯定撑不下去，但在努库斯，监管比较宽松。每当有莫斯科来的督察员进行不定期巡访时，萨维茨基就会把最具争议性的画作挪走。然后他穿上自己唯一的一套西装，殷勤地领着客人们四处参观。作为一种策略，一些艺术作品的标签是"未知艺术家"。20 世纪 30 年代，娜杰日达·博罗瓦娅（Nadezhda Borovaya）在古拉格待了七年，博物馆于 1982 年展出她关于古拉格的画作时，宣传册上的文字说，这些画是虚构出来的纳粹集中营日常生活场景。

　　1983 年，萨维茨基病得很重。尽管呼吸困难，他还是如以往一样继续工作。他的医生谢尔盖·埃富尼（Serge Efuni）最终强行让他住进了莫斯科的医院。经过几次彻底的检查，医生发现，病人并不像他们起初怀疑的那样得了癌症或结核病，而是因为多年草率地接触危险化学品，患上了晚期肺部硬化。萨维茨基坚持采用传统方法清洗古青铜工艺品，在工作室里煮沸福尔马林时没有采取任何保护措施。他的肺正在萎陷。

　　医生判他死刑时，萨维茨基抗议道："我不能死，医生，我还欠那些艺术家和他们的遗孀一百五十万卢布呢！"埃富尼医生是个通情达理的医生，有时会允许萨维茨基离开医院。他会利用这段时间拜访在莫斯科的一些工作室，收集更多的艺术品。他的病房变成了一间办公室，博物馆馆长在这里继续工作，他处理信件，给当局写信求援，接待带着油画和素描来找他的捐赠者，直到最后一刻。

1984 年 6 月，在他六十八岁生日的八天前，萨维茨基去世了。在他生病住院的八个月里，他设法为努库斯的博物馆收集了两个集装箱的艺术品、珍本书籍和古董家具。

如萨维茨基所愿，卡拉卡尔帕克斯坦首任总统的外孙女、萨维茨基的好朋友马里尼卡·巴巴纳扎罗娃（Marinika Babanazarova）在二十九岁时接任了博物馆馆长的职位，从那以后一直管理着博物馆。[1] 自苏联解体以来，这个博物馆逐渐为全世界的艺术爱好者所熟知。如今，它每年接待四千到五千名游客，这与卢浮宫相比当然并不算多，卢浮宫平均每天接待一万五千万名游客，但考虑到博物馆的边缘位置，这也足够了不起了。萨维茨基的梦想是让那些艺术爱好者从巴黎飞过来参观他的博物馆。他的朋友当时嘲笑他，但此时他的梦想已经成真。

然而，当努库斯的博物馆馆长依然没那么轻松。萨维茨基去世之后，博物馆花了好几年时间来偿还他在那些遗孀和艺术家那里的欠款。许多年里，他们没有钱购买加湿器，展厅里放的是一盆一盆的水。尽管一直有人对这些作品感兴趣，但巴巴

1　马里尼卡·巴巴纳扎罗娃因被指控盗窃博物馆藏品而在 2015 年被解雇。——译者注

纳扎罗娃从未向诱惑屈服，借出售艺术品来缓解预算的紧张。萨维茨基认为，他们对于维护那些被穷困潦倒的艺术家及其遗孀托付给博物馆的作品有道义上的责任，并且说，哪怕是卖掉一幅画，也足可构成背叛。他还警告说，一旦开始售卖，就很难停止。巴巴纳扎罗娃忠于这一理念，尽管这导致她经常没有足够的钱给员工支付体面的工资。幸运的是，博物馆的女工作人员（在此工作的几乎都是女性）同馆长一样虔心投入，让努库斯这家博物馆维持下去，也被她们视作一种道义责任。

在新政权下经营博物馆也并非易事。一座新的博物馆大楼在 1976 年便已动工，但直到 2003 年才竣工。尽管卡里莫夫总统亲自为这座大楼揭幕，但当局对博物馆的态度颇为矛盾。虽然他们很高兴博物馆为该地区吸引了游客，但与外国人的任何接触都会引发怀疑。2011 年，当关于该博物馆的纪录片《禁忌艺术的荒漠》（the Desert of Forbidden Art）在纽约首映时，巴巴纳扎罗娃非但被禁止出境，还在当天受到了警方的讯问。

前一年，博物馆管理人员接到通知，须在四十八小时内把两座展览馆中的老楼清空，因为外面的街道要重修。工作人员不得不哭着将数百幅画作仓促打包好，并将其存放在已经挤挤巴巴的仓库里。在原来的博物馆所在的街角，一栋华丽的银行大楼拔地而起。路的对面建了一座巨大的白色议会大楼。这些豪华新建筑是当局总体规划的一部分，目的是让全国每个重要城市都焕然一新。

该计划还包括两座博物馆新建筑，已于 2016 年建馆五十周年落成。因此，长途跋涉到卡拉卡尔帕克斯坦欣赏俄罗斯前卫艺术的艺术爱好者，如今能看到更多伊戈尔·萨维茨基担任努库斯艺术博物馆馆长的十八年里收集的八万多件手工艺品和艺术品。

棉花之神

开车驶出努库斯后不久，我们来到一座大桥前。到了桥中央时，我们才看到下面的河流：细带子一般狭窄而银光闪闪，水面几乎静止。这是阿姆河仅存的部分，希腊人称其为奥克苏斯河，相当于中亚的尼罗河，是沙漠的命脉。几周前，我曾在塔吉克斯坦的瓦罕河谷里坐在这条河的岸上，眺望对岸的阿富汗。那时的它仍是一条河，宽阔而有生气。它从帕米尔流经土库曼斯坦，最后到达乌兹别克斯坦，它曾在那里通过不同河流和水道的网络注入咸海。尽管现在的阿姆河早已不似往日，当地人谈起阿姆河时依旧充满敬畏。阿姆河不再流入湖泊或海洋，而是渐渐变窄，变平缓，越缩越小，直至最后消失于黄沙之中。

在沙漠里，水比金子珍贵。两千多年前，正是阿姆河及其支流使得游牧民族能够在古代花剌子模生活。令定居者颇感挫败的是，阿姆河反复无常，常在毫无预兆的情况下改变流向。人们别无他法，只能跟着迁居。小镇与城市全体迁移，随着河水去往别处。渐渐地，人们学会了驾驭河水。他们开始建造大型供水系统，为成千上万的人提供干净的冷水。得益于这些精心设计的运河，梅尔夫、希瓦、布哈拉、撒马尔罕和浩罕等绿洲城市在沙漠中繁荣起来。

众所周知，苏联当局并不满足于简单地挖几条水沟，克里姆林宫的官僚们想要建立全新的世界秩序。自然将服从共产主义，而非共产主义服从自然！20世纪50年代，第一批推土机和挖掘机开始在阿姆河河岸上挖掘。同时，成千上万的人被派到田野里去。他们每人拿到一把铁锹。在新的世界秩序下，人不再只为自己和自己的家庭而活，也为党、集体和大家庭而活。他们被要求为建设社会主义帝国而献出生命，更别说是贡献自己的力量了。

俄国人第一次来到中亚时，这里已经出产棉花近两千年，但规模尚小。为了鼓励棉花生产，俄国人给那些想要种植棉花的农民分土地。中亚的棉花被换成了美国品种，因为美国品种能生产出更纯、更结实的纺织品。渐渐地，棉花种植超越了其他作物，这就意味着在谷物、水果和蔬菜方面一直以来自给自足的中亚人，此时需要依赖从俄国进口的食物。1916年，第一次世界大战期间，当地人向北方的殖民统治者抗议：他们在忍饥挨饿的情况下被迫在自己的土地上种植棉花，这不公平。雪上加霜的是：他们还得按照沙皇人为规定的低价出售棉花！

然而，布尔什维克上台后，情况越发不济。共产主义者的梦想是使苏联成为世界上最大的棉花生产国。3/4的苏联棉花是在乌兹别克苏维埃社会主义共和国（以下简称乌兹别克共和国）种植的，由于其气候和数量庞大的人口，乌兹别克共和国是最适合种植棉花的地方。几乎所有的集体农场都种棉花。无花果和西瓜种植园、麦田和花圃里的作物都被连根拔起，被美国棉花取代。棉花一望无际，棕色的棉花短茎一公里一公里地向远处绵延，每年秋天，它们都将化作低矮的云堤。

中亚超过90%的棉花被运往俄罗斯进行加工。棉花的价格仍然远低于市场价格，这导致乌兹别克共和国的集体农场很少能做到收支相抵。因此，在整个苏联时代，乌兹别克共和国都依赖来自北方的补贴，不仅依赖财政补贴，还有肉类、乳制品、小麦、水果和蔬菜。

共产主义者早就幻想将广大的沙漠地区变成棉花种植园，在勃列日涅夫的领导下——在其他方面可看不到他这么实干——计划开始实施。借助推土机、挖掘机和原始的人力，数千公里的运河被挖掘出来。从1965年到1985年，短短二十年间，乌兹别克共和国的耕地面积几乎翻了一番。河流被改道并引流至棉花种植园，河水淹没了田地，渗入并破坏了土壤，因为沙漠贫瘠的土壤下有大量的盐沉积物。当水渗透得足够深，到达盐沉积层时，盐开始被抬升到土地表面。于是土壤覆上了一层薄薄的白色晶体，风将晶体吹散，人们呼吸时会吸入盐粒。为了让棉花种植园在这样贫瘠的土地上一年一年地经营下去，人工化肥和杀虫剂被广泛使用。飞机和直升机飞过村庄，向田野、菜园和操场喷洒毒药。每公顷土地平均要喷洒二十到二十五公斤的有毒农药，这是苏联平均水平的七倍。人工化肥的浪费则更严重：每一株棉花施的肥都比实际需要的多出五十倍。

由于苏联的人口增长速度超出了乌兹别克共和国的棉花产

量，棉花市场从未饱和。棉花永远不够。莫斯科计划经济设定的产量要求不切实际，但乌兹别克共和国当局非但没有调整这些要求，反而开始虚报数据。如此，大小官员便能用大量子虚乌有的棉花谋利，乌兹别克共和国每年都能完成文件上的指标。

　　整个苏联都充斥着腐败和任人唯亲的行为，但中亚的情况最为严重：每个加盟共和国的中央委员会实际上都不过是占支配地位的部族的长老委员会，而这些部族都是由家族纽带和共同的商业利益维系的。在乌兹别克共和国，沙洛夫·拉希多夫（Sharaf Rashidov）当了二十四年的第一书记——大维齐尔[1]可能才是更恰当的头衔——一直到 1983 年他去世的时候才换人，多少有些偶然的是，他死前不久，莫斯科的政治局开始对上报的棉花吨数和乌兹别克共和国上交的实际棉花数量之间的不一致表现出了兴趣。这桩腐败案被直接称为"棉花丑闻"，贯穿了整个 80 年代，一直持续到 1991 年苏联解体。调查结果导致超过三千名警察丢掉饭碗，四千名党员被审判和判刑。戈尔巴乔夫上台时，认为有必要更换腐败的政党领导层中的大部分人。不顾乌兹别克人的抗议，戈尔巴乔夫将大部分被罢免的领导人换成了俄罗斯人，由此解散了整个长老委员会。

　　然而，第一书记伊斯兰·卡里莫夫来自撒马尔罕。乌兹别克共和国独立后，他做的第一件事就是为"棉花丑闻"中被判刑的大多数人平反。其中许多人甚至官复原职。

1　大维齐尔（grand vizier）是苏丹以下最高级的大臣，是 1328 年至 1922 年间存在的一个职位。——译者注

一块画着蓝色大鱼的招牌仍然迎接着来到木伊那克（Moynaq）的游客，让人想起这个地方昔日的辉煌。木伊那克距离努库斯三四个小时的车程，直到20世纪70年代，它仍是乌兹别克斯坦唯一的海滨城市，周围有沙滩、海浪和欣欣向荣的捕鱼船队。现在海已经退到两百公里外了。乌兹别克斯坦不仅是一个没有海岸的国家，还被其他本身就是内陆国的国家所包围。因此，乌兹别克斯坦失去了与海洋唯一的联系。

20世纪60年代，萨维茨基开办努库斯艺术博物馆时，卡拉卡尔帕克斯坦可以说正如日中天。得益于新运河的修建，到处都在种植棉花，没有人失业。当地人忙于播种和采摘棉花，开挖运河和捕鱼。如果苏联的统计数字可信的话，那么苏联消费的鱼类中有7%来自咸海。仅在木伊那克，就有三万人受雇于捕鱼业，或在加工厂和罐头厂工作。即使咸海开始萎缩，之后完全消失，罐头厂的轮班工人仍在全线工作。当地渔民不能再向传送带输送鱼类时，当局便安排将冷冻鱼从摩尔曼斯克（Murmansk）一路送到加工厂。

昔日辉煌的遗迹让木伊那克显得更加压抑。在市中心，苏联风格的办公楼年久失修。市中心外有一家电影院，是用泥砖和黏土建成的，墙上刷的漆必定也曾是鲜亮颜色。电影海报已经模糊不清。木伊那克没有餐馆，也没什么值得一提的商店。镇上唯一的一家旅馆已经破败不堪，几乎没有旅游公司敢冒险将游客送到这儿来。山羊在混凝土公寓楼前吃草，街道上黄沙漫天。学校里半数的教室空空荡荡，一些男孩在学校附近一个临时球场上踢球。他们的头发和衣服上尽是尘土，但他们似乎并不在意。旧罐头工厂曾是木伊那克的心脏，如今就像一个鬼屋。窗户破了，油漆剥落，入口的招牌挂得歪歪斜斜。

我的司机鲍里斯将车开得很慢，好让我透过关着的车窗拍照片。

"这里到处都有观察员和警察，"他解释说，"苏联解体后不久，卡拉卡尔帕克斯坦发生了一场小型独立运动，但是很快就被卡里莫夫的人血腥镇压了。此后这里再没出现过有组织的独立运动，但当局怕他们卷土重来，所以小心提防着。到处都有告密者。有任何可疑或不良活动的迹象，他们都会向塔什干当局发出警告。"

"拍鱼厂的照片属于不良活动吗？"

"没错。"

鲍里斯肯定是唯一一个留在卡拉卡尔帕克斯坦的俄罗斯人。苏联解体时，他的妻儿搭上了第一班去莫斯科的飞机。鲍里斯找了一个哈萨克妻子，就此待了下来。

"我不能丢下我的老母亲，"他说，"况且不管怎么说，你都应该死在你出生的地方。这是我如今的想法。"

我对鲍里斯的第一印象不算特别好。他穿一条破旧的慢跑裤，一件网眼背心，那背心虽有弹性，但遮不住他的大肚子。他刚满五十七岁，但看起来起码要再大个二十岁。近几年，他因为慢性肾衰竭开始领疾病补助，这是该地区的常见病。除吃社保以外，为了补贴收入，他也是一名专职司机，接送一些灾难观光客来往咸海海滩。我们离开努库斯之前，他置办了一些当地伏特加，他打赌说那是全乌兹别克斯坦最好的。

虽然种种兆头都不怎么好，但结果证明鲍里斯是整个旅程中最好的司机。他的年轻同行通常只在看见了远处的警察检查站时才会踩刹车，而鲍里斯跟他们不一样，他开车的速度相对正常，每小时很少超过一百公里，具体取决于路况与环境。直到我们停车过夜时，他才把伏特加拿出来。

紧靠木伊那克市中心外圈有这个城镇唯一的旅游景点：船舶墓场。从小型渔船到大型拖网渔船，十一艘形状各异、大小不一、锈迹斑斑的废船排成一排搁浅在沙滩上。无数对情侣将自己的名字和首字母缩写刻在船体上。我显然不是第一个来到这里的北欧人：一条渔船上，有人用难以抹去的白色字母刻了Ole + Jørgen。在船的后面，一望无际的棕色沙子向四面八方延伸。

这些船靠着一块高地，这块高地如今充当着停车场和观景点。停车场后面竖着展示咸海相关信息的公告板。卫星照片展示了作为世界第四大湖的咸海是如何越缩越小，直到最终一分为二的。就在几年前，咸海的两条进水河流还能从哈萨克斯坦延伸到乌兹别克斯坦。现在只剩下一条了，而且这条河流也在持续地变短、变窄。哈萨克斯坦当局设法挽回了北咸海的局面，但南咸海已经无法恢复。湖水的含盐量太高，鱼类无法生存，曾经为咸海提供水源的阿姆河，如今再也流不到岸边了。在过去的五十年间，90% 以上的咸水湖消失了。

如今充当停车场的高地曾是木伊那克的主码头。少先队员的夏令营就在码头附近举办。咸海开始消失时，当地政府刚开始在这里修建度假屋。湖水一天一天地后退，越退越远，慢得几乎看不出来，直到有一天，咸海从木伊那克消失了。有一天，第一批冷冻鱼从摩尔曼斯克运来。渐渐地，渔民们把船永远地拉上了岸。

"我以前常常在学校放假的时候来这里看望我姨妈，"鲍里斯说，"这里的夏天就是天堂。我们在水里游泳，玩闹，悠闲自在。但现在所有的俄罗斯人和哈萨克人都搬走了。只有卡拉卡尔帕克人还住在这里。"

我们站了一会儿，安静眺望着曾是湖底的这块地方。

"一切都是苏联那时候更好。"鲍里斯说。

我诧异地看着他。

"食用油更便宜，面包不要钱，去莫斯科的机票也花不了几个钱，"鲍里斯解释道，"工资足够一家人花。但是现在钱总是不够花，许多人还得了病。"

在俄罗斯或者原苏联加盟共和国旅行的人很快就会习惯，上了年纪的人在谈起苏联时总是充满怀念。"一切都是以前更好"是常提到的句子，谁能怪他们呢？不仅是那时候的他们正年轻，而且那时候的世界也更简单，社会治安系统运转得也更好，物价也的确低许多。但在这里，在所有地方当中，这个镇子是真正承受了苏联当局狂妄自大的后果的，我没料到还会有人怀念苏联。然而，我邋里邋遢的司机还不是特例。就像在库尔恰托夫——苏联进行核试验的地方——一样，我在木伊那克遇到的人，个个都怀念美好的往日时光。因为一切都是以前更好。

从某些方面说，他们是对的。卡拉卡尔帕克斯坦的生活绝对是以前更好。今天，这是乌兹别克斯坦最贫穷、最不发达的地区之一。失业率很高，大多数居民患有慢性病。癌症和肺结核发病率比乌兹别克斯坦其他地区高出十五倍。呼吸系统疾病和布鲁氏菌病（也称波状热）很普遍，肾脏和肝脏疾病也一样。几乎一半的人口患有黄疸。儿童死亡率创历史新高：每一千名新生儿中，有七十五名活不过出生后的头几年。自咸海消失以后，气候也变得更恶劣。夏天更热更干，冬天更加寒冷。仅存的一点地下水里全是盐、重金属和其他有毒废物，不适合人类饮用。然而，还是有许多人因为没有其他选择而被迫饮用这样的水。

在短期内，苏联当局的确成功将沙漠开垦成了肥沃的棉花种植园，但反过来，咸海如今也永远地化成了沙漠，带来了种种后果。不过，木伊那克似乎并没有怨恨。

第二天黎明我们离开时，街上还黑着。慢慢地，微弱的光线在天空中晕开，黑夜在一场柔和色彩的游戏中变成白天。景色如煎饼一样平坦，土壤贫瘠，含盐量高，能茁壮生长的似乎只有蓟类植物和干灌木。土地覆盖着一层薄薄的白色盐膜，干燥、松软又颇有黏性。讽刺的是，除了那些蓟和灌木，这里唯一长得好的植物就是棉花。所以乌兹别克斯坦当局几年前在木伊那克附近建了更多的棉花种植园，希望这种曾导致这个城镇衰落的作物也能够挽救这个城镇。

尽管近年来在水果、谷物等可食用作物上的投入有所增加，但乌兹别克斯坦的经济仍严重依赖棉花。由于不加选择地使用杀虫剂和化肥，以及单一作物种植，每公顷产量在过去几十年里逐渐下降，许多棉花植株也出现了病害。然而，大部分耕地仍用于种植棉花，乌兹别克斯坦目前是世界第六大棉花出口国。由于大多数农场仍归国家所有，并以集体形式经营，因此种植什么、完成多少指标，以及产品价格都由当局决定。换句话说，他们仍然遵循着苏联模式。因此，大多数乌兹别克农民一贫如洗。没几个人能够凑钱买一份居住许可证（propiska）——如果想迁往另一个地区，就需要这个文件。这就是当局防止贫穷的年轻人大规模流动到城市，同时确保农场的劳动力廉价、稳定的有效办法。

开车出来第一个小时，湖底的路铺过柏油。要不是鲍里斯向我保证，这路是几年前才新修的，我大概会以为这又是一份苏联时代的遗迹。路面坑坑洼洼，被往来穿梭于天然气发电厂的重型中国卡车压得破败不堪。至少在一个方面，生态灾难对乌兹别克斯坦有利：21世纪初，在此前曾是湖底的地方发现了巨大的天然气储量，俄罗斯、中国和乌兹别克斯坦于是合作在这个地区建造了几个大型发电厂。然而，当地人并没有从这一项目中获益，因为这些新工厂的工人几乎都是来自中国和乌兹别克斯坦东部的移民。

在最后一段路上，我们开过一个大峡谷，此前这里四面环海。水在岩石上雕琢出平滑、红色的纹理，此时微弱的晨光正照耀其上。一片由蓟草、黄沙和灌木杂糅在一起的平坦景色，其间点缀着亮闪闪的盐类结晶，向四面八方延伸。

在苏联时期，争夺稀缺的水资源已经够复杂的了，当时所有的加盟共和国都属于同一个国家。今天已经可以勉强看出引发未来冲突的苗头。乌兹别克斯坦和塔吉克斯坦之间的关系已经降温，这是由于后者计划修建罗贡坝（Rogun Dam）。该计划早在 1959 年就提出了。这是为了充分利用瓦赫什河（Vakhsh）的潜力，该河流的源头在吉尔吉斯斯坦，流经塔吉克斯坦，最后汇入阿姆河。计划中的大坝高 334.98 米，将是世界上最高的大坝。尽管塔吉克斯坦亟需这样一座大坝提供的电力，但大坝自 1976 年开始建设，至今仍未完工。塔吉克斯坦当局曾多次试图为该项目注入新活力，但由于缺乏资金，这些努力一再失败。[1]乌兹别克斯坦当局则对这个大坝项目非常不满，他们担心该项目会"偷走"费尔干纳盆地里棉花种植园的水。他们还担心假如发生地震可能带来的后果。卡里莫夫总统直接称其为"愚蠢的项目"。

土库曼斯坦黄金时代湖（Golden Age Lake）的建造更具争议。这个位于卡拉库姆沙漠中部的湖泊，将容纳 1320 亿立方米的水，覆盖 200 平方公里，深达 70 米。别尔德穆哈梅多夫总统的伟大构想是，让这个湖泊为整个地区带来更多的雨水，改变沙漠气候，从而使沙漠土壤更加肥沃。挖掘工作差不多已经完成，这尤其是囚犯的功劳，当局将他们当成免费劳动力使用。在阿什哈巴德，显然仍有人做着让沙漠变成绿洲并带来利益的

1　塔吉克斯坦政府在中国的援助下，在 2017 年重启了这一项目。该发电厂的第一个机组已于 2018 年投入使用，第二个涡轮机预计将于 2019 年投入使用。——译者注

共产主义旧梦。

专家们反对说，这些水很可能在炎热的沙漠空气中蒸发，剩下的那一点点水会被化肥和化学物质酸化。他们还质疑沙漠下面的土质是否适合容纳湖泊，水会不会慢慢渗入沙地，把沙漠变成烂泥。另外也不清楚土库曼斯坦要从哪里引那么多水。他们声称只使用现有灌溉系统的径流水，但根据专家的说法，大部分径流水将在流至黄金时代湖之前从运河中蒸发。不出所料，土库曼斯坦当局对针对这一狂妄自大的项目的批评意见充耳不闻。2009 年，别尔德穆哈梅多夫总统乘飞机进入沙漠，为这座湖举行落成典礼。

"我们给这些曾经毫无生气的沙子带来了新生机。"总统在开启其中一条为湖泊供水的运河时宣布。然后，他骑上一匹骏马兜了一圈，从在场的人那里赢得阵阵欢呼。

要将这个湖填满，还需要许多年的时间——假设它能填满的话。

我们驾车行驶三个多小时后，终于瞥见远处一片静止的暗蓝色水面。南咸海。蓟和灌木丛逐渐稀少，沙漠慢慢变为海滩。几顶用白色塑料布搭的简易毡房立在离水几百米的地方。几个中国人在沙地里开着四驱车来来往往，看起来十分忙碌。

"你们在做什么？"我问其中唯一一个会说俄语的。

"虾几 [1]！"他咧开嘴笑着说，"我们在捡虾几 [2]。虾几啊！"

"虾几？"

"虾几！"他指着自己面前的大塑料桶，里面装满了灰色的泥浆。"非常小，非常小的小虾几！"

"他们在捡虾子 [3]，小虾子，还有虾卵，" [4] 鲍里斯解释，"他们在湖边捡这些东西，用大集装箱装起来运到泰国去。应该能靠这个赚不少钱。"

我转身背对着那些捡虾的中国人，往咸水湖走去。湖边的沙子十分潮湿泥泞，每走一步双脚都会深深地陷下去。水面上浮着白色泡沫。这气味让我想起春天时罗弗敦群岛的渔村，到处都在晒鳕鱼。但这里既没有鱼，也没有海鸥的呼号。只有水和盐，还有小虾几。

湖泊像一面镜子。细小的涟漪层层叠叠，随后在抵达岸边时散碎，发出铃铛般的响声。

天空云雾弥漫，在天边与明镜般的湖面融为一体。

"就在几年前，水还能再高出一百米。"我坐到车上时，鲍里斯评论道，他已准备好开始漫长的返程。"估计我很快就要再找份新工作了，"他发出一声粗哑的笑声，"最好是跟疾病补助不冲突的。"

1　原文为俄语。——译者注

2　原文为俄语。——译者注

3　原文为俄语。——译者注

4　虾子的俄语和英语分别是 krevetki 和 prawn，对方分不清 l 和 r，跟作者说的是 klevetki 和 plawn，所以作者一时间听不明白。——译者注

追寻逝去的时间

穿过位于希瓦之内的老城伊钦卡拉（Ichan Kala）的城门，就像踏进了几百年前。蓝色的穹顶和装饰着薄荷绿瓷砖的细长尖塔高耸入云。在可汗的旧宫殿里，你穿过狭窄的走廊和装饰精美的昏暗房间——忽然之间，你发现自己站在一个完美对称的露天广场上，这个广场在建筑的中央，外面街道上的嘈杂之声传不进来。感觉就像走进一个电影片场或者一个博物馆：一切都保存得极其完好。这里没有土堆和倒塌的建筑，你无须猜测或想象事物曾经的面貌。环绕老城的十米高的土墙有着射击孔和光洁、雅观的墙体表面，几乎完好无损；内部，穹顶建筑和古老的伊斯兰学校排列十分紧密，穿梭其间时很可能路过一两个陵墓。

如果走进西门，你第一眼看到的便是粗大的卡塔米诺宣礼塔（Kalta Minor minaret）。塔身装饰着釉面瓷砖拼成的宽条纹，这些瓷砖组成蓝色、绿色和红色的不同图案。按照计划，这座塔应该有八十米高，成为中亚最高的宣礼塔，但在 1855 年，建到二十九米的时候，下令建塔的可汗去世了，建造工作也随之停下。但它仍旧像个被拦腰锯断的粗壮树桩般立在主街道中间，成为一个对从未到来的黄金时代的无声承诺。

城墙边狭窄的小巷里，日常生活如旧日一样悠闲。所有的住所都是用泥砖建造的浅棕色低矮平房。一群穿着耐克运动鞋和阿迪达斯运动服的孩子嬉笑着从墙壁之间跑过。两个灰发男人正在修理一扇窗户。一个年轻的家庭主妇摇晃着臂弯里的孩子。除了卫星天线和西方名牌服装的廉价仿冒品，希瓦古城里的生活几百年来似乎从未改变。

但第一印象是有欺骗性的。老城里多数建筑并没有看上去那么老，大部分都是19世纪的。细长优雅的伊斯兰霍贾宣礼塔（Islam Khodja minaret），也就是希瓦的最高建筑，1910年才完工。这座城镇之所以看起来如此古老，丝毫未受时间影响，是因为建筑师和施工者数百年来仍旧在按照同一种风格建房子，没有受到外来潮流与风格的影响。这些建筑少有能留存很长时间的，因为地基劣质。19世纪来到这里的旅行者曾描述过不相交的墙体，裂了缝的墙角和歪斜的宣礼塔。频频发生的火灾也让工匠们闲不下来。而且这座城镇所使用的是世界上最不耐久的建筑材料之一：晒干的黏土和踩实的泥土。

布尔什维克掌权后，希瓦老城便被放任自流。苏联当局优先考虑其他类型的建筑，为了光明的未来而采用混凝土建造，而旧的黏土房就任凭其化为废墟。一些修复工程是在"二战"后开始的，但直到60年代末才真正加速。城墙恢复了昔日的辉煌，伊斯兰学校、宫殿和宣礼塔得到了亟需的翻新。这个古老的小镇可能从来没有像苏联最后的几年那样美丽，那样一尘不染，那样维护良好。共产主义者真正地把希瓦变成了一座活的博物馆。清真寺和伊斯兰学校狭小的禅房作为自然历史博物馆重获新生。禅房里仍然堆满干棉花、蜥蜴标本、落满灰尘的柠檬和西瓜，苏联当局喜好用科学填充所有宗教建筑，这些物品都是这一喜好的遗留之物。

我到希瓦时是 11 月。大型旅游团早已离开乌兹别克斯坦，街道上一片荒凉，博物馆空无一人。多数酒店会在这个季节关门。少数几个摊主仍在售卖针织袜子和首饰，除此之外，仿佛整个城市都被婚礼来宾占领了。几乎每个街角都有新娘穿着一大堆白色蕾丝对摄影师拗造型。

从 14 世纪的伊本·白图泰（Ibn Battuta）到 20 世纪初的埃拉·克里斯蒂（Ella Christie），此前造访这座城市的人都将希瓦描述为一个车水马龙的城市。细窄的街道挤满人和骆驼，几乎寸步难行。让昔日的旅行者印象最深刻的不是精致的穹顶和蓝色的尖塔，而是希瓦郁郁葱葱的花园和许多的绿树。在不毛荒漠的无情烈日下旅行过许多天、许多个星期之后，他们终于抵达了一个热带水果的绿色天堂。今天，这些绿色的花园、瓜田和葡萄藤都被棉花种植园取代。在秋天短暂而繁忙的几个星期里，这些炎炎烈日下的棕色田野会变作天空的倒影，满是白色的云朵。

阿拉伯人在 8 世纪入侵中亚时，希瓦只是咸海以南富饶的花剌子模地区众多大大小小的绿洲城镇之一。梅尔夫当时是世界上最大的城市之一，也属于花剌子模。直到 16 世纪乌兹别克部落征服了这个地区，希瓦才成为一颗冉冉升起的新星，并于1624 年成为同名汗国的首都。希瓦汗国从未像布哈拉或浩罕那样强大，多年以来只是一个位置孤立的前哨，1873 年俄国人控制希瓦时，情况仍旧如此。这座城市最出名的是奴隶市场，这是中亚第二大奴隶市场，仅次于布哈拉。

1840 年，当英国使节阿博特和莎士比亚来到希瓦，劝说可汗释放俄国奴隶时，他们来到的是一个贫穷、肮脏的城市，大多数居民目不识丁。情况并非一直如此。一千年前，中亚还是世界的智识中心。

历史上最著名的数学家之一伊本·穆萨·花拉子米（Ibn Musa al-Khwarizmi）就是来自花剌子模，他的名字也暗示了这一点。他生活在 780 年到 850 年间，被誉为"代数之父"。在希腊语中，他被称为 Algoritmi，这个词是 al-Khwarizmi 和 arithmós（在希腊语中意为数字）的组合。因此，"算法"（algorithm）一词正是源于花拉子米。他著名的教科书 *Algebr wal muqabala*，翻译过来的书名是"代数学"（*The Compendious Book on Calculation by Completion and Balancing*），描述了花拉子米简化方程的两种方法。"代数"（algebra）这个词就来自这本书的书名。花拉子米也被誉为球面三角学之父。此外，他还写了一本涵盖范围很广的地理参考著作，列出了地球上 2402 个地方及它们的精确坐标。

促成中亚智识生活繁荣的因素之一是，纸张在当时十分易得。纸是大约两千年前由中国发明的，这种技艺很快从中国传到了中亚。中国人用桑树和竹子的纤维来造纸，但撒马尔罕的工匠们发现，用棉花纤维素造的纸更优良、更纤薄。这种纤维既便宜，又容易获得，所以撒马尔罕很快就成为面向西方的主要纸张出口方。

丝绸之路其实也可以被称为纸之路。几百年来，撒马尔罕的纸张一直是骆驼背上最重要、最赚钱的货物之一，它们沿着商队路线被运往西方。即使其他地方也开始造纸，譬如大马士革、开罗和信伊斯兰教的科尔多瓦，但对撒马尔罕的高质量纸张的需求一直持续到 13 世纪，到了那个时候，欧洲人开始自己造纸了。

撒马尔罕的纸在欧洲被视为昂贵的奢侈品，但在中亚，纸则被看作一种廉价消费品。即便印刷术还未发明，手抄书已经被大量制作出来，本土原创和外来翻译皆有。在布哈拉的市场上售卖着数量众多的手抄书，书商甚至需要想方设法竞争客源。

10 世纪 90 年代末的一天，一个名叫伊本·西那（Ibn Sina）的小男孩就在布哈拉的市场上遇到了这样一位热情书商。他原本没想要买那本亚里士多德的《形而上学》导论，因为他早就放弃了理解亚里士多德的形而上学思想。但书商坚持要卖给他，并给他开了一个很好的价格，所以最后西那妥协了，买下了这本书。结果证明，这本书是这个小男孩人生和思想的转折点。

当时，希腊哲学家在整个阿拉伯世界，包括中亚，受到广泛阅读和讨论。阿拉伯人在公元 8 世纪征服埃及和叙利亚等前罗马帝国领土时，接触到了他们的著作。到了 9 世纪，其中几部作品被译成阿拉伯语。伊本·西那——在欧洲，人们也以他的拉丁名阿维森纳（Avicenna）称呼他——后来成了他那个时代亚里士多德学派最重要的学者之一。在他一生所著的四百本书与论文中，有二百五十本留存至今，其中一百五十本关于哲学，四十本关于医学。尽管他大部分时间都在研究形而上学问题，但使他被铭记至今的主要是他对医学的贡献。

伊本·西那年仅十六岁时就成了一名合格的医生。但他自己说："医学不是一门很难的科学。"他最著名的作品是《医典》(The Canon of Medicine)，这是一部医学、解剖学和疾病的百科全书，被广泛使用。他根据自己的实验与临床经验来讨论和描述七百多种不同药物的疗效。他还解释了酒精是如何被用作消毒剂的，并提倡用开水来防止结核感染。这本书还讨论了体育活动、冷水浴、睡眠和营养饮食的重要性，以及良好的婚姻如何对健康产生积极影响。《医典》于1180年被译成拉丁文，在五百年的时间里，在阿拉伯世界和欧洲一直是标杆式的医学著作。

伊本·西那与另一位来自中亚的伟大思想家阿布·拉伊汗·比鲁尼（Abu Rayhan al-Biruni）生活于同一时代。比鲁尼于973年出生在花剌子模的卡斯，比伊本·西那早了十年。999年，两人陷入了一场智识辩论。这一切始于比鲁尼寄给伊本·西那的一封信，信中列了十个哲学问题。这在当时引起了频繁的信件往来，两位哲学家就亚里士多德的学说、天体的运动、其他行星上的生命及世界的起源展开了激烈讨论。

天体的运动是沿着直线，还是沿着圆形轨迹，或者说它们也沿着椭圆曲线运动？比鲁尼相信后一种说法是正确的，但直到六百年后，约翰内斯·开普勒（Johannes Kepler）才证明了这一点。

地球上的生命都是在某个特定时间点被创造出来的，还是逐渐发展起来的？这两位哲学家都认为世界是真主创造的，否则就是纯粹的异端邪说，但他们都认为生命一定是逐渐发展起来的。这在当时几乎和世界不是真主创造的一样是异端邪说。比鲁尼和伊本·西那提出了这样的主张，但还是活了下来，这体现了中亚和伊斯兰历史上那个特定的时期开放的智识氛围。

最终赢得这场哲学对决的是比鲁尼，很多证据表明正是他确保了他们的通信得以发表。比鲁尼的其他著作和论文留存下来的不多：在一百八十部作品中，现存的只有二十二部。然而，人们仍然认为他或许是伊斯兰黄金时代最伟大的学者。他在与伊本·西那的通信中所涌现的智识与科学严谨性，在他所有的作品中都有相同水平的呈现。他从来没有写过任何没有详细依据的东西，每写一个话题，总是试图尽可能多地揭示相关事实。其中涉及的话题不在少数！比鲁尼对数学、天文学、历史和社会科学这些不同的学科都感兴趣。

数学家比鲁尼解决了小麦与棋盘的经典难题：如果在第1个方格里放1粒小麦，第2个里放2粒，第3个里放4粒，第4个里放8粒，每往前一个方格就放前一个方格中麦子数的两倍，那么64个方格都填满后，总共需要多少粒麦子？比鲁尼计算出答案是18 446 774 073 709 551 615粒小麦。这么多小麦的重量将超过四千六百亿吨，形成一座比珠穆朗玛峰还高的山，比全世界的小麦都要多。

历史学家比鲁尼立志写一本关于世界历史的巨著，书名为

"古代国家编年史"（*Chronology of Ancient Nations*）。他面临的一个最大的挑战便是，几乎每个民族都有自己的历法，因此确定历史事件的确切日期极为困难。除了详细描述每一种历法外，他还花了很长时间将各种不同的系统转换成一个系统——这是对制作通用历法系统的首次尝试。

在其关于不同宗教的著述中，比鲁尼谨慎地使用不同宗教专属的术语来描述每一种宗教，与他处理历法系统的方式大致一样。他的目的不是找出"错误"，而是解释每种宗教背后的逻辑。今天，他被公认为比较宗教学的先驱之一。他也被认为是印度学这门独立学科的创立者。比鲁尼在印度度过了人生的最后几年，写下了几本关于印度文化和历史的重要著作。与他一贯的行事方法一样，他尽其所能去理解印度社会和印度教背后的逻辑基础，每当他发现难以理解的东西，他就会深入挖掘，直到它显现逻辑。比鲁尼认为，所有的文化必定有一些共同特征，因为它们都是人类的建构物，无论它们看上去有多么陌生和奇异。这一思想是现代社会人类学的基础原则。

这就是一千年前中亚的智识生活！人们如饥似渴地阅读，大量地写作，而各地的茶馆是讨论亚里士多德和深奥哲学问题的地方。

* * *

埃利克卡拉（Ellik Kala），或称五十城堡，位于希瓦周围。实际上至少有两千座城堡，但是其中有许多仍被掩埋在沙土之下。正是在这里，伊戈尔·萨维茨基用了八年时间顶着沙漠的灼热阳光画风景画，而他的同事们也是在这里一厘米一厘米地从沙丘里挖掘出拥有两千年历史的古老城堡和琐罗亚斯德神庙。

考古遗址如今已经被土库曼斯坦和乌兹别克斯坦的边界一分为二。许多花剌子模最重要的城镇，如梅尔夫、乌尔根奇和卡斯都在土库曼斯坦那边，距离此地只有几十公里。

乌兹别克斯坦这边保存得最完好的一座城堡是托普拉克堡（Toprak Kala），拥有两千二百多年的历史。工程师考虑到这一地区地震频发，确保了建筑的坚固度，使其得以承受不定时来袭的震动。几座瞭望塔仍旧屹立着，一些地基也完好无损。仍然可以看到房间的布局，有几个地方的墙饰也依稀可辨：黏土上凿刻着许多大圆圈。这些圆圈只是装饰而已吗？还是说有其他的功能？它们原本是不是象征着太阳？

我的导游鲁斯塔姆俯下身捡起一片陶片，上面绘着蓝色和橙色的图案。

“这里还有很多宝藏等待被发现，”他边说边将碎片放进自己的口袋，“如果你认识什么考古学家的话，一定要叫他们来这里。”

四周景色荒芜而平坦。在附近的田野里，几个农民正忙着砍倒这一季的棉花株。鲁斯塔姆和我开车前往琐罗亚斯德教的老天文台，它单独位于沙漠深处，远离其他城堡。它起初由三面环形的墙包围。只有最里面的墙还留有一些断壁残垣。

“这座天文台有两千四百年历史，”鲁斯塔姆说，“游客发现它其实这么小有时会失望。当然，它最初大得多，但是两千四百年是非常长的一段时间，黏土又是易受损的建筑材料。除了天文台，这里以前还有一座神庙，最初装饰着壁画。你知道壁画画的是什么吗？"

我摇摇头。

"喝酒的人！两千四百年前！神奇不神奇？"鲁斯塔姆笑嘻嘻地说。

我们爬到一个低矮的圆形土丘顶部。仍旧可以看到一些墙和最初的房间布局，剩余的就要靠想象了。

"我觉得他们在那么早的时候就有天文台非常不可思议！"鲁斯塔姆兴致勃勃地看着我说，"天文学是所有科学的起源。它不仅带来了有关太空和星体运动的知识，而且引出了关于时间的理解，这继而又导向了历法、地理，尤其是数学的发展。"

"你的意思是，阿拉伯人在 8 世纪入侵之前，这里早就已经有数学家和科学家了？"

"当然了！"鲁斯塔姆咧开嘴笑了，"花剌子模人说的是一种波斯语方言，渐渐发展出了自己的书面文字。阿拉伯人来之前，他们用的是阿拉姆字母，这是从很久以前就定居在这里的众多聂斯脱里基督教徒那里学来的。不幸的是，几乎什么都没有保存下来。阿拉伯人毁掉了一切。"

阿拉伯人入侵中亚始于 7 世纪 50 年代，但该地区直到数百年后才完全伊斯兰化。这很大程度上是因为阿拉伯征服者很快就分裂成不同的派别，发生内斗。因此，在最初的几十年，伊斯兰教与中亚的其他许多宗教并存，包括基督教、犹太教、佛教和琐罗亚斯德教。

　　这种宽容在705年宣告结束，当时阿拉伯将领屈底波·伊本·穆斯林（Qutayba ibn Muslim）被任命为中亚的总督。屈底波对该地区所有不信真主的人发动圣战，并立即把他的话付诸行动。然而，他的军队遭到了当地人的激烈反抗，在围困了撒马尔罕四年之后，他们才成功进入城门。屈底波下令摧毁琐罗亚斯德教的神庙，并在原地建造清真寺。起初，他强迫城里的居民在新建的清真寺参加主麻日，但很快意识到这不是明智的策略。他转而提出了一项有偿计划：每个参加主麻日的人都能得到两迪拉姆。参加人数快急剧增加。

　　异教徒的境遇更凄惨：数千名基督徒惨遭屈底波的士兵屠杀。他还命令士兵们销毁他们所见的一切书籍。在布哈拉，当时最重要的一座图书馆被夷为平地，但受影响最大的是花剌子模的智识生活。在当时的首都卡斯，屈底波的士兵摧毁了花剌子模的所有书籍，包括天文、历史、家谱、数学和文学著作。没有一部著作幸存下来。

　　在屈底波被任命为中亚总督九年后，哈里发于巴格达逝世。屈底波想借此机会让他在中亚统治的地区独立，但他的士兵反对他，屈底波被迫逃亡。他很快就被自己人发现并杀死。由于没有人知道在卡斯被毁的作品当中写了什么，因此，连猜测在屈底波狂热的圣战中有什么宝藏被彻底毁掉、无缘后人，都很困难。

　　"没被阿拉伯人毁掉的东西，都被成吉思汗毁了，他没能毁掉的东西，又都被跛子帖木儿（Timur Lenk）毁了，"鲁斯塔姆精辟地总结道，"我们其实不该对游客说跛子帖木儿的坏话，因为总统已经将他塑造成了乌兹别克斯坦的民族英雄。但事实是他杀的人至少跟成吉思汗一样多。在帖木儿之后是乌兹别克人，然后是俄国人和布尔什维克人！"

他环顾了一下周围，像是在确认没有人能听到。我们周围，除了沙子别无他物。

"当下的政权也好不到哪儿去。我的梦想是，现如今被乌兹别克斯坦和土库曼斯坦分割的花剌子模有一天能再次成为独立王国。"

鲁斯塔姆自顾自地低声笑了一下。

"当然我知道这永远不可能发生，"他说，"我可不傻。"

丝路上的珍珠

11月，布哈拉的街道上几乎没有游客。到处都空荡荡、静悄悄的，空气凛冽湿冷。我穿上羽绒服，戴上帽子和围巾，走出门去探索老城。布哈拉是乌兹别克斯坦第五大城市，但是老城紧凑小巧，所有景点都步行可达。一连三天，我在那迷宫似的后巷和宽敞开阔的广场徘徊游逛，我一直走，一直走，对这个城市始终不觉厌倦。游逛的脚步将我带到拥有几百年历史的伊斯兰学校和商旅驿站，穿过弯弯曲曲的窄巷和有着圆屋顶的市场。布哈拉的建筑与希瓦不同，多是由实心砖块砌成。整座城市是浅棕色的，多数房子是干净的光墙面，不过也有些地方脱离了禁欲主义，像是推翻了颜料桶：翡翠绿的圆屋顶闪耀在11月的阳光下，伊斯兰学校高大的矩形门镶嵌着蓝色马赛克和《古兰经》上的引语。

在11世纪，布哈拉被称为圣城，在几百年的时间里，它是世界上最重要的伊斯兰中心之一。不幸的是，那时的建筑，只有少数幸存下来。1220年成吉思汗抵达城墙外时，布哈拉的两万名士兵看到他庞大的蒙古军队便落荒而逃。留在城里的少数士兵躲在堡垒里，他们相信坚固的城墙会保护他们。平民和毛拉们实际上只能自己保护自己，他们打开城门，向蒙古人投了降。鉴于布哈拉的居民是自愿投降，成吉思汗便下令只对布哈拉进行劫掠，而不摧毁城市。然而，在随后与剩下的少数士兵进行的战斗中，发生了一场大火，整个城市被夷为平地。

　　如今的老城区，主要来源于这座城市的第二个黄金时代，也就是 16 世纪乌兹别克部落掌权之后。从成吉思汗到来之前的时代留下的为数不多的一栋建筑，是纤细、优雅的格利扬尖塔（Kalyan minaret），也被称为死亡之塔。这座尖塔不仅用于宣礼，还被用于公开处决。公告人先宣布被告的罪行，之后他或她就会被从四十五米高的尖塔上推下。处决通常在集市日进行，以便让尽可能多的人看到。这种做法在俄国人统治时期依旧延续，俄国人对待殖民地的方法是务实的：只要当地人交税，不造反，他们总体上便不加干涉。直到 20 世纪 20 年代，意识形态更强的布尔什维克掌权后，处决和宣礼才停止。

＊ ＊ ＊

　　丝绸之路沿线最重要的一个城市，从布哈拉乘一小段火车便可抵达。这个地方的名字本身便是一个童话：撒马尔罕。这个名字承载着诸多浪漫联想：来自遥远国度的香料、手工织就的丝质地毯、骆驼商队、尘土飞扬的市场和天蓝色的圆屋顶。

　　一位中国旅行者曾在 7 世纪造访过这个城市，他注意到"所有的居民都被教育成为商人。男孩一到五岁，他们便开始教他读书识字，当他能够读书识字时，他们便教他做生意"[xiv]。撒马尔罕当时是粟特的首都。粟特人是优秀的商人，几个世纪以来控制着东西方之间的贸易。他们在亚洲各地建立贸易侨居地，并管理着众多路线，从黑海和君士坦丁堡，最远可至斯里兰卡。

西约布市集（Siyab Market）是撒马尔罕最大的一个市场，在这里，你仍然可能感受到一丝古老的丝绸之路的氛围。在卡里莫夫政权下，市集已经现代化、标准化了，拥有波纹铁皮屋顶和一排排的摊位，但那些笑容满面、热情出售他们精心堆放的商品的卖家始终如一。许多人是粟特丝绸之路商人的直系后裔，做买卖这件事已经刻在他们的骨子里。几个世纪以来，他们的祖母和曾曾曾祖父曾坐在这里，坐在同一个地方，在他们壮观的一堆堆货物后面讨价还价。即使是最小的交易，不管是一根香蕉还是一个橙子，都需要讨论和协商。这就像一种仪式性的舞蹈，一切都遵守着无须明言的严格规则。按照传统，市场被分成不同的区：卖苹果的和卖面包的坐在不同的区；卖帽子的人相互挨着坐在堆得像小山似的白毛毡后面；在出口处的角落里，卖坚果的人按颜色和大小陈列他们的坚果。在香料区，摊贩们坐在五颜六色的丁香、胡椒和藏红花堆成的"金字塔"后面，几乎看不见。在撒马尔罕的西约布市集以外，我很少闻到这样浓烈的肉桂味。

从香料堆上刚好可以看到比比哈努姆清真寺（Bibi Khanum mosque）的蓝色圆顶，它曾经是世界上最大的清真寺。这座清真寺是以15世纪的征服者跛子帖木儿最喜爱的妻子的名字命名的。他在撒马尔罕留下的印记比其他任何人都大。北欧的绰号

"Lenk"和其他变体，如Tamerlan和Tamerlanes，都源自波斯语译名Timur-i Lang，意为"跛子帖木儿"。年轻时，帖木儿从马背上摔下，伤了右臀，因此有了这个永远伴随他的绰号。然而，跛足并没有妨碍帖木儿成为世界上最强的征服者之一。

1336年，帖木儿出生于今天乌兹别克斯坦南部一个突厥部落里，彼时成吉思汗已经崩逝一百多年，他的庞大帝国已被他的后代瓜分。蒙古帝国的许多地方已经四分五裂。14世纪40年代，当黑死病开始传播死亡与毁灭时，帝国的日子已屈指可数。

帖木儿梦想重建成吉思汗的大帝国。在三十五岁之前，他已经征服了撒马尔罕和中亚的大部分地区。在接下来的三十五年里，他征服了今天的土耳其、巴基斯坦、高加索和中东的部分地区。他劫掠并毁掉了大马士革、巴格达、阿勒颇、德里和安卡拉等城市。

因为跛子帖木儿战胜了奥斯曼人，他在欧洲被奉为英雄。而成吉思汗则在文学和艺术作品中被描绘为嗜血的怪物。然而，帖木儿的残暴与成吉思汗如出一辙。历史学家认为，他的军队可能杀害了多达一千七百万人，但这个数字无法核实。仅在德里，就有超过十万人被杀。在大马士革的战役中，数千人被驱赶进巨大的星期五清真寺。接着，帖木儿命令士兵放火点燃了它。在阿勒颇、巴格达、提克里特、伊斯法罕和德里，他命令士兵用战败平民的头骨建造他所谓的"宣礼塔"。

成吉思汗让中亚沦为一片废墟，与之相反，帖木儿让丝绸之路上的几个城市恢复了昔日的荣光。在高加索、中东和印度的征战中，他有计划地饶了能工巧匠和其他专业人员的命，将他们带回撒马尔罕，让他们在这里为他雄心勃勃的项目服务。他本人就是一名开发商兼首席建筑师。

跛子帖木儿的建筑在规模和装饰上都气势恢宏。因为工匠们来自许多不同的国家，他的建筑囊括了从大马士革到巴格达等不同地区的风格元素。然而，这位伟大的征服者没有时间可浪费，将速度置于质量与防震之上。因此，这些宏伟建筑中只有少数留存至今。比比哈努姆清真寺刚开放不久就开始坍塌。它在 1897 年的地震中完全倒塌。在帖木儿出生的城市沙赫里萨布兹（Shahrisabz）——它位于撒马尔罕以南大约八十公里处——白色的宫殿阿克塞莱（Ak Serai）只留下了两根柱子，那是帖木儿最宏伟、斥资最多的建筑。这两根巨大的柱子从几公里之外就可以看到，给人的印象是当时这宫殿必定很庞大。在帖木儿时代，迎接到访者的铭文中包括"苏丹是真主的影子"和"如果你质疑我们的伟大，那就看看我们的建筑"。

1405 年冬天，跛子帖木儿死于今日哈萨克斯坦境内的讹答剌。他时年六十九岁，正处于权力顶峰，但仍不餍足。他死的时候，正在前往征服中国明朝的路上。他的士兵将他的遗体运回撒马尔罕。这一段旅程必定耗费了几周的时间。那是人们记忆中最寒冷多雪的冬天。这位伟大征服者的遗体被安葬在撒马尔罕的古尔埃米尔陵墓（Gur Emir mausoleum），上面立了一块巨大的绿色玉石墓碑。

1941 年 6 月，一群苏联考古学家打开墓穴，检查跛子帖木儿的遗体。他的棺木上刻着这样的文字："当我死而复生，世界将为之颤抖。"据说,他们在棺材内部发现了另一句铭文:"开我陵墓者,将释放比我更强大的敌人。"考古学家打开陵墓两天后,希特勒入侵苏联。1942 年 11 月,就在斯大林格勒战役的决定性阶段之前,跛子帖木儿被按照穆斯林仪式重新安葬,德军在此战役中损失惨重。

跛子帖木儿恢复了撒马尔罕昔日的荣光,而后人的审美和细节意识成就了今天的这座传奇城市。特别是帖木儿的孙子米尔扎·穆罕默德·塔剌海 (Mirza Muhammad Taraghay),在此留下了他的印记。他更广为人知的名字是乌鲁贝格 (Ulugh Beg),意为"伟大的统治者"。乌鲁贝格是否真是一位伟大的统治者尚存争议——他在军事活动中并不那么成功,父亲去世后仅在位两年——但毫无疑问,他是一位了不起的天文学家和数学家。他在撒马尔罕建造的天文台被认为是当时伊斯兰世界最大、最好、最先进的天文台。正是在这里,乌鲁贝格和他的学生绘制出了精确的星图,其精度在一个多世纪后才被第谷·布拉赫 (Tycho Brahe) 超越。乌鲁贝格还计算出了一年的长度,准确度高得惊人——最后一次计算时,他的误差只有二十五秒,这使他的估算比一百年后的尼古拉·哥白尼更加精确。

乌鲁贝格深受撒马尔罕的学生爱戴。他经常教书,并为学生提供经济支持。但是毛拉们对于统治者对数字、科学和葡萄酒的热爱则不甚满意。他们认为乌鲁贝格对伊斯兰教构成了威胁,他正将人民引入歧途。当他的父亲沙鲁克 (Shah Rukh) 于 1447 年去世时,乌鲁贝格已无法牢牢掌控权力。仅当了两年苏丹，他就在一次精心策划的伏击中被自己的儿子谋杀了。没过多久，宗教狂热分子就将天文台夷为平地，并关闭了乌鲁贝格的学校。

这几件事预示了乌鲁贝格死后中亚的事态发展。尽管在 16 世纪掌权的乌兹别克王朝仍在建造美轮美奂的建筑，但智识的黄金时代已经终结。当欧洲全面进入文艺复兴和启蒙时代时，中亚落于其后。中国对于丝绸之路上的贸易一直都很重要，此时却越来越孤立于外部世界。16 世纪，海洋成了欧亚之间最重要的运输路线。中亚人对此负有一定程度的责任：15 世纪，帖木儿的帝国被敌对的各部族瓜分了。他们对贸易征收高额关税，却无法确保商队路线的安全。

乌鲁贝格著名的天文台如今只剩一个巨大的黄铜六分仪。但那所学校还在。乌鲁贝格的伊斯兰学校建在拉吉斯坦（Registan），意思是"沙地广场"，是撒马尔罕旧时的集市。这所学校竣工于 1420 年，据说乌鲁贝格曾亲自在这里教授数学。如中亚大多数伊斯兰学院一样，建筑师尤其注意马赛克装饰和建筑本身的对称性。平直的矩形入口上的尖拱通向一个方形大庭院，周围的建筑有两层，内部有学习室。每间学习室都同入口一样，但规模较小：平直的矩形当中有一个尖拱，上面装饰着蓝色马赛克。每排学习室中间有一个高高的尖拱，再次呼应入口的尖拱。整体效果在轻盈与厚重、对称与优雅之间取得了令人惊叹的平衡。

17 世纪，乌鲁贝格伊斯兰学校有了两个伴儿。谢尔多尔伊斯兰学校（Sher Dor madrasa），或称狮子学校（Lion School），就建在对面，而第拉卡里伊斯兰学校（Tilla Kari madrasa），或称镀金学校（Gilded School），则位于两者之间稍靠后的位置。三个学校由此形成一个整体。镀金学校，顾名思义，是用大量黄金装饰的，尽管它的屋顶像另外两个学校一样平，但聪明的工匠设法在内部制造了一个浅圆顶的视错觉。狮子学校花了十七年的时间才建成，它的独特之处在于外立面上绘有两只老虎。《古兰经》禁止穆斯林为生物画像，但艺术家声称老虎实际上是照着狮子画的，因此不是老虎，从而巧妙地避开了这个难题。

三座伊斯兰学校都是全世界现存的最古老的伊斯兰学校，其中乌鲁贝格伊斯兰学校最经得起时间的考验，尽管它才是最古老的，并只花了三年的时间建造。

当俄国人在19世纪征服布哈拉酋长国时，这三所伊斯兰学校显然已经荒废了几个世纪。苏联当局后来投入了大量的时间与金钱，让拉吉斯坦的这一综合建筑恢复昔日的辉煌。一些人认为他们过犹不及，因为有些地方发挥了一定的艺术自由，但总的来说，修复工作还是忠于原貌的。为了跟上时代步伐，乌兹别克斯坦当局在广场前的草坪上安装了扩音器，这样游客们现在就可以一边欣赏乌兹别克斯坦的现代流行音乐，一边参观这些来自过去的奇迹。

我第一次看到拉吉斯坦时，太阳正西斜。我坐在一座冬季空无一人的喷泉边上，整个景象尽收眼底。每一所伊斯兰学校都有着幽蓝的墙面和完美的尖拱，本身就是一个奇迹。但放在一起看，加上它们完美的对称性，整体效果堪称庄严。仿佛这种对称性将广场抬升到了空中。学校外墙背后的云是浅灰色的。灰色再往后，一条条粉色和橙色的彩带相互晕染在一起。身后，树上的麻雀在唱歌，仿佛它们的性命就取决于此——至少有一百只。彼时彼地，我感到，这一次漫长旅行的目的，这五个月当中的高潮，就是坐在这儿，坐在拉吉斯坦前，沐浴着落日余晖，听乌兹别克现代流行歌和上百只麻雀叽叽喳喳。

终点站

塔什干是中亚铁路的终点站。这条铁路长 1864 公里，从土库曼巴希出发，经过卡拉库姆沙漠，一路延伸至乌兹别克斯坦的首都。在 19 世纪 80 年代，铁路的建设是俄国与英国之间的大博弈当中令人不安的因素。英国怕铁路会给俄国人带来军事优势，但结果证明，俄国人无意入侵印度，而主要将火车用来运送棉花。今天，最后一段路线已经升级，可供高速列车行驶，车厢里满是游客与商人。

坐在我旁边的努尔马特要去塔什干会情人。他五十多岁，肚腩开始凸出，口袋里装满美钞，并十分开心地向旁人炫耀。他最中意的话题就是女人和同性恋。

"挪威像荷兰一样允许同性婚姻吗？"我告诉他自己是从哪儿来的以后，他第一个问题就是这个。我做出肯定的回答后，他怒吼道："同性恋是违背自然的。依我看来，同性恋叫人恶心，一定得清除！如果一个孩子接触不到同性恋，他就不会成为同性恋。孩子看到爹妈在床上干的事儿，也会依样画葫芦，不是吗？"他打了一个气味骇人的嗝儿，然后道了歉，说他前一天伏特加喝得有点多。"现在的女人穿衣服都太贴身了，"他继续抱怨道，"再也没有想象的余地。从前我们要去想象长裙底下是什么，这才更叫人心痒。"他打了个哈欠，又打了个嗝儿，之后好奇地看着我，"顺便问句，你怎么不要孩子？是不是上了环？像我老婆一样。"

高速列车按时刻表上写的时间准点驶进了塔什干站台，我默默感谢乌兹别克斯坦国家铁路。

塔什干让你猛然回到当下。乌兹别克斯坦首都拥有两百多万居民，毫无疑问是中亚最大的城市。然而，那座19世纪的田园牧歌式的城市已荡然无存。1966年4月26日的清晨，塔什干遭遇强震袭击，短短数秒钟之内，便几乎摧毁了整个老城区。一夜之间，几十万人无家可归，但奇迹般地，只有十人丧生。苏联当局利用这个机会建造了一个苏联模范城市，有宽阔的大道、高层公寓、巨大的公园，以及许多供游行和公共活动使用的开放广场。地震发生两年后开通的地铁堪与莫斯科的地铁相媲美。车站装饰着大理石柱子和枝形吊灯，本身就是一道风景。

为了进一步表明乌兹别克斯坦也有丰富的石油和天然气储量——虽然没有土库曼斯坦和哈萨克斯坦那么储量惊人，近年来，一些优美的建筑在市中心拔地而起。新图书馆拥有蓝色的玻璃外立面和光滑的白色柱子，犹如一座宫殿。被人们称为白宫的巨大的议会大厦，比华盛顿的那座同名建筑要大出好些倍，新的国家银行则像一座不合时宜的特大号希腊神庙。主街道由一众西式豪华酒店占领，它们全都配备了亮锃锃的外立面和身着讲究制服的侍者。整个下午，我跑了一家又一家五星级酒店，因为它们是塔什干少数几个能找到取款机的地方——如果足够幸运的话。跑了八家酒店，试了六台不同的取款机，全都显示"暂时无法使用"，我放弃了。

众多气派的建筑和完全无法使用的取款机不是唯一让我想起土库曼斯坦的东西。在乌兹别克斯坦，虽然没有负责照管我的旅行社，但我同样得表现得像个游客，不能公开采访任何人。我遇到的大多数人都害怕谈及政治和其他敏感话题。在火车上的某个时候，我暗示那个出轨的丈夫努尔马特，乌兹别克斯坦总统是个独裁者，他即刻闭牢了嘴，沉默地往窗外望去。之后又兀自滔滔不绝地说起女人和同性恋。乌兹别克斯坦的独裁专政不像土库曼斯坦那么严重——事实上，公共场所的总统海报少得令人惊讶（考虑到这里是中亚），但当局到处都有耳目。

人们唯一能够偶尔畅所欲言的地方就是车里。像在原苏联的其他地方一样，乌兹别克斯坦的每一辆车都可能是出租车。每个街口都有警察和摄像头——这是独裁政权的标配，所以打非法出租车被认为是完全安全的，即使是独自在外的女性。花个几千索姆，我就能坐车到达城市里的任何一个地方。但是这些开着破旧的车四处跑，只希望能挣个五六挪威克朗的男人，能有多么强的代表性呢？他们又有多诚实呢？

"民主？"一个私家车司机惊声叫道。他是个四十多岁、高高瘦瘦的男人，他的拉达车老得快散架了。"我们当然有民主！吉尔吉斯斯坦才是一片大乱，哈萨克斯坦也一样，到处都是战争、暴力和苦难。你在比什凯克一个人在街上走过夜路吗？没走过？就是啊！在这里，你要是愿意的话，可以一个人逛到天亮。什么事都出不了。你在这里很安全。"

"我每天祷告时都会提到卡里莫夫总统！"另一个把开车当自由职业的司机这样说，他是个耳背的退休人员，穿着一身虽然旧但新熨过的西服。"我祈祷他身体健康，这样未来他还能继续管理这个国家很长一段时间。多亏了总统，我们才有和平。在吉尔吉斯斯坦，尽是动乱，而阿拉伯国家到处都在打仗，处处都是苦难。在这里，我们有和平和稳定。"

送我去机场的矮胖男人六十多岁，他是最具批判性的："这里的最低工资还不到十万索姆。"他压低嗓门说，"这还不到五十美元。没人能靠这点钱活下去。连买水、买电，给收垃圾的付钱都不够。这里的人身体很差，很多人得病。国家运转得很差。我们连把自己的钱换成外币都不行。在其他任何国家都可以，但在这儿不行。这不正常，对不对？"

人们谈到任何关于政权的负面信息时，都是用让人几乎听不见的声音，哪怕是最普通的事，比如食用油价格上涨，但是当他们谈到总统两个女儿中的大女儿古丽娜拉·卡里莫娃（Gulnara Karimova）时，通常会愤怒得破口大骂。

"她富得流油！整个乌兹别克斯坦都是她的，酒店、工厂、棉花、金子、石油、天然气、饭店，什么都有！"送我去跛子帖木儿博物馆的年轻英语系学生发出嘘声。"她为了得到自己想要的都能踩着尸体过去。就是因为她我才想移民到美国去。只要她还是她父亲的左膀右臂，你在这个国家就什么事都办不成。我真希望他们把她关起来，但这是永远不可能的……"

实际上，英语系学生的愿望成真了：古丽娜拉·卡里莫娃曾经被认为是最有可能接任总统之位的人选，但后来不再是她父亲的得力助手。[1] 她在塔什干的家中受到严密的软禁，与外界断绝联系。对卡里莫夫家族来说，过去的一年像是一出优秀的旧式莎士比亚戏剧与一台现代肥皂剧的混合。记者和观众可以在 Twitter 和 Instagram 上追看全程。

古丽娜拉·卡里莫娃的简历很神奇。这位总统之女是政治学教授，有塔什干世界经济与外交大学的博士学位。她很少错过任何一个提及自己哈佛硕士学位的机会，但非常不愿意提起她的学位不是一般的哈佛硕士学位，而是由一个专门针对发展中国家有钱申请者的研究院颁发的。她以前的哈佛导师现在在哈萨克斯坦阿斯塔纳纳扎尔巴耶夫研究院任教。

谈到工作经验，除许多光荣履历之外，古丽娜拉还可以自豪地谈起她曾担任驻西班牙大使和乌兹别克斯坦驻联合国日内瓦的代表。她还是一些人道主义组织和福利行动的领导者，针对乌兹别克斯坦妇女、儿童和年轻人给予援助，特别是在体育和文化领域。

近年来她主要专注于艺术方面的发展。2006 年，她以艺名"古古莎"（Googoosha）发布了自己的第一个音乐录影带《不

1　2019 年 3 月 6 日，古丽娜拉·卡里莫娃因为涉嫌违反软禁五年的要求投入监狱。——译者注

要忘记我》(*Unutma meni*)，古古莎是她小时候父亲给她取的爱称。2008 年胡利奥·伊格莱西亚斯（Julio Iglesias）在塔什干参加时装周（古丽娜拉是时装周的主要策划人）时，二人在台上合唱了二重唱版本的《热情相吻》("Besame mucho")。这首歌后来被乌兹别克斯坦的电台封杀，因为伊格莱西亚斯在自由电台的采访中拒绝透露邀请他去塔什干的人是谁。

2012 年，另一位国际巨星到访塔什干，即这位独裁者的朋友热拉尔·德帕迪约（Gérard Depardieu）。这次到访的一项成果是另一首二重唱，它有个动人的歌名《天空是寂静的》("Nebo molchit")。古丽娜拉用俄语唱，德帕迪约穿着一件无袖白衬衫，嗓音粗哑地用法语低唱："原谅我。原谅我不能告诉你的一切。原谅我不能紧紧抱住你……我原谅你。"德帕迪约还接受了电影《白茧盗贼》的邀约，出演其中一个主要角色，这部电影讲述的是丝绸在一千五百多年前是如何来到中亚的，剧本是古丽娜拉·卡里莫娃亲自写的。但电影目前还没有制作，鉴于同时期发生的事情，是否有首映也很让人怀疑。

2012 年是古古莎风头正盛的一年。这位独裁者的女儿在该年夏天发布了第一张专辑，在美国、欧洲、俄罗斯和乌兹别克斯坦都大张旗鼓地举行了发布会。专辑名就叫《古古莎》。她的歌有强烈的电音风格，且明显受到"强烈冲击"（Massive Attack）、阿黛尔、莫比（Moby）和莎黛（Sade）的影响。在其网站上，古丽娜拉·卡里莫娃将自己描述为"一位诗人、女中音、设计师和充满异域风情的乌兹别克美女"。她所有的歌都是自己作词的，按照网站上的说法，这一切始于她自我表达的渴望。

在那首脱胎于舞曲的《怎敢》（"How Dare"）中，她写道："你看起来很好，但你脑中在想着什么？你看起来很好，但你的灵魂里隐藏着什么？"毫无疑问，多年来许多乌兹别克人都这样问过她。

尽管发了许多造价不菲的音乐录影带，古古莎还是没能打进美国或欧洲市场，但乌兹别克斯坦电视和广播上日夜播放着她的歌。古丽娜拉·卡里莫娃相当平庸的嗓音和金色长发无处不在。这还不够，她还尝试过当时尚设计师。她又给自己起了个艺名，"古丽"，她用这个艺名为著名的瑞士肖邦表设计了一批可怕的珠宝，并发布了两款香水：男士胜利香水和女士神秘香水。她设计的时装系列原本要在 2012 年纽约时装周的 T 台展出，但因为人权活动家的抗议，这场秀不得不取消，人权活动家抗议的原因是，这个独裁者的女儿所使用的棉花是童工采摘的。

在这个光彩照人、头脑简单的流行歌星形象背后，藏着一个精明能干，且有时残酷无情的商人。古丽娜拉的前夫曼苏尔·马苏迪（Mansur Maqsudi）是一个阿富汗裔美国企业家，在他们 2001 年离婚之后，他感受到了前妻权力网的影响力。他们离婚前，他在乌兹别克斯坦的可口可乐装瓶公司发展得顺风顺水。然而，离婚的时候，一场争夺孩子抚养权的战役随之而起。古丽娜拉未经丈夫同意就将两个孩子带回了乌兹别克斯坦，结果美国法院判她拐卖儿童罪，发出了国际通缉令。作为回击，马苏迪在乌兹别克斯坦的一些商业伙伴和亲属也被逮捕，并被赶出边境线，逐往阿富汗。他的装瓶公司开始举步维艰，最后倒闭。2008 年，古丽娜拉获得了孩子们的监护权，通缉令也随之被撤回。

在她春风得意时，古丽娜拉·卡里莫娃与乌兹别克斯坦所有重要企业都有暴利交易或在这些企业中持有大量股份。毫无疑问，她是全国最富有的女性，拥有从棉花种植园到煤气厂、金矿、酒店和餐馆等各种资产。她和她的商业伙伴们不惜一切代价攫取新公司和新业务。典型策略如下：如果古丽娜拉对接管某家公司感兴趣，她就让税务机关对该公司进行详细的调查，之后该公司会被关闭，其资产会被没收或被迫远低于市价出售。

希望在乌兹别克斯坦立足的外国公司被迫向这位独裁者的女儿行贿。为此，一家名为泽罗麦克斯（Zeromax）的投资公司在瑞士登记注册。泽罗麦克斯公司有很多钱，于 21 世纪初买下了一个足球俱乐部：本尤德科（Bunyodkor）。他们聘请了巴西和葡萄牙前主教练路易斯·菲利佩·斯科拉里（Luiz Felipe Scolari），他的任务是带领里瓦尔多（Rivaldo）等上了年纪的明星球员在乌兹别克斯坦超级联赛中再创佳绩。

2010 年，泽罗麦克斯在没有任何警告的情况下被解散。据曾为总统政府工作、现居法国的政治评论员卡默罗丁·拉比莫夫（Kamollodin Rabbimov）所说，泽罗麦克斯造成了很多问题，所以总统卡里莫夫决定关掉它。"古丽娜拉垄断了整个经济领域，"他在接受 BBC（英国广播公司）采访时表示，"她开始插手天然气销售、黄金贸易和物流。她吸走了太多的资源，一手造成了预算赤字。"[xv]

泽罗麦克斯的关闭是卡里莫娃失势的开始吗？ 2013 年秋

天，一切真的开始瓦解。古丽娜拉失去了作为驻联合国日内瓦代表和驻西班牙大使的外交豁免权时，瑞士、荷兰和美国当局对她的财务欺诈行为展开了调查。到目前为止，瑞士当局已经冻结了她价值八亿瑞士法郎的资产，创下瑞士纪录。这位独裁者的女儿被正式指控腐败和洗钱。

这一调查还揭开了瑞典史上最大的腐败丑闻。据说，特利亚电信（TeliaSonera）为了获准进入乌兹别克斯坦的3G网络市场，向一家在直布罗陀注册的名为塔基兰特（Takilant Limited）的有限公司支付了二十三亿瑞典克朗。塔基兰特的老板是二十五岁的加亚娜·阿瓦基扬（Gayane Avakyan），她是古丽娜拉·卡里莫娃的一个私人助理。挪威电信公司（Telenor）也因与乌兹别克斯坦电信丑闻有关连而受到调查。挪威电信拥有俄罗斯公司维佩尔通讯（Vimpelcom）33% 的股份，该公司与特利亚电信一样，据称从塔基兰特有限公司购买了乌兹别克斯坦电信网络的牌照。

就在古丽娜拉的黑幕被曝光的同时，她的妹妹萝拉·卡里莫娃－迪利亚耶娃（Lola Karimova-Tillyaeva）首次接受了西方媒体的采访。她对 BBC 透露她已经十二年没跟姐姐说过话了。"任何好的关系都需要见解相似或性格相像，"她说，"但这在我们的关系中不存在，以前从来没有，现在也没有。我们是完全不同的人。你知道，这些差异只会随着时间变得越来越大。"[xvi]

萝拉肯定没有她姐姐那样招摇，但还是有一些相似之处。她当时三十六岁，拥有心理学的博士学位，作为联合国教育、科学及文化组织的乌兹别克斯坦大使生活在日内瓦。她嫁给了乌兹别克人铁木尔·迪利亚耶夫（Timur Tillyaev），育有三个孩子。她的丈夫在乌兹别克斯坦经营着一家大型运输与进口公司，据估计这对夫妇属于瑞士最富的一批人。在 BBC 的采访之前，她最为著名的事迹就是控告一家法国网站将她称为"独裁者的女儿"。她输了官司。

随着秋季的推进，记者和任何感兴趣的人都可以通过古丽娜拉·卡里莫娃的 Twitter 和 Instagram 账号一窥这场家庭不和的内幕。她此前主要用社交网络推广自己的艺术事业，并发一发自己的瑜伽体式照片。此时她利用社交网络，来指名道姓地攻讦家庭成员和总统政府当中手握权力的人。在一些隐晦的发文中，她指控自己的母亲和妹妹合谋算计她。"我们的家庭中，一方在'供给'（我们的父亲），而另一方在破坏，并且与巫师为伍。"她于 2013 年 10 月在 Instagram 上写道。之后，在一条传遍全世界的 Twitter 上，她问有没有人了解用蜡烛摆星形和三角阵，并不断重复某些事的奇怪做法，并且说她在担心自己的母亲，暗指母亲正在涉足黑魔法。

那年深秋，针对古丽娜拉的网开始越收越紧。她的 Twitter 账号好几次被屏蔽，之后又重开。她的整个媒体帝国，包括几家电视台，都被关停；她主管的多家慈善组织遭遇了相同命运。由于涉嫌税务欺诈，她的业务伙伴拥有的十几家在塔什干售卖西方服饰的商店不得不关门——这是古丽娜拉为了控制企业常用的伎俩。同时，她的一些朋友和亲密盟友也遭逮捕。

"紧张在四处增加，回父亲家的路被堵住了，他们告诉我'最好不要去'。"古丽娜拉 11 月 30 日在 Twitter 上写道。然而，当她指控国家安全局局长鲁斯坦·伊诺亚托夫（Rustam Innoyatov）是这一系列针对她的敌对行动的幕后主使，并且觊觎总统之位时，引发了最多关注。"他有！他已经在为此奋战了！"当有人在 Twitter 上问她是否认为伊诺亚托夫有成为国家总统的野心时，她如此回复。在接受西方媒体采访时，她突然开始表达自己对于国家安全局侵犯人权的担忧。她 12 月对《卫报》解释说："我花了很长时间才意识到我们所生活的现实。"

2014 年 2 月 17 日，这位总统的女儿突然沉默了。她著名的 Twitter 账号永久关闭，乌兹别克斯坦电视和电台也停止播放古古莎的歌。渐渐开始有流言称古丽娜拉和她十五岁的女儿伊曼已被软禁。3 月，BBC 收到一封电子邮件，邮件中包含的一封手写信函证实了这一猜测。笔迹专家认为这封信很可能是古丽娜拉自己写的。她在这封冗长且相当混乱的信中写道："我正处于严重的精神压力之下，我遭到殴打，手臂上可以数出一条条伤痕。"大约在这一时期，一张和平时的她不太一样的照片出现了网络上。照片中，她头发蓬乱，没有化妆，身穿白色睡袍坐在床上，用吸管喝着巧克力奶。

在写下这些的时候，古丽娜拉·卡里莫娃这个曾经有钱有势的总统爱女，仍跟自己的女儿一起处在软禁当中。几百个她的朋友和盟友或被拘捕，或受到威胁被迫消声。耐人寻味的问题是，这背后的人是谁？

围绕着古丽娜拉被软禁的背景情况，有相当多的猜测。一些人认为，七十六岁的总统已经心智不健全了，实际上是国家安全局局长伊诺亚托夫准备接棒上任，并在幕后操纵。将古丽娜拉关起来之后，通往总统之位最主要的障碍就被清除了。古丽娜拉自己也支持这一说法，在另一封被偷偷带出软禁她的房子的信中，她写道："真主想要惩罚一个人，就会收走他的理智。否则没有人会恶劣到折磨自己的孩子和孩子的子女。"

有些人则很难相信卡里莫夫这个以铁腕统治国家二十五年的政治强人不是女儿被软禁的幕后主导。她太过头了，贪得无厌，逾越了太多界线，包括国际法，所以得让她出局。

不管幕后是谁，总统家族中的权力斗争都得参考伊斯兰·卡里莫夫的年纪来看。在 2015 年春的总统选举中，他以 90% 的选票再次当选，这一任期结束时，他就要八十四岁了。他还没有指定继承人，考虑到已经发生的情况，接任的不会是他的长女——这类现代"总统君主制"一般都是如此。会转而交给小女儿萝拉和她富得惊人的丈夫吗？国家安全局局长野心觊觎总统之位的传言有几分真？或者说，卡里莫夫会继续他和他的中亚同侪一直以来的选择：再撑一个任期吗？还是一头雾水？请收看下集的"卡里莫夫王朝宫斗秘闻"！

幕后进行的这种权力斗争与成吉思汗和乌鲁贝格时代的继承人之战并非没有相似之处。除吉尔吉斯斯坦之外，中亚没有一个共和国走向民主，反而似乎退回到了酋长国和汗国时代。执政的"可汗"都渐渐老了，这对潜在投资者和政治分析家来说都是一件令人担忧的事。中亚的"终身总统"要是死了或者病得统治不动了，会发生什么呢？到时候这些斯坦国会往哪个方向去？唯一似乎可以肯定的是，这不是由人民决定的。

哈萨克斯坦总统努尔苏丹·纳扎尔巴耶夫如今已经七十四

岁，他也还未指定继承人。哈萨克斯坦与邻国俄罗斯的关系如今相对较好，纳扎尔巴耶夫也成功控制住了多数民族哈萨克人和大量的少数民族俄罗斯人之间的紧张关系。如果下一任总统没有这么亲俄罗斯会怎么样？民族主义倾向越来越严重且越来越强势的俄罗斯对此会作何反应？

塔吉克斯坦总统埃莫马利·拉赫蒙在这帮人当中属于最年轻的一个，六十一岁。一如所料，他2013年11月再次当选。结果即使不是刷新纪录，数字也已经相当可观，87%的投票率，拉赫蒙获得83.6%的选票。唯一一个真正的反对派候选人是律师欧意尼霍·鲍勃娜扎罗娃（Oynihol Bobnazarova），没能集齐必要的二十一万个签名，因此没能登记成为候选人，她还被威胁不准参选。拉赫蒙再次当选，将执政到2021年，但并不能保证他能在这个位子上坐这么久。塔吉克斯坦是一个贫穷的国家，部族割据严重，与阿富汗共享着漫长的边境线。近至2012年，还有数十人在军队、当地走私团伙和平民之间的暴力冲突中被杀，它就发生在帕米尔的首府霍罗格。

被任命为终身总统的土库曼巴希在2006年去世时，土库曼斯坦已经经历了一次权力更迭。经过一段短暂的闭门斗争后，他的牙医库尔班古力·别尔德穆哈梅多夫登上了"王位"，并把自己的彩色画像挂满全国。他五十七岁，还是个年青人。为了显示自己的精气活力，他会抓住每个在运动场合拍照的机会，与更北边的那个大国的总统不无相似之处。换言之，别尔德穆哈梅多夫未来或许还要执政很长时间，除非他又从马鞍上摔了下来。

目前，他似乎在鞍上坐得很稳。根据土库曼斯坦官方在线报纸 Turkmenistan.ru 的报道，别尔德穆哈梅多夫在今年的骑马比赛中"以令人叹为观止的方式赢过了其他骑师"。土库曼斯坦国家通讯社（TDH）称："观众站立起身，为获胜者土库曼斯坦总统欢呼，掌声热烈而持久。"在我写作的当下，同样的消息源宣布计划在阿什哈巴德中心树一座别尔德穆哈梅多夫——或护国主，他喜欢被这样称呼——纪念碑。"我们国家的成功、成就，以及高度发展，都与库尔班古力·别尔德穆哈梅多夫这个名字密不可分。"外交部部长和副总理拉希德·梅列多夫（Rashid Meredov）表示。然而，这个计划尚未得到总统本人的批准，他解释说："遇到这种问题，必须征询人民的意见，因为人民的意见是神圣的"。

土库曼斯坦人民的意见或许是神圣的，但从没有人询问他们的意见。在苏联统治下，没有人听土库曼人的，他们自己的政客也更关心自己和自己的亲人。但新一代人是伴随卫星电视和互联网长大的，许多人出国留学，所以土库曼斯坦人民还能忍受这种压迫和顶层政客滥用国家资金多久呢？

吉尔吉斯斯坦是中亚唯一的民主政体，政治环境脆弱不堪。2010 年吉尔吉斯斯坦南部发生暴动之后，没有人为惩罚犯罪一方做出真正的努力。乌兹别克人和吉尔吉斯人之间的民族仇恨在当下处于休眠期，但随时可能死灰复燃。

总之，中亚有许多潜在的种族冲突。在塔吉克斯坦，帕米尔高原上的人们梦想独立；在乌兹别克斯坦，卡拉卡尔帕克人和花剌子模人也一样；而费尔干纳盆地里的人虽被国界线分割，但语言与文化共通。不难理解中亚各位总统为何选择维持斯大林在20世纪二三十年代划下的边界。假如他们重新开始在地图上划定边界，就会打开被压抑的民族情感的闸门。

换言之，后苏联时代的中亚各国面临诸多问题。除了缺少民主，多数国家的经济都在苦苦挣扎。苏联当局从未费心去发展该地区的工业，而是选择将这些国家作为原料供应商。除了少数例外，当前的这几个腐败政权都没能把国家拉出经济泥潭（如果他们尝试过的话），其中许多国家仍完全依赖俄罗斯。吉尔吉斯斯坦和塔吉克斯坦的经济严重依赖在俄罗斯各个城镇打工的移民工人所做的贡献。通过加入欧亚经济联盟，哈萨克斯坦最近加强了与北方老大哥的经济联系。乌兹别克斯坦则到目前为止一直采取孤立主义的路线，但有传言称，俄罗斯正在幕后努力，以保证亲克里姆林宫的国家安全局局长伊诺亚托夫接替年迈的卡里莫夫。

如果不考虑作为原苏联加盟共和国的过去是如何塑造了中亚这五个新国家，就无法理解它们。在苏联统治的七十年里，中亚走出中世纪，步入20世纪。这一文明的飞跃对中亚社会极具颠覆性。一整个内海消失，游牧民被迫放弃牲畜，在集体农场定居，超过一百万人活活饿死。数百座清真寺被关闭，妇女被从头巾中解放出来，一夫多妻遭到禁止——至少理论上是如此。阿拉伯字母被西里尔字母取代，但反过来，人人都学会了阅读，连女孩也是。道路、图书馆、歌剧院、大学、医院和疗养院一一修建起来。划定内部边界，用带刺的铁丝网封锁外部边界，五个国家就此诞生。

然而，中亚也保留了一些独一无二的特质。

古老的部族文化从中央委员会和集体化中幸存下来。独裁统治也始终没有死绝，只是找到了一种新形式。好客、对地毯的痴迷、古老的市场文化和对马匹与骆驼的热爱，这一切留存至今，让每一趟中亚旅行都让人难以忘怀。

这些斯坦国如今正处在一个十字路口。他们应该与俄罗斯或中国建立更紧密的联系，还是把目光投向西方？他们应该相信哪一种对自身历史的解释？独立近二十五年之后，这五个国家仍在奋力寻找自己的身份，在亚洲的中部，架连着东方与西方、古老与崭新，被俄罗斯和中国等超级大国，以及伊朗和阿富汗等有争议或不稳定的邻国所包围。生活在塔吉克斯坦的90%的俄罗斯人，在土库曼斯坦的2/3的俄罗斯人，在乌兹别克斯坦的一半俄罗斯人，都已经离开。因此，就民族而言，在过去的二十五年里，中亚变得"更像自己"了。但苏联的经济和政治传统继续束缚着这几个斯坦国。只要苏联时代的大多数政客仍然掌权，变革的希望就微乎其微。正如我在土库曼斯坦的导游穆拉特在我们从北向南穿越沙漠时所说的："苏联那代人就是这样。他们做所有事情的方式都和之前一样。我把信念寄托在新一代人身上。他们中的许多人去过外面旅行，见过世面。只有他们才能带来新的气息。"

后记：独裁者之死

2016 年 8 月 29 日，星期一，伊斯兰·卡里莫夫的小女儿萝拉·卡里莫娃在 Instagram 发布了一条消息，这条消息随即上了全世界的头条："我父亲于星期六上午因中风而住院，现在正在重症监护病房接受治疗。医生认为他的情况稳定。此刻要预估他未来的健康情况还为时过早。我唯一的请求是，请各位不要进行任何猜测，尊重我们这个家庭的隐私权。感谢每一位用祈祷支持我们一家的人。"

几个小时后，位于莫斯科的著名新闻通讯社费尔干纳 (Fergana) 发布了一篇文章，文章称卡里莫夫已经于同一天的当地时间下午 3 点 35 分死亡。当外国报纸开始猜测谁可能继承"王位"时，乌兹别克斯坦当局还在坚称，卡里莫夫的情况虽然危险但很稳定。

接着在 8 月 31 日，萝拉在 Instagram 上发布了另一条消息。她为"大家善良、真诚的鼓舞和支持的话语"表示感谢，并宣称这些真诚的问候对其父的康复起到了帮助。当天晚上的黄金时间，乌兹别克斯坦国家电视台朗读了卡里莫夫纪念乌兹别克斯坦独立二十五周年的演讲。卡里莫夫，这个很可能两天前就已经死了的人，通过新闻主播向人民致以了衷心的祝贺。

第二天，也就是9月1日，费尔干纳发布了来自撒马尔罕的照片，显示国葬正在筹备当中。直到9月2日晚上，这时二十五周年庆典已经结束，乌兹别克斯坦当局才确认伊斯兰·卡里莫夫去世。他的官方死亡时间是2016年9月2日，星期五，当地时间晚上8点55分。

这位独裁者第二天就被按照穆斯林传统下葬，在撒马尔罕举行了一场隆重的葬礼。人们对于谁来指导治丧委员会尤为关心，因为按照苏联时的传统，指导治丧委员会的人很可能就是乌兹别克斯坦下一任领导人。在过去的二十五年里，中亚地区只有一位总统在任期内去世，所以现在谈论传统还为时过早，但迄今为止，该地区仍延续着苏联留下来的那一套。2006年土库曼斯坦独裁总统土库曼巴希去世时，副总统库尔班古力·别尔德穆哈梅多夫指导治丧委员会。此后不久，他便被任命为临时总统，尽管根据宪法，在过渡时期领导国家的本应是议会议长奥韦兹盖尔德·阿塔耶夫（Ovezgeldy Atayev）。相反，阿塔耶夫被监禁，并被指控滥用权力和违反人权。

根据乌兹别克斯坦宪法的规定，参议院主席尼格马迪亚·尤尔达舍夫（Nigmatilla Yuldashev）本应被任命为过渡期总统。但指导治丧委员会的却是总理沙夫卡特·米尔济约耶夫（Shavkat Mirziyoyev）。果不其然：9月8日，米尔济约耶夫被正式任命为乌兹别克斯坦临时总统。

已故总统声名狼藉的长女古丽娜拉·卡里莫娃则没有出席父亲的葬礼。

2016 年 12 月，沙夫卡特·米尔济约耶夫就任临时总统数月之后，以 88.6% 的多数票被乌兹别克斯坦人民选为总统。

那么沙夫卡特·米尔济约耶夫是谁？他出生于 1957 年，跟他在土库曼斯坦的同侪别尔德穆哈梅多夫总统同年。他是一位有资质的工程师和灌溉专家。他于 20 世纪 90 年代中期进入政界，之后青云直上，先是担任东北吉扎克（Jizzakh）地区的州长，后来又担任撒马尔罕地区的州长。2003 年，卡里莫夫总统亲自任命他为总理，他一直在这个位置上，直至卡里莫夫去世。换言之，米尔济约耶夫并非权力走廊上的新手——权力可能略有转移，但或多或少仍掌握在相同的手中。

然而，还是有迹象表明一些亟需的积极改变正在发生。米尔济约耶夫努力使乌兹别克斯坦摆脱孤立地位，尽一切努力缓和与邻国塔吉克斯坦和吉尔吉斯斯坦剑拔弩张的关系。关闭的边境通道在某些地方重新开放，在中断二十五年之后，塔什干和杜尚别之间的直飞航班于 2017 年重新开通。严格的签证规定已经放宽了很多，一些措施也在简化外国公司在该国的投资。2017 年秋，国家将乌兹别克斯坦索姆的汇率从过低的四千二百一十索姆兑一美元调整到八千一百索姆兑一美元，从而在一夜之间消除了黑市。中央银行还印制了面值为五万索姆和十万索姆的纸币，因此不再需要走到哪里都带着一袋袋沉甸甸的纸币。

2017 年，几年前还是乌兹别克斯坦最有钱有势的女人古丽娜拉·卡里莫娃，因腐败和洗钱等罪名被判处十年监禁。这一判决后来减刑到五年的家中软禁，但卡里莫娃几次三番违反软禁的规定，2019年春，这个独裁者的女儿被判处在监狱中服完剩余的刑期。

曾经位高权重的国家安全局局长鲁斯坦·伊诺亚托夫于2018年年初辞职。成为总统以来，米尔济约耶夫试图有计划地削减安全局的权力，其中一项措施是颁布新法令，禁止在刑事案件中使用严刑逼供。数十名记者和政治犯被赦免，而强征学生、医生、教师和其他公职人员采收棉花的不得人心的做法此时也被禁止。然而，实际上，成千上万的公务员仍然被迫摘棉花，并且往往不得不首先签署一份文件，声明他们是自愿的。成千上万的政治犯仍然被关在监狱里，权力仍然集中在一个人手中。换句话说，乌兹别克斯坦在能够被当作一个好伙伴之前，还有很多需要改变的地方，但在一个事态往往朝着错误方向发展，越来越走向专制政权的地区，任何放松限制的举措都让人有理由感到乐观。

毫无疑问，卡里莫夫之死让他的中亚同侪都吓了一跳。9月14日，也就是他在塔什干去世的十二天后，土库曼斯坦议会和长老委员会废除了总统的年龄上限，在此之前总统的年龄上限是七十岁。更改土库曼巴希的年龄限制从来没有必要，他只活到六十六岁，而且已经被指定为终身总统。别尔德穆哈梅多夫总统目前才六十一岁，但显然为晚年制定了长期计划。与此同时，像俄罗斯一样，总统任期从五年延长到了七年。

近年来，土库曼斯坦的经济一直处于自由落体状态。石油和天然气在国际市场上价格暴跌导致政府收入急剧减少。这场危机导致面粉、糖和食用油等基本商品短缺，进而导致国营杂货店外排起长龙。2017 年秋，当局被迫取消了电力、天然气和水的免费供应。但同年，别尔德穆哈梅多夫以 97.69% 的多数票再次当选总统，尽管危机仍在继续。

在卡里莫夫死后，塔吉克斯坦也发生了一些变化。2016 年，塔吉克斯坦当局投票通过了一系列宪法修正案，其中包括将总统的最低年龄限制从三十五岁降低到三十岁。这样做很可能是在为拉赫蒙总统的长子鲁斯坦·埃莫马利（Rustam Emomali）铺平道路，他出生于 1987 年。另一项决议也获得通过，允许总统拉赫蒙——国家媒体现在必须称他为"和平与国家统一的奠基人、国家领导人、塔吉克斯坦总统埃莫马利·拉赫蒙陛下"——连任无限次。换句话说，几乎没有迹象表明拉赫蒙短期内有将权力移交给儿子的计划，但降低了最低年龄，他也已经做好了所有预防措施。事实证明，即使是独裁者也会死。

独裁者自愿下台更是闻所未闻的事，这就是为什么哈萨克斯坦总统努尔苏丹·纳扎尔巴耶夫在 2019 年 3 月 19 日的一次电视演讲中宣布，他将要辞职并立即生效时，会引起这般轰动。2015 年，他以 97.7% 的绝对多数票再次当选，连任五年，但他不能完成任期了。

纳扎尔巴耶夫的下台是精心策划过的。第一批迹象是他在 2017 年实施的一系列改革，这些改革限制了总统的个人权力。其中包括，总统不能再单独发布具有法律效力的法令，也不能否决议会对政府成员的不信任投票。与此同时，纳扎尔巴耶夫扩大了本已强大的安全会议的权力，并于2018年被任命为终身安全会议主席。因此，实际上，他仍旧全权控制着外交政策和军队。此外，作为国家领导人（Elbasy），即使纳扎尔巴耶夫不再拥有总统头衔，他也可以代表国家做出重要的决策。

关于纳扎尔巴耶夫的辞职，唯一真正令人惊讶的是它的时间点。纳扎尔巴耶夫现在七十八岁——卡里莫夫2016年去世时与其同岁——不过显然健康状况良好。或许是他觉得，掌权三十年后，是时候下台了。

纳扎尔巴耶夫突然辞职的第二天，参议院议长卡瑟姆若马尔特·托卡耶夫（Kasym-Zhomart Tokayev）根据宪法宣誓就任总统。托卡耶夫今年六十五岁，是一名职业外交官。他没有浪费时间，上任第一天，他就向议会提议将哈萨克斯坦的首都阿斯塔纳按照第一任总统的名字改名为努尔苏丹。他还提议在首都树起一座纪念纳扎尔巴耶夫的纪念碑，所有重要城镇都要有一条以他的名字命名的街道。所有这些提议都立即得到了议会的批准。

纳扎尔巴耶夫辞职一个月后，托卡耶夫被实力强大的祖国之光党提名为总统候选人。选举提前了一年，定在2019年6月9日。不出所料，托卡耶夫大获全胜，赢得了近71%的选票。不过，令人惊讶的是，选举在大城市引发了大规模游行示威。成千上万人走到街头抗议，其中许多是年轻人，他们认为这次过渡受到了操纵。当局大力镇压示威活动，大约四千名示威者被捕。抗议的规模之大一定让新总统吃了一惊：他的位子究竟坐得有多稳呢？

如果托卡耶夫辞职，或因为其他原因下台了，前总统的大女儿达莉佳·纳扎尔巴耶娃（Dariga Nazarbayeva）将自动成为国家总统，因为她已在3月份托卡耶夫宣誓就任临时总统后当选为参议院议长。

努尔苏丹·纳扎尔巴耶夫在执政近三十年后下台，但仍机关算尽地继续执掌大权。自愿辞职的好处是，他在短期和长期内都可以完全控制将来的继任者，但如果他在棺材里离开总统府，这自然就是不可能的事了。

在该地区，传统上总统要么被怒气冲冲的群众赶出总统府，要么死在岗位上，纳扎尔巴耶夫的自愿辞职或许已经是他最重要的遗产了。

虽然他并没有真正出让权力。

那么，作为斯坦国当中唯一的民主国家，吉尔吉斯斯坦又如何呢？这里也乌云密布。2014年，吉尔吉斯斯坦议会效仿俄罗斯的做法，提出了禁止"同性恋宣传"和"规范外国代理人"的议案。尽管关于同性恋宣传的法案尚未通过，但议案提出后，针对LGBT群体的人身攻击大幅增加，比什凯克唯一一家同性恋酒吧于2017年关闭。自2015年加入欧亚经济联盟以来，吉尔吉斯斯坦与俄罗斯的关系愈加密切。同时，吉尔吉斯斯坦的民族主义团体正在崛起。

好的一点是，2015年的议会选举几乎堪称典范，欧洲安全与合作组织（OSCE）将其描述为"充满活力与竞争力"，"在该地区独一无二"。2017 年的总统选举也进展顺利。前总理索隆拜·热恩别科夫（Sooronbay Zheenbekov）在第一轮选举中赢得了过半的选票，从阿尔马兹别克·阿坦巴耶夫（Almazbek Atambayev）手中接棒，后者在这一职位上已经达到了六年的最长任期。这是吉尔吉斯斯坦历史上的第一次，经过和平选举，一个合法选举上台的总统被另一个合法选举上台的总统所取代。

然而，民主牧歌并没有持续多久。作为两名政治家权力斗争中的一部分，2019 年夏，热恩别科夫剥夺了阿坦巴耶夫的豁免权。此前，为了确保和平过渡，历任总统均享有豁免权。几个星期后，阿坦巴耶夫在戏剧性的情况下被捕。先是阿坦巴耶夫的护卫队袭击了特种部队，在随后的战斗中，一人丧生。阿坦巴耶夫起初被控贪污腐败，现在指控还包括谋杀和策划政变。

当我四处旅行，举办关于《中亚行纪》的讲座时，我常常被问及对于中亚各国的未来有何看法。这是一个非常好的问题。但是借用《大博弈》的作者彼得·霍普柯克的话说，我既不够大胆，也不够愚蠢，所以并不妄图回答。

现在那里几乎什么都有可能发生。

埃丽卡·法特兰

2019 年 8 月 23 日

致谢

假使没有在策划、旅行和写作的各个阶段得到的来自远近各处的帮助，这本书无法成书。有许多人我想要致以谢意。

中亚人民以好客闻名，我在该地区的两次漫长旅途中，每天都体验到了这种慷慨。我非常感谢一路上遇到的每一个人，感谢所有请我喝茶和吃东西、与我分享观点和故事，或以任何方式帮助过我的人。无论我走到哪里，遇到的都是慷慨、坦诚和乐于助人。这本书就是这些相遇的结果。但有些人值得特别感谢。

在哈萨克斯坦，我特别感谢以下几位给予我的帮助：艾科·曼吉斯套（Ekko Mangistau）的基里尔·奥辛（Kirill Osin）和人权活动家加雷姆·阿格雷奥夫。我也要感谢阿莉娅·图拉特耶娃（Aliya Tulateyeva）花时间与我分享自己与母亲的故事，她的母亲萝扎仍因被指控在扎瑙津领导石油工人罢工而身陷囹圄。

我的老同学茵嘉·兰德（Inga Lande）非常善良地帮我联

系了一些在她于塔吉克斯坦做实地考察期间帮助过她的人。萨约拉·纳扎罗娃（Sayora Nazarova）让我在杜尚别的最初几天少了许多寂寞。赛义达米尔·阿舒罗夫（Saidamir Ashurov）和乌梅德·马夫隆诺夫（Umed Mavlonov）帮我联系了许多有意思的采访对象，他们不知道这对我是多么大的帮助。我也受惠于穆基姆·叶尔加什波耶夫（Muqim Ergashboyev），我在雅格诺布山谷的那一周，他不仅是我的向导，也是我的研究助理和口译员。

在吉尔吉斯斯坦，少女庇护所协会的加斯布布·巴巴罗娃（Gazbubu Babyarova）、"卡拉科尔领导者"（Leader in Karakol）组织的班纳尔·阿布迪耶娃（Banur Abdiyeva）、比什凯克塞济姆危机中心（Sezim Crisis Centre）的布布萨斯拉·里斯库洛娃（Bubusasra Ryskulova）和贾拉拉巴德的人权组织斯普勒维德沃斯特（Spravedlivost）的瓦伦蒂娜·格里特森科（Valentina Gritsenko）给了我很好的建议和有用的信息。欧洲安全与合作组织学院的努尔艾达·阿布蒂卡帕尔（Nuraida Abdykapar），联合国比什凯克办公室的吉尔迪兹·莫达列娃（Jyldyz Modalieva），以及来自比什凯克的中亚美国大学的鲁斯兰·拉希莫夫（Ruslan Rahimov）也为我提供了联系方式和信息。

除了以上提及的，挪威国际事务研究所的黑尔格·比拉基斯鲁德（Helge Blakkisrud）还帮助我与比什凯克的大学人员取得联系，《晚邮报》（Aftenposten）驻莫斯科记者斯泰纳尔·黛讷斯（Steinar Dyrnes）也给了我可靠的建议和该地区的联系人。昆虫学家拉尔斯·奥韦·汉森（Lars Ove Hansen）很好心地通读了关于<u>丝绸</u>生产的那一章，提出了一些必要的修订意见。

遗憾的是，部分在乌兹别克斯坦和土库曼斯坦帮助过我的人，为了他们的安全，我不能在此提及他们的姓名。出于同样原因，许多出现在书中的土库曼人和乌兹别克人也并没有使用真名。

也衷心感谢自由话语（Free Word）和挪威非虚构作家与翻译协会给予我的资金支持。如果没有这笔资金，这本书也无法写成。

挪威赫尔辛基委员会驻中亚代表伊瓦尔·达勒（Ivar Dale）给我特别多的好建议，于是我最后询问他是否愿意担任本书顾问。我非常高兴他答应了。他敏锐的眼光和有理有据的建议对我是巨大的帮助。非常感谢！

最后也是最重要的，感谢埃里克，在我旅行和在家写作时他都一直陪伴着我。他一如既往地给予我鼓励和美味的晚餐，以及语言和文学上的好建议。

注释

i　引自 Catherine A. Fitzpatrick 的 文 章 WikiLeaks News Flash: "Turkmen Leader is a Micromanager"，发表于：www.eurasianet.org on 5 December 2010 (http://www.eurasiant. org/node/62507).

ii　Jack Weatherford: *Genghis Khan and the Making of the Modern World*. New York: Broadway Books, 2004, p. 106.[中文版：《成吉思汗与今日世界之形成》，重庆：重庆出版社，2017。——译者注]

iii　引自 Dilip Hiro: *Inside Central Asia. A Political and Cultural History of Uzbekistan, Turkmenistan, Kazakhstan, Kyrgyzstan, Tajikistan, Turkey and Iran*. New York, Overlook Duckworth, 2009.

iv　所有关于安德烈·萨哈罗夫的引用均来自他的回忆录：*Memoirs*. London, Hutchinson, 1990.

v　引文来自 Christopher Robbin：*In Search of Kazakhstan. The Land that Disappeared*. London, Profile Books Ltd, 2008, p.13.

vi　彼得·霍普柯克的杰作 *The Great Game. On Secret Service in High Asia*, 2006 [1990] 是本章最重要的也是唯一的文献来源。[中文版：《大博弈：英俄帝国中亚争霸战》，北京：中国青年出版社，2015。——译者注]

vii　詹姆斯·阿博特上尉：*Narrative of a Journey from Heraut to Khiva, Moscow and St. Petersburg, during the late Russian Invasion of Khiva*, 1843，引自 Kathleen Hopkirk：*Central Asia through Writers' Eyes*. London: Eland Publishing Ltd, 2013.

viii　Walter G. Moss: *A History of Russia, Volume I: To 1917*. London: Anthem Press, 2002 (2nd edition), 经埃丽卡·法特兰翻译，Kari Dickson 再转译，引文为后者译文。[中文版：《俄国史》，海口：海南出版社，2008。——译者注]

ix　引文来自 *The Travels of Marco Polo, Book 1*, 译者 Henry Yule。[《马可·波罗游记》

中文有多个版本，不一一列举。——译者注]

x 引自 Robert Middleton and Huw Thomas, *Tajikistan and the High Pamirs. A Companion and Guide*. New York: Odyssey Books & Guides, 2012.

xi Ryszard Kapuʹsciʹnski: *Imperium*, London: Granta Books, 1994.[中文版：《帝国》，北京：生活·读书·新知三联书店，2018。书中引用译文段落为此版本。——译者注]

xii The Norwegian Helsinki Committee: A Chronicle of Violence. The Events in the South of Kyrgyzstan in June 2010 (Osh Region). Report 2/2012, p. 59.

xiii 引自 Alisher Sidkov 和 Deana Kjuka 的文章，"Karimov: Uzbek Migrants are 'Lazy', Beggars don't exist"，发表于 Radio Free Europe Radio Liberty 的网站：www.rferl.org on 26 June 2013.

xiv Dzhalilov, *Iz istorii kulturnoy zihzni tadzhikskogo naroda*, 38，引自 S. Frederick Starr, *Lost Enlightenment. Central Asia's Golden Age from the Arab Conquest to Tamerlane.* Princeton University Press, 2013.

xv 引自 Natalia Antelava 的文章，"Gulnara Karimova: How do you solve a problem like Googoosha?"，BBC News Magazine, 16 January 2014.

xvi 引自文章，"Uzbekistan's Lola Karimova-Tillyaeva reveals rift in first family"，on BBC News on 27 September 2013.

参考书目

为保持文字流畅，我只有在直接引用时才给出了资料来源。以下罗列的书目是我在写作这本书时觉得有帮助的。

Abazov, Rafis: *The Palgrave Concise Historical Atlas of Central Asia.* New York: Palgrave Macmillan, 2008.

Adams, Laura L.: *The Spectacular State. Culture and National Identity in Uzbekistan.* Durham, N.C.: Duke University Press, 2010.

Aitken, Jonathan: *Nazarbayev and the Making of Kazakhstan.* London: Continuum, 2009.

Alexander, Christopher Aslan: *A Carpet Ride to Khiva. Seven Years on the Silk Road.* London: Icon Books, 2010.

Applebaum, Anne: *Gulag. A History of the Soviet Camps.* New York: Doubleday, 2003.

Babanazarova, Marinika: *Igor Savitsky. Artist, Collector, Museum Founder.* London: Silk Road Publishing House, 2011.

Boyce, Mary: *Zoroastrians. Their Religious Beliefs and Practices.* London: Routledge, 2001 [1979].

Burnes, Alexander: *Travels into Bokhara. A Voyage up the Indus to Lahore and a Journey to Cabool, Tartary and Persia.* London: Eland Publishing, 2012 [1835].

Chambers, James: *Genghis Khan.* Stroud: Sutton Publishing, 1999.

466

Cooley, Alexander: *Great Games, Local Rules. The New Great Power Contest in Central Asia.* Oxford: Oxford University Press, 2012.

Cummings, Sally N.: *Understanding Central Asia. Politics and Contested Transformations.* London: Routledge, 2012.

Edgar, Adrienne Lynn: *Tribal Nation. The Making of Soviet Turkmenistan.* Princeton: Princeton University Press, 2004.

Golden, Peter B.: *Central Asia in World History.* Oxford: Oxford University Press, 2012.

Grousset, René: *L' empire des steppes.* Lausanne: Payot, 1970.

Hem, Mikal: *Kanskje kan jeg bli diktator. En håndbok.* Oslo: Pax Forlag, 2012.

Hiro, Dilip: *Inside Central Asia. A Political and Cultural History of Uzbekistan, Turkmenistan, Kazakhstan, Kyrgyzstan, Tajikistan, Turkey and Iran.* New York: Overlook Duckworth, 2009.

Hopkirk, Kathleen: *Central Asia through Writers' Eyes.* London: Eland Publishing, 1993.

Hopkirk, Peter: *Setting the East Ablaze. Lenin's Dream of an Empire in Asia.* London: John Murray, 1984.

Hopkirk, Peter: *The Great Game. On Secret Service in High Asia.* London: John Murray, 2006 [1990].

Kapu ci ski, Ryszard: *Imperium.* New York: Vintage International, 1994.

Khalid, Adeeb: *Islam after Communism. Religion and Politics in Central Asia.* Berkeley: University of California Press, 2007.

Kipling, Rudyard: *Kim.* New York: Dover Publications, 2005 [1901].

Kjetsaa, Geir: *Fjordor Dostojevskij – et dikterliv.* Oslo: Gyldendal, 1985.

Laurelle, Marlène and Peyrouse, Sébastien: *The Chinese Question in Central Asia. Domestic Order, Social Change and the Chinese Factor.* New York: Columbia University Press, 2012.

Lipovsky, Igor P.: *Central Asia. In Search of a New Identity.* Self-published, ISBN 978-1478303398, 2012.

Liu, Morgan Y.: *Under Solomon's Throne. Uzbek Visions of Renewal in Osh*. Pittsburgh: University of Pittsburgh Press, 2012.

Liu, Xinru: *The Silk Road in World History*. Oxford: Oxford University Press, 2010.

Malashenko, Alexey: *The Fight for Influence. Russia in Central Asia*. Washington D.C.: Carnegie Endowment for International Peace, 2013.

Markowitz, Lawrence P.: *State Erosion. Unlootable Resources and Unruly Elites in Central Asia*. Ithaca and London: Cornell University Press, 2013.

Middleton, Robert and Thomas, Huw: *Tajikistan and the High Pamirs. A Companion and Guide*. New York: Odyssey Books & Maps, 2012.

Moss, Walter G.: *A History of Russia. Volume I: To 1917*. London: Anthem Press, 2003 (2nd edition).

Moss, Walter G.: *A History of Russia. Volume II: Since 1855*. London: Anthem Press, 2004 (2nd edition).

Murray, Craig: *Murder in Samarkand. A British Ambassador's Controversial Defiance of Tyranny in the War on Terror*. Edinburgh: Mainstream Publishing, 2006.

O'Clery, Conor: *Moscow, December 25, 1991. The Last Day of the Soviet Union*. New York: Public Affairs, 2012.

Olcott, Martha Brill: *Tajikistan's Difficult Development Path*. Washington D.C.: Carnegie Endowment for International Peace, 2012.

Peyrouse, Sébastien: *Turkmenistan. Strategies of Power, Dilemmas of Development*. Armonk, N.Y.: M. E. Sharpe, 2012.

Pringle, Peter: *The Murder of Nikolai Vavilov. The Story of Stalin's Persecution of One of the Great Scientists of the Twentieth Century*. New York: Simon & Schuster, 2008.

Rall, Ted: *Silk Road to Ruin. Why Central Asia is the Next Middle East.* New York: NBM Publishing, 2004 (2nd edition).

Reeves, Madeleine: *Border Work. Spatial Lives of the State in Rural Central Asia.* Ithaca and London: Cornell University Press, 2014.

Robbins, Christopher: *In Search of Kazakhstan. The Land that Disappeared.* London: Profile Books, 2007.

Sakharov, Andrei: *Memoirs.* London: Hutchinson, 1990.

Shayakhmetov, Mukhamet: *The Silent Steppe. The Memoir of a Kazakh Nomad Under Stalin.* New York: Overlook/Rookery, 2006.

Shishkin, Philip: *Restless Valley. Revolution, Murder and Intrigue in the Heart of Central Asia.* New Haven: Yale University Press, 2013.

Solzhenitsyn, Aleksandr: *The Gulag Archipelago.* London: Collins and Harvill Press, 1974.

Starr, S. Frederick: *Lost Enlightenment. Central Asia's Golden Age from the Arab Conquest to Tamerlane.* Princeton: Princeton University Press, 2013.

Thubron, Colin: *Shadow of the Silk Road.* London: Chatto & Windus, 2006.

Turkemenbashy, Saparmyrat: *Rukhnama. Refl ections on the Spiritual Values of Turkmenistan.* Ashgabat: Ashgabat State Publishing Service, 2005.

Weatherford, Jack: *Genghis Khan and the Making of the Modern World.* New York: Broadway Books, 2004.

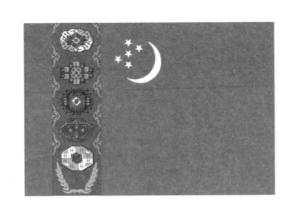

土库曼斯坦

阿什哈巴德的上下班高峰期。"中立的土库曼斯坦万岁！"这是向每个司机传递的信息。

《灵魂之书》仍旧骄傲地占据着阿什哈巴德市中心的位置，但晚上不会打开了。

土库曼巴希（金色）仰望他的继任者别尔德穆哈梅多夫，他在土库曼巴希的对面找到了一个显眼的地方。

阿什哈巴德郊外待了几小时；放眼所见没有大理石，只有沙子和骆驼，以及世界上最热情好客的人。

土库曼斯坦骏马选美大赛。观众们屏住了呼吸。

总统为特别的马主人比赛做着准备。到目前为止，一切完美。

奥居尔纳尔朗诵关于她心爱的达姆拉村的诗，达姆拉位于卡拉库姆沙漠腹地。

考古学家维克多·萨里安迪，摄于 2013 年 4 月最后一次沙漠探险时。

这座梅尔夫城外的城堡为何叫吉兹卡拉（少女的城堡），如今已没有人知道原因。

哈萨克斯坦

位于阿斯塔纳未来主义风格的市中心的巴伊杰列克观景塔。

骑马追女孩：男孩未能抓住女孩，被鞭子赶回。

哈萨克传统摔跤。当然得在马背上。

哈萨克人的马球"科克巴尔"。一切都围绕着挂在最左边那匹马上的山羊尸体。

塞米巴拉金斯克：苏联时代的偶像们的特殊风格雕塑，现在聚集在公园的一个隐蔽角落。

爆炸中心点。苏联在多边形进行了 456 次核试验。

妇女们远道而来，等待比法蒂玛的疗愈。

塔吉克斯坦

杜尚别：世界上最高的旗杆（把左边的总统府也拍进来，是为了便于感受它的尺寸）。

越过这个坡，尼颂就到雅格诺布山谷的新家了。她此前从没有跟新郎米尔佐独处过。

米尔佐那扎尔在离别时说："等你回国后，你可以写，在一个遥远的地方，一个远方的山谷，世界上的一个偏远角落，你遇到了一个身负悲剧故事的老人。"

瓦罕走廊。阿富汗在河的另一边。

帕米尔高原的穆尔加布：在为了婚礼宰杀绵羊前，一家人聚集祈祷。

穆尔加布唯一的光明面，孩子总是很开心。

吉尔吉斯斯坦边境。此行的最高点。

吉尔吉斯斯坦

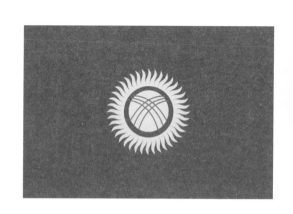

养鹰人塔尔加尔别克和他得奖的金雕图马拉。

红色阵线：苏联解体后，大部分德意志人 相传是亚历山大大帝的士兵将核桃带到了欧洲。
迁走了，但路标依然伫立。

阿尔斯兰博布的两姐弟在磨面粉。

乌兹别克斯坦

希瓦的老城就是一个巨大的室外博物馆。

穆伊纳克的渔船永远停泊在了这里。

马尔吉兰：每个蚕茧所含蚕丝可长达一公里。

布哈拉的卡隆宣礼塔，也被称为死亡塔。 在 1920 年前，罪犯都是从四十五米高的尖塔顶部被抛下的，特别是集市日。

撒马尔罕：终点站。